『日本国語大辞典』をよむ

今野真二［著］

三省堂

はじめに

本書は「『日本国語大辞典』をよむ」をタイトルとしているが、どのような「目的」で、どのようによんだのか、などについてまず述べておきたい。

二〇一〇(平成二十二)年十二月に三省堂から『そして、僕はOEDを読んだ』という本が出版された。アモン・シェイ(Ammon Shea)という人物が書いた『Reading the OED: one man,one year, 21,730 pages』という本を田村幸誠が翻訳したものだ。「OED」は『The Oxford English Dictionary』のことで、一九八九年には二十巻から成る第二版が刊行されている。この二十巻の「OED」、総計二万一七三〇ページを、一人で、一年間をかけて読み通したという本が『そして、僕はOEDを読んだ』である。

『そして、僕はOEDを読んだ』は、ある月曜の朝に六十キログラムを超える二十巻のOEDがアモン・シェイのアパートに届くところから始まる。『日本国語大辞典』第二版全十三巻(十四巻は索引等が載せられている別巻なので、これは除く)は量ってみると、そこまでの重量はないが、総ページ数は二万ページぐらいなので、こちらはまずまず「OED」二十巻にちかい。

『日本国語大辞典』第二版(二〇〇〇~二〇〇二年、小学館)は、現在刊行されている国語辞書で最大規模のものである。この『日本国語大辞典』第二版(以下第一版のことを話題にする場合のみ版の別を示す)

型辞書である。

のみが大型辞書といってよい。『広辞苑』を大型辞書と思っている人がいるかもしれないが、『広辞苑』は中

アモン・シェイは一年間で「OED」を読んだことになっているが、二万ページを一年間で読破するためには、一ヶ月に一六〇〇ページ以上を読まなければならない。アモン・シェイは「一日に八時間から一〇時間、OEDと向き合っていた」（十六ページ）とのことであるが、大学の教員である筆者にはそのようにすることはできない。実際にきちんとメモをとりながら『日本国語大辞典』をよみ始めたのは、二〇一五（平成二十七）年九月二十四日からであるが、二〇一六年四月一日から二〇一七年三月三十一日までは勤務先の大学から「特別研究期間」を認めていただき、授業担当や会議等から離れることができた。その期間を有効に使いながら、よみ進めていった。

右ではもう『日本国語大辞典』をよむことになってしまっているが、筆者がどうしてそのようないわば「暴挙」をしようと思ったかについても少し説明しておこう。筆者はこれまでに『漢語辞書論攷』（二〇一一年、港の人）、『明治期の辞書』（二〇一三年、清文堂出版）、『辞書からみた日本語の歴史』（二〇一四年、ちくまプリマー新書）、『辞書をよむ』（二〇一四年、平凡社新書）、『超明解！　国語辞典』（二〇一五年、文春新書）など、辞書を「よむ」ということをテーマとした本を出版させてもらっている。古辞書から現在出版されている辞書まで、さまざまな辞書をよみながら、いろいろなことを考えた。そうしたいわば「経験」に基づいて『日本国語大辞典』をよんだら『日本国語大辞典』がどのような辞書にみえるか、ということがまず考えたことだ。ただし、よんでみよう、と思った時点では、よんだら自分がどうなるか、ということは予想がついていなかった。「自分がどうなったか」は「終わりに」で述べることにする。

『日本国語大辞典』を「よむ」といっても、どのようなよみかたをするかによって、それに必要な時間も変わってくる。そこで、二〇一八（平成三十）年の七月ぐらいには、『日本国語大辞典』をよんだ結果をまとめ終わるという目標を設定し、それに合わせたペースを保つように心がけた。よむ時間をもっと費やせば、「よみ」はまた変わってくるだろう。気がつくことも当然増えることが予想される。とにかく、右のような目標のもとに『日本国語大辞典』をよんだ。

ここで、本書で使う、筆者の用語を説明しておきたい。筆者は辞書は「見出し＋語釈」という基本形式に基づいて記述されていると捉えることにしている。これは過去の辞書にも現在刊行されている辞書にもあてはめることができる。具体的に説明しよう。

きりつぼげんじ【桐壺源氏】《名》（「源氏物語」を、最初の桐壺の巻だけで読むのをやめてしまう、ということから）中途半端でいいかげんな学問、教養のこと。

右で、「きりつぼげんじ」の部分が「見出し」で、それ以外の部分が「語釈」ということになる。「語釈」は一般的には〈語（句）の意味の説明〉であるが、それをもう少し広く、〈見出しとなっている語（句）にかかわる情報全般〉ととらえたい。見出しとなっている語について何か記されていれば、それが「語釈」ということだ。「キリツボゲンジ（桐壺源氏）」になぞらえれば、「第一巻日本国語大辞典」（＝『日本国語大辞典』をよむといいながら、第一巻だけでやめてしまう）というようなことにならないようにしないといけないという戒めをこめた。本書では、「語」を示す場合は「キリツボゲンジ（桐壺源氏）」のように、片仮名を鉤括弧に入れ、必要があれば、語義理解の補助となるように丸括弧に漢字列を入れて示す。『日本国語大辞典』の見出しを示す場合は、そのままのかたちで示す。「意味」は一般的にも使われる語であるので、「語の意味」は「語義」、「文の意味」は「文意」と呼ぶことにし、〈　〉に入れて示す。

さて話を戻すが、「見出し＋語釈」全体が辞書の一つ一つの「項目」である。筆者のいう「見出し」は英語辞書学では「headword」あるいは「lemma」（レマ）と呼ぶということを大学の同僚の大杉正明先生に教えていただいた。『日本国語大辞典』は見出しとともに、見出しとなっている語が実際に使われている文献の名前と実際の使用例とをかなり丁寧にあげている。この使用例は必ず「よむ」ことにはしなかった。必ず「よむ」のは「見出し」と「語釈」とである。

先に述べたように、『日本国語大辞典』は現在刊行されている国語辞書の中で、最大規模のもので、唯一の（多巻）大型辞書である。したがって、「相手にとって不足なし」であるが、『日本国語大辞典』を批判することが本書の目的ではない。時には批判的にみえるような書き方をすることがあるかもしれないが、それはいわば『日本国語大辞典』の今後、国語辞書の今後のために、こういうことはありませんか、という「問題提起」のようなものだと思っていただきたい。

目次

第二章　見出し……104

序章

小型辞書・中型辞書・大型辞書の違い

「小型辞書」というと、ポケットに入るような大きさのものを指していると思う方がいるかもしれないが、そうではなくて、ごく一般的に使われているものが「小型辞書」だ。よく使われていると思われる辞書の見出し数、ページ数を示してみよう。

岩波国語辞典（第七版新版・二〇一一年）……約六万五〇〇〇　一六二五ページ
三省堂国語辞典（第七版・二〇一四年）………約八万二〇〇〇　一六九八ページ
集英社国語辞典（第三版・二〇一二年）………九万五〇〇〇　一九八四ページ
新選国語辞典（第九版・二〇一一年）…………九万三二〇　一四二五ページ
新明解国語辞典（第七版・二〇一二年）………七万七五〇〇　一六四二ページ
明鏡国語辞典（第二版・二〇一〇年）…………約七万　一八八六ページ

ページ数は、一五〇〇ページ前後、多くても二〇〇〇ページ未満、見出し数は六万から九万の間といったところである。辞書が改版されて販売される時には、前のものよりも見出しがこれだけ多くなっています、というように宣伝されるが、もしもページ数を変えずに見出し数を増やしたら、一つの見出しあたりの「情報量」は減ったことになる。

そう考えるとわかるが、辞書はその辞書に見出しが幾つあるか、ということよりも、見出しにどのくらいの「情報」が配されているか、が大事だ。そして、より大事だと筆者が考えるのは、見出しがバランスよく採られているということである。

辞書の項目のバランス　①語種のバランス

「バランスよく」は日本語の語彙に対してバランスよく、ということだ。「日本語の語彙」というと少しわかりにくいかもしれない。「語彙」とは何らかの観点に基づいて語を集めた集合のことをいうが、ここでは日本語として使っている語の総体が「日本語の語彙」と思っていただいてよい。

車道を安全に走るためのインフラ整備として、国土交通省と警察庁が、自転車専用通行帯や通行位置明示の整備に音頭を取り始めています。(『朝日新聞』二〇一七年八月二十六日「オピニオン」面)

右は現在目にする、ごく一般的な「文」であるが、この「文」は「シャドウ(車道)」「アンゼン(安全)」のような漢語、「ハシル(走)」「トリハジメル」のような和語、「インフラ」のような外来語から成り立っている。正確にいえば、「インフラ」は英語「infrastructure（インフラストラクチャー）」（＝〈下部構造〉）の略語である「インフラ」で、その「インフラ」が漢語「セイビ（整備）」と結びついている。したがって、「インフラセイビ」全体を、外来語（の略語）と漢語との複合語とみるべきで、これは混種語ということになる。和語は日本でできた語、漢語は元来中国語であった語、外来語は中国以外の地域でできた語で、どこでその語ができたかに着目した呼称である。そして、それらの「混種語」もある。

和語、漢語、外来語によって「日本語の語彙」が形成されている。それぞれがどのくらいの割合を占めているか、ということは簡単にはつかみにくい。和語を多く使う文章では、和語が五割ぐらい、漢語が三割ぐらい、外来語が二割ぐらいかと思うが、漢語を多く使う文章では、漢語が五割ぐらいで、和語が三割ぐらい、外来語が二割ぐらいになるだろうか。和語が五割か漢語が五割か、はだいぶ異なるが、「和語＋漢語」が八割ぐらいということだ。仮にそれを「日本語の語彙」の「語種による内訳」だとすれば、それをだいたい反映しているのが「バランスよく」だ。「新語に強い」ことを謳うあまりに、外来語が見出しの五割を占めている、ということになれば、日本語の辞書としてはバランスがよくないことになる。

辞書の項目のバランス　②標準語形と非標準語形　俗語

「ヤハリ」「ヤッパリ」「ヤッパシ」「ヤッパ」という語を使って説明してみよう。「ヤハリ」は「書きことば」で使うことができる。「ヤッパリ」も「書きことば」で使うことはできそうだが、少し「くだけた感じ」を伴なう。会社の会議で使う文書に「ヤッパリ」は使いにくい、というのが筆者の「感覚」だ。こうした「感覚」には個人差があるが、言語使用者に共通する「感覚」も、もちろんある。「ヤッパシ」「ヤッパ」は「書きことば」では使うことができない、というのが共通の「感覚」ではないだろうか。「話しことば」であっても、「ヤッパ」は使わないという人もいるだろう。

「ヤハリ」を「標準語形」とみると、「ヤッパリ」はその標準語形から少し離れた語形、「ヤッパシ」「ヤッパ」の順で、標準語形から「距離」がある、というのが多くの人の「感覚」ではないか。そうとらえた場合の「ヤッパリ」「ヤッパシ」「ヤッパ」が「非標準語形」だ。

「話しことば」では使うが「書きことば」では使わない、という語形すべてが「非標準語形」ということにはならないとみることもできるが、「標準」には「書きことばで使う」ということが何ほどかは含まれ、「書きことば」で使うことができる語で、「公性＝フォーマリティ」を帯びた文書はつくられる、ということはたしかなことであろう。辞書を一冊よむとそういうことが次第にはっきりと意識できるようになるし、そういうことを意識しながら辞書をよむと得られるものが多いように思う。辞書をまるまる一冊よむということは、「日本語の語彙」全体に（まがりなりにも）目を通すということだ。そうすることによって、自身が日常的に行なっている言語生活のなんらかの「偏り」にも気づく。この語は見たことがない、と思った語が使われている「文字社会」が自身から遠い「文字社会」であることになる。

そういうわけで「非標準語形」＝「俗語」ということでもないが、今仮に「非標準語形」と「俗語」とはだいたい重なるとみておくことにする。小型の国語辞書は「情報」を効率よく整理するために、さまざまな符号を使っているが、「俗」というようなかたちで、その見出しが「俗語」であることを示すことが多い。右の例でいえば、『三省堂国語辞典』第七版は「やはり」「やっぱり」「やっぱし」「やっぱ」すべてを見出しにし、「やっぱし」「やっぱ」に「俗」符号を附し、「やっぱり」は「話しことば」であることを記している。『日本国語大辞典』も四語形すべてを見出しにしている。『日本国語大辞典』の「凡例」については、第一章で詳しく検討するが、「俗語」というような、語の評価は示していない。見出し「やっぱり」には「「やはり」の変化したもの」、見出し「やっぱし」には「「やっぱり（矢張）」の変化した語」、見出し「やっぱ」には「やはり（矢張）」に同じ」と記すのみである。

「ヤハリ」に促音が附加された語形が「ヤッパリ」であるので、それを「「やはり」の変化したもの」と説明するのは妥当だ。その「ヤッパリ」から「ヤッパシ」がうまれたことは確かであろうから、「ヤッパシ」を「「やっぱり（矢張）」の変化した語」と説明するのも肯ける。「ヤッパ」は「ヤッパリ」あるいは「ヤッパシ」の末尾が省略された語形であるのだから、「「やはり（矢張）」に同じ」ではなく、「「やっぱり」あるいは「やっぱし」の変化した語」と説明すると、一貫性があるのではないだろうか。これを「ヤハリ→ヤッパリ→ヤッパシ→ヤッパ」と図式化すると、標準語形「ヤハリ」から非標準語形がうまれる「道筋」もわかり、「非標準」の「非」の程度もつかみやすい。

辞書にとって「一貫性」は重要だ。小型の辞書は説明に使うことができる紙面が限られているので、先に述べたように、さまざまな符号類を駆使して効率よく「情報」を提示する工夫をしている。したがって、全体の記述に統一がとれていて、一貫性があることが重要になる。「読み手」は限られた「情報」を真剣によみとろうとするので、統一がとれていなかったり、一貫性がなかったりすると、迷う。あるいは気になる。右の『日本国語大辞典』の記述で、「やっぱ」の「「やはり（矢張）」に同じ」が一貫性という点でどうか、ということを述べたが、見出し「やっぱり」には「変化したもの」とあり、見出し「やっぱし」には「変化した語」とあるのも気になる（注：傍点筆者）。オンライン版『日本国語大辞典』については後に述べるが、そのオンライン版で調べてみると、「変化したもの」「変化した語」両方がある程度の数ずつ使われていることがわかる。こうなると、「もの」と「語」には何らかの違いがあるか、ということがさらに気になってしまう。両者に違いがないのであれば、どちらかに統一されているとよけいなことを考えなくてよい。

「ヤハリ」「ヤッパリ」「ヤッパシ」「ヤッパ」については、小型辞書である『三省堂国語辞典』第七版も『日本国語大辞典』と同じように四つの語形すべてを見出しとしていた。しかし、「ヤハリ」だけを見出しにするとか、「ヤッパ」は見出しにしないとか、いろいろな「選択」が可能だ。非標準語形をどのくらい見出しにするか、は辞書の見出し選択の一つの観点になるはずだ。

辞書の項目のバランス　③標準語形と古語

小型の国語辞書が現在使われている語、すなわち現代日本語を見出しの中心にすることは当然のことであるが、それでもいわゆる（一定の制約下に、何らかの工夫をしながら）「古語」を見出しにしている辞書、あるいは見出しにはしないまでも古語に言及している辞書は多い。例えば、『岩波国語辞典』は「第七版刊行に際して」という文章中で次のように述べている。

『岩波国語辞典』初版は、高校で習う程度の古典作品の事を念頭に置いて、現代語・古語両用の辞書として出発した。しかし古語項目は第五版から涙を飲んで削った。小型辞典の宿命的制約である分量の観点で、移り行く現代語の実相に関する増補のために紙幅を産みたかったからである。その版の刊行の辞に述べたとおり、古語での意味を心得ることが時として現代語の理解を深める面がある。そういう場合の関連づけだけは「▽」を頭に置いた部分でしたし、今回の改修でもこれを増補した。だから単純な現代語辞典とは言えない。書名に「現代」が入れていない理由の一つはこうした事である。

現在使っている語一つ一つに対して「古語」が存在するわけではない。「古語」は古く使われていた語ということであろうから、その「古く」をどうとらえるかによって「古語」の内実は変わる。仮に明治時代までに使われていた語を「古語」、大正時代以降に使われた語を「現代語」とみるとすれば、大正時代以降にうまれた語で、現在も使っている語には「古語」が対応しないことになる。一方、明治時代までに使われていた語（=古語）で、現在も使われている語（=現代語）同士に「対応」をみるとすれば、これらの語同士には「対応」をつけることができるのだから、現代語に対して古語が存在しているといってもよい。しかし、現代語と古語との「違い」が現代人に把握できない、ということもある。

例えば、「タニ（谷）」という語を『日本国語大辞典』は「1 地表に見られる細長いくぼ地。成因によって河谷・氷食谷などの浸食谷と断層谷・向斜谷・背斜谷などの構造谷に分ける。形態的には山脈に平行な谷を縦谷、山脈を横断する谷を横谷という。（略）」と説明している。「タニ」という語（の語義）を辞書がどのように説明するか、ということはそれ自体が興味深いことがらであるが、今ここではそれについてはふれないことにする。『日本国語大辞典』は「タニ」の使用例としてまず「古事記（712）上・歌謡」をあげ、次に「万葉（8C後）一四・三五〇七」をあげる。つまり『古事記』や『万葉集』において、「タニ」という語はすでに（その語形）で使われていた。

『古事記』や『万葉集』で使われていた「タニ」と現代日本語の「タニ」とは同じ語であるのか、違う語であるのか。『古事記』や『万葉集』で使われている日本語は八世紀頃の日本語である。八世紀頃に「タニ」という語をとりまいていた語と現代日本語で「タニ」という語をとりまいている語とは異なるであろうから、両者は異なる、とみることはできる。しかしそれはいわば「原理的には」ということで、語義上の違いは説明しにくいだろう。その「語義上の違いは説明しにくい」ということをもって、両者は異ならない、少なくとも積極的に異なるとはいいにくい、と考えることもできる。

『万葉集』巻九に収められている一七五五番の歌に「鶯之　生卵乃中尓　霍公鳥　独所生而（鶯の生卵の中に独り生まれて）」とある。「生卵」は現在であれば、「ナマタマゴ」という語を書いたものとみるのが自然であるが、この「生卵」は「カヒゴ」という語を書いたものだと考えられている。『日本国語大辞典』には次のようにある。

かいご【卵子】《名》（「殻（かい）子」の意）1 たまご。かい。2 たまごなどの殻（から）。

つまり現在の「タマゴ」「タマゴノカラ」にあたる語が「カイゴ（カヒゴ）」であることになる。現在は「カイゴ」という語形は共通語では使わないので、この「カヒゴ」はひとまず「古語」とみることができる。この場合、古語「カイゴ（カヒゴ）」と現代語「タマゴ」という対応になる。そうみた場合、古語である「カイゴ（カヒゴ）」を見出しにすれば、見出しは多くなる。古語を見出しに（積極的に）採りあげるかどうか、ということも見出し数にかかわるので、大事な「編集方針」である。『日本国語大辞典』はもちろん古語を見出しにしている。

『新潮国語辞典―現代語・古語―』第二版（一九九五年）は小型辞書というには少し規模が大きく、十四万を超える見出しをもつ。そして「現代語・古語」を見出しとしていることをはっきりと謳っている。また、中型辞書である『広辞苑』第七版（二〇一八年、岩波書店）は約二十五万の見出しをもつが、やはり古語を見出しとしている。

辞書の項目のバランス　④固有名詞と動植物名など

人名（姓）、地名などの固有名詞と動植物名をどの程度見出しにするかということも辞書の規模、全体のバランスにかかわることは言うまでもない。例えば、『日本国語大辞典』第六巻は「さこう【左行】」という見出しから始まるが、ここから数えて四〇〇番目の見出しは「ささまきずし【笹巻鮨】」である。

この見出し四〇〇の中で、固有名詞、動植物名は「さこのさむろう【左近三郎】」（狂言名）、「さごろものだいしょう【狭衣大将】」（『狭衣物語』の主人公）、「さごろももものがたり【狭衣物語】」（物語名）、「さごろものがたりえまき【狭衣物語絵巻】」（絵巻物名）、「さこんえ【左近衛】」（官名）、「さこんえふ【左近衛府】」（官名）、「さこんえもんは【左近右衛門派】」（弓術の流派名）、「さこんふ【左近府】」（官名）、「ささ【佐々・篠】」（姓）、「ささい【笹井】」（姓）、「ささうしのした【笹牛舌】」（魚名）、「ささうらいし【楽楽浦石】」（石名）、「さざえ【栄螺・拳螺】」（貝名）、「さざえさん【サザエさん】」（漫画名・漫画主人公名）、「さざえびね【笹海老根・笹蝦根】」（植物名）、「さざえわに【栄螺鰐】」（魚名）、「さざえわり【栄螺割】」（魚名）、「ささお【笹尾】」（姓）、「ささおか【笹岡】」（姓）、「ささがに【細蟹・笹蟹】」（動物名）、「ささがや【笹萱】」（草名）、「ささがれい【笹鰈】」（魚名）、「ささかわ【笹川】」（地名）、「ささがわ【笹川】」（姓）、「ささがわちぢみ【笹川縮】」（製品名)、「ささがわのしげぞう【笹川繁蔵】」(人名)、「ささき【佐々木・佐佐木】」(姓)、「ささき【狭狭城・沙沙貴・佐佐貴・佐佐木】」(地名)、「ささき」(植物名)、「ささぎ【豇豆】」(植物名)、「さざき【鷦鷯】」(鳥名)、「ささきあぶみ【佐佐木鐙】」(製品名)、「ささきがけ【佐佐木掛】」(製品名)、「ささきじんじゃ【佐々伎神社】」(神社名)、「ささきじんじゃ【沙沙貴神社】」(神社名)、「ささきび【笹黍】」(植物名)、「ささきり【笹螽蟖】」(昆虫名)、「ささきりゅう【佐佐木流】」(馬術の流派名)、「ささぐま【笹熊・貛】」(動物名)、「ささぐも【笹蜘蛛】」(動物名)、「ささぐり【笹栗・小栗】」(植物名)、「ささぐわ【笹桑】」(植物名)、「ささげ【豇豆・大角豆】」(植物名)、「ささげらん【―蘭】」(植物名)、「ささごい【笹五位】」(鳥名)、「ささごだけ【笹子茸】」(生物名)、「ささごとうげ【笹子峠】」(地名)、「ささごトンネル【笹子―】」(トンネル名)、「ささじま【笹島】」(姓)、「ささじまやき【笹島焼・篠島焼】」(陶器名)、「ささすげ【笹菅】」(植物名)、「ささだ【笹田・細田】」(姓)、「ささたけ【笹茸】」(生物名)、「ささつばた」(植物名)の五十四見出しである。「固有性」がありそうな見出しを拾い出した。判断は人によって少し異なるであろうが、だいたいこのあたりが「固有性」を帯びた見出しであろう。そうであるとすれば、(この範囲でいえば、という限定がついていることは言うまでもないが)『日本国語大辞典』は見出しの一割強が広義の固有名詞ということになる。小型の国語辞書はどうだろうか。

右の範囲を『三省堂国語辞典』第七版で調べてみると、「ざこう【座高・坐高】」から「ささっと」までの二十九の見出しが該当する。『日本国語大辞典』の四〇〇見出しに対して、『三省堂国語辞典』の二十九見出し、両者にはこれだけの規模の差がある。さて、『三省堂国語辞典』の二十九見出しの中で、固有性があると思われるのは、「さざえ【(:栄螺)】」、「ささげ【(:大角豆)】」の二つだけである。

『集英社国語辞典』第三版を調べてみると、「さこう【鎖港】」から「ささつ【査察】」までの三十五見出しが該当する。『三省堂国語辞典』の見出しは約八万二〇〇〇、『集英社国語辞典』の見出しは九万五〇〇〇なので、後者には前者のおよそ一・一六倍の見出しが収められていることになるが、三十五は二十九のおよそ一・二〇倍で、まあだいたい同じような「調子」で見出しを採っているといえるだろうか。さて、『集英社国語辞典』の三十五見出しの中で、固有性があると思われるのは、「さごろもものがたり【狭衣物語】」、「さこん【左近】」、「さざえ【〈栄螺〉・〈拳螺〉】」、「ささがに【細蟹】」、「ささき【佐々木】」、「ささきのぶつな【佐佐木信綱】」、「ささぐり【小栗】」、「ささげ【〈豇豆〉・〈大角豆〉】」の八つで、『集英社国語辞典』がどちらかといえば積極的に固有名詞の類を見出しに採っていることがわかる。

「サザエ」は貝の名で、「ササゲ」は豆の名、ひいていえば植物名であるが、これらは小型の国語辞書も見出しにしていることがわかった。このあたりが、「固有性」が強いか、つまり固有名詞にちかいか、そうでもなくて、一般名詞にちかいか、ということだろう。『日本国語大辞典』には次のような見出しがある。

> **あずまにしきがい**【吾妻錦貝】《名》イタヤガイ科の二枚貝。日本各地の潮間帯から水深一〇メートルくらいの岩に足糸で付着する。殻長約八センチメートル。扇形で、殻頂の前後に大きな耳状の突起がある。褐色の個体が多いが、赤、紫、白、黄などの美しい色彩変異がある。北海道、東北には肋の細かいアカザラガイと呼ぶ地方型が分布する。美味で食用とする。学名はChlamys farreri

実際の冊子では六行と少しの説明で、「地方型」の存在まで説明している。ちなみにいえば、「アカザラガイ」は見出しとなっていない。筆者などは、むしろ語釈中で使われている「潮間帯」「足糸」「殻長」「肋」が、その発音とともに気になるのだが、話題が拡散してしまうので、今はそうしたことについては措くことにする。固有名詞の類をかなり見出しとしている『集英社国語辞典』もこの「アズマニシキガイ」は見出しとしていない。

さて、「アズマニシキガイ」も「サザエ」もともに、貝名であるが、「サザエ」は見出しとなり、「アズマニシキガイ」はならない。これもいうまでもないことであるが、「サザエ」は食用にするということはもちろん、いろいろな語をうみだしている。『日本国語大辞典』が見出しとしている「サザエ」を含む複合語をあげてみよう。

さざえあん【栄螺庵】《名》曲がりくねった道の奥にある庵（いおり）。

さざえうち【栄螺打】《名》遊戯の一種。地上に円を描いて各自一個ずつサザエのふたを出しあい円の中にまき、順番を決めて一定の位置から別のふたを投げつける遊び。当たると、当たったふたは自分の所有になり、外れるまで何回でも投げられる。外れた時は投げつけたふたは投げ損になる。

さざえじり【栄螺尻】《名》[1]サザエの殻の先のらせん状になった部分。また、らせん状のもの。[2]（サザエの尻が巻いているところから）心のねじけた人、偏狭な人のたとえ。さざいじり。

さざえどう【栄螺堂】《名》内部の階段が螺旋梯子（らせんばしご）に似た構造になっている堂。江戸本所五つ目にあった五百羅漢寺の三匝堂（さんそうどう）が有名であった。現存するものに福島県会津若松市、飯盛山のさざえ堂がある。さざえ。さざいどう。さざい。

さざえばしご【栄螺梯子】《名》サザエの殻のようにらせん状になった階段。さざいばしご。
さざえび【栄螺灯】《名》昔、金山などで、坑内に持って入った灯火。一説に、サザエの貝殻に油を入れて火をともすものという。栄螺のともしび。

少し粗いいいかたになるが、さまざまな複合語をうみだしているということは、サザエという具体的な「モノ」を（何ほどかにしても）離れているといってよい。人間のさまざまな営みとのかかわりの中に入ってきているとでもいえばよいだろうか。先にあげた「あずまにしきがい」の「語釈」は語釈というよりも、自然科学的な観察結果の記述にちかい。「美味で食用とする」という箇所のみが人間とのかかわりの記述だ。ここまで「辞書の項目のバランス」について、四つに分けて述べてきた。「語種（和語・漢語・外来語）」に関してバランスがとれていること、「非標準語形（俗語など）」「古語」「固有名詞・動植物名など」のとりこみかたに関してバランスがとれていることが大事であって、見出しが多いかどうかだけに気をとられないほうがよい。

中型辞書『広辞苑』

『広辞苑』にはこう書いてある、というような発言はしばしば耳にする。それだけ、信頼されている辞書だということだろう。『広辞苑』の見出しは約二十五万ほどであるが、『日本国語大辞典』はその帯で「五十万項目に方言項目内の異形を含めると、収録語数は六十万を超える日本で最大の国語辞典」であることを謳う。やはり『広辞苑』は中型辞書とみるのが適当であろう。

『広辞苑』第七版の「凡例」の冒頭に「編集方針」が掲げられている。その一と二とをあげておこう。

一、この辞典は、国語辞典であるとともに、学術専門語ならびに百科万般にわたる事項・用語を含む中辞典として編修したものである。ことばの定義を簡明に与えることを主眼としたが、語源・語誌の解説にも留意した。

二、国語項目は、現代語はもとより、古代・中世・近世にわたって日本の古典にあらわれる古語を広く収集し、その重要なものを網羅した。漢語・外来語のほか、民俗語・方言・隠語・慣用句・俚諺の類についても、その採録に意を用いた。

右では、「学術専門語ならびに百科万般にわたる事項・用語」及び「古語」を「広く収集」したことが謳われている。そうした点において、『広辞苑』は小型の国語辞書よりも見出しがとらえている「言語宇宙」が一回り大きい。そして、『日本国語大辞典』はさらに大きな「言語宇宙」をとらえていることになる。見出しの数だけでいえば、『日本国語大辞典』は『広辞苑』の三倍弱であるから、『広辞苑』三冊分ぐらいの分量でいいことになる。しかし『日本国語大辞典』十三巻は『広辞苑』三冊分をはるかに超えている。それは一つ一つの見出しに配されている「情報」が多いことによる。単純に見出しが多いということではなく、見出しとなっている語にかかわるさまざまな「情報」が記されている、ということだ。それゆえ、よみごたえもある。

初版から二版まで

『日本国語大辞典』の初版は一九七二（昭和四十七）年から一九七六年にかけて全二十巻Ａ４変型の判型で刊行された。四十五万項目、七十五万用例を収め、「主要出典一覧」「方言資料および方言出典番号一覧」「なまりの注記に用いる資料および略号一覧」「アクセント史の資料」が収められた別冊（全十六ページ）が附された。印刷所は図書印刷。初版の冒頭に置かれた「発刊の辞」は第二版にもそのまま掲げられており、これが『日本国語大辞典』の出発点といってよいと思われるので、その一部を掲げておくことにする。

国語辞典は一国の文化を象徴する。真の国語辞典の有無、あるいはその辞典の性格に、その国の文化の水準が反映するといってよい。文化とことばとの深いかかわりを考えるとき、一国の文化を継承しこれを将来に伝達するために果たす国語辞典の役割は、きわめて大きい。

ゆれ動く表記の規範を求め、あるいは国語教育の必要に対応せんがための辞書の企ては多いが、膨大な資料に立ち返って、日本語をくまなく記録しようとする試みは見られなかった。日本文化の歴史をとらえ、日本民族のこころを伝える国語辞典の編纂は、限られた分野で進められるものでもなく、短い期間で成しうるものでもない。そして、その成果を盛り込むには、とうてい一巻や二巻で足りるものでもない。まさに十巻二十巻に及ぶ国語大辞典でなければならない。

国語大辞典の生命は、まずその引例文にある。上代から現代に至る実際の用例を集め、その上に立って意義用法を記述すべきである。そのために、国語大辞典の編纂は、さまざまな分野の資料を渉猟して、その中からことばの生きた使用例を集めることから出発する。電子計算機の発達した今日にあっても、日本語の複雑な表記を、とりわけ、文献に見られるおびただしい漢字を機械的に処理するまでには至っていない。そこで、文献からことばを拾いあげ、用例を記録し、執筆のための資料を作るという作業には、まさに膨大な頭脳と労力とが結集されなければならない。

『日本国語大辞典』の「気概」を示す文章といってよいだろう。「統一」という観点から一言述べるとすれば、右には「引例文」「用例」「使用例」という表現が使われている。「引例文」はともかくとして、「用例」と「使用例」とは異なるのか、異ならないのか。短い文章中であるので、「読み手」のために、できるだけの「統一」ははかってほしいと思う。

さて、一九七九（昭和五十四）年から一九八一年にかけては縮刷版全十巻がB５変型の判型で刊行された。一九八一年には『小学館国語大辞典』（全一冊）が刊行され、翌年には『故事・俗信 ことわざ大辞典』が刊行された。

『日本国語大辞典』第十三巻には「第二版・あとがき」が附されているが、その「改訂の前史」②「**辞典のデータベース化と「言泉」「現代国語例解辞典」等の派生企画**」の条に、「『小学館国語大辞典』は、活字組版によったが、刊行後ただちにコンピュータに入力し、のちの派生企画のデータベースとして利用することになった。まず各項目を百科分類し、それぞれ符号を付して分野別の専門検討を容易にした。これをもとに十五万語の「言泉」（一九八六年）、七万語の「現代国語例解辞典」（一九八五年）、親字約九千六百・熟語約五万の「現代漢語例解辞典」(一九九二年)等、中小の国語辞典・漢語辞典が編集された。この段階では、パソコンを利用するまでには至らなかったが、図書印刷文字情報システムと数理計画の汎用機による処理にたいへんお世話になった。これらの諸企画は、「国語大辞典」の単なる派生にとどまらず、そのつど、新たな資料と語彙の採集、用例と語釈の見直しを行なうことによって、その成果を母体の「日本国語大辞典」にも還元するという目論見のもとになされた」と記されている。また③「「日本方言大辞典」の刊行」には、「一方、初版以来の懸案でもあった、故大岩正仲先生の遺志をついだ約二十万語の「日本方言大辞典」(全三巻、一九八九年)が、徳川宗賢先生の御指導のもと、長期にわたるカード・原稿の整理を経て完成した。これには凸版印刷のコンピュータによる作業が大いに役に立ち、索引類の作製にも威力を発揮したが、この成果が、第二版の特色の一つである方言語彙の大幅増補に貢献することになった」とあって、『日本方言大辞典』が第二版の方言語彙の増補に使われたことがわかる。

第二版の編集委員会は一九九〇(平成二)年に発足し、その十年後の二〇〇〇年十二月二十日に第二版第一巻第一刷が刊行され、二〇〇二年一月十日に第二版第十三巻第一刷が刊行された。編集委員は北原保雄、久保田淳、谷脇理史、徳川宗賢、林大、前田富祺、松井栄一、渡辺実。「漢字索引」「方言索引」「出典一覧」を収めた別巻第一刷は二〇〇二年十二月二十日に刊行されたが、これは「別巻」なので、第二版は第十三巻の刊行をもって、完結したとみてよいだろう。五十万項目、一〇〇万用例を収録したことを謳う。

二〇〇六(平成十八)年には全三巻の『精選版』(三十万項目、三十万用例)が刊行された。

また、「第二版・あとがき」の末尾には「4　次なる改訂へ向けて」が置かれており、そこには「第三版がどのような媒体で実現するかは全く予想がつかない。しかし、いかなる媒体によるにせよ、大型の国語辞典の性質が、ある時期までの国語の集大成であり、その後数十年のことばのパラダイムを提供することにあるとすれば、書籍版と同じように時間をかけた語彙と用例の採集、電子化をふまえた、より正確で体系的な語義・用法の説明、さらに従来にも増して地道かつ綿密な検証作業等が求められることに変わりはない」とあって、電子媒体についてふれられている。

二〇〇七（平成十九）年七月からは、「日国オンライン」という名称で、ネットアドバンスが運営する総合オンライン辞書・辞典サイト「JapanKnowledge」のコンテンツの一つとして『日本国語大辞典』のオンライン版が提供されるようになった。（以下オンライン版と呼ぶことがある）このオンライン版は、第二版の内容を網羅し、見出しのみならず、語釈、用例、方言、出典情報などについて、前方一致・後方一致などの条件を附加して検索することができる。オンライン版については後に述べるが、紙に印刷された『日本国語大辞典』とはまったく別の物とみるのがよいと考える。

また、二〇〇七年八月には『精選版』の内容を、図版も含めて収めた電子辞書がカシオ計算機より発売されたが、現在ではSII（セイコーインスツル）からも同様のものが発売されている。二〇一七年には物書《ものかき》堂《どう》からiOS版（精選版）が発売されている。

初版は緑色をしていた。筆者が大学の学部学生であった頃使っていたのはこの初版だ。筆者が自分で購入したのは縮刷版からであるので、今回、古書肆から初版を購入した。第一巻には広告チラシが入っているが、そこには「今世紀最大の出版、ついに成る」「学会の英知を結集した日本文化の象徴」といったことばが記され、裏面には「日本辞典界における金字塔」というタイトルで、『大漢和辞典』の編集者である諸橋轍次の推薦文が載せられている。推薦文は「発刊の門出に当って心からの祝意を表すると共に、此の難業を完成せる学者諸君経営者諸君に対し満腔の謝意を併せ述べたいと思う」という一文で終わっている。「日本国語大辞典」という題字を書いたのが諸橋轍次であり、また編集顧問にも名を連ねている。諸橋轍次以外の編集顧問は、金田一京助、佐伯梅友、新村出、時枝誠記、西尾実、久松潜一、山岸徳平で、編集委員は市古貞次、金田一春彦、見坊豪紀、阪倉篤義、中村通夫、西尾光雄、林大、松井栄一、馬淵和夫、三谷栄一、山田巖、吉田精一であった。初版の「凡例」冒頭の「編集方針」をあげておこう。

一　この辞典は、日本語の意味用法などを、文献に徴して、歴史的に記述しようとするものである。
二　収録する語は、歴史的な文献に見られるものはもちろん、現代語にも及ぶ。また、地名・人名など固有名詞、専門用語をも含む。
三　語義説明は、ほぼ時代を追って記述し、その実際の使用例を、書名とともに示す。
四　用例文は、文学作品やいわゆる国語資料のみに限らず、広く歴史・宗教その他諸学の歴史的な文献からも採録する。
五　文献は、上代から明治・大正・昭和に及ぶ。また、漢語については、中国の文献をも用いる。
六　文献は、それぞれ信頼すべき一本を選び、異本から採録する場合は、その旨を表示する。
七　用例文の出所は、できるだけ詳細にする。また、一見してその分野や時代がわかるように、分野名や作者名を付記するものもある。
八　方言・語源説・発音・古辞書の欄を設けて、それぞれの分野の解説を収める。
九　見出しのかたち、および解説文は、現代の視点に立って引きやすく読みやすいように配慮する。

二版の「凡例」については第一章で述べるが、基本的な「編集方針」はほぼ変わっていないといえるだろう。ここではもう少し具体的に初版と二版とを対照してみることにする。

初版にあって二版にない見出し

初版第一巻が出版されたのが、一九七二（昭和四十七）年、二版第一巻が出版されたのが、二〇〇〇（平成十二）年であるので、初版と二版との間には二十八年が経過している。人間の三十年を一世代と考えれば、ほぼ一世代の違いがある。つまり親子ほど「年が離れている」ことになる。そうであれば、初版にあって二版にない見出し、初版になくて二版にある見出しがあることはむしろ当然であろう。したがって、ここでは、こんな見出しがあったのか、とかこんな見出しがなくなったのか、ということを具体的に感じてもらうために、少しだけ例示する。初版の「あああ」から「ああら」までの範囲を対照してみよう。

ああぐうる《名》方言 隠れんぼ遊びで、隠れた者を鬼が探し出せないで降参すること。琉球首里997

ああぐしゅ【赤胡椒】《名》方言 とうがらし（唐辛）。琉球与論島984

ああこ《名》方言 蛙の卵。群馬県多野郡万場229

ああしじゅ《名》方言 松の根などを燃やして暖をとり、また燈火とする炉。火鉢のような三つ足の土器。鹿児島県沖永良部993

ああち【合】《副》方言 同時に。「甲が言うのとああち乙も言う」琉球首里997

ああてぃだあ【赤天道】《名》方言 夕方の太陽。夕日。鹿児島県喜界島991

ああとうと【嗚呼尊】《連語》方言 神を拝むときにとなえることば。琉球998《あふたふと》琉球†98

ああとぅとぅ《名》方言 みこ（巫女）。鹿児島県喜界島991

ああまふぃんま【赤真昼間】《名》方言 白昼。まっぴるま。「ああまふぃんまから酒を飲んでいる」鹿児島県喜界島991

ああやあとぅいい【闘鶏】《名》方言 しゃも（軍鶏）。鹿児島県喜界島991

この範囲では、方言が見出しからはずされていることがわかる。例えば「アアコ」をオンライン版で検索すると、ヒットしない。ということは、二版には「アアコ」が、いわば「どこにもない」ということだろう。

初版になくて二版にある見出し

同じ範囲で、初版になくて二版にある見出しをあげてみよう。

ああい《感動》方言 ❶応答するときのことば。はい。❷相手に不承知であるときにいうことば。いいえ。（略）

ああいった《連体》（「ああいう」に、助動詞「た」が付いて一語化した語）「ああいう」に同じ。（略）

アーガイル《名》（英 argyle スコットランド西部の旧州名 Argyllshire に由来）二色または三色以上の菱形またはダイヤモンド柄（斜め格子）のこと。ニット地に多く用いられる。

アーキテクチャー《名》（英 architecture）《アーキテクチュア》[1] 建築術。建築学。また、建造様式。構成。構造。[2] コンピュータのハードウエア及びソフトウエアにおける設計思想。コンピュータを動作させるための機器やOSの構造・構成のあり方の根底となる。

アーク《名》（英 arc）「アークとう（―灯）」の略。

アークトゥルス（ラテン Arcturus）《アルクトゥルス・アークチュルス》牛飼座のアルファ星。地球からの距離は三六光年。直径は太陽の二四倍。光度マイナス〇・一。春から夏、南天の夜空に橙色に輝く。ギリシア神話でアルカスが変じた星。麦星。中国名、大角（だいかく）。

アースせん【―線】《名》アースに用いる銅線などのこと。

ああた《代名》「あなた」のくだけた言い方。

アーチがた【―型・―形】《名》（主として建築物の構造で）半円形に弧をえがいたかたち。

アーティクル《名》（英 article）[1] 箇条。条項。[2] 新聞・雑誌などの記事。

ああとうとう【嗚呼尊】[方言] 一《感動》❶神仏を拝む時に唱えることば。（略）

アートフラワー《名》（洋語 art flower）布地を使い、できるだけ自然の草花に近づけた造花。（略）

アーナンダ（梵 Ānanda）⇩あなん（阿難）

ああぬきたあらあ【仰向―】《名》[方言] ❶不注意者。うっかり者。❷ばか者。

アーバン（英 urban）一《形動》都会的であるさま。二《語素》「都市の」「都市的な」の意で他の語と複合して用いる。「アーバンウエア」「アーバンライフ（＝都市生活）」

アームレスト《名》（英 armrest）座席のひじ掛けや腕のもたれ。

アーメンくさい【―臭】《形口》いかにもキリスト教的である。キリスト教徒らしい。ひやかしたり、さげすんだりしていう語。

外来語が多いのは当然であるが、むしろ初版と二版とでは見出しの出入りがあまりない、という印象をもつ。例えば「アーカイブ」が見出しになる可能性はなかったのだろうか。『朝日新聞』の記事に検索をかけてみると、一九八八（昭和六十三）年八月二十七日の記事がヒットする。そこには、「アーカイブズとは、文書や情報の保管所を意味する英語である」とあるので、この時点ではまだ「アーカイブ」はひろく使われていなかったことが窺われる。一九九二（平成四）年一月一日の記事においても「フィルム・アーカイブ。聞き慣れない言葉だが、フィルムを収集、保存し、さらに復元して、上映することをいう」とあるので、まだこの頃もひろくは使われていなかったのだろう。一九九五年三月二日の記事の見出しには「アーカイブズって何？　県文書館で資料展　房総最古の文書も」とあるので、一九九五年の時点でもまだ説明なしでは新聞で使いにくい語だったと思われる。一九九五年でそうであれば、この語を見出しとすることは難しかっただろう。こうした外来語は、ある程度認識が広まると急激に使われだしそうで、そういうことと大型辞書の編集にかかる時間とを考え併せると、外来語を入れ換えていくのは案外と難しいことなのだろう。初版と二版とを対照すると、こういうこともなんとなく見当がつく。

二版をよんでいると、この見出しは初版にはないだろうな、と思うような語がある。

イタめし【―飯】《名》（イタは「イタリア」の略）俗に、イタリア料理をいう。

いまいち【今一】《名》（形動）（「今一つ」から。副詞的にも用いる）ちょっと不足していて、もの足りないこと。また、そのようなさまをいう俗語。もう一歩。「出来はいまいちだ」

イメージトレーニング《名》（英 image training）1 スポーツで実際に体を動かさず、頭の中で動作を考えて、その正しい運動動作を学習すること。2 ある事柄について、起こり得る場面、場合、対処方法などを、頭の中で考え、慣れておくこと。

インクジェットプリンター《名》（洋語 ink jet printer）極めて細いノズルから、インク微粒子を噴出させ、その方向を電界などで制御して、紙面に文字、図形を印書する装置。

ウォークマン（Walkman）ヘッドホン専用の小型カセットテープステレオ再生装置の商標名。

ウォーターゲートじけん【―事件】（ウォーターゲートは Watergate）アメリカの政治事件。一九七二年の大統領選挙戦の際に、共和党関係者がウォーターゲートビル内の民主党本部の電話を盗聴しようとして発覚したという事件。これをきっかけとして、七四年、当時のニクソン大統領の政治倫理が問われ、辞任に追い込まれた。

右の見出しは初版にはない。「インクジェットプリンター」や「ウォークマン」のように、初版編纂時にはそうした「モノ」がなかった場合や「ウォーターゲートじけん」のように、事件が発生していなかった場合には当然といえよう。

辞書の語釈の「メグリ」について

「キル」は、山田忠雄が『近代国語辞書の歩み』(一九八一年、三省堂)餘説第二章「日本国語大辞典」(下巻一一二八〜一四五八ページ)において採りあげている。この餘説第二章は『日本国語大辞典』初版の本格的な「書評」といってよいが、後に松井栄一がいわば「反論」のようなかたちで、「『近代国語辞書の歩み』余説第二章』について」(『国語学』一二八号、一九八二年三月)を発表する。後に『出逢った日本語・50万語——辞書作り三代の軌跡——』(二〇〇二年、小学館)に付録として収められ、さらに二〇一三(平成二十五)年八月には『出逢った日本語・50万語　辞書作り三代の軌跡』というタイトルのちくま文庫にもやはり付録として収められる。山田忠雄は『日本国語大辞典』の見出し「きる」の〔一〕が「つながっているもの、続いているものなどを断つ。また、付いているものを離す」(注:傍線筆者)とあることについて、「〔一〕の〈断つ〉は第一解で直ちにメグル〈物を切り離す。つながっているものを断ち切る〉。このようなメグリを未然に避ける為には、例えば次の如くするのが一案であろう、〔つながって・(続いて)いるものなどを〕刃物などを使って、部分に分けたり　本体から離したり　する」(一一八四ページ)と述べる。「メグル」「メグリ」は片仮名で書かれており、一種の(学術)用語であることを思わせる。これは見出し「きる」の語釈中に「断つ」という語が使われ、見出し「たつ」の語釈中に「切る」という語が使われていることを指す。「ドウドウメグリ」の「メグリ」と思われる。初版の見出し「たつ」には「物を切り離す。つながっているものを断ち切る。切断する」とある。

見出し「きる【切】」の語釈に「断つ」とだけあり、見出し「たつ【断】」の語釈に「切る」とだけあるということでは、辞書の語釈として批判されてもしかたがないであろうが、そうでなければ、忌避すべきこととまではいえない、というのが筆者の考え方である。

「タチキル（断切）」は「タツ＋キル」という複合語であるが、「タツ」と「キル」とにはそもそも語義に何ほどかの重なり合いがあるのではないか。山田忠雄が編集「主幹」であった『新明解国語辞典』第四版（一九八九年）の見出し「きる【切る】」の㊂「物事に区切りをつける」には「スイッチを―」という例があげられているが、「〔=操作して、回路を断つ〕」と説明されている（注：傍線筆者）。ここでは「キル」を「タツ（断）」で言い換えている。ある和語の語義を、その和語と類義の和語をもって理解する、ある和語の語義を、その和語と類義の漢語をもって理解する、ということは自然なことであり、辞書がそうした「自然な」言語理解に沿ったかたちで語義記述をすることには一定の意義があると考える。

オンライン版について

先に述べたように、二〇〇七（平成十九）年七月からは「日国オンライン」という名称で、『日本国語大辞典』のオンライン版が、個人向け月額一五七五円、法人向け月額一万五七五〇円で提供されるようになった。筆者の勤務する大学は、ネットアドバンスが運営する総合オンライン辞書・辞典サイト「JapanKnowledge」と契約をしており、学外からもオンライン版を使うことができる。

さまざまな研究会に参加して、研究発表を聞きながらでも、『日本国語大辞典』を調べることができるというのは、便利ということばでは言い表わしきれない。当然スマートフォンによってもアクセスできる。

全十三巻という、物理的に持ち運びが不可能な『日本国語大辞典』を、いつどこからでも調べることができるということはもちろん便利なことの第一であろうが、それを超えてやはり検索機能がすばらしい。「見出し」の検索ができることはもちろん、語釈等の項目すべてを検索対象とすることができる。これによって、ある語が、真の意味で『日本国語大辞典』に「あるかどうか」を確認することが瞬時にしてできるようになった。

例えば、筆者は二〇一七年三月二十七日から読み始め、四月二十三日に斎藤茂吉『あらたま』（大正十年一月一日発行、同年同月五日二版）を読み終わった。読みながら、折々、オンライン版に検索をかけていた。

家鴨《あひる》らに食《は》み残《のこ》されしダアリアは暴風《あらし》の中《なか》に／伏《ふ》しにけるかも（四十六ページ）

「／」は改行位置を示す。右で使われている「ダアリア」に検索をかけてみる。見出しのみに検索をかけるとヒットがない。しかし「全文」に検索をかけると、用例の中にはあることがわかる。

せいようばな【西洋花】〔名〕「せいようくさばな（西洋草花）」に同じ。＊恋慕ながし〔1898〕〈小栗風葉〉三「書生に持たせた鉢植の毒々しい西洋花（セイヤウバナ）を有為顔（したりがほ）に示したが」＊田楽豆腐〔1912〕〈森鴎外〉「黄いろいダアリアを始として、いろんな西洋花（セイヤウバナ）が咲くやうになった」＊桑の実〔1913〕〈鈴木三重吉〉二四「薄紫の西洋花の鉢植に」

にどざき【二度咲】〔名〕(1)一年に二度花が咲くこと。また、その花。なお、時節はずれに花が咲く狂い咲きをいうこともある。《季・冬》＊青年〔1910〜11〕〈森鴎外〉三「その傍に二度咲のダアリアの赤に黄の雑（まじ）った花が十ばかり」（略）

『日本国語大辞典』には見出し「ダーリア」はあるが、「ダーリア」というかたちになっていて、見出し「ダリア」の参照を促している。見出し「ダーリア〔名〕⇩ダリア」ということは、このがあるということは、この「ダーリア」というかたちが文献に「足跡」を残していることを推測させる。この「ダーリア」える【燃】」の⑷「赤い色がひじょうに鮮やかに輝くたとえ」の使用例として「＊写生紀行〔1922〕〈寺田寅彦〉「庭には赤いダーリアが燃えて居た」があげられていることがわかる。

「ダアリア」と「ダーリア」との間にどの程度発音の違いがあるか、は不分明であるが、書き方は異なるのであって、「ダリア」ではない、こうした書き方が確実にあったことがはっきりとしてくる。といっても「ダアリア」は森鷗外の作品と斎藤茂吉の短歌作品にしかみられない。

斎藤茂吉の短歌作品に使われていた「ダアリア」が気になったのは、まずはその書き方であるが、北原白秋が『桐の花』（一九一三年、東雲堂書店）に収めた短歌作品の中に、「君と見て一期《いちご》の別れする時もダリヤは紅《あか》しダ／リヤは紅《あか》し」（三六三ページ）、「哀《かな》しければ君をこよなく打擲《ちやうちやく》すあまりにダリ／ヤ紅《あか》く恨めし」（三六四ページ）、「身の上の一大事とはなりにけり紅《あか》きダリヤよ／紅《あか》きダリヤよ」「われら終に紅《あか》きダリヤを喰ひつくす虫の群か／と涙ながすも」（三六五ページ）、「鳥羽玉の黒きダリヤにあまつさへ日の照りそ／そぐ日の照りそそぐ」（三九六ページ）などがあることにもよる。茂吉は白秋の「ダリヤ」を知っていたのではないかと思ったが、こうしてみると白秋は鷗外のダリアを知っていたのかもしれない。「ダリアの文学史」か。

朝《あさ》ゆけば朝森《あさもり》うごき夕《ゆふ》くれば夕森《ゆふもり》うごく見《み》と／も悔《く》いめや（三十六ページ）

右で使われている「アサモリ（朝森）」をオンライン版で検索すると、見出し「あさもり【朝森】〔名〕朝の森。朝の静かな感じのする森」があって、そこに『あらたま』の「赤阪《あかさか》の見付《みつけ》を行《ゆ》きつ目《め》のまへに森《もり》こそせまれ／ゆらぐ朝森《あさもり》」（二〇七ページ）のみが使用例としてあげられていることがわかる。また「ユフモリ／ユウモリ（夕森）」は「全文」検索をしてもヒットしないので、『日本国語大辞典』のどこにもないことがわかる。「アサモリ」は斎藤茂吉の使用例しかなく、それと対になるような「ユフモリ／ユウモリ（夕森）」はない、となるとこれらの語は斎藤茂吉のみが使っていたという可能性を考える必要がある。こういうことがたちどころにわかるのがオンライン版のよさである。

『日本国語大辞典』という、大規模ですぐれた辞書が電子化され、検索が可能になったことで、『日本国語大辞典』の価値は飛躍的に上がった、といってよいだろう。かつその電子化された情報がインターネット上に公開されているということによって、その便利さははかりしれないものとなった。日本語の分析、考察ということでいえば、このオンライン版を使うのと使わないのとでは、だいぶ差がでてくるかもしれない。そういう意味合いからすれば、検索機能と一体化したオンライン版と紙の辞書とは、もはや別物で、同じように論じることはできない、と考える。紙の辞書か電子辞書か、という議論は何度も繰り返されてきているが、そろそろ紙の辞書と電子辞書とは「別物」だと思ったほうがいいのではないか。

筆者は、小さなノートに簡単なメモをとりながら『日本国語大辞典』をよみ進めていった。なぜ小さなノートかというと、机の上に『日本国語大辞典』を開いて置くと、かなりのスペースをとるので、小さなノートでないと使いにくいからだ。それに気づいて、気に入ったデザインのノートを買いだめした。買いだめした時点では、このノートを何冊使うのだろう、と思ったが、結局七冊使った。

ある見出しをよんでいて、何か気になることがでてきた時に、すでによんだところに、同じようなことがあったかどうかわからないことが多い。そんな時に、オンライン版の検索機能を使うと、同じようなことがあったかどうか確認できる。

あんさく【暗索】〔名〕「あんちゅうもさく（暗中模索）」に同じ。＊福恵全書‐雑課部・雑徴余論「該胥不二敢暗索一」

右の項目では見出し「あんさく【暗索】」が「あんちゅうもさく（暗中模索）」に同じ」という説明のしかたをしている。この「に同じ」という説明が『日本国語大辞典』全体ではどれくらいあるか、というようなこともオンライン版で検索をすれば、たちどころにわかる。検索によれば、「に同じ」という表現が『日本国語大辞典』には四万六七一九、存在している。また、右の項目では『福恵全書』のみがあげられている。この『福恵全書』がどのくらい使用例としてあげられているかもわかる。検索によると一八五回使われている。ここまでは、「はじめに」で述べたように、本書は「『日本国語大辞典』をよむ」ということをテーマとしている。ここでは、大型辞書、中型辞書、小型辞書についてもふれながら、いわば「辞書をよむ」ということはどういうことかなどについて述べてきた。いわば「足ならし」のようなものだ。さて、第一章から、実際に『日本国語大辞典』に向き合ってみることにしよう。

第一章　まず「凡例」をよむ

辞書には「凡例」やその辞書の使い方を説明した文章などが附されていることが多い。「多い」というよりはほとんど附されているといってよいだろう。「凡例」には「編集方針」が含まれていることもある。また、小型辞書も大型辞書も、符号、記号を使って、「情報」を附加していることが多い。そうなると、辞書を使うにあたって、その辞書の「編集方針」に目を通し、どんな符号、記号がどのように使われているかということを知っておくことは大事だ。本章では第一巻の巻頭に置かれている「凡例」を検討してみることにする。

「編集方針」について

次に煩を厭わず「編集方針」をまずあげることにする。

一　この辞典は、わが国の文献に用いられた語・約五十万項目に見出しを付けて五十音順に配列し、その一々について、意味用法を解説し、極力、実際の用例を示すとともに、必要な注記を加えるものである。

二　採録した項目は、古来、国民の日常生活に用いられて、文献上に証拠を残すところの一般語彙のほか、方言、隠語、また、法律・経済・生物・医学・化学・物理等、各分野における専門用語、地名・人名・書名などの固有名詞を含んでいる。

三　項目の記述は、次に掲げる要素から成り立ち、各項目ごとに、必要な要素をこの順に示す。

見出し　歴史的仮名遣い　漢字表記　品詞
語義説明（語釈）　用例文　補助注記　語誌
方言　語源説　発音　上代特殊仮名遣い
辞書　表記　同訓異字

四　見出しのかたち、および解説文は現代仮名遣いによるなど、現代の視点に立って引きやすく読みやすいように配慮する。

五　語義説明は、ほぼ時代を追って記述し、その実際の使用例を、書名とその成立年または刊行年とともに示す。

六　用例文は、文学作品やいわゆる国語資料のみに限らず、広くさまざまな分野の歴史的な文献からも採録する。用例総数は約百万に及ぶ。

七　文献は、上代から明治・大正・昭和に及ぶ。また、漢語やことわざなどについては、中国の文献をも用いる。

八　文献は、それぞれ信頼すべき一本を選び、異本から採録する場合は、その旨を表示する。

九　用例文の出所は、できるだけ詳細にする。また、一見してその分野や時代がわかるように、分野名や作者名を付記するものもある。

十　語釈・用例文以外に、必要に応じて補助注記を施し、語誌・方言・語源説・発音・上代特殊仮名遣い・辞書・表記・同訓異字の欄を設けてそれぞれの分野の解説を収める。

実際の用例と用例文

一には「実際の用例」、三・九には「用例文」、五には「実際の使用例」とある。「実際の用例」と「実際の使用例」とは同義であろうが、「用例文」は同義ではないと推測する。『日本国語大辞典』の見出し「ようれい【用例】」には「使用してある例。用い方の例。引用例」と記されている。「使用してある例」は表現としてわかりにくい。「使用された例」と表現するのがよいのではないだろうか。「使用された例」は「実際の用例」「実際の使用例」と同義になる。

「用い方の例」も表現としては不十分ではないか。「用い方を示すための例」「使い方を示すための例」ぐらいではどうか。小型の国語辞書では紙幅の都合から、「実際の使用例」をあげにくい。『岩波国語辞典』第七版新版の見出し「かよわい」をあげる。

かよわい【か弱い】《形》弱々しく頼りない感じだ。「―女の細腕」（略）

右で「―女の細腕」は「カヨワイ」という語がどのように使われるか、その「使い方を示すための例」であるが、出所が示されていないので、これは編集者が自身の内省に基づいて作った例、すなわち「作例」であると推測する。『日本国語大辞典』の見出し「かよわい」は次のようになっている。

かよわい【−弱】《形口》文かよわし《形ク》（「か」は接頭語）いかにも弱いという感じである。よわよわしい。＊源氏（1001-14頃）桐壺「我が身はかよわく、物はかなきありさまにて」＊夜の寝覚（1045-68頃）四「入道殿は、なにばかりくるしげにはあらぬ御心地なりけれど、御斎（とき）御覧じいれで、いとかよはくなどぞ思しめされつる」＊浄瑠璃・艶容女舞衣（三勝半七）（1772）下「殊にかよはき生質（うまれつき）、ふ便さあまる親心」＊義血侠血（1894）〈泉鏡花〉一九「繊弱（カヨワ）き女子の身なりしことの口惜さ！」＊高瀬舟（1916）〈森鷗外〉「わたくしはこんなにかよわい体ではございますが」

『日本国語大辞典』では『源氏物語』から森鷗外『高瀬舟』まで「カヨワイ」という語の「実際の使用例」をあげている。

「用い方を示すための例」が「用例」であるならば、「用例」には、「実際に使われた例＝実際の使用例」と辞書編集者などが自身の内省に基づいて作った例＝「作例」とがあることになる。「実際の使用例」という表現を圧縮すれば「実例」ということになるが、「実例」と「作例」との区別が一般的にも曖昧になっているのではないだろうか。「用例」「実例」「作例」は言語について説明するための言語、すなわち「メタ言語」であるが、こうした「メタ言語」が案外と整っていないと感じることが少なくない。

さてそこで『日本国語大辞典』の「極力、実際の用例を示す」という表現であるが、これは「作例」を載せることがある、ということの謂いではなく、「実際の用例を示」していない見出しがある、ということの謂いであろう。「であろう」は曖昧な表現であるが、今回、「『日本国語大辞典』をよむ」の「よむ」対象は、「見出し」と「語釈」とを必須とし、「用例」は（おおむねよんではいるが）必ずよんだわけではない。そのために、「作例」があったかどうかということについて確言できないためである。

以下本書では、「用例」は「使い方を示すための例」、そして「用例」には「作例」と「実例」とがある、という「みかた」及び呼称を使うことにする。さて、『日本国語大辞典』には実例があげられていない見出しがある。例えば巻三の五七三ページにある、実例があげられていない見出しを幾つかあげてみよう。

かざんせいじしん【火山性地震】《名》火山活動が原因となって生じる地震。震源は浅く、火山の爆発、地下のマグマの移動やガス圧の変化による。火山地震。

かさんせいど【家産制度】《名》自作農保護の目的により、家族の生活基盤である住居および一定の農地などの不動産を主とする財産について、売買の禁止、債権者の追訴の禁止などの制限を加える制度。一八三九年、アメリカ合衆国のテキサス州が初めて採用した。

かざんぜんせん【火山前線】《名》弧状列島に沿う火山帯の海溝に面する線のこと。これより大洋側には火山はない。火山フロント。

がさんび【臥蚕眉】《名》湾曲して、眠期にある蚕の状態をした、太くたくましい眉。臥蚕。

かさんめいし【可算名詞】《名》（英 countable noun の訳語）名詞のうち、「一つの」と「二つ以上の」、すなわち「単」と「複」という対立が成り立つとみられるものをいう。不可算名詞、または物質名詞と区別される。

見出しによっては、実例をみたいと思うことがあるが、大型辞書といえども、紙幅が無限ではないのだから、実例があげられない見出しがあることは当然であろう。

「引きやすく読みやすい」

四には「見出しのかたち、および解説文は現代仮名遣いによるなど、現代の視点に立って引きやすく読みやすいように配慮する」とある。「引きやすく読みやすい」ということとかかわりがあるかどうか不分明であるが、例えば見出し「くさる【腐】」を採りあげて考えてみたい。用例は省いて引用する。

くさる【腐】■一《自ラ五(四)》[1]食べものが、微生物の作用によって、悪臭あるものに変化して食べられない状態になる。腐敗する。[2]微生物の作用で動物の死体の組織がくずれる。また、からだの一部がうみただれたり、灸(きゅう)のあとがくずれたりすることをもいう。[3]腐敗などの原因で悪臭を生じる。くさくなる。[4]布、木、石などが外気にさらされたりして、くだけくずれる。腐朽する。[5]金属が外気や薬品などのために、さびてぼろぼろになる。腐食する。[6]心が純粋さを失う。心が堕落する。[7]活気がなく、ゆううつになる。また、表立った活動をしないで、世にうもれる。めいる。(略)

この見出しをよんでいて、なぜ語釈[7]で使われている「ユウウツ(憂鬱)」という漢語は仮名で「ゆううつ」と書かれているのだろうか、と思った。「鬱」が「常用漢字表」に入れられたのは、二〇一〇(平成二十二）年であるので、二〇〇〇～二〇〇二年の時点では、その時点の「常用漢字表」に従うのであれば「憂うつ」と混ぜ書きすることになるので、それを避けるために、全体を仮名書きしたのだろうか。しかし漢語の全形仮名書きはそれはそれで読みにくくはないだろうか。あるいは1の「食べもの」は「食べ物」とどうして書かないのだろうかとも思う。

しかしまた、筆者がそう思うのは、自身が「常用漢字表＋現代仮名遣い」という書き方になじみすぎているからか、などとも思う。「常用漢字表」に載せられている漢字を使えるだけ使う、ということをしなくてもよいはずだが、「これは漢字で書けるのに」と思うのは、つまりはそういうことかもしれない。

中国の文献のみの見出し

七には「漢語やことわざなどについては、中国の文献をも用いる」とある。

きかく【几閣】《名》つくえと、たな。＊漢書‐刑法志「文書盈二於几閣一、典者不レ能二偏睹一」

きかく【帰客】《名》帰る客。また、故郷に帰る人。＊謝霊運‐九日従宋公戯馬台集送孔令詩「帰客遂二海隅一、脱レ冠謝二朝列一」

きかく【寄客】《名》1他人の家などに世話になって生活すること。また、その人。寄寓する人。寄食する人。居候。＊抱朴子「栄位勢利、譬如二寄客一」2旅人。旅中の人。

きかく【機画】《名》はかりごと。計画。謀策。＊五代史‐鄭仁誨伝「軍中機画、仁誨多レ所二参決一」

ききょう【貴郷】《名》相手を敬って、その故郷または住んでいる土地をいう語。貴地。貴境。＊李白‐

経乱離後流夜郎憶旧遊贈江夏韋太守詩「蹉跎不レ得レ意、駆レ馬還二貴郷一」

ぎぐ【儀具】《名》 儀式に用いる器具。＊後漢書‐班固伝「子是観二礼楽一挙二儀具一」

きけい【葵傾】《名》 フユアオイが太陽に向かって傾くこと。転じて、君主または長上の徳を慕い、心服すること。＊宋史‐楽志一五・鼓吹上「千官雲擁、羣后葵傾」

右では漢語が見出しとなっており、その使用例として中国の文献のみがあげられている。また、右の引用でわかるが、中国の文献には、成立年が入れられていない。中国の文献にも、おおよそでもよいので、成立年が入っているほうが親切ではなかったか。

『日本国語大辞典』が見出しとしているのだから、日本の文献での使用はある、と考えてよいのか、どうか。例えば「キケイ（葵傾）」という漢語が、日本のどのような文献でどのように使われているのか、ということを知りたくなる。それは日本語がどれだけその漢語を「消化」しているか、あるいは語彙体系内に溶け込ませているか、ということが、一つでも使用例があれば、少しは推測できるからだ。

中国の文献と日本の文献とが一つずつ

いつりん【軼倫】《名》（「倫」はともがらの意）他よりもすぐれていること。ぬきんでていること。＊漢語字類（1869）〈庄原謙吉〉「軼倫 イツリン ナミスグレ」＊鶡冠子‐天権「歴越踰俗、軼レ倫越レ等」

見出し「いつりん」では中国の文献『鶡冠子』と日本の文献『漢語字類』とがあげられている。このように、中国の文献と日本の文献とが一つずつあげられている見出しがある。多くの場合、日本の文献は、幕末から一八八七（明治二十）年頃までに陸続と出版された、漢語を見出しとする漢語辞書であることが多い。漢語辞書二つと中国の文献一つをあげている見出し、及び漢語辞書二つのみをあげている見出しを三つずつ示す。

いっとう【逸蕩】《名》ほしいままに楽しみにふけること。また、やるべきことをせずになまけること。＊漢語字類（1869）〈庄原謙吉〉「逸蕩 イッタウ ナマケル」＊布令字弁（1868-72）〈知足蹄原子〉六「逸蕩 イッタウ ナマケル」＊列子-楊朱「恣二耳目之所一レ娯、窮二意慮之所一レ為、熙熙然以至二於死一。此天民之逸蕩者也」

いてん【遺典】《名》昔の人が決めて残した法や掟。＊漢語字類（1869）〈庄原謙吉〉「遺典 ヰテン ムカシノヒトノシヲカレタオキテ」＊布令字弁（1868-72）〈知足蹄原子〉二「遺典 イテン ムカシノ人ノシヲカレタルオキテ」＊呉志-諸葛恪伝「感二四牧之遺典一、思二飲至之旧章一」

えきゆう【益邑】《名》領地を加増すること。益封。＊漢語字類（1869）〈庄原謙吉〉「益邑 ヱキイウ リャウブンノカゾウ」＊布令字弁（1868-72）〈知足蹄原子〉六「益邑 ヱキイウ リャウブンノカゾウ」＊春秋左伝-昭公七年「魯無レ憂、而孟孫益レ邑、子何病焉」

かいてんへきち【開天闢地】《名》乱れた世の中をたてなおすこと。＊漢語字類（1869）〈庄原謙吉〉「開

天闢地 カイテンヘキチ ミダレタヨヲタテナホス」＊布令字弁（1868-72）〈知足蹄原子〉五「開天闢地 カイテンヘキチ ミダレタ世ヲタテナヲス」

かくちょ【較著】《名》（形動）「こうちょ（較著）」に同じ。＊漢語字類（1869）〈庄原謙吉〉「較著 カクチョ ハッキリスル」＊布令字弁（1868-72）〈知足蹄原子〉三「較著 カクチョ ハッキリスル」

かとく【過督】《名》（「過」「督」ともにとがめる意）とがめること。＊漢語字類（1869）〈庄原謙吉〉「過督 クヮトク トガメル」＊布令字弁（1868-72）〈知足蹄原子〉四「過督 カトク トガメル」

『春秋左氏伝』のような中国の古典に使われた語が、明治期に出版された『漢語字類』や『布令字弁』のような漢語辞書に載せられているということをどうみるか、ということがまずある。『日本国語大辞典』が使用例を載せていないからといって、明治期まで使われなかったということではないはずであるが、しかしまた、『日本国語大辞典』があたっている主な文献には使われていなかった、という可能性もたかい。また、「『日本国語大辞典』があたっている主な文献」ではない文献においては案外と使われていたということであるならば、「『日本国語大辞典』があたっている主な文献」が日本語の語彙の歴史を考えるにあたっては、何ほどかの「偏り」があった、ということになる。いずれにしても、現時点では筆者には予想を示すことができないので、「謎」ということにしておきたいが、こういう「謎」を提起してくれる。

右にあげた例においては、「二つの漢語辞書」が『漢語字類』と『布令字弁』とである。右はそのような見出しを選んであげた。気づいた方もいるかと思うが、右に掲げた『漢語字類』の記事と『布令字弁』の記事とはほぼ「全同」である。『布令字弁』には幾つかの版があることがわかっている。『日本国語大辞典』が使っている『布令字弁』は別巻の「出典一覧」に「明治五年版本」とある。「明治五」の刊記をもつものには、初編から第七編までの「合綴本」と、それをさらに改編増訂した「増補本」（増補布令字弁）」とがある。筆者は明

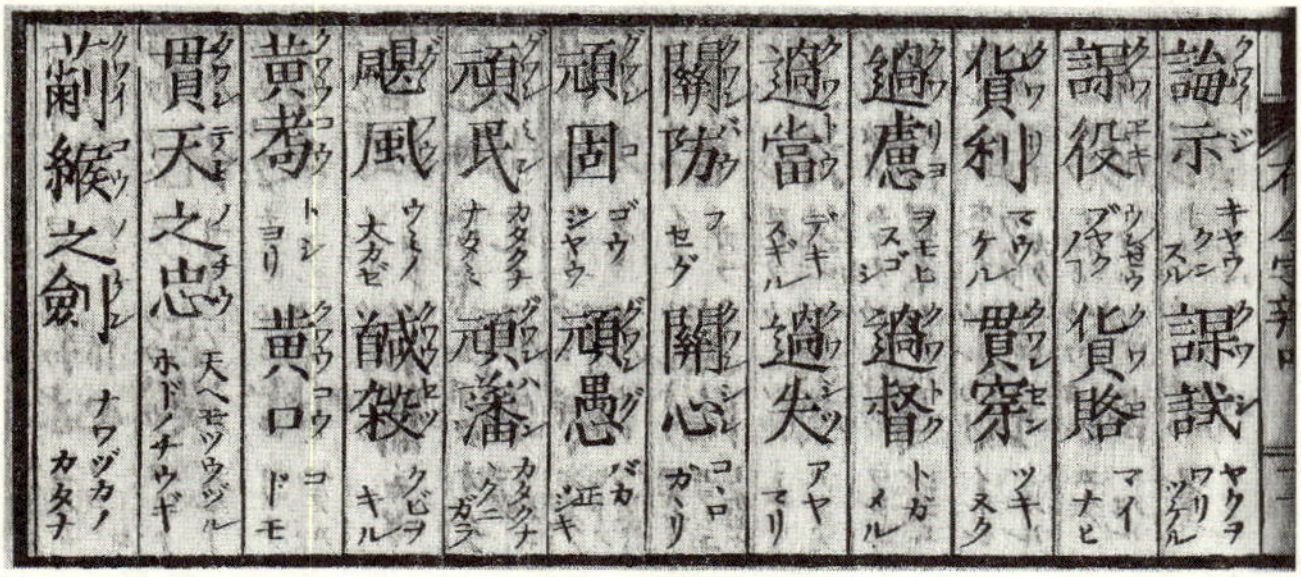
諭示　課試
課役　貨賂
貨利　貫察
過慮　過督
過當　過失
關防　關心
頑固　頑愚
頑民　頑藩
颶風　馘殺
黄耇　黄口
貫天之忠
蒯緱之劍

『布令字弁』合綴本

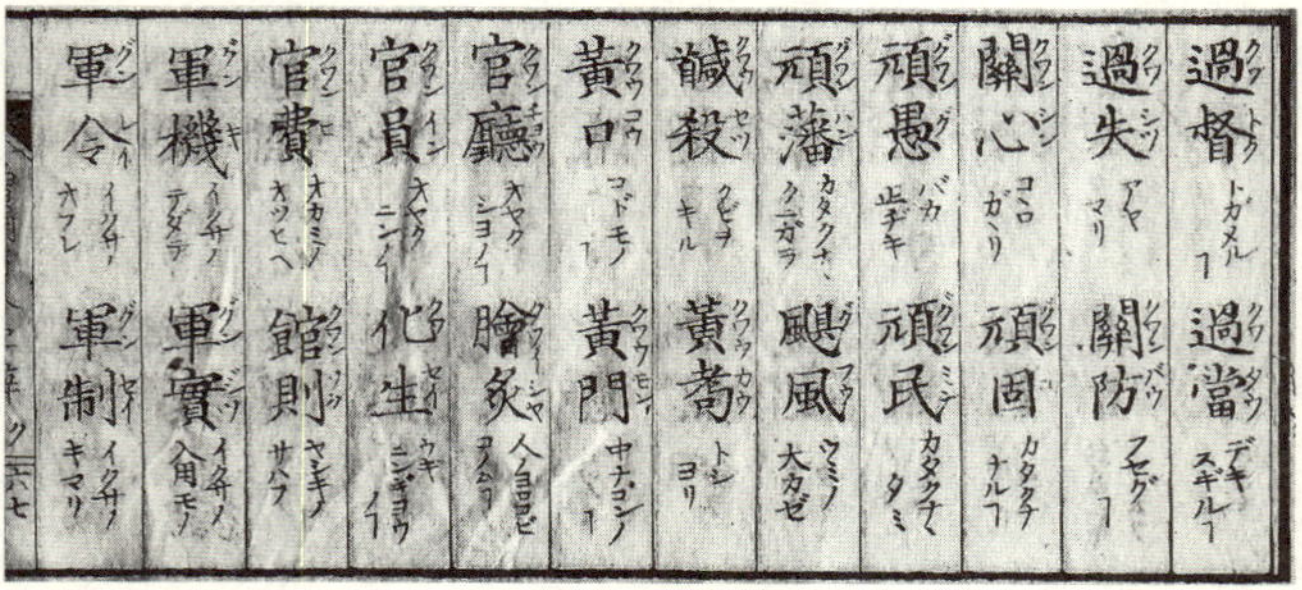
過督　過當
過失　關防
關心　頑固
頑愚　頑民
頑藩　颶風
馘殺　黄耇
黄口　黄門
官廳　膾炙
官員　化生
官費　館則
軍機　軍實
軍令　軍制

『布令字弁』増補本

治四年の刊記をもつ、初編から四編までの「合綴本」と「増補本（増補布令字弁）」とを所持しているが、「合綴本」には「過督《クワトク》　トガメル」（四・十一丁裏四行目）とあり、「増補本（増補布令字弁）」には「過督　トガメルコト」（六十七丁表一行目）とあることからすれば、おそらく『日本国語大辞典』が使ったのは、初編から第七編までの「合綴本」であろう。

ところで、一八六九（明治二）年に出版された『漢語字類』は後続の漢語辞書に大きな影響を与えたことが松井利彦『近代漢語辞書の成立と展開』（一九九〇年、笠間書院）によって指摘されている。そうした研究成果をすぐに反映することはもちろん難しいので、これは批判ということではもちろんない。ただ、「複数の文献」において当該語が使われているということは、ひいていえば、「ひろく当該語が使われていること」を推測させるとすれば、漢語辞書が二つあげられていても、両者に直接的な関連があることを考え併せると、これは結局二つの文献ではなく一つの文献ということに限りなくちかいことになる。もしもそのようなことが可能なのであれば、漢語辞書は直接的な関連のないものを選んで使うのがよいだろう。

見出しについて

「見出しについて」の内部は「一　見出しの種類」「二　見出しの文字」「三　見出しの中に示すかな以外の記号」「四　活用語の見出し」に分かれているが、ここでは一、二について考えることにする。

一　見出しの種類

1　かたちの上で、親見出しと子見出しの二段階があって、およそ次のように区別する。

親見出し……自立語・付属語・接辞などの、いわゆる単語の類

子見出し……慣用句・ことわざなどの類

親見出しは、大きめのアンチック体で示し、子見出しはその該当する親見出しの項につづけて、一字下げてやや小さめのゴシック体で示す。

2　記述の内容から、本見出しとから見出しがあって、およそ次のように区別する。

本見出し……解説・用例など、すべてを記述する項目

から見出し…別に本見出しがあって、それを⇩をもって指示する項目

あわいい【粟飯】《名》 粟と米とを混ぜて作った飯。＊車屋本謡曲・鉢木（1545頃）「勝（げに）や盧生が見し栄花の夢をさとりしも、粟飯かしぐ程ぞかし」＊日葡辞書（1603-04）「Auaiy（アワイイ）。すなわち、アワメシ」＊和訓栞（1777-1862）「あはいひ 粟飯也又脱粟飯といふは黒米飯をいふ」

あわいいの一炊（いっすい）**の**＝**間**（あいだ）［＝**夢**（ゆめ）］　粟の飯を炊くほどのわずかな時間。人生の栄華のはかなさをたとえていう。＊光悦本謡曲・邯鄲（1464頃）「さて夢の間は粟飯の一炊の間也。ふしぎなりや計りかたしや」

右の「あわいい」が「親見出し」で、「あわいいの一炊の間」が「子見出し」である。見出しに使われている字の大きさが異なるのと、一字下げであることによって、親見出しと子見出しとの区別はすぐにできる。しかし「アンチック体」と「ゴシック体」との違いはすぐにはわからないかもしれない。

ネイティブ《名》⇩ネーティブ
ねえぼろ《名》方言 ⇩だいろ
ネキタイ《名》⇩ネクタイ
ねったし【妬】《形ク》⇩ねったい(妬)
ねのひ【子日】⇩「ね(子)」の子見出し

右で「⇩」の前が、から見出し、後ろが本見出しである。子見出しが参照指示される場合もある。から見出しと本見出しとの関係はさまざまで、「ネイティブ」と「ネーティブ」とは「書き方」が異なるということで、「ネキタイ」と「ネクタイ」は語形が異なるとみるべきであろう。「ネキタイ」という語形がどのような文献で使われたか、筆者は興味があるが、それはわからないことになる。

方言語形「ねえぼろ」から「だいろ」を参照するように指示がある。「ダイロ」はカタツムリ、貝、ナメクジなどの方言として使われている語で、見出し「だいろ」にそれが集められている。形容詞「ネタシ(妬)」に促音がわりこんだ語形が「ネッタシ」であるが、それのいわば口語形が「ネッタイ」である。

ねったい【妬】《形口》文ねったし《形ク》「ねたし（妬）」の変化した語。「ちぇっ」「ちきしょう」のように、感動詞的にも用いる。＊平松家本平家（13C前）九・摺墨生済事「妬（ネッタイ）、左有ば景季も盗む可かりける者をと笑て偃にけり」＊史記抄（1477）一三・袁鼂「恨字は後悔之心也。ねったい殺つらう心ちあしと云心そ」＊寛永刊本蒙求抄（1529頃）三「ねったう問ふまい物をと天子のをぼしめしたぞ」＊天草本平家（1592）四・二「nettǒ（ネッタウ）サラバ　カヂワラモ　ヌスマウ　コトデ　アッタ　モノヲ」＊日葡辞書（1603-04）「Nettô（ネットウ）〈訳〉言ったり、したりしたことを後悔する様子をあらわすことば」＊浄瑠璃・平仮名盛衰記（1739）一「のふのふねったい佐々木殿」

から見出しの「から」はそこに当該語（形）にかかわる「情報」が何も記されていないという意味合いでの「から（空）」であろう。ある語を調べてみたら、それがから見出しで、本見出しを参照することが指示されていれば、当然本見出しを参照しなければ、「情報」が得られない。一冊で完結している辞書であれば、それほどたいへんではないが、『日本国語大辞典』のように多巻辞書であると、「ねえぼろ」と「だいろ」とが異なる巻に収められているというようなことがしばしば起こる。これはいわばどうしようもないことなので、いたしかたないが、一瞬ひるむ気持ちにはなりやすい。

「〜に同じ」

から見出しではないが、ある語を調べるとそこに「〜に同じ」とのみ記されている見出しがある。幾つか例をあげてみよう。

あいくろろ【合枢】《名》「あいせん（合栓）」に同じ。
あいしゃ【間遮】《名》「あいごま（間駒）」に同じ。
アイストング《名》（英 ice tongs から）「こおりばさみ（氷挟）」に同じ。
あいづぼん【会津本】《名》「あいづばん（会津版）」に同じ。
あいとむらい【相弔】《名》「あいぐやみ（相悔）」に同じ。
あいびん【哀愍・哀憫】《名》「あいみん（哀愍）」に同じ。
アウター《名》（英 outerwear から）「アウトウエア」に同じ。↔インナー
あえ《名》「あゆ（鮎）」に同じ。＊改正増補和英語林集成（1886）「Ae アエ〈訳〉ますの一種。アイ・アユに同じ」
あおぞらいち【青空市】《名》「あおぞらいちば（青空市場）」に同じ。
あおぶか【青鱶】《名》「あおざめ（青鮫）」に同じ。

こうしてみると「～に同じ」の「同じ」にはさまざまな「内実」があることがわかる。本見出し「あおざめ【青鮫】」には次のように記されている。

あおざめ【青鮫】《名》ネズミザメ科のサメ。全長は、約五メートルにも達する。背は暗青色、腹部は白い。全世界の暖海に分布し、日本では南日本の沖合いに多い。歯がナイフ状に鋭くとがり、人を襲った記録

もある。肉はかまぼこ、はんぺん、干物の材料、ひれは乾燥して中華料理に使う。あおやぎ。かつおざめ。いらぎ。ひとくいざめ。学名はIsurus oxyrinchus

「あおざめ」には「あおぶか」がない。これは一貫性を欠くのではないだろうか。わざわざ「あおぶか」というから見出しをたてているのは、「アオブカ」という語形で辞書を調べる人がいることを想定しているからではないか。そういう人がいることが想定されるのは、「アオブカ」という語形がある程度使われていることが前提となるのではないか。

見出し「あおやぎ【青柳】」の 方言 に「❷魚、あおざめ（青鮫）。大阪府016」とあり、見出し「かつおざめ【鰹鮫】」の語釈には「魚「あおざめ（青鮫）」の異名」とある。また、見出し「いらぎ」には「方言 魚、あおざめ（青鮫）」とあり、見出し「ひとくいざめ【人食鮫】」は「サメ類のうち、性質が凶暴で、遊泳中の人を襲うアオザメ、ヨシキリザメ、ホオジロザメなどの俗称」と説明されている。

これらの記事から判断すれば、見出し「あおざめ【青鮫】」の語釈末に置かれている「アオヤギ」「イラギ」は「アオザメ」の方言形で、「カツオザメ」は「アオザメ」の異名であることになる。そして「ヒトクイザメ」は遊泳中の人を襲うことがあるサメ類の「俗称」ということになる。「アオザメ」は「ヒトクイザメ」であるが、「ヒトクイザメ」は「アオザメ」のみではない。ここで「異名」が気になるが、「方言」のように、はっきりとした空間差がみられない場合なのだろうか。そのことについては措くことにするが、『日本国語大辞典』の辞書としての体系性を重視すれば、本見出しである「あおざめ【青鮫】」のどこかにから見出し「あおぶか【青鱶】」があるべきだろう。

さて、この「アオブカ」と「アオザメ」との場合は、同じサメの「別称」という意味合いでの「同じ」ということになる。今ここで、先にあげた例の一つ一つについて、「どう同じであるか」を確認することはしないが、「アオゾライチバ（青空市場）」の省略語形が「アオゾライチ（青空市）」であることは（日本語を母語としている者には）明らかであるともいえようが、そうであればなおさら、見出し「あおぞらいち【青空市】」の語釈に「「あおぞらいちば（青空市場）」の省略語形」と記すということは考えられないのだろうか。それをみて、語義を調べたい人は見出し「あおぞらいちば」をみる、ということだ。

語に指示物があって、その指示物が同じであれば、指している語も「同じ」という「みかた」はもちろん成り立つだろう。それは「宵の明星」と「明けの明星」は「同じ」金星をさしている、という「みかた」だ。しかし、言語は指示物とかかわりがないわけではもちろんないが、言語はむしろ「とらえかた」が「生命」という面もある。同じ物であっても、どうとらえるか、その「とらえかた」の違いは表現の違いである。「アエ」も「アイ」も「アユに同じ」ということになるかどうか。「アユ」が古くから使われている標準語形だとすれば、「アエ」や「アイ」はそれがなにほどか変異した（非標準的な）変異語形である。言語上の、そうした認識を反映した説明はあってもよいと思う。

先にあげたものには「～に同じ」とのみある見出しも含まれている。そうすると、だいたいの人は「Xに同じ」と示された見出し「X」を調べるだろう。だとすれば、このような「見出しXに同じ」は「⇩見出しX」というから見出しと変わらない。どういう場合に「見出しXに同じ」と記し、どういう場合に「⇩見出しX」と記すかという「基準」は辞書編集側にはあるのだろうか。よんでいる限りでは、両者の違いがはっきりとはわからなかった。

語・外来語という「語種」を二種類ある仮名を使って、表示仕分けるという工夫をしている辞書は少なくない。といっても、語種は三種類あって、仮名は「平仮名・片仮名」の二種類であるので、きれいに表示し分けることはそもそもできない。

こうした工夫は明治期に編まれた辞書にまで遡る。例えば、一八八五（明治十八）年に出版された近藤真琴『ことばのその』は外来語を見出しとしていないが、「もろこしまたハ　てんぢく　の　ことば　の　わがくに　の　ことば　と　なり　たる　ハ　カタカナにて」、また「ゾクゴ　ハ　カタカナ　にて　か」くことを謳う。したがって、「漢語＋梵語＋俗語」を片仮名で、和語を平仮名で書いている。一八九一年に印刷出版が完結した大槻文彦『言海』はその「索引指南」（十二）において、見出しとしている語に関して、「和語」と「漢語（字ノ音ノ語）」とを使用する平仮名活字を変えて表示し分けることを謳っている。そして、「唐音ノ語、其他ノ外国語」は片仮名で表示している。したがって、片仮名の見出しは「唐音ノ語」を含む「外国語（外来語）」で、平仮名の見出しで「フトゴマ」と呼ばれる活字で印刷されているのが「和語」、「ホソゴマ」と呼ばれる活字で印刷されているのが「漢語」ということになる。

「見出しの文字」について

「二　見出しの文字」の「和語・漢語はひらがなで示し、外来語はかたかなで示す」というように、和語・漢

現在刊行されている辞書においても、例えば『新潮国語辞典』第二版は「見出し語」について、「見出し語はアンチック体とし、平仮名と片仮名とを用いた。平仮名は和語（固有の日本語）であることを、片仮名は漢語（字音語）または外来語およびそれに準ずるものであることを示す」（「凡例」）と述べている。あるいは、『三省堂国語辞典』第七版は「この辞書のきまり」の中で「和語・漢語はひらがなで、外来語はカタカナで示

します」と述べている。外来語を片仮名で書くというのは現代日本語の標準的な書き方といってよい。いつもおもしろいと筆者が思うのは、「カタカナ」という語は片仮名で書かれやすいということだ。右でも「外来語はカタカナで示します」と書かれていて、外来語ではない「カタカナ」という語が片仮名で書かれている。

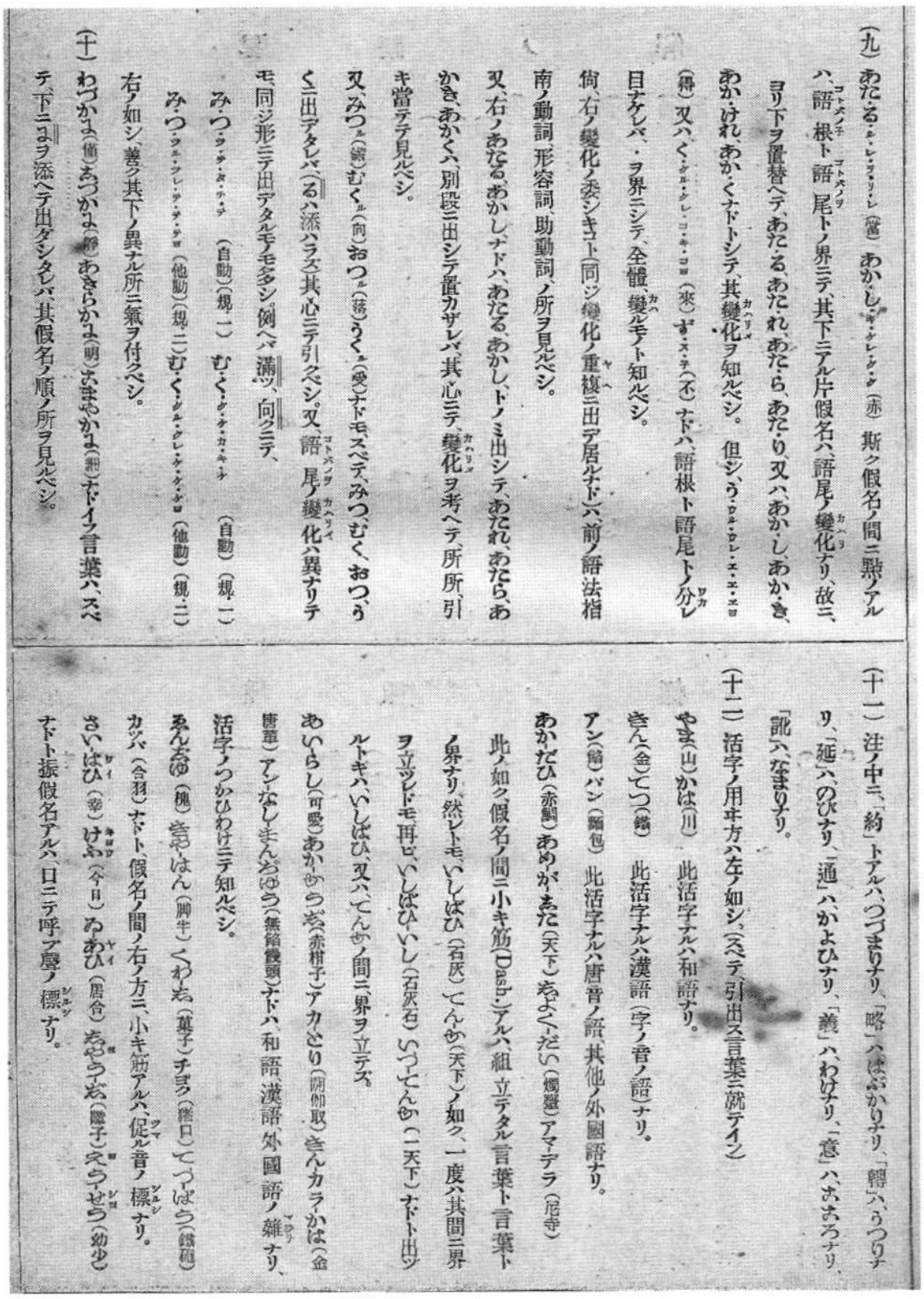

(九) あた・る（ル・レ・ラ・リ・レ）（當）あか・し（キ・ケレ・ク・ク）（赤）斯ク假名ノ間ニ點ノアルハ、語《コトノネ》根ト語《コトバノヲ》尾トノ界ニテ、其下ニアル片假名ハ語尾ノ變化《カハリ》ナリ、故ニ、ヨリ下ヲ置替ヘテ、あたる、あたれ、あたら、あたり、又ハあかし、あかき、あかけれ、あかくナドトシテ、其變化《カハリメ》ヲ知ルベシ。但シ、う（ウル・ウレ・エ・エ・エヨ）（得）又ハく（クル・クレ・コ・キ・コヨ）（來）ず（ス・テ）（不）ナドハ、語根ト語尾トノ分《ワカ》目ナケレバ、・ヲ界ニシテ、全體、變《カハ》ルモノト知ルベシ。

倘、右ノ變化ノ委シキコト（同ジ變化ノ重複《ヤヘ》ニ出デ居ルナド）ハ、前ノ語法指南ノ動詞、形容詞、助動詞、ノ所ヲ見ルベシ。

又、右ノあたる、あかしナドハ、あたる、あかし、トノミ出シテ、あたれ、あたら、あかき、あかくハ、別段ニ出シテ置カザレバ、其心ニテ、變化《カハリメ》ヲ考ヘテ、所所、引キ當テテ見ルベシ。

又、みつ（ツル）（滿）むく（クル）（向）おつ（ツル）（落）うく（クル）（受）ナドモ、スベテ、みつ、むく、おつ、うくニ出デタレバ、（るハ添ハラズ）其心ニテ引クベシ。又、語《コトバノヲ》尾ノ變化《カハリイ》ハ異ナリテモ、同ジ形ニテ出デタルモノモ多シ。例ヘバ、滿ツ、向クニテ、

み・つ（タ・チ・ツ・ツ・テ）（自動）（規・一）む・く（カ・キ・ク・ク・ケ）（自動）（規・一）

み・つ（ツル・ツレ・テ・テ・テヨ）（他動）（規・二）む・く（クル・クレ・ケ・ケ・ケヨ）（他動）（規・二）

右ノ如シ、善ク其下ノ異ナル所ニ氣ヲ付クベシ。

(十) わづかに（僅）あつかに（厚）あきらかに（明）こまやかに（細）ナドイフ言葉ハ、スベテ、下ニにヲ添ヘテ出ダシタレバ、其假名ノ順ノ所ヲ見ルベシ。

(十一) 注ノ中ニ、「約」トアルハ、つづまりナリ、「略」ハはぶかりナリ、「轉」ハ、うつりナリ、「延」ハのびナリ、「通」ハかよひナリ、「義」ハ、わけナリ、「意」ハこころナリ、「訛」ハ、なまりナリ。

(十二) 活字ノ用ヰ方ハ左ノ如シ、（スベテ、引出ス言葉ニ就テイフ）

やま（山）かは（川） 此活字ナルハ和語ナリ。

きん（金）てつ（鐵） 此活字ナルハ漢語（字ノ音ノ語）ナリ。

アン（餡）パン（麪包） 此活字ナルハ唐音ノ語、其他ノ外國語ナリ。

あか-だひ（赤鯛）あめ-が-した（天下）ちよく-だい（燭臺）アマ-デラ（尼寺）

此ノ如ク、假名ノ間ニ小キ筋（Dash.）アルハ、組立テタル言葉ト言葉トノ界ナリ、然レドモ、いしばひ（石灰）てんか（天下）ノ如ク、一度ハ其間ニ界ヲ立ツレドモ再ビ、いしばひ-いし（石灰石）いつ-てんか（一天下）ナドト出ヅルトキハ、いしばひ、又ハ、てんかノ間ニ界ヲ立テズ。

あいらし（可愛）あか-かうじ（赤柑子）アカ-とり（閼伽取）きん-カラ-かは（金唐革）アン-なし-まんぢゆう（無餡饅頭）ナドハ、和語、漢語、外國語ノ雜《マゼリ》ナリ、活字ノつかひわけニテ知ルベシ。

あんぎや（行脚）きやはん（脚半）くわし（菓子）チヨク（猪口）てつぱう（鐵砲）カッパ（合羽）ナドト、假名ノ間ノ右ノ方ニ、小キ筋アルハ、促ル音《ツマ》ノ標《シルシ》ナリ。

さいはひ（幸）けふ（今日）ゐあひ（居合）やうす（樣子）えうせう（幼少）ナドト振假名アルハ、口ニテ呼ブ聲ノ標《シルシ》ナリ。

『言海』「索引指南」

見出しを現代仮名遣いで書く

2には「和語・漢語については、古語・現代語の別なく、「現代仮名遣い」（昭和六十一年七月内閣告示）に準ずる。方言は、必ずしも現代仮名遣いには準じない」と記されている。

古語であっても、発音を考え、「現代仮名遣い」で見出しにする、ということはさほど無理はない。ただしこのことも厳密に考えようとすると、難しい面を含む。

日本語には西暦一〇〇〇年頃に「ハ行転呼音現象」と呼ばれる音韻変化が起こった。英語「river」にあたる和語は「かは（川）」で、発音は「カハ」であった。この「ハ」が「ワ」という発音に接近し、ついには「ワ」になった。そうすると、この語の発音は「ハ行転呼音現象」前であれば、「カハ」であるが、「ハ行転呼音現象」後では「カワ」になる。紀貫之は九四五年頃に没したというみかたがある。そうだとすると、「ハ行転呼音現象」が起こる前に没したことになる。紫式部は西暦一〇〇〇年を超えてから没したと推測されている。そうであれば、紫式部は「ハ行転呼音現象」を経験していることになる。となれば、紀貫之は「カハ」、紫式部は「カワ」と発音したことになる。つまり語中尾に「ハ行音」を含む語は、時期によって発音が異なる。あるいは「タマフ（給）」であれば、最初は「タマフ」と発音していたが、「ハ行転呼音現象」によって「タマウ」、さらに中世頃には長音化して「タモー」という発音もされるようになった。となると、時期によって発音がさらに異なる。『日本国語大辞典』においては「たまう《たまふ》【賜・給・食】」を本見出しとし、「たもう《たまふ》【賜・給・食】」をから見出しとしている。できる範囲で行き届いていると評価することができよう。

こうしたことにかかわって、一つだけ気になった見出しがあった。

こひじ ぢ:ひ**【泥】**《名》（「こ」は接頭語）どろ。どろつち。ひじりこ。＊十巻本和名抄（934頃）一「泥　孫愐云泥〈奴低反　和名比知利古　一云古比知〉土和水也」＊蜻蛉（974頃）上・応和二年「天の下さわぐ心も大水にたれもこひぢにぬれざらめやは」＊更級日記（1059頃）「浜も砂子白くなどもなく、こひぢのやうにて、むらさき生ふと聞く野も、蘆をぎのみ高く生ひて」＊名語記（1275）五「泥をば、こひぢとよめり」

ひじ ぢひ**【泥・埿】**《名》水分のまじった土。どろ。ぬかるみ。泥土（でいど）。ひじのこ。ひじりこ。＊万葉（8C後）一五・三七二七「ちり比治（ヒヂ）の数にもあらぬわれ故に思ひわぶらむ妹が悲しさ〈中臣宅守〉」＊観智院本名義抄（1241）「泥　ヒヂ」

現代日本語「ドロ」に対応しそうな古語が「ヒヂ」で、それに接頭語「コ」が上接した語が「コヒヂ」である。「コヒヂ」が「コ＋ヒヂ」であることがしっかり意識されていれば、「ハ行転呼音現象」をこうむることなく、この語の発音は「コヒヂ（コヒジ）」のままであるが、「コ＋ヒヂ」という語構成であることが意識されないと、「ヒ」は語中ということになり、「コイヂ」という発音になる。「ハハ（母）」だって、一度は「ハワ」という語形になっていたことが文献からわかる。しかし、「チチ（父）」という語形を対にもつ「ハハ」は結局は同音の繰り返しという語形に戻って現在に至る。そもそも、「コヒヂ」という語は現在使われていない。この語が「ハ行転呼音現象」をこうむることなく、ずっと「コヒヂ（コヒジ）」という発音であったかどうか、ということろが気になる点である。おそらくは、文献上、明らかに「コイヂ（コイジ）」という発音を思わせる仮名書き語形がみつかっていないから、「ハ行転呼音現象」をこうむっていない、と判断したのであろう。

それはそれで、妥当な「処理」のしかただと思う。しかし「ハ行転呼音現象」はなかなか強力な音韻変化現象であったようで、「チヒロ（千尋）」というような明らかに「チ＋ヒロ」という語構成であると意識されそうな語であっても、「チイロ」という語形をうみだしたりもしている。「コヒヂ」は絶対に「コイヂ」という語形をうみださなかったか。漢字「泥」の和訓のように意識されてしまうと、「コ」が接頭語であることも意識しにくくならないか、というのが筆者の思うことだ。

古語を調べる

実は古語を調べる時が難しいかもしれない。学生と明治期に出版された雑誌や文学作品を読んだり、さらに遡った時期に成立した文献を読んだりしている。そこでであった語を『日本国語大辞典』で調べると……「見出しがありませんでした」という報告を受けることがある。次に森鷗外の「文つかひ」を『ちりひぢ』（大正四年十二月二十三日、千章館）に収められているかたちであげる。

> 食終りてつぎの間にいづれば、こゝはちひさき座敷めきたるところにて、軟き椅子、「ゾファ」などの脚きはめて短きをおほく据ゑたり。こゝにて珈琲の饗応あり。給仕のをとこ小盞に焼酎のたぐひいくつか注いだるを持てく。（七十ページ）

ほとんどの辞書が活用語は終止形を見出しにするということは「常識」であるとして、つねに終止形のみが使われていないことはいうまでもない。となれば、古語を『日本国語大辞典』で調べるためには、一通りの「古典文法」がわかっていなければならない。「それは大学生ならわかっているでしょ」ということを日本中の大学生にあてはめることができるかどうか。それは、日本国中の高等学校で「古典文法」をどの程度教えているか、ということでもあろう。教育していないことはわからなくても当然というみかたもある。「古典文法」がわかっていなくても古語を調べることができるようにするのであれば、「ちひさき」も「おほく」もから見出しにするしかない。「チヒサキ」と「チイサシ」とは同じ語だというのは、当然だと思うかもしれないが、それだって一つの「みかた」といってもよい。仮名書きしたかたちは「ちひさき」と「ちひさし」とでは明らかに違う。目に見えている「かたち」によりどころを求めるのであれば、そういう「みかた」は成り立つ。

古語を調べるためには、まず「据ゑたり」は「スヱ＋タリ」と分かれ、「スヱ」の終止形は「スウ」であるということがわからなければいけない。その「スウ」を調べるとから見出し「すう【据】《他ワ下二》⇩すえる（据）」にたどり着く。そしてそこから本見出し「すえる【据】」に至ることができる。古語「スウ」の口語形が「スエル」だとわかっていれば、もう少し早く本見出しに至ることができる。

最近「あと百年経ったらどうなっているか」と思うことが多くなった。筆者の年のせいならむしろいいが、それだけ日本語をとりまく環境が変わってきたと感じることが多い。右のことも、あと百年経った時にどうなっているだろうか。あらゆる活用形をから見出しとしてたてる辞書が出現していないだろうか。

『日本国語大辞典』側にひきつけて右のことをいえば、見出しは基本的に現代の語形、発音によってたてられている。その見出しがかつてはどう書かれていたかは示されている。したがって、「現代日本語」から「古語」への「回路」はなんとか確保されているが、「古語」側から「現代日本語」への「回路」は確保されていない、ということだ。「それはしかたがないんじゃない」と思われた方が多いだろう。たしかにそれはしかたがない。しかし、先で述べたようなことを考え併せれば、今後とも「しかたがない」といっていてよいかどうか。むしろ積極的に「古語」と「現代日本語」とを結びつける「回路」を辞書内に確保する必要はないだろうか。

漢字欄について

「漢字欄について」は七条にわたっているが、その五条までを次に掲げる。

1　見出しの語に当てられる慣用的な漢字表記のうち主なものを【　】の中に示す。

2　慣用的な漢字表記が二つ以上考えられる場合、それらを併記するが、その配列は、主として現代の慣用を優先する。その判断を下しがたいものは画数順に従う。

3　見出しの語の構成上、漢字を当てる慣用のない部分を含むものについては、原則としてその見出しを・の前後に分けて考え、その部分に━を当てて示す。ただし、その要素が外来語である場合は、語構成にかかわらず外来語の部分に━を当てて示す。

4　いわゆる当て字の類もできるだけ示し、植物などで漢名を当てる慣用のあるものについては、その漢字をも示す。ただし、万葉集等での万葉がな書きは示さない。また、当てる漢字の読みの歴史的仮名遣いが見出し語の下に示したものと異なる場合は、適宜それを小文字で示した。

5　字体は常用漢字表に従い、構成のいちじるしく異なるものなどについては必要に応じて、いわゆる旧字体をも示す。複合語で、かたかな・ひらがな、またはローマ字で書く慣用が固定していて、漢字と熟合するものについては、それらをも含めて示す。

慣用的な漢字表記

筆者は、ある語をどう書くのが標準的か、ということについてずっと関心がある。それは「どのような方法で標準的な表記」かどうかを判断、判定すればよいか、ということと表裏一体の関心でもある。『日本国語大辞典』にとっては少し「意地の悪い」例から話をはじめよう。

あさは【浅羽・浅葉】　所在未詳の地名。埼玉県坂戸市の地とも、「和名抄」の「麻羽郷」の遺称とも、静岡県南西部遠江灘に面する町とも、長野県松本市浅間温泉の古名ともいわれる。＊万葉集（8C後）一一・二七六三「紅（くれなゐ）の浅葉の野らに刈る草（かや）の束の間も吾を忘らすな〈作者未詳〉」＊続後撰（1251）恋四・九三〇「紅（くれなゐ）のあさはの野らの露の上にわが敷く袖ぞ人なとがめそ〈藤原家隆〉」

右の見出し「あさは【浅羽・浅葉】」は「所在未詳の地名」と説明されている。使用例として、『万葉集』の二七六三番歌と『続後撰和歌集』の九三〇番歌があげられている。『万葉集』の歌は「紅之　浅葉乃野良尓苅草乃　束之間毛　吾忘渚菜（紅の浅葉の野らに刈る草《かや》の束《つか》の間《あひだ》もあを忘らすな）」と書かれている。「アサハ」はたしかに漢字で「浅葉」と書かれているが、『万葉集』にみえる漢字列をそれだけで「慣用的」と認めることはできないだろう。『日本国語大辞典』の見出し「かんよう【慣用】」の語釈は「使い慣れること。習慣として長い間世間で使い慣れること」とある。筆者の理解も同様で、右のような「文脈」で「慣用的な漢字表記」といえば、一定期間その漢字列が使われていた実績がある、ということであろう。あげられている『続後撰和歌集』の例は「あさは」と仮名書きされている。『和名類聚抄』には「麻羽郷」とあるのであって、では「浅羽」はどこにあるのか、ということになる。『日本国語大辞典』の「あさは」の項目のどこをみても、「浅羽」に結びつく情報は提示されていない。これでは使用者は困るのではないか。あるいは次のような見出しはどうだろう。見出し「あざ【嫐】」には「天正カルタ、めくりカルタなどのハウ（棍棒）の一の札。三皇（あざ、しゃか、あおこ）の一つで、点数五〇に当たる強い札。青一。青虫。虫」とある。

あざばね【嫐撥】《名》語義未詳。めくりカルタの嫐（あざ）で役をつくる意か。また、この札を打って勝利を得ることともいう。＊浄瑠璃・大職冠（1711頃）道行「又ひらよみにまきなをし、五したに打きり、つんばね、あざばね、にぎりのそろでぞ勝たりけり」＊雑俳・柳多留‐一一（1776）「しげ忠が無いとあざばね打つ所」

「語義未詳」の語の「慣用的な漢字表記」をどうやって判定するのだろうか。語義はよくわからないけれども、文字化されたかたちは、つねにこのかたち、ということなのだろうか。しかし、見出し「あざばね」についていえば、あげられている使用例はいずれも仮名書きされており、「嫐撥」とは書かれていない。こうした「語義未詳」など、不分明な点がある語についてまで「慣用的な漢字表記」を示す必要はないのではないだろうか。「漢字でどう書くか」ということに過剰にこだわる必要はない、と考える。

筆者は「慣用的な漢字表記が二つ以上考えられる場合」ということにも少しひっかかりを感じる。「慣用的」と「二つ以上」とは抵触しないのだろうか。「こう書く人がたくさんいるが、また別な書き方をする人もそれに劣らずいる」というのが「慣用的な漢字表記が二つ以上考えられる場合」なのだろうか。それは結局、「慣用的な表記がない、確立していない」ということではないのだろうか。

ごうゆう【豪勇・剛勇・強勇】《名》（形動）強くて勇ましいこと。気が強く勇気があるさま。また、その人。＊俳諧・芭蕉真蹟詠草（1687頃）「昼顔剛勇、雪の中は昼顔かれぬ日影哉」＊浄瑠璃・国性爺後日合戦（1717）五「強勇（カウユウ）不敵の国せんや、力攻に叶（かな）ふまじと智略をめぐらし」＊浄瑠璃・伽羅先代萩（1785）一「悦ぶ国雄も勇立ホホホホ心地能（よき）強勇（ガウユウ）強潔」＊西国立志編（1870-71）〈中村正直訳〉八・一「丟度泥種（ちゆーとにっく）の人の剛勇にして屈せず」＊彼女とゴミ箱（1931）〈一瀬直行〉木馬館「もし彼が本物の豪勇（ゴウユウ）ラ・マンチャのドンキホーテであったなら」＊韓愈－再与鄂州柳中丞書「若召㆓募士人㆒、必得㆓豪勇㆒」

右では「慣用的な表記」が三つあげられている。『大漢和辞典』で「豪勇」を調べてみると、「すぐれて勇ましい。又、其の者」（巻十・六六八ページ）とある。ちなみにいえば、『大漢和辞典』があげている「豪勇」の使用例は『日本国語大辞典』があげている韓愈の使用例と同じであるが、これは『大漢和辞典』の編集者である諸橋轍次が『日本国語大辞典』の編集委員であるからであろう。同様に『大漢和辞典』で「剛勇」を調べると、「つよくいさましい。剛武」（巻二・二九一ページ）とあり、「強勇」を調べると、「つよくいさましい。又、其の人。彊勇」（巻四・七六四ページ）とある。

「剛勇」という熟語における「剛」字の字義は（例えば〈かたい〉ではなく）〈つよい〉だろうから、やはり「剛勇」の語義は〈つよくいさましい〉と理解するのがもっとも自然であろう。「強勇」という熟語における「強」字の字義も〈つよい〉であろうから、「強勇」の語義も、和訓を手がかりにして（日本語の語彙体系内で）理解すると〈つよくいさましい〉で、「剛勇」「強勇」二つの漢語の語義差を日本語によってとらえたり説明したりすることは難しいであろう。ということはこれら二つの漢語の語義差が、もともとはあったとしても、日本語では説明できないということになる。「日本語では説明できない」ということは、日本語においては語義差がない、つまり同義語ということになる。『大漢和辞典』は「豪勇」の語義を「すぐれて勇ましい」と記しているので、「豪」字の字義を〈ひいでる・すぐれる〉と理解していることがわかるが、「豪」字には〈つよい〉という字義もある。（そうとらえることが妥当かどうかということはひとまず措くが）「豪勇」の「豪」字の字義を〈つよい〉ととらえると、「豪勇」の語義は〈つよくいさましい〉ということになり、結局「豪勇」「剛勇」「強勇」三つの語義がすべて〈つよくいさましい〉で、同義語ということになる。そうなると、前に述べたように、一つの語に三つの書き方がある、というみかたが成り立つ。「ゴウユウ」の場合、使用例をみると、韓愈は「豪勇」、江戸時代の文献には「剛勇」「強勇」両方がみられ、「豪勇」「剛勇」「強勇」はいずれも実際に使われていたことが確認できる。

希望と冀望

きぼう【希望・冀望】《名》①（―する）こいねがうこと。あることが実現することを待ち望むこと。また、その気持。のぞみ。願望。＊新聞雑誌‐三〇号・明治五年（1872）二月「方今政府と国人の冀望（キボウ）する所は」＊真理一斑（1884）〈植村正久〉一「意へらく人間到る所青山ありと此れ少年の冀望なり」＊後漢書‐安帝紀「皇太后詔曰、〈略〉朕奉二皇帝一、夙夜瞻二仰日月一、冀二望成就一」②将来への明るい見通し。のぞみ。可能性。見込み。＊暴夜物語（1875）〈永峰秀樹訳〉二・黒島王の伝「尚ほ一点の冀望なきにあらざれば、僅かに慰むる所ありて」＊鮫（1937）〈金子光晴〉鮫「あれさびた眺望、希望のない水のうへを、灼熱の苦難」＊或る「小倉日記」伝（1952）〈松本清張〉六「折角の耕作の希望の灯をここで消させたくない一心である」［語誌］(1)現在漢音でキボウと読んでいる「希望」は古くは呉音読みでケモウであった。院政期頃の辞書である「色葉字類抄」、中世後期から近世前期にかけての古辞書類も「ケマウ」であり、近世中期以降の早引節用集類も同様で、近世末期頃まではケモウが一般的であった。(2)明治初期に出版された節用集には「けまう」と「きばう」の両者があり、ヘボンの「改正増補和英語林集成」（明治一九年）には「キボウ」しかなく、また「言海」（同二四年）も「きばう」だけである。従って、明治二〇年頃にはキボウの方が一般的になっていたと思われる。(3)表記としては、「希望」の他に明治初期には同義の「冀望」も見られる。「冀望」は中国に出典が求められる語であり、「冀」にはキの音しかないところから、「希望」をキボウと読むようになったことによって代用されたものか。

「語誌」欄に記されていることに尽きるが、「希望」の発音は江戸時代末期頃までは「ケモウ」であったと考えられる。明治期になってから漢字列「希望」を「キボウ」と発音するようになった。明治期には、漢音、呉音が語を離れて単独で「動く」ようになったために、「希望」はこのまとまりでは「ケモウ」と発音されていたが、「希代」では「キタイ（キダイ）」と発音するのだから、単漢字単位で考えれば、「希」字には「ケ」「キ」二つの発音があり、「望」は「望礼」の場合は「バウレイ（ボウレイ）」と発音するのだから、「望」字には「マウ（モウ）」「バウ（ボウ）」二つの発音がある、したがって、「希望」の発音は「キバウ（キボウ）」だ、という認識がうまれたのであろう。それが「キバウ（キボウ）だ」であったのか、「キバウ（キボウ）」でもよい」、であったのかはわからないけれども、とにかく「キボウ」という発音形が文献で確認できる。右の「語誌」欄では「希望」と「冀望」とを「同義」とみている。『大漢和辞典』は「冀望」を「ねがひのぞむ。ねがひ。のぞみ。希望」と説明し、「希望」を「こひねがひのぞむ。願ひ欲する。又、ねがひ。のぞみ。冀望。希幸。希覬」と説明している。「冀望」の語釈中に「希望」、「希望」の語釈中に「冀望」があり、ほぼ同義とみてよい。とすれば、漢語「冀望」と「希望」とにはほとんど語義差がなかった。前者は「キボウ」、後者は当初は「ケモウ」と発音されていたので、その時点では明白な別語であったが、後者が「ケモウ」以外に「キボウ」と発音されるようになった。そうすると、「キボウ」と発音する漢語で〈こいねがいのぞむ〉という語義をもつものが「希望」「冀望」と二つあることになった。こうなるとどちらかが不要になる。そして、〈こいねがいのぞむ〉という語義をもち、「キボウ」と発音する漢語が二つあって、その二つが同義だということになると、「二つあって」ではなく一つで、書き方が二つということになる。そうすると、書き方のバリエーションとして「冀望」「希望」が併存するということも考えられるし、どちらかでいい、ということになることも考えられる。結局は次第に「希望」に収斂していったということだろう。この場合は、「慣用的な漢字表記」を二つあげておく意義は十分にある。

珍しい漢字

けんばやき【乾也焼】《名》 乾也焼（けんややき）の一つ。乾也焼の始祖三浦乾也の弟子、塚本寅吉が焼いた陶器。師の乾也の作に及ばないといって、大槻如電が「也」の字の一画を省いて、「乾乜」と命名し、「けんば」と読ませたという。

「乜」はおそらく他に使用例がないだろう。もちろん『日本国語大辞典』には「乜」が印刷されている。

いわゆる当て字の類

『日本国語大辞典』は見出し「あてじ【当字・宛字】」の語釈に「漢字本来の意味に関係なく、その音、訓だけを借りて、ある語の表記に当てる漢字の用法。借字。「浅増（あさまし）」「目出度（めでたし）」「矢張（やはり）」「野暮（やぼ）」の類」と記す。

筆者は「あてじ」という概念を認めるかどうか、というところから議論したいが、右の語釈には少し不満がある。「ややこしい」と思わずに、読んでいただければと思う。筆者だったら次のような語釈をつくる。

ある語を漢字によって文字化するに際して、その語全体（あるいはその語を構成する形態素）の語義と重なり合いが（ほとんど）ない漢字を使って文字化する場合の漢字の使い方。

「ヤハリ」という語を使って説明してみよう。「ヤハリ」という和語の語義を『日本国語大辞典』は四つに分けて記述しているが、その[1]には「動かさないで、そのままにしておくさま、静かにじっとしているさまを表わす語。やほり。やっぱり」とあり、[2]には「事態・状況が変化していないさま、同じであるさまを表わす語。依然として。やっぱり」とある。[3] [4]は省略するが、こういう語義をもつ和語である。この語を漢字で書こうと思った時に、[1]や[2]の語義と重なり合いのある字義をもった漢字一字、あるいは重なり合いのある語義をもった漢字二字以上で書く漢字熟語があれば、そうした漢字一字または漢字熟語に使う漢字二字以上を使って、文字化することができる。どうもそうした漢字一字も漢字熟語もなさそうだということになった時に、漢字によって文字化することをあきらめることもできる。つまり漢字ではなくて、仮名で書く。しかし、どうしても漢字で書きたい、あるいは書かなければならない、ということになって、「矢張」と書いた。「矢」には「矢」の漢字字義があり、「張」には「張」の漢字字義があるが、それらは「ヤハリ」という和語の語義とは重なり合いがない。「ヤハリ」を「ヤ」と「ハリ」とに分けて、「ヤ」という音または和訓をもつ漢字、「ハリ」という（音はないだろうから）和訓をもつ漢字によって書くことにして、前者に「矢」、後者に「張」という漢字を選んだということだ。前者に「屋」、後者に「針」を選ぶこともできた。これが「当て字」ということだ。

『日本国語大辞典』の語釈のどこが「不満」かというと、「漢字本来の意味に関係なく」の「関係なく」は

「関係」なのだから、AとBとの関係というように、二つの要素がなければ「関係」が成り立たない。要素の一つは「漢字本来の意味」であろうが、もう一つの要素がはっきりしていない。「もう一つの要素」は、筆者の作った語釈でいえば、文字化しようとしている語の語義である。「(和)訓」は「漢字本来の字義と(ある程度)対応する語義をもつ和語」であるから、「目」という漢字の字義と和訓「め」(=「メ」という和語)との間には語義の重なり合いがある。そういうものが「和訓」なのだから当然だ。

『日本国語大辞典』の語釈は「その音、訓だけを借りて」あたりから「混線」しているようにみえる。「その」が指すものは当然先行する箇所になければならないが、それは「漢字」であろうか。「その」に「漢字」を「代入」すると「漢字本来の意味に関係なく、漢字の音、訓だけを借りて」となり、文意不明の文になってしまう。

「当て字」に興味をもつ人は少なくない。「当て字の辞典」のようなものも少なからず出版されている。しかし、きちんとした「当て字」の定義はほとんどされていない。定義がされていない「当て字」の例をどうやって集めるのか、と思う。

「慣用的な漢字表記」は慣用的に使われている漢字表記(筆者の用語では漢字列)ということだから、「当て字」であろうがなんであろうが、慣用的に使われていれば、それに該当する。だから、わざわざ「いわゆる当て字の類もできるだけ示し」と述べる必要はない、というのが筆者の考えだ。「ただし、万葉集等での万葉がな書きは示さない」の「万葉がな書き」はいわんとすることはわかるが、表現としてはあまり使われないものだろう。この一文も必要ないのではないか。

語釈について

「語釈について」は五条に分けて記述されているので、その一部をあげておく。

一　語釈の記述

1　一般的な国語項目については、原則として、用例の示すところに従って時代を追ってその意味・用法を記述する。

2　基本的な用言などは、原則として根本的な語義を概括してから、細分化して記述する。

3　専門用語・事物名などは、語義の解説を主とするが、必要に応じて事柄の説明にも及ぶ。

四　語釈の末尾に示すもの

語釈の末尾に、必要に応じて次のようなものを示す。

1　語釈のあとにつづけて同義語を示す。

2　同義語の後に反対語・対語などを↕を付して注記する。

3　参照項目は、右につづいて↓を付して注記する。

五　語釈の文章および用字

常用漢字表、現代仮名遣い等にのっとり、できるだけ現代通用の文章で記述する。

一1の「原則として、用例の示すところに従って時代を追ってその意味・用法を記述する」ことをおさえておくことは大事だ。筆者は学部学生の頃から『日本国語大辞典』を使っているので、『日本国語大辞典』は古い使用例から並べ、その語義が「時代を追って」記述されている、ということはいわば「身にしみこんでいる」ので、そういうつもりで『日本国語大辞典』をよむ。しかし、小型の国語辞書は基本的に現代日本語を調べるための辞書であるので、現代日本語の語義を中心に記述している。「コウサイ（交際）」を例としてみよう。

こうさい【交際】《名》（「際」は出会うの意）人と人、また、国と国とが互いにつきあうこと。交わり。つきあい。＊往生要集（984-985）大文一〇「非二悪増一故、非二一向無聞一。非二交際一故、雖レ聞無二巨益一」＊藤樹文集（1648頃）学舎座右戒「同志之交際、可下以二恭敬一為レ主以二和睦一行上レ之」＊絅斎先生仁義礼智筆記（18C初）「されば仁智交際は万化の機軸と、深哉」＊尋常小学読本（1887）〈文部省〉七「外国の交際も、ますます開け行きて」＊魔風恋風（1903）〈小杉天外〉前・入院料・一「交際の広い御方ですから」＊雁（1911-13）〈森鷗外〉一「長い間壁隣に住まひながら、交際（カウサイ）せずにゐた岡田と僕とは」＊孟子‐万章・下「万章問曰、敢問交際何心也」

右では「時代を追って」ということではないが、「人と人、また、国と国とが」というところに注目したい。使用例としてあげられている「尋常小学読本（1887）」には「外国の交際」とあって、「国と国と」についても「コウサイ（交際）」という語が使われている。明治期にはこうした使われ方があった。現代日本語では「日本とアメリカとの交際」とはいわないだろうから、現代日本語にはない語義ということになる。

小型の国語辞書をみてみよう。『集英社国語辞典』第三版は「人と人とが付き合うこと」と説明しているし、『新明解国語辞典』第七版も「（社会人として）個人的に他人とつきあうこと」と説明している。「社会人として」は括弧に入っているが、筆者が小学生の頃には「グループ交際」（！）という語があった。グループでなら、男女交際が許されるということだ。そういえば「男女交際」という語もあったが、「新語に強い」ことを帯で謳う『三省堂国語辞典』第七版の見出し「グループ」には「グループ交際」は載せられていない。「ダンジョコウサイ（男女交際）」も見出しにはなっていない。もはや死語になったか。何が言いたかったかといえば、「コウサイ（交際）」は「社会人として」のものに限定はされないのではないか、ということだ。さて、『集英社国語辞典』も『新明解国語辞典』も「国と国」とについては記していないが、『岩波国語辞典』第七版新版には「人間（国）どうしがつきあうこと。つきあい」とあって、括弧付きではあるが、「国」についてふれている。『岩波国語辞典』は「第七版刊行に際して」という巻頭言において、「現今の感じで古くさくなっていても、明治二十年ごろ以降で昭和中期まで普通に使われたものは、採用する方針を再確認した」と述べており、明治期の日本語が視野に入っているための「（国）」であると思われる。細かいところに辞書の編集方針があらわれる。

語釈はやはり辞書の根幹であろうから、『日本国語大辞典』をよんでいて、思うところがいろいろとあった。以下にそれを述べていくことにする。

語義未詳

オンライン版によって文字列「語義未詳」を「全文」検索すると、三八三件がヒットする。よんでいた時は、「語義未詳」がけっこうあるな、という印象だったが、こうしてみるとそれほどの割合ではない。三八三件のうち二十四件は『古事記』に使われている語である。

とだる《自ラ四》 語義未詳。十分に足りる意か。＊古事記（712）上「唯僕（あ）が住（すみか）をば、天つ神の御子の天津日継知らしめす登陀流（トダル）〈此の三字は音を以ゐる。下は此れに効ふ〉天の御巣（みす）なして」＊古事記（712）上「登陀流（トダル）天の新巣（にひす）の凝烟（すす）の八拳（やつか）垂るまで焼き挙げて」［補注］本居宣長は「古事記伝」に「富足（とみだる）の意ならむか」とするが、「と（富）む」の「と」は甲類音、「とだる」の「と」は乙類音であり、成立しない。「具（そ）足る」の意とする説（西宮一民ほか）、琉球語のテダ（太陽・日）に関係を求め、光り輝く意とする説もある。

右の「トダル」は確かに『古事記』で使われており、「登陀流」と書かれているので、「トダル」という語形であることもはっきりとしている。しかし、使用例が少ないために、使用例から語義を導き出すことが難しい。『古事記』に使われている語の「語義未詳」はそういう意味合いでの「語義未詳」である。これはいたしかたない。『万葉集』に使われている語で「語義未詳」とされているものが七十六、『日本書紀』に使われている語では二十一ある。『古事記』『日本書紀』『万葉集』で使われている語で「語義未詳」となっている語が合計で一二一、三八三の三分の一ほどがこれらの上代文献に使われている語であることになる。

右のような「語義未詳」はいたしかたないが、次のような場合は、もう少し情報がほしいと思う。

あずちもん【垜門】《名》語義未詳。穴門（あなもん）のことか。また、上土門（あげつちもん）のことをいうか。

一般的に考えれば、何らかの文献に使われている語を見出しとしているはずだから、「語義未詳」であったとしても、「出所」はあるはずだ。ところが、見出し「あずちもん【垜門】」には使用例が示されていないので、どんな文献でどのように使われているかがわからない。こうなると、どうしてこの語が見出しとして採用されたか、ということになる。ただし、「辞書」欄には「言海」とあるので、『言海』が見出しとしているので、『日本国語大辞典』も見出しとしたか。『言海』には「あづちもん（名）[堋門] 築地《ツイヂ》ニ作リタル門」とある。

いりたな【熬―】《名》語義未詳。煎った穀類をいうか。＊観智院本名義抄（1241）「熬 イリタナ ヤイタナ」[補注]「字鏡集」に「撽 熬同 イリタチ アフリタナ」とある。

かとき【傓】《名》語義未詳。かんぬき、もしくは扉の類か。＊観智院本名義抄（1241）「傓 カトキ トヒラ サカユ」

右の見出し「いりたな【熬―】」と「かとき【傓】」では観智院本『類聚名義抄』のみが使用例としてあげられている。「いりたな」は「補注」に『字鏡集』に「イリタチ」という和訓がみえることが記されているが、こちらは「イリタチ」であるので、どちらかに錯誤がある可能性もある。

図は観智院本『類聚名義抄』の「仏中」六十六丁表である。天理図書館善本叢書和書之部第三十二巻『類聚名義抄観智院本仏』（一九七六年、八木書店）から引用させていただいた。図でわかるように、観智院本『類聚名義抄』は「漢和辞典」のようなものだから、漢字に対しての和訓ということになる。和訓なので、文脈をもたず、当該和訓の語義は漢字とのかかわりで推測するしかない。また誤写などもあり得る。したがって、右のような語はそもそも見出しとして採用しない、ということも考えられる。実際、観智院本『類聚名義抄』にみられる和訓がすべて見出しとして採用されているわけではないだろう。

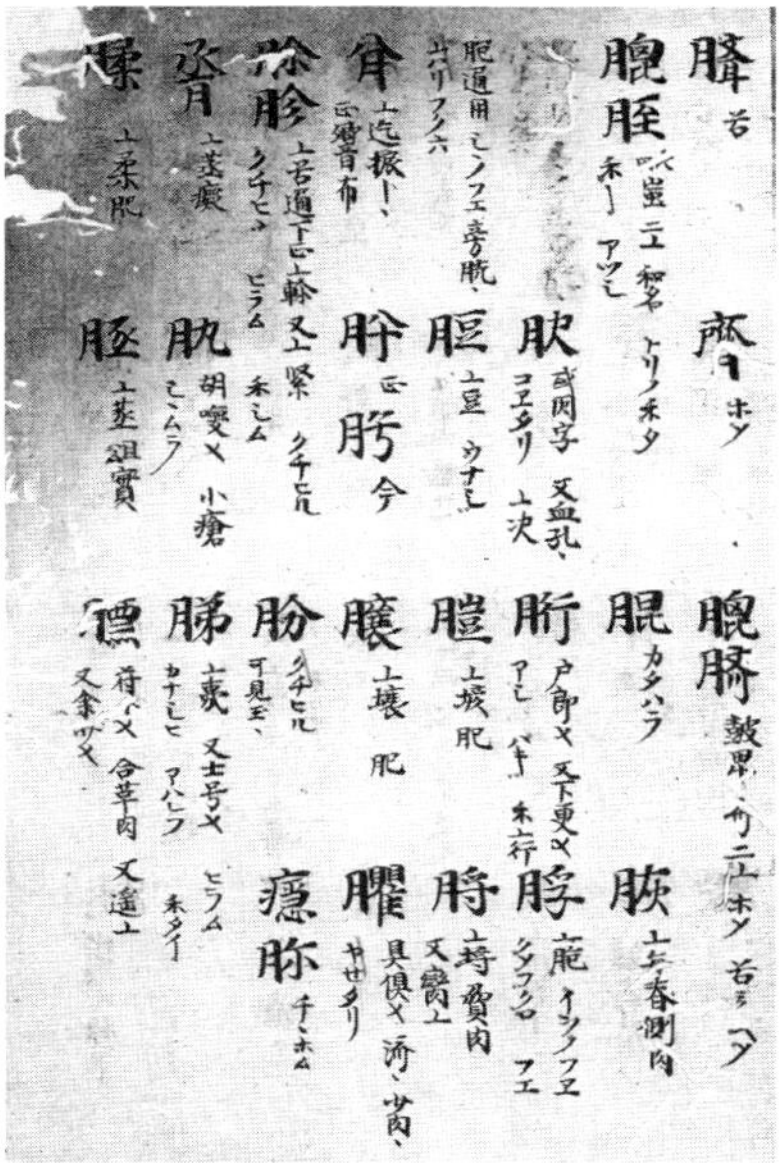

観智院本『類聚名義抄』「仏中」六十六丁表

図の七行目に「䏲」という字が掲げられ、「ヒラム」「カナシヒ」「アハレフ」という三つの和訓が配されている。またその一行前には「胗」という字が掲げられ（「胗」の上の字は虫損のために不分明）、「クチヒル」「クチヒ、」「ヒラム」という和訓が配されている。『大漢和辞典』は「䏲」字の字義を〈骨がたがふ〉〈はれる〉〈しりの肉〉（巻九・三一九ページ）、「胗」字の字義を〈くちひび〉〈はれもの〉〈かさ〉（巻九・二七七ページ）と説明している。

『日本国語大辞典』の見出し「ひらむ」をあげてみよう。

ひらむ【平】■一《自マ四》1平たくなる。ひらぶ。＊竹取（9C末-10C初）「手にひらめる物さはる時に」＊龍光院本妙法蓮華経平安後期点（1050頃）六「鼻[月扁]䏲（ヒラメ）らじ」＊古本説話集（1130頃か）七〇「しろきおほきなるうし、つのすこしひらみたるなむ」2平伏する。ひれふす。ひらぶ。＊今昔（1120頃か）二七・三一「文挟に文を指て、目の上に捧て平みて橋の許に寄来て」＊平家（13C前）五・朝敵揃「宣旨ぞと仰すれば、ひらんで飛さらず」3恐れて勢いが弱る。気力がくじける。＊幸若・ほり川（室町末-近世初）「大のまなこににらまれて、すこしひらむ其隙に」＊日葡辞書（1603-04）「Firami, u, ōda（ヒラム）〈訳〉恐れなどで、縮み上がる、または意気消沈する。また、シモでは泣く。ナキヒラムの方がまさる」（略）方言❶泣く。九州†001 佐賀県藤津郡895 熊本県天草郡937 ❷しくしく泣く。大分県宇佐郡940

「胗」字の和訓に「クチヒル」「クチヒ、」とあることからすれば、「胗」字に配された和訓「ヒラム」は唇、口にかかわる何らかの不調であること、「䏲」字の和訓に「カナシヒ」「アハレフ」とあることからすれば、「䏲」字に配された和訓「ヒラム」はそうしたことにかかわる語義をもっていることが推測される。方言として示されている「❶泣く」「❷しくしく泣く」がこの「ヒラム」とつながるのではないか。語釈3にあげられている『日葡辞書』の「シモでは泣く」ともつながる。『日葡辞書』が「シモ」と呼ぶのは九州地方であることが多いことがわかっている。「胗」字に配された和訓「ヒラム」とこの「ヒラム」とが同じ語であるかどうか、ということになるが、仮に同じ語だとすれば、唇、口にかかわる不調がかなり強い痛みを伴うということであれば、共通性があるかもしれない。

右で述べてきた「ヒラム」は積極的には『日本国語大辞典』には載せられていないと思われる。しかし今検討したように、丁寧に追求してみれば、観智院本『類聚名義抄』の和訓は、他の語とつながってくる可能性がある。そういうことを考える契機として、「いりたな」や「かとき」のような「語義未詳」は歓迎したい。

出典・用例について

「出典・用例について」は「一　採用する出典・用例」「二　典拠の示し方」と二条に分けて述べられている。一は重要なことがらが多く含まれているので、次に示す。

1　用例を採用する文献は、上代から現代まで各時代にわたるが、選択の基準は、概略次の通り。
(イ)　その語、または語釈を分けた場合は、その意味・用法について、もっとも古いと思われるもの
(ロ)　語釈のたすけとなるわかりやすいもの
(ハ)　和文・漢文、あるいは、散文・韻文など使われる分野の異なるもの
(ニ)　用法の違うもの、文字づかいの違うもの
なお、文献からの用例が添えられなかった場合、用法を明らかにするために、新たに前後の文脈を構成して作った用例(作例)を「　」に入れて補うこともある。
2　用例の並べ方は、概略次の通りとする。

(イ)　時代の古いものから新しいものへと順次並べる。
(ロ)　漢籍および漢訳仏典の用例は、末尾へ入れる。

引用の誤りと思われないために、一言添えれば、1では1の末尾には句点が施されているが、(イ)から(ニ)の末尾には句点がない。「なお」から始まる文の末尾には句点があり、2は(イ)(ロ)の末尾にも句点がある。つまり右のように印刷されているが、1の(イ)〜(ニ)は文ではない、ということだろうか。

「ショシュツ（初出）」という語がある。『日本国語大辞典』は見出し「しょしゅつ【初出】」を「はじめて出ること。最初にあらわれること」と説く。『日本国語大辞典』は見出しとして採用した語の語義を「時代を追って」記述している。そして、その語義で使われた「もっとも古いと思われる」用例を「時代の古いものから新しいものへと順次並べる」という方針で編集されている。したがって、最初に置かれている用例が、（『日本国語大辞典』があたった文献の中で）その語のその語義で使われたもっとも古い用例ということになる。これを「ショシュツレイ（初出例）」と呼ぶことがある。「『日本国語大辞典』があたった文献の中で」と表現したが、『日本国語大辞典』は「現在可能な限り」に、相当にちかく文献にあたっていると思われるので、最初にあげられている文献、及びその文献での使われ方はまず確認したい「情報」になる。明治以降の文献が「初出例」としてあげられている場合は、それよりも何年あるいは何十年か前の文献に使われていたということはあるだろうし、今後そうした指摘がでてくる可能性はあるが、それはそれとする。

少し引用が長くなるが、見出し「あやしい」を使って、具体的に説明してみよう。

あやしい【怪・妖・奇】〘形口〙 文あやし〘形シク〙（驚きの声「あや」を活用させた語）正体のはっきりわからない物事、普通でない物事に対して持つ奇異な感じをいう。1人の知恵でははかれないような不思議さである。神秘的な感じである。霊妙である。＊書紀（720）神武即位前戊午一二月（北野本訓）「金色（こがね）の霊（アヤシキ）鵄（とび）有て、飛来て皇弓（みゆみ）の弭に止れり」＊万葉（8C後）一七・四〇〇三「こごしかも 巖（いは）の神さび たまきはる 幾代経にけむ 立ちて居て 見れども安夜之（アヤシ）〈大伴池主〉」＊霊異記（810-824）上・四「凡夫の肉眼には賤しき人と見え、聖人の通眼には隠身と見ゆと。斯れ奇異（めづら）しき事なり。〈興福寺本訓釈 奇 米川良之久 又云アヤ之久〉」＊古今（905-914）仮名序「山の辺のあか人といふ人ありけり。歌にあやしく、たへなりけり」＊うたたね（1240頃）「にはかに太秦に詣でてんと思ひ立ぬるも、かつうはいとあやしく、仏の御心の中恥づかしけれど」＊太平記（1371頃）五・相模入道弄田楽幷闘犬事「されば彼の媚者が天王寺の妖霊星と歌ひけるこそ怪（アヤ）しけれ」＊雪国（1935-47）〈川端康成〉「彼女の眼は夕闇の波間に浮ぶ、妖しく美しい夜光虫であった」2普通と違うところがある。変わっている。珍しい。＊西大寺本金光明最勝王経平安初期点（830頃）一〇「函には舎利有り。色妙にして異常（アヤシ）」＊古今（905-914）恋一・五四六「いつとても恋しからずはあらねども秋のゆふべはあやしかりけり〈よみ人しらず〉」＊伊勢物語（10C前）八一「陸奥（みち）の国にいきたりけるに、あやしくおもしろき所々多かりけり」＊源氏（1001-14頃）夕顔「何の響きとも聞き入れ給はず、いとあやしう、めざましきおとなひとのみ聞き給ふ」＊大唐西域記長寛元年点（1163）一「形容偉（アヤシク）大にして志性尫怯（をぢなし）」＊徒然草（1331頃）一二一「めづらしき禽、あやしき獣、国に育（やしな）はず」＊御伽草子・蓬萊物語（室町時代物語集所収）（室町末）上「なじかはこの世にたくひあらん。そののちあやしきけだもの、めづらしき鳥かずかず生産す」＊衆妙集（1671）雑「更に今みるぞあやしきいにしへのその八重垣も杉のしるしも」[3] 物の正体、物事の真相、原因、理由などがはっきりとつかめない状態である。いぶかしい。変だ。＊万葉（8Ｃ後）一四・三三六四「足柄の箱根の山に粟まきて実とはなれるを逢はなくも安夜思（アヤシ）〈東歌・相模〉」＊竹取（9Ｃ末‐10Ｃ初）「かくや姫を養ひ奉る事二十余年になりぬ。かた時との給ふにあやしく成り侍ぬ」＊枕（10Ｃ終）二六八・男こそ、なほいとありがたく「男こそ、なほいとありがたくあやしき心地したるものはあれ。いと清げなる人を捨てて、にくげなる人を持たるもあやしかし」＊平家（13Ｃ前）七・実盛「今は定て白髪にこそなりぬらんに、鬢髭（びんぴげ）の黒いこそあやしけれ」＊徒然草（1331頃）八七「日暮れにたる山中に、あやしきぞ。とまり候へ」＊浮世草子・好色一代男（1682）四・二「人の足音を聞て、隠るる事のあやしく」＊日本読本（1887）〈新保磐次〉三「かく云はば、あやしき物とおもふならん。然れどもあやしき物にはあらず、蚕と云ふ虫なり」＊蟹工船（1929）〈小林多喜二〉五「そんな時は急に誰でも、バタバタと心が『あやしく』騒ぎ立った」[4] 普通であればしないような、道理や礼儀にはずれたことをしていて、非難されるべきである。けしからん。よくない。＊枕（10Ｃ終）二八・にくきもの「遣戸をあらくたてあくるもいとあやし」＊源氏（1001‐14頃）桐壺「ここかしこの道にあやしきわざをしつつ、御送り迎への人のきぬの裾堪へがたくまさなきこともあり」＊宇治拾遺（1221頃）一一・七「ただ給（た）ばん物をば給はらで、かく返し参らする。あやしきことなり」＊竹むきが記（1349）下「宇治のわたりにいとあやしき事なんありとて、その夜は俄にしゅせん僧正が坊に泊る」＊無刊記刊本長恨歌抄（17Ｃ前）「春の面白き時分は、此春をあだにくらさんは怪きとて、春を賞して一日あそびくらす」[5]（貴族の目から見て理解しがたく、奇異なさまである意から）㋑乱雑だったり、粗末だったりして見苦しい。みすぼらしい。＊土左（935頃）承平四年一二月二二日「かみなかしも、酔（ゑ）ひあきて、いとあやしく潮海のほとりにてあざれあへり」＊枕（10C終）二七八・関白殿二月二一日に「つくろひ添へたりつる髪も、唐衣の中にてふくだみ、あやしうなりたらん」＊源氏（1001-14頃）浮舟「あやしき硯めしいでて手習ひ給ふ」＊徒然草（1331頃）四四「あやしの竹のあみ戸のうちより」＊御伽草子・こほろぎ物語（室町時代物語大成所収）（室町末）「あやしのいほの草枕、しばしはここにかり寐して」㋺身分が低い。素姓がはっきりしない。いやしい。＊枕（10C終）三三・説教の講師は「あやしからん女だに、いみじう聞くめるものを」＊源氏（1001-14頃）明石「あやしき海士（あま）どもなどの、たかき人おはする所とて、集まり参りて」＊大鏡（12C前）六・道長下「その御時に生れあひて候けるは、あやしの民のかまどまで、やむごとなくこそ」＊徒然草（1331頃）一〇九「あやしき下臈なれども、聖人のいましめにかなへり」＊義経記（室町中か）二・伊勢三郎義経の臣下にはじめて成る事「姿こそあやしの民にて候とも、此身が候はんずる程は御宿直仕り候べし」[6]物事が十分信頼できない状態である。おぼつかない。＊西洋道中膝栗毛（1870-76）〈仮名垣魯文〉六・下「人力車で飛せべし。しかし、『コスト』があやしいはへ」＊懇親会（1909）〈森鷗外〉「酒はそろそろ燗ざましが雑って来ても味神経の識別が怪しくなってゐるのであらう」＊行人（1912-13）〈夏目漱石〉兄・一六「昇降器へ乗るのは好いが、ある目的地へ行けるか何うか夫（それ）が危（アヤ）しかった」＊方丈記私記（1970-71）〈堀田善衛〉四「次第に雲行きが怪しくなっているのである」[7]ある男女の間に、秘密な関係がありそうだ。＊御伽草子・小式部（室町時代物語大成所収）

（室町末）「いづみしきぶときどき哥のだひじどもをならひければ、すでにあやしきうたがひをゑたりしほどに、人々ざんそうによりて、ほうしゃうすこしすさみ給ふ」＊落語・ズッコケ（1891）〈三代目三遊亭円遊〉「全体お前さんは忌（いや）に嗅（かか）アの肩を持つねヱ、何だかお前と家（うち）の嗅アと怪しいや」＊良人の自白（1904-06）〈木下尚江〉後・五・四「私が白井さんと何か怪しい次第（わけ）でもあると仰しゃるんですか」＊あきらめ（1911）〈田村俊子〉三「三輪さんも、繁に妾の許へ来る間に、兄さんと怪しいと姉さんが騒ぎ出したので、其れが原因で来なくなって了った」語誌⑴本来、①のような不可思議で、理解しがたい現象などに対する畏敬の心情を示した語であったかと思われる。それが客観的な判断を交えて、②のような普通ではないの意味ともなり、さらに、③のように普通ではない現象に対して、いぶかしく思う気持を示す語ともなった。中世に入って、③の対象をいぶかしく思う気持が、さらに悪いものを予想する意味にも変化していくようである。これは、現代語で用いられる、対象の正体が不明で、それを悪いものと判断する例にも通じると考えられる。⑵普通とは異なると判断した対象に対する感情を表わす点で「けし（怪）」と共通するが、「けし」が、もっぱらそのような対象に対してマイナスの評価しか行なわないのに対して、「あやし」は、場面によってプラスにもマイナスにも評価が変わってくる点が、大きく異なるところである。

まず「アヤシイ」の語義が1～7まで大きく七つに分けて記述されている。1の前には「根本的な語義」として「正体のはっきりわからない物事、普通でない物事に対して持つ奇異な感じをいう」と記されている。おおむね、1から7へと語義が展開していったとまずはみることになるが、1の初めには「書紀（720）

神武即位前戊午一二月（北野本訓）」それについで『万葉集』が、2の初めには「西大寺本金光明最勝王経平安初期点（830頃）」が、3の初めには『万葉集』が置かれているので、これらの文献の成立時期は八世紀から九世紀にかけてということになる。そうすると、1 2 3のような「アヤシイ」の使われ方が、八世紀から九世紀にかけて、あった、ということがまずわかる。4の初めには『枕草子』、5の初めには『土左日記』が置かれているので、4 5のような使われ方が十世紀頃にあったことになる。6の初めには「西洋道中膝栗毛（1870-76）」が置かれているので、こうした使われ方が、十九世紀、明治期にあった。7の初めには御伽草子が置かれているので、7を先に記述してもいいように思われるが、7は6よりも「根本的な語義」から遠ざかっているという判断であろう。妥当な判断だ。1～7の最初に置かれている文献に注意することによって、上代1 2 3、平安時代4 5、明治時代6、転義7というようなおおまかな展開をつかむことができる。

また出典に注目すると、例えば『枕草子』は3 4 5に、『徒然草』は2 3 5にあげられており、「上代1 2 3」「平安時代4 5」と述べたが、「アヤシイ」の場合は、新たな語義がうまれると、これまでの語義が使われなくなってしまうのではなく、次第に広がりをもっていった、というようなことも見当がつく。出典を丁寧にみていくと、その語の語義がどのように展開していったか、ということをおおよそつかむこともできるし、それによって、いわば語が少し「立体感」をもってくる。これが出典・用例があることのよさだ。

ところで、7にみられる木下尚江『良人の自白』は社会主義運動と結びつけて話題になることがあるが、読んだことがなかった。『日本国語大辞典』をよみ進めていると、この『良人の自白』が出典となっている

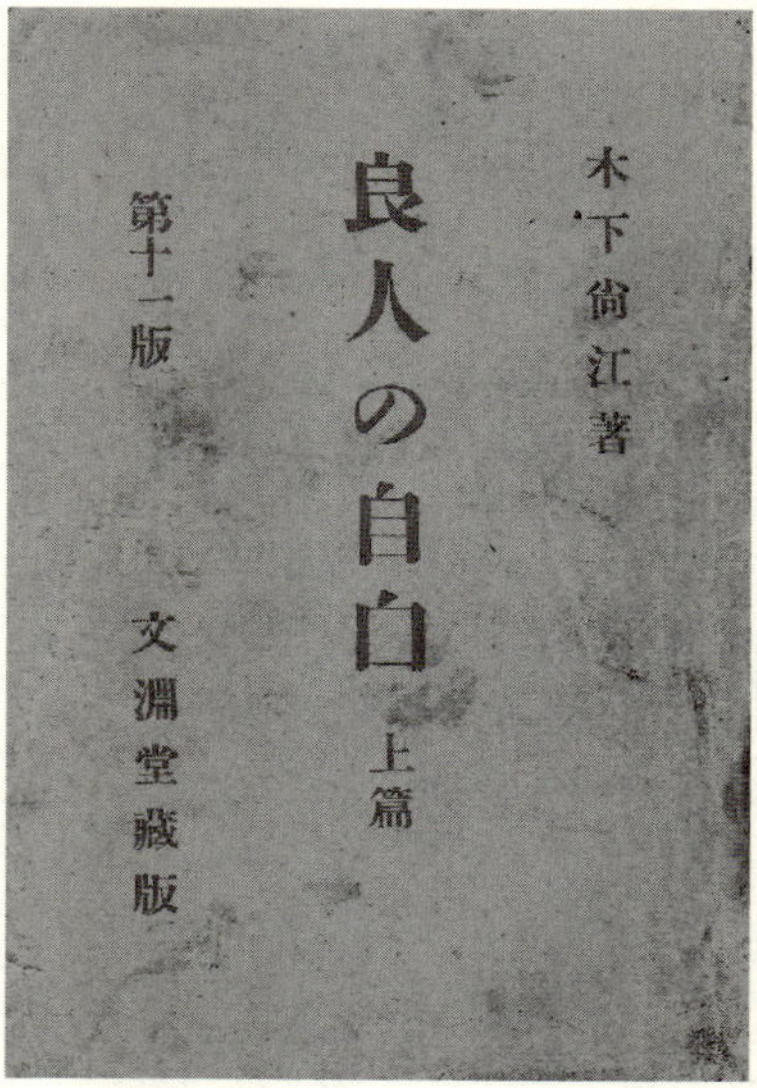

『良人の自白』第十一版

見出しが案外あることに気づいた。オンライン版で検索してみると、一〇五〇件がヒットする。それほど多いというわけではないが、どんな本なのだろうと思って、購入してみた。図は一九〇四（明治三十七）年十二月二十日に高尾文淵堂から出版された本（上篇）の第十一版（明治三十九年三月二十日）。『日本国語大辞典』第二版別巻の「出典一覧」をみると、『日本国語大辞典』が使用しているのは岩波文庫であることがわかる。

方言欄について

「方言欄について」は「一　収録する方言とその収め方など」「二　解説」の二条に分けて記されている。幾つかの記述をあげておく。

一　収録する方言とその収め方など

1　近代の方言集・地誌の類、千余点から、約四万五千の方言を収録する。ただし、近世の方言集をも合わせ記載する場合もある。

2 一般語で扱う見出しと語の成り立ちが同じものは、その見出しにまとめて、末尾に方言と示して解説する。

3 一般語に該当する見出しがないものは、単独の見出しを立てて、語釈の冒頭に方言と示して方言独自の解説をする。

4 方言として独立する見出しは、方言の特殊性から次の扱いをするが、それ以外は一般語の扱い方に準ずる。

(イ) 発音に近いかたちを見出しとする。

(ロ) 用言については、終止形にこだわらないで、慣用の多いかたちを見出しとする場合もあり、活用語尾を示す・は省略する。

(ハ) かたちの類似する同語源の方言のうち、一項にまとめたほうが理解しやすいものは、主たるかたちを定めて見出しとし、その見出しのもとに類似するかたちを集める。その際、類似するかたちはアンチック体で示し冒頭に◇を付す。

方言を多く収めていることは『日本国語大辞典』の特徴といってよいだろう。次に掲げる見出し「しちゃこちゃ」には多数の方言が示されている。ところで、右の言説では「一般語」という用語が使われており、右をみる限り「一般語／方言」という対立軸があるように思われるが、もしもそうであるならば、もっと早い段階でそうしたことについて述べておく必要があるのではないか。

しちゃこちゃ　《形動》　方言　❶着物などを裏返しに着るさま。反対。あべこべ。島根県隠岐島725　◇しちゃまかちゃま　秋田県130　◇しっきゃこっち　長崎県対馬910　◇しっちゃこし　福岡県久留米市872　◇しっちゃまかせ　福岡県三潴郡872　◇ひっちゃこ　熊本県玉名郡927　◇ひっちゃこし　佐賀県唐津市893　◇ひっちゃこっち　長崎県北松浦郡899　鹿児島県962　◇ひっちゃこっちゃ　京都府竹野郡622　与謝郡624　鳥取県東部711　山口県玖珂郡800　長崎県五島917　◇ひっちゃらこっち　福岡県872　876　879　◇ひっちゅうこっちゅう　島根県邑智郡725　◇ひっちらこっち　福岡市877　◇へちくちゃ　高知県安芸郡862　◇へちこ　愛媛県840　◇へちこち　滋賀県蒲生郡612　広島県双三郡778　徳島県810　愛媛県新居郡855　長崎県壱岐島914　◇へちゃ　徳島県811　香川県三豊郡829　◇へちゃこ　香川県827　◇へちゃこちゃ　三重県度会郡586　島根県隠岐島725　徳島県811　香川県829　愛媛県840　宮崎県947　◇へちゃこっちゃ　香川県829　◇へちゃんちゃ　香川県827　◇へっちぇえこっち　大分県大分郡939　◇へっちこちい　広島県佐伯郡771　◇へっちこっち　広島県高田郡779　山口県大島801　大分県938　◇へっちこっちゃ　香川県高松062　◇へっちゃいこっちゃい　兵庫県淡路島671　徳島県811　◇へっちゃこっち　広島県771　長崎県壱岐島914　◇へっちゃこっちゃ　兵庫県但馬652　徳島県809　香川県827　◇へっちょお　山口県豊浦郡798　◇へっちょこ　大分県速見郡941　◇へなこな　徳島県811　香川県仲多度郡829　◇へなごにゃ　香川県高松市829　◇へにゃこにゃ　香川県高松062　◇へにゃごにゃ　香川県大川郡・香川郡829　◇へらこら　京都府与謝郡627　兵庫県美方郡652　島根県725　香川県三豊郡054　宮崎県東諸県郡954　◇へりゃあこりゃあ　島根県美濃郡・益田市725　◇へりゃこりゃ　京都府竹野郡622　兵庫県出石郡652　島根県邇摩郡・隠岐島725　山口県大島801　徳島県那賀郡813　香川県仲多度郡・三豊郡829　◇へんこら　香川県佐柳島829　◇へんにゃごんにゃ　香川県827　❷矛盾するさま。◇へらこら　徳島県811　❸忙しく立ち回るさま。島根県能義郡・隠岐島725　◇しちゃかちゃ　島根県隠岐島725　◇ひちゃこちゃ　島根県邑智郡725　❹混乱するさま。ごたごた。◇ひっちゃあごっちゃあ　島根県美濃郡・益田市725　◇ひっちゃこっちゃ　山口県玖珂郡800　◇へっちゃあごっちゃあ　島根県725　❺めちゃくちゃ。やたらにするさま。◇しちゃかちゃ　肥後†131　熊本県菊池郡054　下益城郡931　鹿児島県肝属郡970　◇しちゃかもちゃか　新潟県西蒲原郡371　◇しちゃくちゃ　秋田県北秋田郡・秋田市130　◇しちゃらもちゃら　新潟県西蒲原郡371　◇しちゃんくちゃん　熊本県玉名郡926　◇しちょかちょ　宮崎県東諸県郡954　◇しっちょかっちょ　鹿児島県961　◇ひっちゃかっちゃ　熊本県918　❻しわくちゃ。◇しちゃくちゃ　富山県砺波398　❼だいなしのさま。さんざん。◇へちこ　高知県867　◇へちゃくちゃ　高知県062　高知市867　❽湾曲するさま。凸凹。◇へにゃぐにゃ・へにゃごにゃ　島根県美濃郡・益田市725　❾柔弱なさま。ぐにゃぐにゃ。◇へにゃぐにゃ　島根県美濃郡・益田市725　❿やかましく言うさま。ああだこうだ言うさま。◇ひちゃくちゃ　大阪府泉北郡646　◇ひちゃこちゃ　新潟県佐渡352　◇ひっちゃらこっちゃら　福岡市880　◇へちゃこちゃ　新潟県佐渡348　愛媛県845　⓫取り留めなく語るさま。◇へらこら　愛媛県周桑郡845　⓬言を左右にするさま。◇へんにゃあごんにゃあ　島根県美濃郡・益田市725

右では「しちゃこちゃ」が見出しとなっているので、「一般語に該当する見出しがないもの」ということになる。右では語義が❶～⓬に分かれている（と思われる）ので、それを抜き出してみる。

❶着物などを裏返しに着るさま。反対。あべこべ。
❷矛盾するさま。
❸忙しく立ち回るさま。
❹混乱するさま。ごたごた。
❺めちゃくちゃ。やたらにするさま。
❻しわくちゃ。
❼だいなしのさま。さんざん。
❽湾曲するさま。凸凹。
❾柔弱なさま。ぐにゃぐにゃ。
❿やかましく言うさま。ああだこうだ言うさま。
⓫取り留めなく語るさま。
⓬言を左右にするさま。

つまり「シチャコチャ」は右の❶～⓬を語義とする多義語であるということになる。最初に、筆者は方言に関して専門的な知識を有していないことを一言お断りしておきたい。これから述べることは、そうした目でみた時に、ということだ。❶から⓬の語義をみわたした時に、❶❷がちかいことはわかる。また❸❹❺❻❼あたりはまあちかいといえなくもない。❿⓫もちかいだろう。しかし、❾は❶❷や❸～❼とどうつながるのか。そもそも❶❷と❸～❼とのつながりはわかりにくい。何をいおうとしているかといえば、❶～

⓬が一つの語の語義ということがあるのだろうか、という疑問だ。
『日本国語大辞典』には見出し「べちゃくちゃ」がある。「ベチャクチャ」は「(多く「と」を伴って用いる)口数多くうるさくしゃべるさまを表わす語。ぺちゃくちゃ。べちゃりくちゃり」と説明されている。この「ベチャクチャ」の方言形が、❿にあげられているということはないのだろうか。

あまはだ【甘肌】《名》[1]樹木や果実などの肉を包んでいる薄い皮。あまかわ。＊日葡辞書(1603-04)「Amafada(アマハダ)」＊俳諧・口真似草(1656)三・秋「しぶかはやむけばあまはだつるし柿〈盛成〉」[2]檜(ひのき)などのあまかわを砕いたもの。舟や桶(おけ)の漏水をふせぐのに用いる。まいはだ。[3]身体の表面の下にある真皮。＊仮名草子・似我蜂物語(1661)中「灸のなをりかねたる薬には、萋(つばな)の穂を取てかげぼしにして、すぢも取、うつくしくしろき所を、灸なをりかぬるあまはだへ付也」[4]肌着類をいう、盗人仲間の隠語。〔日本隠語集(1892)〕＊いやな感じ(1960-63)〈高見順〉二・七「俺は風呂屋へ行って、裸かになって、きたないアマハダ(肌着類)をひとまとめにした」[方言]❶果実の皮と実との間の薄皮。あまかわ。和歌山県691 ❷木の粗皮を取り去ったあとのやわらかい皮。奈良県吉野郡683

右の見出し「あまはだ」は「2　一般語で扱う見出しと語の成り立ちが同じものは、その見出しにまとめて、末尾に[方言]と示して解説する」に該当する。和歌山では「アマハダ」という語を、「果実の皮と実との間の薄皮。あまかわ」という語義で使い、奈良県吉野郡では「木の粗皮を取り去ったあとのやわらかい皮」という語義で使う。それらの語は見出しとなっている「アマハダ」と同じ語と認めているということだろう。

語源説欄について

1　文献に記載された語源的説明を集め、語源説の欄に、その趣旨を要約して、出典名を〔　〕内に付して示す。

2　一つの見出しについて二つ以上の語源説が存在するものは、(1)(2)…と分けて示す。その順は必ずしも時代順や、その評価によらず、要旨の関連性によって整理する場合が多い。

3　およその趣旨を同じくするものは、共通の要旨でまとめて、〔　〕内にその出典名を、ほぼ時代順に併記する。

4　要約は極力原文の趣旨をそこなわないようにつとめるが、次のような処理をする。

(イ)　もとになる語を示す場合や、音変化を示す記述では、その語はかたかなで示し、当てられる漢字を（　）内に付記する。ただし、仮名遣いは原文を尊重する。

(ロ)　言い伝えや、推測によるものは「…という」とか「…か」という表現で示す。

5　出典名はなるべく略称を用いないこととし、近代のものには作者名を書名の下に＝を付して注記する。

まず1の「出典名を〔　〕内に付して示す」は日本語の表現として不整ではないだろうか。「出典名を〔　〕内に入れた」ぐらいではどうか。具体的に例をあげて説明してみよう。

ねこ【猫】《名》（鳴き声に、親愛の気持を表わす「こ」の付いたものという）1 ネコ科に属する家畜化された飼いネコのこと。野生のネコはヤマネコと総称し飼いネコと区別する。体はしなやかで、足指の裏には厚い肉瘤があり音をたてずに歩く。ひげ（触毛）は暗所の活動に役立ち、瞳孔（どうこう）は明暗に応じて開閉する。社会性の強いイヌに比べ、ネコは本来が単独生活者であり、飼いネコであっても野外で自力でネズミや小鳥などを捕食し繁殖することができ、それゆえ野良ネコ化しやすい。ペルシアネコ・シャムネコなどの品種があり、毛色によって三毛ネコ・黒ネコ・トラネコなどと区別する。古代エジプト時代に野生のリビアヤマネコ（Felis libica）を原種に家畜化され神聖視され、穀倉を荒らすネズミ退治のために飼われていた。日本で猫を飼うようになったのは、奈良時代に中国から渡来してから。一説によると仏教伝来の際、経典を鼠の害から守るために猫を添えたのだという。皮は三味線の胴張りに用いる。ねこま。学名はFelis catus

見出し「ねこ【猫】」の語義1のみを掲げた。以下語義が2から16まで記され、方言があげられ、それに続いて語源説が次のように記されている。

(1)ネコマの下略〔南留別志〕。また、ネコマ（寝高麗）の略。あるいはネコ（寝子）-マの略、マは助語〔大言海〕。ネコマ（寝子獣）の義〔日本古語大辞典＝松岡静雄〕。ネ（寝）コマの義。コマはクマの転。クマは猫の古名〔名言通〕。ネコマの略。ネは鼠の義。コマはカミ（神）の転〔東雅〕。ネウネウと鳴くケモノの義。コマはケモノの略〔兎園小説〕。

(2)ネル（寝）をコノム（好）ところからか〔日本釈名〕。ネコ（寝子）の義〔菊池俗言考・和訓栞〕。

(3)ネブリケモノ（睡毛物）または、ネケモノ（寝毛物）の義〔日本語原学＝林甕臣〕。

(4)ケモノの反はコというネフリモノ（睡獣）の略〔円珠庵雑記〕。

(5)ネはネズミ（鼠）の意、コはコノム（好）の義〔和句解・日本釈名・日本声母伝〕。

(6)ヌエの頭に似ているところから、ヌエコの略転〔榲園随筆〕。

(7)ネコマチ（鼠子待）の略か〔円珠庵雑記〕。

(8)ネカロ（鼠軽）の義。鼠にあうと軽々しく働く意〔名語記〕。

(9)ネは鳴声から。コはヰノコ（豕）などのコと同じ〔日本語源＝賀茂百樹・音幻論＝幸田露伴〕。ネウクの義。鳴声から〔言元梯〕。

(10)ネコ（似虎）の義〔和語私臆鈔〕。

まず注意しなければいけないのは、あげられているのは「語源説」すなわち、ある語の「語源にかかわる言説」であるということだ。現在、その説が妥当と認められているということではまったくない。例えば(8)の『名語記』は鎌倉時代に成立した文献であるが、その巻四に次のような記事がある。

問　ネスミトル獣ヲネコトナツク如何　答ネコハ猫也ネカロノ反　ネスミニアヘハカロ〱シクハタラク也又ネキモノ反鼠ニアヒテキモ〱シキ心也又云ナテカフノ反ハネクヲネコトイヘル歟源氏ニモネコノコトカ、レタル歟又ツメカクスヲ反セハテクトナルテクヲネコトイヘル歟

『日本国語大辞典』にとって、この『名語記』は大げさにいえば「因縁浅からざる」文献であるが、そのことについては措くことにする。さて、『名語記』の記事の「趣旨」をまとめたものが「⑻ネカロ（鼠軽）の義。鼠にあうと軽々しく働く意」ということになる。右には「ネカロノ反」とか「ネキモノ反」とか「ナテカフノ反」とかききなれない表現が頻出しているが、これは「仮名反《かながえし》」（山田忠雄『近代国語辞書の歩み』一三八三ページ）とも呼ばれるもので、「ナテカフノ反」であれば、「ナ」の子音と「テ」の母音を組み合わせて「ネ」を引き出し、「カ」の子音と「フ」の母音とを組み合わせて「ク」を引き出す。この場合は合わせると「ネク」となるので、それがさらに転じて「ネコ」になったとみていると思われる。「ネカロノ反」の場合は、「ネ」はそのままで「カロ」から「コ」を引き出して合わせて「ネコ」ということであろう。「ネカロ」の側からいえば、「ネカロ」が「ネコ」になった。だから「ネコ」はもともと「ネカロ」ということなのだ、という説明になる。ではその「ネカロ」とは何かといえば、「ねずみに会えばかろかろしくはたらく」ということだ。この「ハタラク」は『日本国語大辞典』が見出し「はたらく【働】」の語義「［1］からだを動かす。動く」「［2］行動する。ふるまう」と説明する〈動く・行動する〉と理解するのが適当だと思われるので、漢字「働」をあてない方がよいと思う。「ネカロ」という語があるわけではないので、「ネコ」から「ネコ」を説明できそうなかたちを考えていくのであろうか。作られた語源といってもよいかもしれない。

『名語記』の例をみると、まず文献に記されている「語源説」の趣旨が適切に要約されているか、ということがあるかもしれない。『名語記』には「鼠ニアヒテキモ〱シキ心」という記述があるが、これはあげられていない。「ツメカクス」を理由とするような記事もみられるが、これもあげられていない。こうなると、幾つか示されている「語源説」の中のあるもののみを要約してあげていることになる。ちなみにいえば、「キモキモシ」という形容詞は『日本国語大辞典』が見出しとしていない。(4)(7)はいずれも江戸時代の国学者契沖の随筆『円珠庵雑記』から採られているが、こちらは二つの「語源説」をあげている。

翻っていえば、日本語は同じ系統の言語がわかっていない。したがって、日本語のある語の語源を推測する場合に、他言語を援用することができない。ということは、日本語の語源を日本語の中で考えなければいけないということだ。先にあげた例ですぐわかるように、「ネコ」のように語構成がわからない語は推測のしようもない、ということになる。「ネコ」をこれ以上分解するならば、「ネ」と「コ」になってしまう。その「ネ」はなんだろう、「コ」はなんだろう、ということになると、「ネ」という発音をもつ語、「コ」という発音をもつ語から考えるようになる。そうすると「寝子」なのだ、というような「語源説」がうまれることになる。

もっとも大胆、かつ無責任な言い方をすれば、この「語源説」欄はなくてもいいのではないかと思う。見出し「ねこ」においても、冒頭に「鳴き声に、親愛の気持を表わす「こ」の付いたものという」とある。こうした説があることはうかつにも知らなかったが、現時点で、辞書編集者がこれはまあ妥当だろうと思う語源説のみを載せることにして、これまでに提示されてきた語源説は載せない。そうすることによって、かなりな紙幅を確保することができる。紙版の『日本国語大辞典』にとって、それは改訂に際して貴重な紙幅になるのではないか。

発音欄について

「発音欄について」は「一　標準語音」「二　語音史」「三　なまり」「四　標準アクセント」「五　アクセント史」「六　現代京都アクセント」の六条に分けて記述されている。幾つかをあげる。

二　語音史

1　発音の変遷を、個別的な変化をとげた語について解説する。原則として、規則的な変化をとげた語は除く。たとえば、語中語尾のハ行の音節は、同じ時期に一斉に変化したと考えられるので、いちいち発音の変遷についてはふれない。

2　現代語を除いては文献に記載された資料をもとに解説するが、文献の名をいちいち記さず、それらの推定される時代を左のように表記する。

上代　平安　中世（あるいは、鎌倉、室町のようにも）　近世　現代

資料からはっきり時代を推定できないものについては、「古くは」「後世」という表現を使うこともある。

三　なまり

1　近代諸方言において、いわゆる標準語と発音のかたちは違っていても、もとは同じものから出たと見られる語をなまりとしてとりあげ、そのなまりと地域を示す出典とを、その標準語の〈なまり〉の欄に記す。（略）

2　なまりは原則として個別的な変化語形を中心にして、東京方言におけるヒ→シのような音韻法則的なものは除く。ただし、音韻法則的なものでも、一般にあまり知られていないものや、行なわれている地域が狭いものは、便宜上とりあげる場合がある。

五　アクセント史

1　文献の記載をもとにして推定された京都アクセントにおける歴史的変化を注記する。

ある語の発音にかかわる変化が「語音史」であるが、これが記されていることは語の歴史を考える上で、ありがたい。例えば現在「カガヤク」と第二拍が濁音で発音している語は、かつて第二拍が清音で「カカヤク」だった。見出し「かがやく【輝・耀】」には左のように「古くは「かかやく」」と記されている。

かがやく【輝・耀】■一《自カ五（四）》（古くは「かかやく」）[1] まぶしいほど四方に光を発する。きらきらと美しく光る。また、つややかな美しさを発する。（略）

いさ ㊀《感動》[1]よくわからないこと、答えかねることをたずねられた時に、返事をあいまいにするための、さしあたっての応答のことば。さあ。ええと。いやなに。どうだか。↓いさともいさや。[2]肯定しがたく承服しがたいことを言われた時に、相手の発言を否定するための応答のことば。「いさとよ」という形をとることの方が多い。いいえ。でも。だって。↓いさとよ。㊁《副》[1]下に「知らず」の意の語を伴って用いる。さて(わからない)。どうだか(知らない)。どうせ(…したところで)。否定的な表現を伴って用いる。どうも(…できない)。とても(…しがたい)。↓いさや・いさ知らず。[2]下に[3]「知らず」の意味を含ませて用いる。さあどうだか知らない。わからない。上代、「に」を伴っても用いた。↓いさに。[語誌](1)本来は相手の発言をさえぎる㊀の①のような応答詞であったのだろうが、否定の気持が発展して㊀の②のような、「いな」に近い応答詞となり、かつ㊁のような副詞となる。一方、歌にとり入れられて、形も複雑な派生形を作り、意味も微妙になってくる。(2)形のよく似た感動詞に、勧誘などを表わす「いざ」があり、昔から勧誘の方は「いざ」と濁り、不知の方は「いさ」と清むと注意されてきた。だが「いさ知らず」などは、好んで使われるうちに「いざ知らず」ともいうようになり、「いさ」は「いざ」に混同されるようになる。

右では「語誌」欄の(2)に述べられているが、「イサ」と「イザ」とについて調べる課題が筆者が大学三年生の時の国語学演習の授業で課せられた。筆者の通っていた大学では、三年生になって、専門科目の授業をとるようになるので、初めて履修した国語学の演習で、課題が難しくてどうしたらよいかわからず、いわば「ずる」であるが、伯父山田忠雄にたずねたところ、「とにかく来い」ということで、吉祥寺の伯父の家に通って、次々と目の前に積まれる『平家物語』の版本や江戸期に刊行された『節用集』を写したことが懐かしい思い出だ。

辞書欄・表記欄について

「辞書」欄は初版からあった。しかし、『日葡辞書』『和英語林集成』（再版）『言海』は初版では使用されていなかった。『日葡辞書』は出典としては初版でも使われていたが、二版では「辞書」欄にも加えられた。「辞書」欄は当該語が辞書に採りあげられてきたかこなかったか。採りあげられたとすれば、どのような辞書にとりあげられたか、という見当をつけることができる。さて、初版には「表記」欄がなかった。「表記欄について」の記事をあげておこう。

前項の「辞書」に挙げられている漢字表記を［表記］の欄に典拠の略語とともに示す。

1　略号は「辞書欄について」の2に（　）に括って示した通り。
2　典拠の数が多いものの順に並べる。
3　典拠の数が同じときは、おおむね古いものから並べる。
4　同一の典拠で表記が複数ある場合は併記するが、典拠が一つしかなく、しかも漢字表記が多種ある場合は確実なものを優先して適宜取捨選択する。
5　字体は、原則として、常用漢字表にあるものはそれを用い、必要に応じて旧字体で示す場合もある。

異体字については通行の活字体で示す。

この「表記」欄はある語にあてられる漢字列を概観するのに非常に役立つ。例えば見出し「あまのがわ【天川・天河】」の「表記」欄には次のようにある。

表記 天河（和・色・名・伊・明・天・饅・黒・易・書・言）銀河（名・伊・天・易）銀漢（色・名・天・書）漢河（色・名）天漢（文・伊・へ）銀璜（色）漢（玉）銀浦（伊）銀潢（書）

こうした「情報」をもてば、歴史的には「天河」が多く使われていたであろうという推測もできる。また『色葉字類抄』が「天河」「銀漢」「漢河」「銀璜」と複数の漢字列をあげていることもすぐにわかる。

この他「同訓異字」欄もある。ここまで「凡例」を概観してきた。こうして「凡例」を丁寧に確認してみると、『日本国語大辞典』がさまざまな「情報」を載せていることが改めてよくわかる。やはり「凡例」はざっとにしても読んでから辞書を使った方がよい。これは大型辞書でも小型辞書でも同じことだ。次の第二章では、具体的に「見出し」についてふれることにするが、気楽に読んでいただけるように、コラムのようなかたちを採った。

第二章　見出し

本章では辞書において重要な位置を占める見出しについて考えてみたい。ただし、あまり堅苦しくならないように、コラム風に話題を展開することにしたい。

対語に注目する

「凡例」の「語釈について」の四「語釈の末尾に示すもの」の2に「同義語の後に反対語・対語などを↕を付して注記する」と記されている。「対語」は「ついご／たいご」で『日本国語大辞典』は「対（つい）になっていることば」と説明している。

さて、例えば、『日本国語大辞典』には「あつやっこ【熱奴】」という見出しがあって、「豆腐を小さく四角に切って熱した料理。湯豆腐（ゆどうふ）。↕冷奴（ひややっこ）」とある。「アツヤッコ」って何？　と一瞬思ったが、これは「ユドウフ」のことだ。現在はもっぱら「ユドウフ」という語を使っているので、かつて「アツヤッコ」があって「ヒヤヤッコ」があったということがあまり意識されなくなっていることがわかる。こういう「発見」もおもしろい。

「カクダイ（拡大）」と「シュクショウ（縮小）」とは語義が「反対」であるので、「反対語／対義語」などと呼ばれる。「反対語／対義語」も二つの語が対（つい）になっているので、「対語」であるが、語義が「反対」になっていなくても、「ヤマ（山）」「カワ（川）」のように対になっている語はある。「ヒヤヤッコ（冷奴）」の対語として「アツヤッコ」があるのと同じように「ヒヤムギ（冷麦）」の対語として「ヌクムギ（温麦）」がある。『日本国語大辞典』には次のように記されている。

ぬくむぎ【温麦】《名》あたためたつゆに入れて食べる麵類。冷麦（ひやむぎ）に対していう。
ひやむぎ【冷麦】《名》細打ちにしたうどんを茹（ゆ）でて水で冷やし、汁をつけて食べるもの。夏時の食糧とする。ひやしむぎ。

右では、積極的に「↕」符号をもって両語が「対語」であることを示してはいないが、「ぬくむぎ」には「冷麦（ひやむぎ）に対していう」とあって、現代も食べ物として存在し、したがって語としても存在している「ヒヤムギ」によって「ヌクムギ」を説明しようとしている、と思われる。それに呼応するように、「ひやむぎ」の説明は「ぬくむぎ」の説明よりも具体的で、かつ「ぬくむぎ」を参照させようとはしていない。「対」といっても、実際には両語がまったく「均衡」を保っていることはむしろ少ないように思われる。これも言語のおもしろいところだ。

山形県山形市にある立石寺は「山寺」と呼ばれる。松尾芭蕉が「閑さや岩にしみ入る蟬の声」という句をつくったといわれている所だ。この場合の「山寺」は一般名詞のような固有名詞のような趣きがあるが、

「山寺の和尚さん」というような時の「ヤマデラ」は一般名詞である。『日本国語大辞典』では「ヤマデラ」の語義を「山にある寺。山の中の寺院。さんじ」と説明している。さて、この「ヤマデラ」の対語は？　先には「ヤマ（山）」と「カワ（川）」とが対になる、と述べたが、この場合は「ノ（野）」が対になる。『日本国語大辞典』には次のような見出し項目がある。

のでら【野寺】一《名》1（山寺に対して）野中にある寺。（略）

右でも「↕」符号は使われていないが、「ヤマデラ」と対になっていることが記されている。ある（よく使われている）語を一方に置いて新しい語ができあがる場合、最初からあった（よく使われている）語が何であったかによって、「対」の形成のされかたも異なってくる。

斎藤茂吉に次のような短歌作品がある。

楢《なら》わか葉照りひるがへるうつつなに山蚕《やまこ》は青《あを》／く生《あ》れぬ山蚕は

一九一三（大正二）年に東雲堂から出版された第一歌集『赤光』に収められている作品だ。塚本邦雄は『茂吉秀歌　『赤光』百首』（一九七七年、文藝春秋）において、茂吉の「この昆虫への愛著は顕著である」（一四八ページ）と述べている。

『日本国語大辞典』は「ヤマコ（山蚕）」を「昆虫「くわご（桑蚕蛾）」の異名」と説明し、使用例として先に示した斎藤茂吉の短歌作品をあげている。『日本国語大辞典』は飼育種である「（カイ）コ（蚕）」に対しての「ヤマコ」であると積極的には説明していないが、語構成上はそのようにみえる。また、昆虫として追究すると、大型の蛾である「ヤマガイコ（山蚕）」も存在するようであるが、それはそれとする。

語構成に話を戻せば、他にも、シャクヤク（芍薬）に似て山に生えるものを「ヤマシャクヤク」、山野に生えるツツジを「ヤマツツジ」と呼ぶなど、類例は少なくない。ちなみにいえば、現在は絹糸の元となる繭をつくる昆虫は「カイコ」であるが、これは「飼い蚕（こ）」で、「コ」という昆虫を飼い慣らしたものが「カイコ（飼蚕）」である。『万葉集』巻第十二、二九九一番歌の「垂乳根之母我養蚕乃眉隠」と書かれている箇所は現在、「たらちねのははがかふこのまよごもり」と読まれている。つまり『万葉集』の頃にすでに養蚕が行なわれていたということだ。

「ノ（野）」と「ヤマ（山）」とが対になったり、飼育種に対して、「ヤマ」が対になったり、「カワセミ」という鳥に対しては「ヤマセミ」がいて、この場合であれば「ヤマ（山）」と「カワ（川）」とが対になったりと、対語の「対」もさまざまだ。

ヤマネという小動物をご存じだろうか。『日本国語大辞典』には次のようにある。

やまね【山鼠】《名》 齧歯目ヤマネ科の哺乳類。体長約七センチ《メートル》。ネズミに似ているが尾が長く長毛を有する。（略）冬は木の穴などで体をまるめて冬眠し、刺激を与えても容易に目をさまさない。本州以南の山林に分布する日本の固有種。（略）

「ヤマネ」の「ヤマ」は〈山〉であろう。「ネ」は〈ネズミ〉のはずだ。ネズミはもともと野原にいるものだとすると、それをわざわざ「ノネ」という必要はない。『日本国語大辞典』は〈野鼠〉という語義をもつ「ノネ」を見出し項目としていない。それはそういうことだろう、などと想像する。しかし「ノネズミ」という語はある。『日本国語大辞典』は「ノネズミ」の対語として「イエネズミ（家鼠）」をあげている。複雑になってきた。しかしこうやって、例えば「対語」という概念をもとにあれこれと考えてみるということは楽しい。

「ノネズミ」を話題にしたので、「ノネコ」も話題にしておこう。「ノネコ?」と思った方もいるだろう。「ノラネコじゃないの?」と思った方もいるだろう。

のねこ【野猫】《名》1 山野に棲息する猫。山猫の類。＊小川本願経四分律平安初期点（810頃）「狙の皮、野猫（ネコ）の皮、迦羅の皮、野狐の皮を畜せり」2 のらねこ。＊俳諧・続猿蓑（1698）春「おもひかねその里たける野猫哉〈己百〉」＊俳諧・耳さらへ集（1831）「何となくかはゆき秋の野猫かな〈兀峰〉」＊偸盗（1917）〈芥川龍之介〉四「沙金の眼が、野猫（ノネコ）のやうに鋭く、自分を見つめてゐるのを感じた」

のらねこ【野良猫】《名》1 野原などに捨てられた猫。飼主のない猫。宿なし猫。どらねこ。＊夫木（1310頃）二七「まくず原下はひありくのらねこのなつけがたきは妹が心か〈源仲正〉」＊俳諧・紅梅千句（1655）六・雁「つなぎても寝ぬそばの鷹師〈可頼〉野等猫（ノラネコ）の足跡しるき雪降に〈正章〉」＊浄瑠璃・浦島年代記（1722）三「のら猫か野良犬か」2 なまけ者、道楽者をののしっていう語。

＊雑俳・蓬萊山(1709)「野良猫じゃ内でくはずに茶やぐるひ」

飼われていたけれども捨てられたのが「ノラネコ」で、もともと「山野に棲息」しているのが、「ノネコ」ということだ。実際には、捨てられた「ノラネコ」からうまれた子は、自身は捨てられたわけではないが、「ノラネコ」とみなすのだろう。

調べてみると、「ノネコ」も結局はもともとは飼われていたとみて、「ノネコ／ノラネコ」の違いをあまり認めないとらえかたもあることがわかる。環境省は、二〇一五(平成二十七)年三月一日に「希少種とノネコ・ノラネコ シンポジウム」を開催している。このシンポジウムは、「ノネコ／ノラネコ」が希少種を捕食しているというような内容だ。その一方で、一九六三(昭和三十八)年三月十二日に開かれた第四十三国会の農林水産委員会におけるやりとりに基づき、「ノネコ」は狩猟の対象となる狩猟鳥獣であるが、「ノラネコ」は狩猟鳥獣にならない、という「区別」をするとらえかたもある。「ノネコ／ノラネコ」も奥が深い。

さて、『万葉集』の歌人に「山辺赤人(やまべのあかひと)」という人物がいることはご存じだろうと思う。江戸後期の狂歌師、斯波孟雅(しばたけまさ)(一七一七～一七九〇)は色黒だったので、「浜辺黒人(はまべのくろひと)」を号としたとのこと。いやはやふざけた対語ではないか。こんなことも『日本国語大辞典』をよむとわかる。

オノマトペあれこれ

キリギリスとコオロギ

『日本国語大辞典』は見出し「オノマトペ」を「擬声語および擬態語。擬音語。オノマトペア」と説明している。これだけではわかりにくいので、見出し「ぎせいご【擬声語】」を調べてみると、「物の音や声などを表わすことば。表示される語音と、それによって表現される種々の自然音との間に、ある種の必然的関係、すなわち音象徴が存在することによって成立する語」と説明されている。

『日本国語大辞典』は見出し「ガチャガチャ」の語義の**三**に「**（鳴き声から転じて）**昆虫「くつわむし（轡虫）」の異名」と記している。草むらで、「ガチャガチャ」というように聞こえる声で鳴いている虫を、その鳴き声から「ガチャガチャ」と呼ぶということで、これはオノマトペがそのまま虫の名前になった例といえよう。クツワムシの場合は、今は東京などでは、なかなか鳴き声を聞くことができないかもしれないが、筆者が子供の頃には家のまわりの草むらなどでよく鳴いていた。「ガチャガチャ」は実際の鳴き声にかなりちかい「聞きなし」といえそうだと思うが、それはもしかしたら、「あれマツムシが鳴いている　チンチロチンチロチンチロリン」と始まる文部省唱歌「虫のこえ（蟲のこゑ）」（作詩作曲者不詳）の二番の歌詞「きりきりきりきり　きりぎりす。がちゃがちゃがちゃがちゃ　くつわむし」に、知らず識らずのうちに影響されているのかもしれない。この「虫のこえ」は一九一〇（明治四十三）年に刊行された『尋常小学読本唱歌』に収められている。一九九八年（平成十）に示された「小学校学習指導要領」において、第二学年の歌唱共通教材とされているので、今でも小学校二年生が歌っている歌だと思われる。この「虫のこえ」は二〇〇七年には「日本の歌百選」にも選ばれている。

ところが、一九三二（昭和七）年に刊行された『新訂尋常小学唱歌』において、「きりぎりす」が「こほろぎや」に改められ、現在はこのかたちで定着している。『日本国語大辞典』で「きりぎりす」を調べてみると、「[1]昆虫「こおろぎ（蟋蟀）」の古名」とまず記されている。少しややこしい話になってきたが、できるだけわかりやすく説明してみよう。九三四年頃に成ったと考えられている『和名類聚抄』という辞書がある。この辞書をみると、「蟋蟀」という漢語に対して「木里木里須」と記されている。つまり「蟋蟀（シッシツ）」という漢語と対応する和語は「キリキリス」だという記事である。では「コオロギ」はどうなっているかといえば、「蜻蛚（セイレツ）」という漢語と対応する和語として「古保呂木」とある。漢語「シッシツ（蟋蟀）」は日本で現在いうところの「コオロギ」だと考えられている。ここだけをとりだすと、日本では古くは、現在「コオロギ」と呼んでいる昆虫を「キリキリス」と呼んでいたという推測を引き出す。こうした推測に基づいて、「虫のこえ」の歌詞中の「きりぎりす」が「こほろぎ」に改められたということだ。

しかし、ここには実は難しい「問題」が潜んでいる。文献に記されている語から、それが実際にどのような昆虫だったか、花だったかなどを探るのは案外と難しい。文献に「コオロギ」と書いてあって、現在も同じ名前の昆虫がいれば、「ああこれだ」とまず思ってしまう。だいたいはそれでいいといえなくもないが、そうではない場合もある。しかし文献に記されている「情報」だけから、昆虫や植物を特定することは難しい。したがって、これは言語学においては扱わないことがらになる。言語が実際のどんなモノを指しているか、ということは、ある程度わかっていないと言語についての議論もできない場合もあるが、言語学の追究する課題ではない、と考えることになっている。

辞書もこのあたりが実は難しい。百科事典であれば、現在「コオロギ」と呼ばれている昆虫の写真を載せて、あとはコオロギの生態などを記せばよい。現在刊行されている百科事典にはCDが付いているものもあるから、コオロギの鳴き声をそこに録音しておくこともできる。しかし国語辞書の場合は、そうもいかない。『日本国語大辞典』は、といえば、「きりぎりす」の語義の2として「バッタ（直翅）目キリギリス科の昆虫。体長四～五センチメートル。（略）夏から秋にかけて野原の草むらに多く、長いうしろあしでよく跳躍する。（略）雄は「チョン、ギース」と鳴く。（略）」と記し、そばに挿絵があるが、挿絵には「螽蟖②」とキャプションがある。これは語義1の「蟋蟀（コオロギ）」ではなくて2の「螽蟖（キリギリス）」の挿絵だということを示している。『日本国語大辞典』は国語辞書（言語辞書）であるが、固有名詞も収めるなど、百科事典を兼ねているところがあるので、このようにして、語義記述において対応していることがわかる。

　さて、漢語「シッシツ（蟋蟀）」は現在日本でいうところのコオロギだろうというところまで述べた。ところがである。『日本国語大辞典』の見出し「きりぎりす」の「語誌」欄をみると、漢語「セイレツ（蜻蛚）」と漢語「シッシツ（蟋蟀）」とは、中国では「同じものをいう」（『日本国語大辞典』第四巻五八七ページ第三段）とある。「同じもの」は同じ昆虫ということであろうが、そうなると、「じゃあなんで中国では同じ昆虫に二つの語があるんだ?」という疑問が生じてくるが、もしも「同じ」だとすると、日本語の「キリキリス（木里木里須）」と「コホロキ（古保呂木）」との関係はどうなるのか？　という新たな疑問を引き出す。筆者の意見をいえば、歌詞はもともとのままでよかったのではないかということだ。「キリキリキリ」鳴く虫だから「キリキリス」という名前がついたはずなんだから。それが現在なんと呼んでいる昆虫にあたるかは、また別の話としてもよいだろう。

ニワトリの鳴き声

『日本国語大辞典』の見出し「ぎせいご【擬声語】」の語釈において述べられている「ある種の必然的関係」は、言語音と語義との間には必然的な関係がない、という「原則」（これを言語学では「言語記号の恣意性《しいせい》」と呼ぶ）にあてはまらない例として考えるむきがあったことを受けての表現であるが、近時、結局は「必然的関係」とは考えにくい、というみかたも提示されている。そのことについて簡略に説明すれば、ニワトリの鳴き声を聞けば、どのような言語を使っている人も同じようにその鳴き声を「聞きなす」とは限らないということだ。もちろん「鳴き声」に起点があるのだから、似ていることは似ているが、完全に同じにはならない。英語では「cock-a-doodle-doo」と「聞きなす」ことが知られている。フランス語は「coquerico」だそうだ。これを「ニワトリは国によって鳴き声が違う」という話にすることもできるが、全部「カ行音」が含まれていて似ているという話にすることもできる。カラスを表わす各国語にはK音とR音とが含まれていることが多い、という指摘もある。

現代日本語だと「コケコッコー」が一般的であろうが、『日本国語大辞典』には次の記事がある。

かけろ 一《副》鶏の鳴き声を表わす語。こけっこう。こけこっこう。かげんろ。二《名》「にわとり（鶏）」の異名。

かげんろ《副》「かけろ一」に同じ。

こけこおろ 方言 一《副》❶雄鶏（おんどり）の鳴き声を表わす語。（略）

見出し「かけろ」においては、九世紀後期に成ったと思われている「神楽歌」の「鶏はかけろと鳴きぬなり」という使用例があげられている。「神楽歌」が成った頃には、ニワトリの鳴き声が「カケロ」と聞きなされていたことがわかる。見出し「かげんろ」には一五四八年に成立したと考えられている辞書、『運歩色葉集』の「かの部」に「可見路　カゲンロ　鶏鳴音」とあることが示されている。右にあげたように、日本においても、ニワトリの鳴き声の「聞きなし」は一つではなかったことがわかる。『日本国語大辞典』には「こけこっこう」という見出しもある。

こけこっこう《副》 鶏の鳴き声を表わす語。

この見出しの「語誌」欄においては、先に示した「神楽歌」の使用例にふれて、古くは「カ行音で写されていた」と述べ、⑵として「「咄本・醒睡笑‐一」（一六二八）にあるトッテコーや「書言字考節用集‐八」（一七一七）にあるトーテンコーが一般的になっていたらしく、近世には、鶏の鳴き声をタ行音で写す傾向が見られる」と述べられている。

「とうてんこう」も『日本国語大辞典』の見出しになっている。

とうてんこう【東天紅・東天光】■一《副》（東の天に光がさして、夜が明けようとするのをを告げる意の漢字をあてて）暁に鳴くニワトリの声を表わす。（略）

図は『和漢音釈書言字考節用集』巻第八である。上部欄外に「ト」とあるところからわかるが、「ト部」だ。最初に「東作業《トウサクゲウ》」という見出しがあり、それに続いて「｜漸《トウゼン》」とあり、次の丁にいって、「｜天光《トウテンクハウ》」とある。

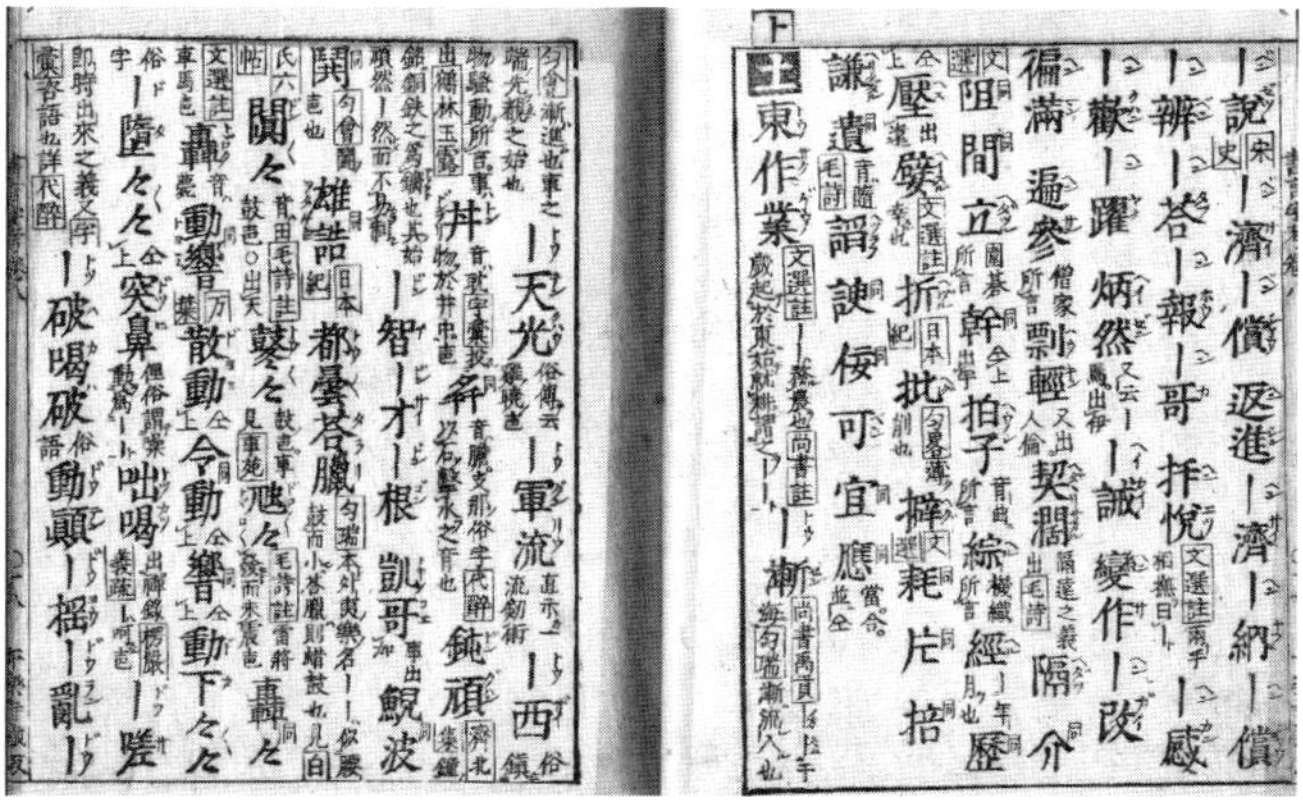

『和漢音釈書言字考節用集』巻第八

「｜」には一番最初の見出し「東作業」の頭字「東」が入るので、「東天光」という漢字列に「トウテンクハウ」と振仮名が施されている。「トウテンクハウ」はこの『和漢音釈書言字考節用集』が出版された時期の発音では「トウテンコー」だ。そして、この見出しの下には、「俗伝テ云／鶏ノ暁ノ声」（俗に伝えて云う鶏の暁の声）という説明がある。

『大漢和辞典』にあたってみると、〈東の空、暁天〉を語義とする「トウテン（東天）」という漢語は、中国での使用例を伴って載せられているが、「東天紅」には『合類節用集』という日本の文献における使用例しか示されておらず、「トウテンコウ（東天紅）」はいかにも漢語っぽいが、日本でつくられた和製漢語である可能性がたかい。こういうことも、『日本国語大辞典』をよくよんで、『大漢和辞典』などを併せて使うと見当をつけることができる。

「こけこっこう」の「語誌」欄は「ふるくカケロとカ行音」「近世には（略）タ行音」と述べており、おそらく、時代によって鶏の鳴き声の「聞きなし」が異なるということを述べようとしていると推測する。そういうみかたもありそうだ。しかしその一方で、神代の昔から現代まで日本列島上に棲息していたニワトリの鳴き声は一貫して同じであったという前提にたてば、その「同じ」であるはずのニワトリの鳴き声がいろいろな語形として聞きなされていたことはまず明らかなことといえよう。時代によって異なるというみかたは、ある時代にはこの「聞きなし」が一般的、すなわち共有されていたとみ、異なる時代では、共有されている「聞きなし」が異なる、というみかたといえよう。

現代において「ニワトリの鳴き声は?」ときけば、多くの人が「コケコッコウ」と答えそうで、ニワトリに関しては「聞きなし」の共有度が高そうだ。しかし、「ネコの鳴き声は?」と聞いた場合は、「ニャーニャー」が多いだろうが、「ミューミュー」と言う人だっていないとも限らない。つまり、「聞きなし」に「揺れ」がありそうに思う。となると、たまたま残っている文献に残されている「聞きなし」語形から、時代による変遷まで推測するのはもしかしたら少々無理があるかもしれない、と筆者は思う。

そのことよりも、ニワトリの鳴き声のように、はっきりとした起点をもった擬声語であっても、いろいろな「聞きなし」をうみだすという、その「聞きなし」の「揺れ」はおもしろいと思う。

言語を観察していると、大多数がこうであるということに目がいく。八十パーセントがこうなっていますということだ。聞いている側もなるほど、と思う。しかし筆者などは、「じゃあ残り二十パーセント」はどうなっているのだろう、と思う。ひねくれているといえばひねくれている。前者を仮に「傾向」と表現し、後者を仮に「例外」と表現すれば、「傾向」あっての「例外」であると同時に「例外」あっての「傾向」ではないかと思う。一〇〇パーセント同じ方向を向かないことが少なくないところが言語のおもしろいところで、人間が使っているものだなあ、と思う。言語はけっこう人間くさいところがある。

揺れるオノマトペ

筆者の勤務している大学の学科では卒業論文が必修科目になっている。オノマトペは学生が興味をもちやすいテーマで、オノマトペをテーマにして卒業論文を書きたいと申し出る学生が少なくない。そんな時に必ずといってよいほど話題にのぼるのが宮沢賢治だ。

『風の又三郎』は次のような歌で始まる。

どっどど　どどうど　どどうど　どどう、
青いくるみも吹きとばせ
すっぱいかりんもふきとばせ
どっどど　どどうど　どどうど　どどう

また「月夜のでんしんばしら」には「ドッテテドッテテ、ドッテテド、でんしんばしらのぐんたいは　はやさせかいにたぐいなし　ドッテテドッテテ、ドッテテド　でんしんばしらのぐんたいは　きりつせかいにならびなし」という「軍歌」がみられる。「どっどど　どどうど」は風の音を表現している擬音語のようでもあるし、風の強さを表現している擬態語のようでもある。なんとなくではあるが、「雰囲気」は伝わってくる。しかしそれはやはり「雰囲気」に留まるのであって、その「雰囲気」の受け取り方は「読み手」によって、少しずつ異なる可能性がある。

オノマトペの「揺れ」とはそのようなことだ。擬音語であれば、何らかの「音」をもとにしてうまれるのだから、そうしてうまれたオノマトペは、多くの人がすぐに理解することができ、多くの人が共有できるはずだ。実際にそういうオノマトペも多い。しかし、最初に「音」をどのように、言語音としてキャッチするか、というところに「個性」がはたらくともいえ、その「個性」がユニークな人はユニークなオノマトペをうみだす。だから、オノマトペであれば、すぐにわかる、とばかりはいえない。

『日本国語大辞典』にもたくさんのオノマトペが載せられている。小型の国語辞書では、オノマトペに多くのページをさくことはできないだろう。だから、これは大型辞書である『日本国語大辞典』の特徴の一つといってもよいかもしれない。さて、みなさんは次のオノマトペがどんな「雰囲気」を表現しているかわかるでしょうか。「セリセリ」「ソイソイ」「ソゴソゴ」「ソッソ」「ゾベゾベ」。答はこちらです。

せりせり《副》（多く「と」を伴って用いる）1 動作などの落ち着かないさま、せきたてるさまを表わす語。せかせか。2 せせこましいさまを表わす語。こせこせ。3 言動などのうるさいさまを表わす語。

そいそい《副》（「と」を伴って用いることもある）歯切れよく静かに物をかむ音などを表わす語。

そごそご《副》（「と」を伴って用いることもある）1 気落ちして元気のないさまを表わす語。すごすご。2 かわいたものやこわばったものなどが、触れるさまを表わす語。

そっそ《副》（多く「と」を伴って用いる）1 静かに行なうさまを表わす語。そっと。2 わずかなさまを表わす語。ちょっと。

ぞべぞべ《副》（「と」を伴って用いることもある）1 つややかなさまを表わす語。2 長い着物などを着て、動作が不活発なさまを表わす語。ぞべらぞべら。ぞべりぞべり。3（②から）てきぱきせず、だらしのないさまを表わす語。ぞべらぞべら。

見出し項目「そいそい」には使用例として、「漢書列伝竺桃抄（1458-60）」の「蚕の桑葉をそいそいと食て、あげくに食尽様にするぞ」があげられており、カイコが桑の葉を食べる時の音を「ソイソイ」で表現していることがわかる。もりもり食べるという「雰囲気」ですね。見出し項目「そごそご」には1の語釈中に「すごすご」とある。「ソゴソゴ」と「スゴスゴ」とは「ソ」と「ス」とが入れ替わっている。もっといえば、母音が[o]から[ɯ]に入れ替わっているので、「母音交替形」ということになる。こういうこともある。落ち着きのない人に「なんだかセリセリしてるね。どうしたの?」と言ったり、落ち着きのないこどもに「セリセリしないっ!」と言ってみたら、どんな反応がかえってくるでしょうか。

次のような見出しがあった。

こんかい【吼噦】一《名》狐の鳴声から転じて、狐のこと。二 狂言「釣狐」の別称。

一の語義の使用例として、「虎明本狂言・釣狐（室町末-近世初）」の「わかれの後になくきつね、なくきつね、こんくゎいのなみだなるらん」、「雑俳・西国船（1702）」の「ひょっと出てこんくゎいのとぶ階がかり」などがあげられ、二の語義の使用例として、「堺鑑（1684）中・釣狐寺」の「世に云伝釣狐の 狂言 又吼噦共いへり」があげられている。「辞書」欄には「書言・言海」とある。「書言」は先に図として掲げた、江戸時代、一七一七（享保二）年に刊行された辞書、『和漢音釈書言字考節用集』（全十三冊）のことで、その「言辞　九上」（第十一冊）に「吼噦《コンクハイ》」という見出し項目がある。一八九一（明治二十四）年に完結した『言海』には、「こんくわい（名）吼噦［狐ノ鳴声ヲ以テ名トス］狐釣ノ狂言ノ名」とある。「吼」は〈ほえる〉という字義をもっているが、『大漢和辞典』巻二（九〇四ページ）に載せられている「吼」字に「コウ」「ク」という音は認められているが、「コン」はない。また「吼噦」という熟語もあげられていない。

『日本国語大辞典』の見出し項目「こんかい」をよんだ時には、漢字列「吼噦」があてられていることもあって、「コンカイ（コンクヮイ）」という発音の漢語があって、それはキツネの鳴き声に基づいてできた漢語だと想像してしまった。そうであれば、日本でも中国でもキツネの鳴き声を「コン」と聞きなしたことになり、「おもしろいですね」でめでたく終わるところだった。ところが、どうも漢語「コンカイ（コンクヮイ）」はなさそうなので、そうなると「吼噦」は日本であてられたのではないかということになる。やはりことばは一筋縄ではいかないが、その「どっこい、そんなに単純ではないぞ」というところが言語のおもしろさでもあると思う。

セミの名前と鳴き声

夏目漱石『吾輩は猫である』の七に「人間にも油野郎、みんみん野郎、おしいつく〳〵野郎がある如く、蟬にも油蟬、みん〳〵、おしいつく〳〵がある。油蟬はしつこくて行かん。みん〳〵は横風で困る。只取つて面白いのはおしいつく〱である。是は夏の末にならないと出て来ない」という行《くだ》りがある。東京近辺では、夏になってもセミの鳴き声があまり聞こえなくなってきたように感じる。筆者は神奈川県鎌倉市のうまれなので、小学生の頃には、夏になるとセミがうるさいくらい鳴いていた。右の文章中で夏目漱石は採りあげていないが、夏の夕方に、あちらこちらから響き合うように聞こえてきたヒグラシの鳴き声が懐かしく、もう一度あんな風に鳴いているヒグラシを聞いてみたいと思う。

ヒグラシはカナカナと呼ばれることもある。

かなかな《名》**（その鳴き声から）**昆虫「ひぐらし（日暮）」の異名。

ヒグラシの鳴き声を「カナカナカナカナ…」と聞きなすのは、自然に思われる。また、ヒグラシの鳴き声は同じ聞こえ（「カナ」）がずっと繰り返していくので、いわば単純な鳴き声ともいえよう。それに比べて、ツクツクホウシの鳴き声は「複雑」だ。

つくつくぼうし《名》 1 **（「つくつくほうし」とも）**カメムシ（半翅）目セミ科の昆虫。（略）七月下旬から一〇月初旬頃までみられ、八月下旬に最も多い。「つくつくおーし」と繰り返し鳴く。北海道南部以南、朝鮮、中国、台湾に分布する。つくつく。つくつくし。おおしいつく。くつくつぼうし。つくしこいし。ほうしぜみ。寒蟬。（略）

「語誌」欄には「⑴平安時代にはクツクツホウシ（ボウシ）と呼ばれていたようである。（略）⑵鎌倉時代になると、ツクツクの形も辞書にのり始め、ツクツクとクツクツの勢力争いといった形になる。しかし室町初期には「頓要集」などツクツクの形のみ記したものも登場し、室町後半にはこれが主流となる。（略）⑸現代ではその鳴き声を「おーしいつくつく」ときくこともある」とある。

平安時代には「クツクツホウシ（ボウシ）と呼ばれていた」に驚かれた方もいるのではないだろうか。『日本国語大辞典』には次のように見出し項目がある。

くつくつぼうし《名》　昆虫「つくつくぼうし」に同じ。

使用例も少なからずあがっており、その中には一二七五年に成ったと考えられている『名語記《みょうごき》』も含まれている。「クツクツ」を繰り返せば「クツクツクツクツ…」となり、この音の連続は切りようによっては、つまり聞きようによっては、「ツクツク」になる。実際のヒグラシの鳴き声は「ツクツク」あるいは「クツクツ」がずっと繰り返されるわけではないが、とにかく「ツクツク」と「クツクツ」とは仮名の連続としてみると違うが、音の連続としては「近い」。

さて、先の『日本国語大辞典』の「つくつくぼうし」の記事で気になった点がある。引用の中に「つくつくおーし」、「おーしいつくつく」と書かれている。「現代仮名遣い」においては、平仮名で書く場合には長音に「ー」を使わない。そして一方では「おおしいつく」と書いている。筆者は、なぜ非標準的な書き方を使ったのかとすぐに思ってしまう。おそらく「おおしいつく」の発音は「オーシイツク」という長音を含んだものではなく「オオシイツク」である、ということだろうと思う。そうであれば、「つくつくおおし」と書くと「ツクツクオオシ」という発音だと勘違いされるから、ここはそうではなくて「ツクツクオーシ」という長音を含んだかたちなのだ、ということを示した書き方なのだろう。しかし、それがうまく「読み手」に伝わるだろうか、と気になる。因果なものです。

図は、九三四年頃に成立したと考えられている『和名類聚抄』の、江戸時代に印刷出版したものだ。九三四年頃に成立したテキストには、振仮名などはなかったが、江戸時代に出版されたテキストには、上のように振仮名が施されているものがある。図では、一番右の行の見出し「蛁蟟」に「クツ〳〵ホウシ」と振仮名が施されている。そもそも「和名久豆久豆保宇之」とあって、「久豆久豆保宇之」は「クツクツホウシ」を漢字で書いたものであるので、それを振仮名にしただけともいえる。とにかくここに「クツクツホウシ」という語形がみえる。

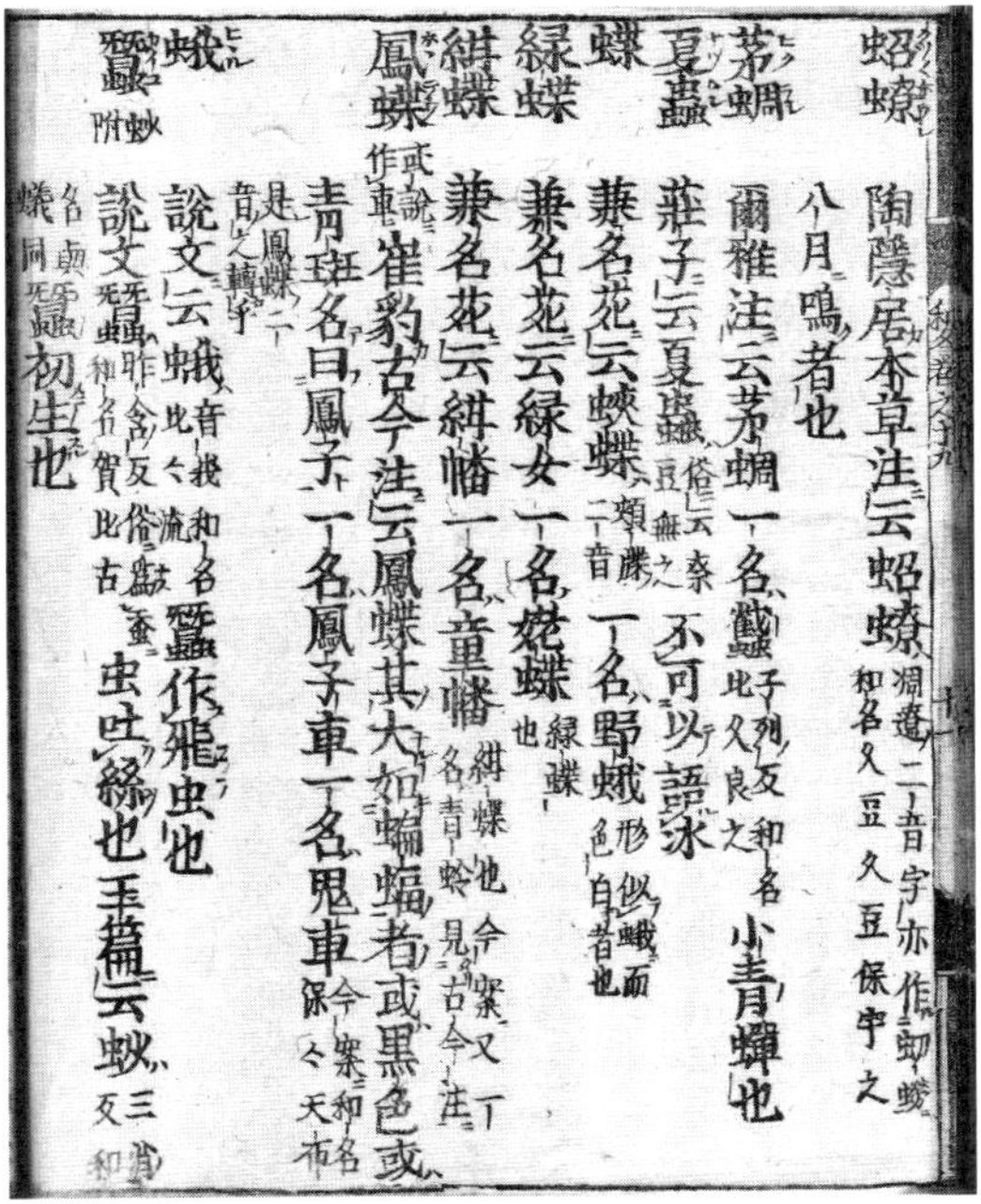

『和名類聚抄』

筆者が小学生の頃に、夏休みに奈良

県にいる叔母の家に泊まりにいったことがあった。すると今まで聞いたことのないセミが鳴いているのでびっくりした。それがクマゼミだった。現在では温暖化のためか、東京でも時々耳にすることがあるので、次第に生息域を拡げていったのだろう。クマゼミの鳴き声は筆者の聞きなしでは「シャワシャワシャワシャワ」というような感じだ。『日本国語大辞典』をみてみよう。

くまぜみ【熊蟬】《名》カメムシ（半翅）目セミ科の昆虫。日本産のセミ類のうち最も大きく体長四～五センチメートル、はねの先端までは七センチメートルに近い。体は全体に黒く光沢がある。（略）盛夏のころシャーシャーと続けて鳴く。西日本ではセンダン、カキなどに多い。関東地方以南の各地に分布。うまぜみ。やまぜみ。わしわし。（略）

『日本国語大辞典』の語釈記述をした人の聞きなしは「シャーシャー」のようだが「ワシワシ」という聞きなしもあることがわかる。見出し項目「わしわし」をみると、「大勢がしゃべりたてているさまを表わす語。わいわい」とあって、[方言]の一の❸に「大きな蟬（せみ）の鳴き声を表わす語」とあり、二に「虫、くまぜみ（熊蟬）」とある。

「クマゼミ」の「クマ」は黒色及び大きいことに由来していると思われる。「クマ（ン）バチ」と同じようなことだ。語釈中にみられる「ウマゼミ」は大きさを「ウマ（馬）」で表現しているのだろう。大きいものは「クマ」「ウマ」と名づけるというところもまたおもしろい。

小さいセミとしてはニーニーゼミがいる。ニーニーゼミは夏前に鳴きだすセミとして印象深かったが、これも最近ほとんど鳴き声を聞いたことがない。

にいにいぜみ【—蟬】《名》（略）各地に普通にすみ、梅雨あけの頃から現われ、鳴き声はニーニーまたはチーチーと聞こえる。日本各地、朝鮮、中国、台湾に分布する。ちいちいぜみ。こぜみ。（略）

ここまでくるとアブラゼミが気になるが、見出し項目「あぶらぜみ」の語釈には「セミ科の昆虫。体長（翅端まで）五・六〜六センチ《メートル》。日本各地で最も普通に見られるセミ（略）あかぜみ。あきぜみ」とあって、「アカゼミ」「アキゼミ」と呼ばれることがあることがわかる。

動植物名の見出し

タヌキとサルトリイバラ

『日本国語大辞典』は動植物名も見出しとしているので、「アカゲザル」（動物）「アカアシクワガタ」（昆虫）「アカアマダイ」（魚）「アカガシ」（植物）などの見出しがある。しかしその一方で、幼体がミドリガメという名前で売られ、日本中にひろく棲息するようになったアカミミガメは見出しとなっていないので、見出しとなる何らかの基準はあるのだろう。「ミドリガメ」は見出しとなっていて、「アメリカ原産のヌマガメ科の子ガメのこと。背甲が緑がかっているためにこの称があり、ペットとして人気がある」と説明されている。

『日本国語大辞典』をよんでいると、次のような見出しがあった。

1　**くさいなぎ【野猪】**《名》「いのしし（猪）」の古名。一説に、「たぬき（狸）」の古名ともいう。
2　**こわみ**《名》「たぬき（狸）」または、「あなぐま（穴熊）」の異名。
3　**たたけ【狸】**《名》（「たたげ」とも）[1]「たぬき（狸）」の異名。[2]筆の穂にする狸の毛。
4　**たのき【狸】**《名》「たぬき（狸）」の変化した語。
5　**とんちぼお**《名》[方言]❶動物、むじな（貉）。忌み言葉。❷貉の子。❸動物、たぬき（狸）。
6　**はちむじな【八貉】**《名》[方言]動物、たぬき（狸）。
7　**まみ【貒・猯・貉】**《名》穴熊（あなぐま）、狸（たぬき）などの類。
8　**めこま【狸】**《名》「たぬき（狸）」の異名。

2「こわみ」の使用例として、「和訓栞（1777–1862）」の「こはみ　狸に似てちひさく好んて人家に住い其身の内至て強きをもて名く是むじな成へし」（注：傍点筆者）という記事があげられている。『日本国語大辞典』第二版の第一巻には「主要出典一覧」などを示した「別冊」が附録されている。それによると「和訓栞」のテキストとして、具体的には一八九八年に刊行された『増補語林　倭訓栞』を使っていることがわかる。これは活字テキストである。丸括弧内にある「1777–1862」は『和訓栞』の版本が刊行された年である。実は活字テキストには「狸に似てちひさく好んて人家に住り、其身の内至て強きをもて名く是むじな成へし」とあって『日本国語大辞典』が掲げる使用例とは小異（傍点部）がある（注：傍点筆者）。「住り」は「スメリ」

を書いたものと思われる。ついでに版本（中編巻八・三十二丁表）を確認してみると、「狸に似てちひさく好んて人家に住り其身の内至て／強きをもて名く是むしな成へし」とあって濁点は使われていない。なぜ依拠テキストを調べてみようと思ったかといえば、「住い」は「住ひ」ではなくてほんとうに「住い」と書いてあるのかなと思ったことと、「むじな成へし」の箇所で、「むじな」では濁点を使い、「成へし」では使っていなかったので、そういうことは絶対ないというわけでもないが、なんとなく落ち着かない感じがしたためだ。活字テキストにはたしかに「むじな成へし」とあった。しかし版本は「むしな成へし」であった。版本と活字テキストにも少し違いがあり、活字テキストと『日本国語大辞典』が掲げる使用例とにも少し違いがあったが、それを問題視しようとしているわけではまったくない。このくらいのことはあるだろう。

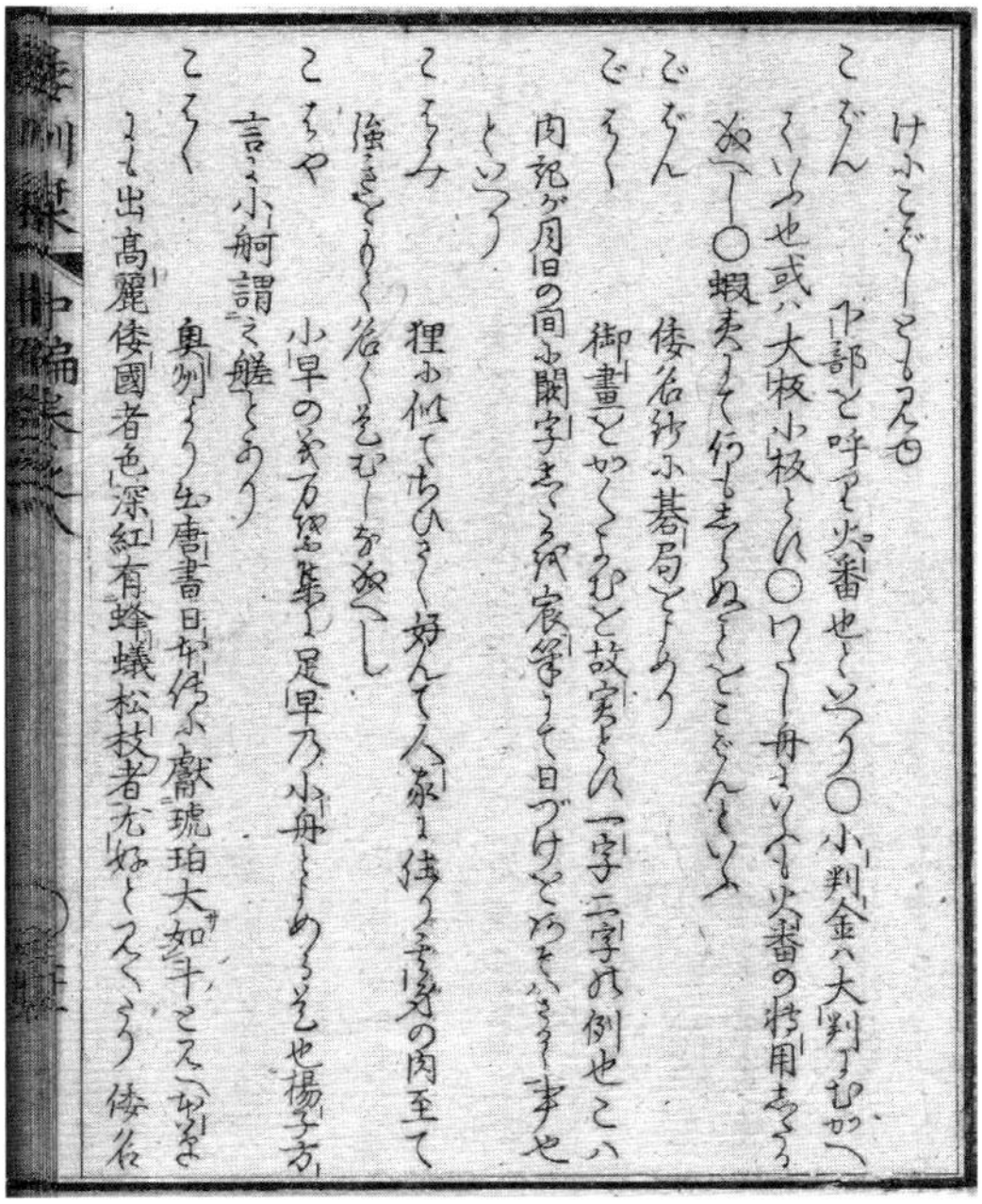
こはみ　狸に似てちひさく好んて人家に住り其身の内至て強きをもて名く是むしな成へし

『和訓栞』中編

図は『和訓栞』版本。右から四つ目の見出しが「こはみ」で、この項目では濁点は使われていない。

４は「タヌキ」から「タノキ」になっ

たのであれば、「ヌ」が「ノ」に変わった、つまり母音の[u]が[o]に替わった「母音交替形」にあたる。室町時代頃には[u]が[o]に替わる母音交替形が少なくなかったことがわかっている。「クヌギ（櫟）」が「クノギ」になった例などが知られている。

5と6とは方言だから、あまり耳にしたことのない語だが、「とんちぼお」はなんかかわいい感じがする。

7の「まみ」は東京都港区麻布に「まみあな」という地名がある。

右では「タヌキ」「アナグマ」「ムジナ」と三種類の動物の名前がでてきているが、たしかに山の中で遭遇した動物が何か、ということはよほど動物に詳しくなければわからないだろうし、文献に記されている動物が何かだって、その記事から特定できるとは限らないから、いろいろと「揺れ」が生じることは自然であろう。

さて今度は植物名の話。『日本国語大辞典』をよんでいて、「サルトリイバラ」には異名が多いことに気づいた。そもそも「サルトリイバラ」があまり知られていないかもしれないが、『日本国語大辞典』は次のように説明している。

さるとりいばら【菝葜・猿捕茨】《名》1 ユリ科の落葉低木。各地の山野に生える。高さ〇・六～二メートル。茎はつる性で節ごとに曲がり、まばらにとげがある。（略）和名はサルが棘（とげ）にひっかかる意からつけられた。漢名、菝葜。さるとり。さるかき。さるかきいばら。さるとりうばら。さるとりばら。さんきらい。わのさんきらい。（略）

右にも幾つかの異名があげられているが、右以外にも次のような見出しを見つけ出すことができる。「いぎんどう」「いびついばら」「うまがたぐい」「かからいげ」「かごばら」「さるかけいばら」「さんきらいいばら」「たまばら」「ほらくい」には「植物「さるとりいばら（菝葜）」の異名」と記されている。また、「おおうばら」「かから」「かきいばら」「かたらぐい」「かめいばら」「がんたち」「がんたちいばら」には「植物「さるとりいばら（菝葜）」の古名」と記されている。そして「かないばら」「まがたら」には「方言植物、さるとりいばら（菝葜）」、「もがきばら」「もちしば」には「方言植物。❶さるとりいばら（菝葜）」などと記されている。方言形は他にもある。

一つの植物の名称が複数あるということは、それだけその植物が目につきやすかったり、生活の中で「出番」があったということが推測される。たとえば薬になるといった場合だ。「かめいばら」の他に「かめのは」という見出しもあって、そこには「方言植物。❶（葉の形が亀の甲に似ているところから）さるとりいばら（菝葜）」と記されている。「かめいばら」は「亀茨」ということだ。見出し「おさすり」の方言❷には「菝葜（さるとりいばら）の葉で包んだ団子、または餅（もち）の類」とある。あるいは見出し「いげのはまんじゅう」には「方言菝葜（さるとりいばら）の葉で包んだ団子」とあって、亀の甲に似た形をしているというサルトリイバラの葉に団子や餅を包んでいたことが推測される。それで身近な植物だったのであろう。

二十年ほど前になるが、高知大学に勤めていたことがあった。その時、毎週木曜日に「木曜市」に行くのが楽しみだったが、そこで（おそらく）サルトリイバラの葉に包んだ餅を売っていたような記憶がある。ことばとともに懐かしい記憶が甦るのも、『日本国語大辞典』をよむ楽しさだ。

わたしは誰でしょう?

西洋編

かつては、小型の国語辞書では、動植物名や地名、人名などの固有名詞を見出し（headword）としないことが多かった。しかし最近では必ずしもそうでもなく、小型の国語辞書でも見出しとしていることが少なくない。「百科事典」は動植物名や固有名詞を必ず採りあげるので、このような見出しをたてるかたてないかによって、「百科事典」と「国語辞書」とが分かれるというみかたがある。『広辞苑』は中型辞書なので、例えば、「いたやがい」という二枚貝の名前を見出しとし、「挿絵」が添えられている。しかし『新明解国語辞典』第七版には「いたやがい」という見出しはない。これはどちらがいいということではなく、どのような見出しをたてるか、という、それぞれの辞書の「方針」による。

『日本国語大辞典』は大型辞書で、小型辞書に比して紙幅に余裕がある。そうしたこともあってのことと推測するが、動植物名や固有名詞をかなり見出しとしている。よみ始めた頃は、固有名詞が気になった。なぜ気になったか、その理由を自身で推測してみると、おそらく日常生活では案外と目にしたり、耳にしたりしないということがありそうだ。また、ああこの人名は高等学校の生物の時間に習ったとか、高等学校の学習と結びついている人名がある程度あった。特に日本人以外の人名についてはそういうことが多いように思う。みなさんは次の人名をご存じでしょうか。

1　アクサーコフ

2　アグノン
3　アシュバゴーシャ
4　アスキス
5　アスケ

1は「ロシアの小説家。作風は写実的で平明。代表作「家族の記録」「孫パグロフの少年時代」など。（一七九一～一八五九）」と説明されています。2は「イスラエルの小説家。作品は深い宗教性をもつ。一九六六年度ノーベル文学賞。代表作は「嫁入り」「恐れの日」など。（一八八八～一九七〇）」と説明されています。3は「古代インド一世紀後半の仏教詩人。漢訳名、馬鳴（めみょう）、馬鳴菩薩。生没年未詳」。4は「イギリスの政治家。自由党総裁、首相（在職一九〇八～一六年）。社会政策立法を強力に推進したが、第一次大戦の戦争指導で批判を受け、辞任。（一八五二～一九二八）」と説明されている。5は「北欧神話の主神、オーディンがトネリコの木からつくった最初の男。ハンノキからつくった最初の女エンブラとともに人類の祖先となった」と説明されている。これは正確にいえば人名ではなく、神名というべきであろう。クイズの問題がつくれそうであるが、こういう人名も載せられている。

東洋編

さて今度は東洋編です。みなさんは次の人名をご存じでしょうか。

1　めみょう【馬鳴】
2　もくあんしょうとう【木庵性瑫】
3　もくあんりょうえん【黙庵霊淵】
4　もくかんかかん【木杆可汗】
5　もちやのお福

5は実在の人物ではなさそうだ、ということがすぐにわかってしまいそうなので、5から説明してみましょう。『日本国語大辞典』には次のようにあります。

もちやのお福（ふく）　江戸時代、看板として餅屋の門口に置いた、木馬にかぶせたお多福の面。また、そのように醜い女のたとえ。木馬は「あらうまし」または「見かけよりうまし」のしゃれで、お多福の面は、餅に息がかからないよう「ふく面して製す」のしゃれという。

そして挿絵が添えられています。「おたふく」が醜いとばかりはいえないと思うが、醜いというとらえかたがなされていたことは確実といってよい。『日本国語大辞典』の見出し「おたふく」には次のようにある。見出し「おたふくめん」も併せてあげておく。

おたふく【阿多福】《名》1「おたふくめん（阿多福面）」の略。2 ①のような醜い顔の女。多くは女を

あざけっていう。おかめ。三平二満（さんぺいじまん）。3（②から転じて）自分の妻のことを謙遜していう。（略）

おたふくめん【阿多福面】《名》面の一種。丸顔で、ひたいが高く、ほおがふくれ、鼻の低い女の顔の面。おたふく。おかめ。乙御前（おとごぜ）。

「醜いとばかりはいえない」は筆者の個人的な見解というわけではない。見出し「おたふくがお」の使用例に太宰治の「満願（1938）」が示されているが、そこには「奥さんは、小がらの、おたふくがほであったが、色が白く上品であった」とあるからだ。これは「器量はよくないが、色白で上品」ということを述べているととれなくもないが、「丸顔でほおがふくれ気味」ぐらいに理解すれば、「醜い」とまでいっていないことになる。まあ「おたふく」が醜いかどうかはこれぐらいにしておきましょう。

さて、1～4について『日本国語大辞典』は次のように説明しています。

1　**めみょう**【馬鳴】（梵 Aśvaghoṣa の訳）一世紀後半から二世紀にかけてのインドの仏教詩人。中インドの出身という。はじめバラモン教のすぐれた論師であったが、のち仏教に帰依し、カニシカ王の保護を受けて、仏教の興隆に尽力した。知恵・弁舌の才にすぐれ、特に豊かな文学的才能をもって仏の生涯をうたった叙事詩「ブッダチャリタ（仏所行讃）」は著名。その他に「大荘厳論経」などがあるが、「大乗起信論」を著わしたとする伝承には疑問があり、五世紀ころ同名の別人がいたとする学説もある。生没年未詳。馬鳴菩薩。

2　**もくあんしょうとう**【木庵性瑫】江戸前期に来日した黄檗（おうばく）宗の中国僧。勅諡は慧明国師。明暦元年（一六五五）師の隠元とともに来日し、寛文四年（一六六四）黄檗山第二世を継ぎ、また江戸に瑞聖寺などを開いた。貞享元年（一六八四）没。黄檗三筆の一人。著「紫雲山草」「紫雲開士伝」など。（一六一一～八四）

3　**もくあんりょうえん**【黙庵霊淵】南北朝時代の禅僧。日本水墨画の草分けの一人。嘉暦二年（一三二七）前後に入元し、月江正印に参じ、貞和元年（一三四五）頃中国で没した。

4　**もくかんかかん**【木杆可汗】突厥第三代の可汗（在位五五三～五七二年）。柔然を滅ぼし、東は契丹、北はキルギスを討ち、また西方ではエフタル（嚈噠）を撃破して突厥の基礎を確立した。五七二年没。

1～4は高等学校の世界史の時間に学習した記憶がないが、現在ではどうなのだろうか。「私は誰でしょう？」という話題からは少し離れるが、右の1～4をみて、気づいたこと、思ったことなどを記しておきたい。まず1の語釈中に「論師」という語が使われている。語釈中に使われている語がわからないこともあるから、同じ辞書にそれが見出しとなっていることが理想ではあるが、それはなかなか難しい。しかし、この「論師」は『日本国語大辞典』の見出しになっており、「論（経典の注釈書の類）を作った人。また、論蔵に通じた学者」と説明されている。この語釈中の「論蔵」を調べてみると、これもちゃんと見出しになっていて、「三蔵の一つ。経蔵、律蔵に対して、経典や律法について解釈・敷衍（ふえん）した著述の類、倶舎論、成実論等の総称」と説明されている。さすが、大規模な辞書。

3の語釈中の「参じ」は少しわかりにくいのではないかと思う。『日本国語大辞典』で「さんじる」を調べると、「「さんずる（参）」に同じ」とあって、見出し「さんずる」の語釈■の5「禅寺で、坐禅の行をする。参禅する」にあたると思われるが、さすがの『日本国語大辞典』も「月江正印（げっこうしょういん）」を見出しとしていないので、これが中国、元の禅僧であることがわからないと全体が理解しにくいように思う。「にっとう・にゅうとう（入唐）」や「にっそう・にゅうそう（入宋）」からの類推で「入元」がわかるかどうかということもある。案外こういう類推がはたらきにくくなっているようにも感じる。ちなみにいえば、「にっとう」「にゅうとう」「にっそう」「にゅうそう」は見出しとなっているが、「にゅうげん（入元）」は見出しになっていない。「入元」は「いちょう【銀杏・公孫樹】」と「てっしゅうとくさい【鉄舟徳済】」の語釈中では使われている。

『日本国語大辞典』は日本人の名前もかなりとりあげている。例えば「もり【森】姓氏の一つ」と説明して、その後ろに「森」を姓としている人物を並べる。

もりありのり【森有礼】
もりありまさ【森有正】
もりおうがい【森鷗外】
もりかいなん【森槐南】
もりかく【森恪】
もりかんさい【森寛斎】

もりきえん【森枳園】
もりぎょうこう【森暁紅】
もりしゅんとう【森春濤】
もりそせん【森狙仙】
もりまり【森茉莉】
もりらんまる【森蘭丸】

歴史好きな方は「森蘭丸」をご存じだろう。そのように、自分の興味のある分野であれば、知っているということになる。右の中で「?」という人物がいるでしょうか。それは興味のありどころのバロメーターかもしれません。そしてそれは個人ということを超えて、現代社会の興味のありどころのバロメーターかもしれません。人名からもいろいろなことがみえてきそうです。

さまざまな「あだ名」

さてちょっと風変わりな名前を話題にしてみたい。やはりクイズ形式で、次の名前がわかりますか。

1　しなのたろう【信濃太郎】
2　じゃのすけ【蛇之助】
3　そそうそうべえ【粗相惣兵衛】

4　たんばたろう【丹波太郎】
5　ちょうまつ【長松】
6　つくしさぶろう【筑紫三郎】
7　ならじろう【奈良次郎・奈良二郎】
8　にゅうばいたろう【入梅太郎】
9　ばんばのちゅうだ【番場忠太】
10　ひがざえもん【僻左衛門】
11　むちゅうさくざえもん【夢中作左衛門】

『日本国語大辞典』は次のように説明している。

1　①夏の雲を人名のように表現して親しんでいう語。②毛虫のこと。
2　大酒飲みを人名のように表現した語。「古事記」にある素戔嗚尊（すさのおのみこと）が八岐（やまた）の大蛇（おろち）に酒を飲ませて退治した伝説から、蛇（へび）を酒飲みとしていったもの。
3　（粗相者の意味を込めた擬人名から）あわて者がつぎつぎに失敗する笑話。弁当と枕を間違えて出かけ、失敗を重ねた結果、自分の家を隣と間違えてどなりつけるなどという筋。
4　陰暦六月頃に丹波方面の西空に出る雨雲を京阪地方でいう語。この雲が現われると夕立が降るという。

5　1（江戸時代、商家などの小僧に多く用いられた名前であるところから）商家などの小僧の通称。2田舎者や被害者をいう、てきや・盗人仲間の隠語。

6　九州地方を流れる筑後川の異称。関東地方の坂東太郎（利根川）、四国地方の四国二郎（吉野川）とともに日本三大河の一つ。吉野川を四国三郎と呼ぶ場合には筑紫二郎と呼称される。

7　一《名》夏の雲をいう畿内の方言。二奈良東大寺の鐘の異称。この鐘より大きく、琵琶湖に沈んでいるといわれる鐘を「海太郎」というのに対するとも、東大寺の大仏を「太郎」というのに対するともいう。

8　梅雨にはいった最初の日をいう。梅雨期の一日め。

9　芝居の曾我ものなどに、しばしば出る好色な三枚目敵で、梶原景時の家来の名。また転じて、女に甘い男をいう。

10　（「ひが」を人名のように表現した語）1やぼな人。無粋な人。いなかもの。明和（一七六四～七二）から天保（一八三〇～四四）へかけての上方の流行語。2我を張る人。わがままをいう人。

11　物事に夢中であること、酩酊（めいてい）して我を忘れることを人名のように表わした語。元祿（一六八八～一七〇四）頃から江戸で流行したことば。夢中作左。

6は小学校か中学校で学習したように思う。習ったのは坂東太郎、吉野二郎、筑紫三郎だっただろうか。

1・4・7は雲に名づけられている。現在だと「ニュウドウグモ（入道雲）」という語は使うが、筆者は聞いたことがない語である。8の使用例に若月紫蘭の「東京年中行事（1911）」が示されているが、その例文中には「土用三郎」「寒四郎」「八専二郎」という語もみられる。『日本国語大辞典』は「はっせん【八専】」について「一年に六回あり、この期間は雨が多いといわれる。また、嫁取り、造作、売買などを忌む。八専日。専日」と説明している。この「ハッセン（八専）」の第二日目が「八専二郎」だ。

筆者の子供の頃には、痩せている人を小学校の担任の先生が「ほねかわすじえもん（骨皮筋右衛門）」と言っていたような記憶があるので、いろいろなことを擬人化して表現するということがまだあった。現在だと問題になってしまうかもしれない。

再び「語源未詳」

筆者は大学の日本語日本文学科という学科に所属している。この学科では卒業論文を必修科目としているので、毎年卒業論文の指導をしている。指導する学生の数は、十人以上であることがほとんどで、今まで一番多かった年は二十七人の指導をした。筆者は、三年生の時に、どんなテーマで論文を書くかということを相談する時間を設けて、個別的な相談をするが、そこで学生がやってみたいというテーマとして、「オノマトペ」と「語源」と「若者言葉」が必ずといっていいほどあげられる。

「オノマトペ」は論文として仕上げるのが案外難しいので、そのように説明をし、日本語の場合「語源」はわからない場合があるから、これもあまりすすめられない旨を伝える。日本語の場合は、同じ系統の言語がわかっていない。したがって、例えば「ヤマ（山）」という語の語源は何か、ということについて考える場合、他言語を援用することができない。となると、日本語の中で考えるしかなく、考察には自ずから限界がある。「ヤマ」という語は「ヤ」「マ」二拍で構成されている。原理的に考えれば、まず一拍の語があって、それが結びついて二拍の語になるはずだ。だから「ヤ」とは何か、「マ」とは何か、ということをつきとめなければならない。

『日本国語大辞典』には「語源説」という欄が設けられている。『日本国語大辞典』第一巻の「凡例」「語源説欄について」の1には「文献に記載された語源的説明を集め、語源説の欄に、その趣旨を要約して、出典名を〔　〕内に付して示す」とあり、3には「およその趣旨を同じくするものは、共通の要旨でまとめて、〔　〕内にその出典名を、ほぼ時代順に併記する」と記されている。

さて、見出し「やま」の「語源説」欄をみると、⑴として「不動の意で、ヤム（止）の転〔日本釈名・日本声母伝・和訓栞〕」と記されている。これは「ヤマ」は動かないから、「ヤム」という動詞が転じて「ヤマ」という名詞がうまれた、というような語源説を唱えている文献が三つあることを示している。その他「ヤマ」では十二の語源説が記されている。これはあくまでもそういう「説」がある、ということであって、それ以上でもそれ以下でもない。列記されている「説」の中に、現在、認められそうなものが含まれている場合もあろうが、現在は認めにくいものが少なくない。

右で名前があげられている『日本釈名』は貝原益軒（一六三〇～一七一四）が著わしたもので、一七〇〇（元禄十三）年に刊行されている。日本語一一〇〇語について語源を説明したものである。学部の学生だった頃、大学の授業でこの書物の名前をきき、神田の古本屋（日本書房）で和本を見ていたらあったので、こういう本が今でも買えるのだと思って、嬉しくなって購入したという記憶がある懐かしい本だ。しかしその「説」はといえば、「タカ（鷹）」は「たかく飛也」とか「ネコ（猫）」の「ネ」は「ネズミ（鼠）」のネで、「コ」

は「コノム（好）」の「コ」だというように、「こじつけ」にちかいものが少なくない。やはり日本語の語源はなかなか難しい。

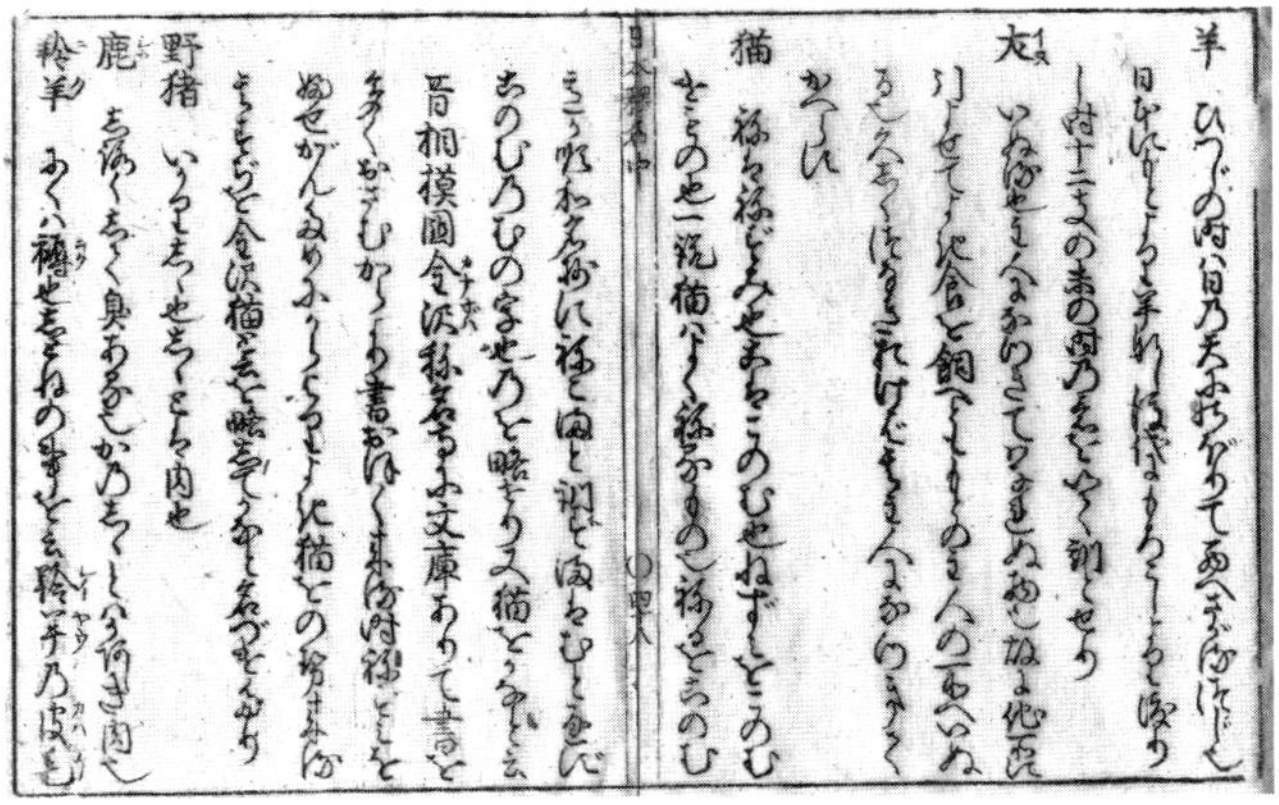
『日本釈名』中巻四十八丁表裏

図は『日本釈名』中巻の四十八丁の表（右ページ）と裏（左ページ）。イヌについては「いぬる也主人になつきてはなれぬ物也故に他所に／引よせてよき食を飼へとももとの主人の所へいぬ／る也久しくつなきおけば其主人になつきて／かへらす」とある。少し説明に無理がありそうだ。

ネコは、「ねはねずみ也こはこのむ也ねずみをこのむ／けもの也一説猫はよくねるもの也ねるをこのむ／意か順和名抄にねこまと訓ずまはむと通ず／このむのむの字也のを略せり又猫をかなと云／昔相模国金沢《カナザハ》称名寺に文庫ありて書を／多くおさむからより書おほく来る時ねずみを／ふせがんためにからよりよき猫をのせ来る／其すぢを金沢猫と云を略してかなと名づけたり」と説明されている。「から」は中国のことで、中国から書物を将来する時に、ネズミを防ぐために、「よき猫」も一緒に中国からつれてきて、その血筋にある猫を「金沢猫」という、という話が記されているが、この話はもはや「ネコ」の語源の説明からは離れている。

『日本国語大辞典』をよんでいて次のような項目があった。

めくじら【目―】《名》（「くじら」の語源未詳）目の端。目尻。目角（めかど）。めくじ。めくじり。

めくじらを=立（た）てる［=立（た）つ］他人の欠点を探し出してとがめ立てをする。わずかの事を取り立ててそしりののしる。目角に立てる。目口を立てる。めくじを立てる。めくじりを立てる。

「メクジラヲタテル」は現代日本語でも使う表現だ。筆者も使うことがある。そういえば「メクジラ」の「クジラ」についてはあまり考えたことがなかったな、と思った。目をつりあげた時に、目尻のあたりにできる皺が、クジラの形にみえるのか、とか放恣な想像は頭に浮かぶが、『日本釈名』風かもしれない。

この項目で「語源未詳」が気になったので、遡って『日本国語大辞典』を調べてみると、全部で四十五の「語源未詳」があることがわかった。「メクジラ」はそのうちの一つだ。やはり現代も使う語に「オテンバ」がある。この「テンバ」については次のように記されている。

てんば【転婆】《名》（語源未詳。「転婆」はあて字）[1] つつしみやはじらいに乏しく、活発に動きまわること。また、そのような女性。出しゃばり女。つつましくない女。おてんば。おきゃん。[2]（―する）あやまちしくじること。粗忽であること。また、その人。男女いずれにもいう。[3] 親不孝で、従順でない子。男女いずれにもいう。

あるいは、これも現在使う「トタン」という語。

トタン《名》（語源未詳）1 亜鉛のこと。2 米相場の異称。

「補注」には「⑴①については、ふつうはポルトガル語のtutanaga（銅・亜鉛・ニッケルの合金）に由来するとされるが、「日葡辞書」には「Tŏtan（タウタン）〈訳〉白い金属の一種」とあって、この方が古い形だとすると右のポルトガル語とは相当遠くなる。他の別の言語に基づくものか」と記されている。語形などから外来語であろうという予想はできるが、具体的にもとになった語が特定できない場合には「語源未詳」ということになる。

新しいところでは「ピイカン」がある。

ぴいかん《名》（語源未詳。「ピーカン」と表記することが多い）快晴をいう俗語。元来は映画界の隠語か。

使用例としては「古川ロッパ日記」の一九四四（昭和十九）年六月二十七日の記事のみがあげられている。俗語も語源はわかりにくくなりそうだ。

先に四十五の「語源未詳」があったと記したが、これはオンライン版の検索機能を使ってのことなので、確かな数だ。「語源未詳」と記されている見出しが四十五しかないということは、多くの見出しに関して、そうした「判断」そのものをしていないということになる。つまり「ヤマ（山）」や「タニ（谷）」ももちろん語源はわからないけれども、そこにはわざわざ「語源未詳」とは記していないということだ。語源説をよむのは楽しいが、語源を厳密に追究することは日本語の場合むずかしい。

文豪のことば

永井荷風が使った語

『日本国語大辞典』をよむ、という作業をやっていると、その一方で、自身が読んでいる本に使われていることばが『日本国語大辞典』で見出しになっているか、という「方向」に意識が向きやすい。その結果、しばしば、『日本国語大辞典』（実際にはオンライン版）にあたりながら、本を読むという新しい「習慣」が身についてしまった。そうした「習慣」からわかったことを述べてみよう。

二〇一六（平成二十八）年九月三十日から、永井荷風『来訪者』（一九四六年、筑摩書房）を読み始めた。いろいろな本を平行して読むことにしているので、なかなか読み進まないが、次のような行りがある。「踊子」という作品であるが、「浅草の楽隊になりさがつてしまつた」男と、「花井花枝と番組に芸名を出してゐるシヤンソン座の踊子」と、その妹の「千代美」との話であるが、あまり露骨な表現は避け、少し短めに文を引用しておく。

1の「楽座」はどういう語を書いたものだろう、とまず思った。読み進むうちに、2にゆきあたり、「ガクザ」という語を書いたものであることがわかった。ほんとうは初めて出て来たところに振仮名を施してほしいが、振仮名があっただけよかったと思うことにしよう。ここで『日本国語大辞典』にあたってみたが、「らくざ【楽座】」は見出しになっているが、「ガクザ」はなっていなかった。『日本国語大辞典』が大規模な辞典であるだけに、この語は見出しになっているかどうか、ということがつねに気になる。さらに読み進めていくと3にゆきあたった。1と2とから「オーケストラボックス」のような場所が「ガクザ（楽座）」であろうと見当をつけていたが、3をみて、だいたいそれでよさそうだと思った。ところが、さらに読み進めていくと4にゆきあたった。4では漢字列「楽座」に「バンド」という振仮名が施されている。この「楽座《バンド》」で少しわからなくなった。『日本国語大辞典』の見出し「バンド」の㊁には「一組の人々。一団。特に楽団。ふつう軽音楽演奏の楽団。また、その演奏」とある。つまり「オーケストラボックス」というような語義の「バンド」は『日本国語大辞典』の記事からは見つけることができない。あるいは楽師がいる場所をも「バンド」と称することがあったのかもしれない。

1　舞台下の楽座から踊子が何十人と並んで腰をふり脚を蹴《け》上げて踊る、（一〇八ページ）

2　楽屋口で田村と別れ、わたしは舞台下の楽座《がくざ》へもぐりこむと、後一回で其日の演芸はしまひになります。（一三二〜一三三ページ）

3　やがて入梅になる。暫くすると突然日の照りかゞやく暑い日が来ました。わたし達の家業には暑い時が一番つらいのです。楽師の膝を突合せて並んでゐる芝居の楽座《がくざ》は夏のみならず、冬も楽ではありません。看客の方から見たら楽器さへ鳴らしてゐればいゝやうに見えるかも知れませんが、寒中は舞

台下から流れてくる空気の冷さ、足の先が凍つて覚えがなくなりますが、夏の苦しさに較べればまだしもです。（一四四ページ）

4　夜十二時頃に座元《ざもと》から蕎麦か饂飩《うどん》のかけを一杯づつ出します。蕎麦屋の男がその物を看客席へ持運んで来るのを見るや、舞台にゐる者はわれ先に下りて来て、中には楽座《バンド》の周囲《まはり》に立つたまゝ食べ初めるものもあります。（一五七ページ）

ここまでは、少々の疑問を含みながら、「ガクザ（楽座）」という語があって、おそらくその語義は「オーケストラボックス」にちかいもので、それが『日本国語大辞典』には見出しとなっていない、という話題であった。

「ガクザ（楽座）」が『日本国語大辞典』に見出しとなっていなかったので、いわばはずみがついて、「踊子」を読みながら、「これはどうだろう」と思う語について、『日本国語大辞典』にあたってみた。すると一〇八ページから一六〇ページの間に使われていた次のような語が『日本国語大辞典』の見出しになっていないことがわかった。

5　当人の述懐によれば十六の時、デパートの食堂ガールになり宝塚少女歌劇を看て舞台にあこがれ、十八の時浅草〇〇館の舞踊研究生になつた。（一〇九ページ）

6　雪も今朝《けさ》がた積らぬ中にやんでしまつたのを幸、これから姉妹《きやうだい》して公園の映画でも見歩かうと云ふので、三人一緒に表通の支那飯屋で夕飯をたべ、わたしだけ芝居へ行きました。（一一二～一一三ページ）

7　話題を転じようと思つた時、隣のテーブルにゐる事務員らしい女連の二人が、ともども洋髪屋の帰りと見えて壁の鏡に顔をうつして頻に髪を気にしてゐるので、（一二六ページ）

8　「お前も、もうパマにしたら。きつと似合ふよ。」（一二六ページ）

9　前以て振附の田村から約束通り月々三十円秘密に送つてくるので、わたしは花枝と相談して千代美を近処の姙婦預り所へ預けて世話をして貰ふことにしました。（一六〇ページ）

6は現在の「チュウカリョウリヤ（中華料理屋）」にあたる語と思われる。「シナ（支那）」は現在では使用しない語であろうが、過去においてこうした語があったということは知っておいてよいだろう。7の「ヨウハツヤ（洋髪屋）」は現在であれば「ビヨウイン（美容院）」であろう。8は現在の「パーマ」であることはすぐわかる。この場合はすぐわかるが、もう少し語形が離れてくると、もとになった外国語もわからず、現在使っているどの外来語に相当するかもわからず、ということになる。

9などはいわば施設名であるので、そういう施設がなければ語も存在しない。いろいろな施設名をすべて見出しとすることはできないといえばできないのでこの語が『日本国語大辞典』の見出しになっていないことは当然かもしれない。

やはりおもしろいのは5の「ショクドウガール（食堂ガール）」だろう。文脈からすると「エレベーターガール」と同じような、職業名に思われる。

永井荷風の「踊子」は一九四八（昭和二十三）年に井原文庫として刊行されている。この頃の語を『日本国語大辞典』が見出しとしていないわけではないと考えるが、まだ歴史的にとらえる時期にはなっていないかもしれない。

今自身が使っている語、自身の身のまわりで使われている語には注意が向きやすい。また「内省」もはたらくので、微細な変化にも気がつきやすい。それゆえ（といっておくが）、現代日本語の観察、分析も盛んに行なわれる。現在は過去の日本語よりも「今、ここ」の日本語に関心が向けられていると（少なくとも筆者には）感じられるが、それでも過去の日本語についての観察、分析も行なわれている。明治時代は「やっと」過去としてとらえられるようになったように思うが、大正時代、昭和時代は明らかな「過去」とはまだ思いにくいかもしれない。そこが『日本国語大辞典』の「エアポケット」なのだろうか。しかしそれはいたしかたないことと思う。

里見弴が使ったことば

二〇一六（平成二十八）年十月十一日から里見弴の短篇小説集第二集『三人の弟子』（一九一七年、春陽堂）を読み始めた。八十四ページまで読んできて次のような行りがあった。「少年の嘘」という作品である。

少年《せうねん》はガツサと云《い》ふ改良半紙《かいりやうばんし》の折《を》れる音《おと》に何《な》んとなく目《め》を上《あ》げて、その教師《けうし》の視線《しせん》とピツタリ行《ゆ》き衝《あた》つた。

かいりょうばんし【改良半紙】《名》駿河半紙を漂白したもの。江戸末期からミツマタを原料としてつくられていた駿河半紙は色が悪く不評であったため、これを漂白し、明治末ごろから売り出したもの。

昔からのコウゾ紙にくらべてきめがこまかく、色白、薄手で、しかも墨つきがよいので好評を博した。

右のように、『日本国語大辞典』は「かいりょうばんし」を見出しとしている。使用例としては、まず、谷崎潤一郎の「卍(1928-30)」があげられている。『三人の弟子』は一九一七(大正六)年に出版されているので、「少年の嘘」での使用が『卍』よりも前であることになる。「ガツサ」は「改良半紙の折れる音」なので、発音は「ガッサ」であろうが、『日本国語大辞典』は見出しにしていない。『日本国語大辞典』といえども、あらゆるオノマトペを見出しにすることはできないだろうから、「ガッサ」が見出しになっていないのは理解できる。

さらに読み進めていくと、「手紙」という作品に次のような行りがあった。

放埒《ルーズ》なことをして置《お》いて、その結果《けつくわ》には手《て》もなく苦《くる》しまされる過去《くわこ》の生活《せいくわつ》から、彼《かれ》は労《つか》れ易《やす》い老人《らうじん》の心《こゝろ》に傾《かたむ》いてはゐたが、それとて二十五歳《さい》の青年《せいねん》の心《こゝろ》から、その撓性《だうせい》を名残《なごり》なく奪《うば》ひ去《さ》ることは出来《でき》なかつた。(一〇八ページ)

『日本国語大辞典』は、右の「撓性《だうせい》」を見出しとしていない。『大漢和辞典』の「撓」字の条下にも「撓性」はあげられていないので、大規模な漢和辞典もこの語を載せていないことになる。そのことからすれば、国語辞書である『日本国語大辞典』があげていないことは当然ともいえるが、そういう語が大正時代には使われていたということでもある。「撓」字には〈みだす・たわむ〉など幾つかの字義があるが、この文脈で使われた「撓性」をどのような語義とみればよいか、案外とわかりやすくはないように思う。

『日本国語大辞典』が見出しとしていない語は他にもある。

1　かう書《か》きかけて、彼《かれ》は初《はじ》めて女《をんな》を体現的《たいげんてき》に想《おも》ひ浮《うか》べた。（一一五ページ）

2　その自信《じしん》ある生活《せいくわつ》に這入《はい》るために、常道《じやうだう》を踏《ふ》み出《だ》して、それまで自分《じぶん》の背後《うしろ》に幾本《いくほん》かの黯《くら》い筋《すぢ》を引《ひ》いて来《き》た例《れい》のズル〳〵ベツタリズムから脱《ぬ》け出《で》ようと云《い》ふのだ、とは考《かんが》へるけれども、（一四一ページ）

3　その時《とき》、何《な》んの聯絡《れんらく》もなく、ふと女《をんな》へ書《か》いた昨日《きのふ》の手紙《てがみ》のことが脳《あたま》に浮《うか》んだ。この二日間《かかん》に受《う》け取《と》つたどの手紙《てがみ》と比《くら》べて見《み》ても、一番厭味《ばんいやみ》なのが自分《じぶん》のだつた。何《なに》より「あてぎ《アフエクテエシヨン》」の多《おほ》いのが不愉快《ふゆくわい》だつた。（一四六ページ）

4　この友達《ともだち》と一時間《じかん》も一緒《しよ》にゐると、輪島《わじま》は必《かなら》ずメヅメライズされて了《しま》つて、いくら抵抗《ていかう》してみても、蟻地獄《ありぢごく》の傾斜《けいしや》にゐる蟻《あり》のやうにズル〳〵と惹《ひ》きずり込《こ》まれて行《ゆ》くのをどうすることも出来《でき》なかつた。（一五五ページ）

1～3は「手紙」、4は「失はれた原稿」という作品からの引用である。1「体現的」は「グタイテキ（具体的）」にちかいか。2の「ズルズルベツタリズム」は「ズルズルベッタリ」をもとにした造語であることは明らかであるので、『日本国語大辞典』が見出しにしていないのは当然といえよう。3は鉤括弧内に「あてぎ」とあって、振仮名に「アフエクテエシヨン」とある。「アフエクテエシヨン」は英語「affectation」のことと思われるが、小型の英和辞書でこの語を調べてみると、〈気取り・きざ（な態度）〉といった語義があることがわかる。「オモワセブリ」といったような意味合いで里見弴は「あてぎ」という語を使ったか。4の「メヅメライズ」は英語「mesmerize」のことであろう。語義は〈魅了する〉。

先には、「放埒」に「ルーズ」と振仮名が施されていた。『日本国語大辞典』が見出しとしない語を右のように拾い出していくと、里見弴が使うことばのある特徴が炙り出されてくるように感じる。それは漢語、外来語／外国語を自由自在に使うということだ。「メヅメライズ」のように外国語を片仮名書きしてそのまま使ったり、「ホウラツ（放埒）」という漢語に「ルーズ」と振仮名を施したりする。「affectation」の場合は、この英語を「あてぎ」と訳して、振仮名に英語を残したようにみえる。こうしたことを、大正時代の日本語のありかたと、一般化してみてよいのか、それとも里見弴という個人のことであるのか、それはこれからゆっくり考えていくことにしたい。しかし例えば、里見弴は「失はれた原稿」という作品で「廃頽的」（一五四ページ）という語を使っている。現在であれば「頽廃的」だろう。この「ハイタイテキ（廃頽的）」を『日本国語大辞典』で調べてみると、見出しとなっており、そこには有島武郎の「或る女（1919）」の使用例がまずあがっている。この「ハイタイテキ」も「失はれた原稿」の使用が早いことになるが、里見弴以外の使用が確認できる。言語は共有されることが大前提であるので、それは当然といえば当然であるが、こうしたことからすれば、里見弴が使ったことばを『日本国語大辞典』とつきあわせながら、丁寧に追うことで大正時代の日本語について何かわかってくるのではないか、という期待をもつことができる。

さて、筆者がなぜ里見弴を読むようになったかということについて最後に述べておこう。ある時の入試問題の検討会の後だったように記憶しているが、近代文学、特に泉鏡花を専門としている同僚と一緒に廊下を歩いている時に、その同僚が里見弴はけっこうおもしろいというような話をした。同僚は演劇や映画にも詳しいので、小津安二郎の「彼岸花」の原作は里見弴だということもその時に聞いて知ったように思う。そんなことがあって、ちょっと読んでみようかと思ったのがきっかけだった。読んでみるとたしかになかなかおもしろいし、何より、大正時代の日本語について考えるきっかけとなった。同僚に感謝。

懐かしいことば

『日本国語大辞典』をずっとよんでいくと、懐かしいことばに出会うことがある。

もっこう【目耕】《名》読書することを田を耕すことにたとえていった語。

中国、明の王世貞が、五世紀半ば頃に成立した『世説新語《せせつしんご》』に、唐や宋の記事を加えて改編した『世説新語補』の使用例があげられているので、中国でも使われた語であることがわかる。ちなみにいえば『世説新語補』は江戸時代によく読まれていたと思われる。

筆者は鎌倉に生まれた。鎌倉といっても、ＪＲの駅でいえば、北鎌倉で、幼稚園は円覚寺の中にある円覚寺幼稚園に通っていた。その北鎌倉で唯一の本屋さんが「目耕堂」だった。なにしろ北鎌倉唯一だから、本といえば何でもそこで買っていた。亡父が毎月講読していた雑誌や筆者が買ってもらっていた子供用の雑誌は配達してもらっていた。それゆえ、「モッコウドウ」という名前はすぐに覚えたし、包装紙には「目耕堂」と印刷してあったので、ある時期からは漢字もわかっていた。しかし、「目耕堂」の「目耕」がどういう語義をもった語であるかは考えたことがなかった。なかなかしゃれたネーミングであったことが右の見出しをよんで初めてわかった。ちょっと感慨深い。

そういえば筆者が子供の頃、クリスマスなどには少したくさん本を買ってもらうことがあった。そんな時には「おでかけ」をして横浜（伊勢佐木町）の「有隣堂」に行った。そこで数冊本を買ってもらい、地下の食堂で食事をして帰るのが「おでかけ」の決まりのコースであった。「有隣」は『論語』里仁編第四 二十五章の「徳不孤 必有隣」（徳は孤ならず、必ず隣有り）に由来しているのだということは、漢文で『論語』を習った時に、気づいた。こういうネーミングは少なくなっているように思う。

かわりばん【代番・替番】《名》①互いにかわりあって事をすること。交替でつとめること。順番。かわりばんこ。かわりばんて。かわりばんつ。②交替で当たる番。また、それに当たっていること。

かわりばんこ【代番―】《名》（「こ」は接尾語）「かわりばん（代番）①」に同じ。

かわりばんつ【代番―】《名》「かわりばん（代番）①」に同じ。

「カワリバンコ」は現代でもひろく使う語であると思われるが、筆者は子供の頃に「カワリバンツ」を聞き、かわった語形だと思った記憶がある。いつ頃聞いたか定かではないが、小学校高学年だったような気がしている。筆者がかわった語形だと思ったのだから、筆者の周辺ではあまり耳にしない語形だったということだろう。「カワリバンツ」は自身が使う語ではないが、耳にした時の驚きのようなものが鮮明によみがえった。これも「懐かしいことば」だ。ちなみにいえば、見出し「かわりばんこ」において「「こ」は接尾語」

と記していることからすれば、見出し「かわりばんつ」においても、「つ」に関しての記述があったほうが、記述の一貫性が保たれるのではないかと思う。記すとすれば、接尾語ということになりそうだが、他に「つ」が接尾語としてつく語がすぐには思い浮かばない。そんなことが「つ」についての記述を省いた理由かもしれない。

きよう【崎陽】（江戸時代の漢学者が、中国の地名らしく呼んだもの）長崎の異称。

崎陽軒のシウマイは子供の頃から食べていたが、「キヨウ（崎陽）」が長崎のことだとはある時期までは知らなかった。調べてみると、創業者久保久行が長崎出身であることがわかった。そういえば、日本の活版印刷の先駆者として知られる本木《もとき》昌造《しょうぞう》が日本最初の地方新聞として印刷したものが『崎陽雑報』という名前だった。この冊子は木製活字と金属活字とで混合印刷されている。

『甲陽軍鑑』という軍学書がある。『日本国語大辞典』は次のように説明している。

こうようぐんかん【甲陽軍鑑】江戸前期の軍書。二〇巻二三冊。武田信玄の老臣、高坂昌信の口述による、大蔵彦十郎、春日惣次郎の筆録で、元和七年（一六二一）以前に小幡景憲の整理を経たものという。（略）甲州流軍学の教典とされ、江戸初期の思想や軍学を知る史料となっている。

ここに「コウヨウ（甲陽）」がみられる。「「甲陽」は甲州のミヤコである甲府を指す語」（酒井憲二『老国語教師の「喜の字の落穂拾い」』、二〇〇四年、笠間書院、一三二ページ）であると思われる。『日本国語大辞典』は単独の「コウヨウ（甲陽）」は見出しとしていない。右の本には「紀陽」「薩陽」「周陽」という語が存在していたことが記され、それぞれ、紀州和歌山、薩摩鹿児島、周防山口を指すという、山田忠雄の見解が紹介されている。『日本国語大辞典』は長崎を「中国の地名らしく呼んだもの」が「キヨウ（崎陽）」であるということは記しているが、どこが中国の地名らしいのかについては記していない。実はそこが考え所であるが、山田忠雄は「洛陽」に由来すると考えていたことがやはり右の本の中に紹介されている。

らくよう【洛陽・雒陽】 **一**㈠中国河南省北西部の都市。黄河の支流、洛水の北岸に位置する。（略）後漢・西晉・北魏などの首都となり、隋・唐代には西の長安に対し東都として栄えた。（略）**二**〘名〙（転じて）みやこ。

もともとは中国の地名であった「ラクヨウ（洛陽）」が一般的な「ミヤコ」という語義をもつようになったということだ。**二**の使用例として「日葡辞書（1603-04）」があげられているので、十七世紀初頭にはそうした使われ方がされていたことになる。

崎陽軒から少し固い話になってしまったが、『日本国語大辞典』をよんでいると、このような「懐かしいことば」に出会うことがある。そのことばはいろいろな記憶をよびさましてくれるし、そこからまた別の記憶につながっていくこともある。ことばがそのように記憶の中に埋め込まれていることを改めて知ることができるのも、辞書をよむ楽しみの一つかもしれない。

レストランお江戸のメニュー

『日本国語大辞典』をよんでいくと、さまざまな食べ物や料理が見出しとなっており、こんな料理がかつてはあったのか、と驚く。使用例が載せられていないために、いつ頃の時代の料理か確認できないものもあるが、だいたいは江戸時代にあった料理であると思われるので、「レストランお江戸のメニュー」という小見出しにした。

アチャラづけ【阿茶羅漬】〘名〙《アジャラづけ》漬物の一種。蓮根、大根、カブなどや果実などを細かく刻み、トウガラシを加え、酢と砂糖で漬けたもの。近世初期にポルトガル人によってもたらされたものか。

「方言」の欄を見ると、「❶刻んだ野菜を三杯酢に漬けた食品」で、滋賀県蒲生郡では干し大根と昆布で、福岡市では瓜と茄子とで作ったものをいうことがわかる。「アチャラづけ」は和風のピクルスのようなものと思えばよさそうだ。アチャラは外国語を思わせる。調べて見ると『日本大百科全書』（小学館）は「「あちゃら」とは外国の意味とも、またポルトガル語の achar（野菜、果物の漬物）に由来するともいわれる」と記し、『大辞泉』（一九九五年、小学館）は見出し「アチャラづけ」の語釈に「《ポルトガル achar は野菜・果物の漬物の意》」と記している。

あつめじる【集汁】《名》野菜、干し魚などをいろいろ入れて煮込んだみそ汁。または、すまし汁。五月五日に用いると邪気をはらうといわれる。あつめ。

井原西鶴の「浮世草子・世間胸算用（1692）」が使用例としてあげられているので、江戸時代に食されていたことがわかる。「みそ汁。または、すまし汁」と説明されているが、味噌汁とすまし汁とではだいぶ違うようにも思うが、具がポイントということでしょうか。五月五日に作ってみてはいかが？

あなごなんばん【穴子南蛮】《名》かけそばの一種。アナゴの蒲焼（かばやき）と裂葱（さきねぎ）とをそばの上にのせ、汁をかけたもの。近世から明治の初め頃の料理。

かけそば【掛蕎麦】《名》そばをどんぶりに入れ、熱い汁をかけたもの。ぶっかけそば。かけ。

「あなごなんばん」の語釈で「かけそば」が気になる方がいるだろうと思って見出し「かけそば」も並べておきました。例えば、『三省堂国語辞典』第七版（二〇一四年）は「かけそば」を「熱い しるをかけただけのそば。かけ」と説明し、対義語として「もりそば」を示している。見出し「もりそば」の語釈には「①せいろうに もった そば。しるに つけて食べる。もり」とある。もりそばを起点とすれば、もりそばが熱い汁に入っているものがかけそば、ということになるが、筆者の認識もそれだ。

『日本国語大辞典』の「かけそば」の語釈は少し異なっているようにみえる。つまり「熱い汁をかけた」から「かけそば」ということだ。そばだけかどうかはポイントではない。結果としてそばだけということもあるが、何か具が入っていてもよい、ということだろう。さて、それでアナゴとネギとが入っているのが「あなごなんばん」であるが、現在は「かもなんばん」があるので、それのアナゴ版と理解すればよいのだろう。

ここからはもう少し「えっ?」という料理を紹介しよう。

あゆどうふ【鮎豆腐】《名》おろした鮎をうらごし豆腐ではさみ、板につけて蒸した料理。椀盛(わんもり)の実に用いる。また、うらごし豆腐に魚のすり身をまぜ、だし汁、卵、くず粉を加え、みりん、しょうゆ、塩で味つけしてすりまぜ、おろしてみりん、しょうゆにつけこんだ鮎を並べて蒸した料理。一尾ずつ切り分け、汁をかけて供する。鮎寄(あゆよせ)。

現代では鮎といえば、塩焼きがほとんどのように思うが、鮎と豆腐とをいっしょに食べるというのが、意外な感じがする。この見出しには使用例が載せられていない。

あられたまご【霰卵】《名》料理の一種。煮立っている湯の中に割った卵を入れてかき回し、大小さまざまな形としたもの。形があられに似ているところからいう。料理の添え物の一つとして用いられる。

あわびうちがい【鮑打貝】《名》アワビ料理の一種。大きなアワビの肉のふちの堅い部分を切り取り、残りの肉をシノダケでたたき、これを酒で煮たもの。

あわびのぶすま【鮑野衾】《名》料理の一つ。タイの作り身を霜降りにしたものと、小鳥のたたき肉を団子にしてゆでたものとを、アワビの肉の薄片をすまし汁で煮たもので包むようにして、椀に盛ったもの。

いかの黒煮（くろに）　料理の一つ。イカを細かく切って湯がき、しょうゆと酒少量とに、イカの墨を加えて煮込み、山椒（さんしょう）の若芽をたたいて合わせたもの。

いかの黒煮は作れそうですね。さて最後に強烈なのを一つ。

めすりなます【目擦膾】《名》（「めすり」は、蛙は目をこするという俗説による）蛙を熱湯に入れてゆで、皮をむき、芥子酢（からしず）であえる料理。めこすりなます。

なんと。カエルの料理です。日本でもカエルを食べていたのですね。この見出しには使用例もあげられていて、「俳諧・俳諧一葉集（1827）」に「蛙子は目すり鱠を啼音哉」とあることがわかります。料理の強烈さに、俳諧の句もかすみ気味かもしれません。『日本国語大辞典』をよむと、江戸時代にどんな料理が食されていたか、あれこれと想像することができます。

外来語今昔

『日本国語大辞典』をよんでいるとさまざまな外国語、外来語が見出しとなっていることに気づく。

アボストロン〘名〙（語源未詳）江戸時代に用いられた吸い出し膏薬の一つ。アボス。

『日本国語大辞典』第一巻の冒頭に置かれている「凡例」「見出しについて」の二「**見出しの文字**」には、「1 和語・漢語はひらがなで示し、外来語はかたかなで示す」とあるので、この「アボストロン」は外来語とみなされていることがわかる。しかし「語源未詳」とあるので、どんな外国語に基づく語であるかはわかっていないということだ。

「吸い出し膏薬」がすでにわかりにくい語かもしれないので、『日本国語大辞典』を調べてみると、「腫物（はれもの）・でき物の膿（うみ）を吸い出すためにはる膏薬。吸膏薬。すいだし」とある。

「アボストロン」の使用例には「浄瑠璃・御所桜堀川夜討（1737）」と「譬喩尽《たとえづくし》（1786）」があげられているので、江戸時代には確実に使われていた語であることがわかる。『譬喩尽』は松葉軒東井（川瀬源之進久寛）がことわざや慣用句の類を集めていろは分けに編集したもので、八巻八冊の書である。十八世紀後半の言語文化の格好の資料としてよく使われている。この『譬喩尽』に「阿慕寸登呂牟《あぼすとろむ》　蛮語也」とあるので、異国の言語という認識はあったことがわかる。この「アボストロン」の省略語形と思われる「アボス」も『日本国語大辞典』には見出しとなっている。その使用例として「語彙（1871-84）」があげられている。『語彙』巻三には「あぼす　俗　吸出膏薬《スヒダシカウヤク》の／名なり」とある。そしてこの『語彙』の記事が（おそらくは）『言海』に受け継がれる。『言海』には「アボス（名）〔蘭語ナルベシ〕吸出シノ膏薬ノ名」とあって、大槻文彦はオランダ語由来の語という「見当」だったことがわかる。『言海』は「アボストロン」は見出しとしていない。改めて調べてみるまでもないように思うが、例えば、「新語に強い」ことを謳っている『三省堂国語辞典』第七版は「アポストロン」も「アボス」も見出しにしていない。

『日本国語大辞典』の「アボス」から「アポストロン」までの間には、「アポステリオリ」「アポストロ」「アポストロフ」「アポストロフィー」という四つの見出しがある。いずれも片仮名で書かれているので、外来語ということになる。「アポストロ」は「キリシタン用語。キリストが布教のために特に選抜した一二人の直弟子。使徒」と説明されており、これも十六世紀末から十七世紀初めにかけて使われた外来語ということになる。さて、『三省堂国語辞典』第七版は、というと、同じ範囲に外来語としては「アポストロフィー」しか見出しになっていない。意外に思ったのは、「アポステリオリ」が見出しとなっていないことだ。『日本国語大辞典』は「アポステリオリ」の語義を「1スコラ哲学で、認識の順序が結果から原因へ、帰結から原理へさかのぼるさま。帰納的。↔アープリオリ」「2カントの認識論で、経験から得られたものをさす。後天的。↔アープリオリ」と説明している。「アープリオリ」は「先天的」だ。『三省堂国語辞典』第七版は「アプリオリ」には「社会常識語」の符号を付け見出しにし、「対義語」として「アポステリオリ」を示すが、「アポステリオリ」を見出しにしない。一貫性という点でどうなのだろうか。

アリモニー《名》（アメリカ alimony）俗に、離婚・別居手当てをいう。手切れ金。
アリモニーハンター《名》（アメリカ alimony hunter）手切れ金を目的に、裕福な男性と結婚しては離婚し、次から次へと男を漁る女性。

なんか、そんなような事件が日本でもあったような気がしますが、「アリモニー」の使用例には「モダン

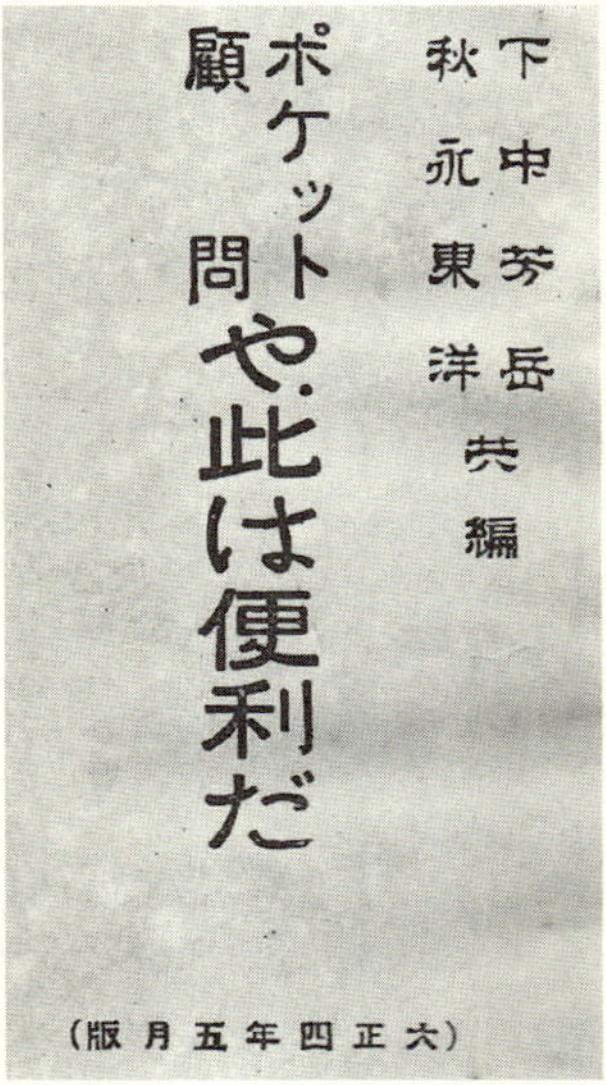

『や、此は便利だ』

辞典（1930）」が、「アリモニーハンター」の使用例には「改訂増補や、此は便利だ（1918）」があげられている。ちょっとわかりにくいかもしれないが、『や、此は便利だ』というタイトルの本があって、その改訂増補版だということだ。一九一八年は大正七年で、『日本国語大辞典』は大正七年の版を使っていることになる。この本はタイトルがおもしろいので、実際に本を見てみたくて、ずっと気を配っていたが、古書肆の目録、古書展の目録、ネットでの検索、いずれにもひっかかってこない。しかしつい最近やっと入手することができた。純粋に嬉しかった。筆者が入手したのは、一九一五（大正四）年五月五日に発行された「増訂二十版」だった。図はその扉ページ。

『や、此は便利だ』の「例言」の冒頭には「日常の談話に上《のぼ》り、新聞・雑誌に現はるゝ新意語・流行語・故事熟語等の中、やゝ難解のものを蒐《あつ》めて簡明に解説を試み、更に、実用文字便覧をも附して一冊となし、友《とも》に示して批評を乞ひしに、友、頁《ページ》を繰《く》りつゝ微笑して曰く、『や・此《これ》は便利《べんり》だ！』と。これ、本書の名ある所以なり」と記されている。

さて、右に採りあげた語の、あげられている使用例からすれば、一九一八（大正七）年から一九三〇（昭和五）年頃には使われていた、もしくはそういう語があるということが認識されていたと思われるが、筆者はこの語を耳にしたことがおそらくない。もしもこれらの語が一九六〇年頃にはすでに使われなくなっていたとしたら、五十年ほどの「命」だったことになる。こういう「短命」の外来語があることは推測できる。一九七二(昭和四十七)年に出版された初版と、今よんでいる第二版とでは、当然のことながらさまざまな違いがある。初版が完結した一九七六年から、第二版が完結した二〇〇二(平成十四)年までの間は二十七年間もある。日本の社会もずいぶん変化した。当然日々使われる日本語も大きく変化している。外来語の使用には、そうした変化がはっきりと現れる。

初版に「インターネット」という見出しがないのは「当然だ」と思うだろう。

インターネット《名》(英 internet) 複数のコンピュータネットワークを公衆回線または専用回線を利用して相互に接続するためのネットワーク。また、それらすべての集合体。当初はアメリカで軍事目的に構築されたが、次第に大学や研究機関でも利用されるようになった。一九九〇年代に入ると地球規模で急激に普及し、一般企業や個人レベルでの情報の受発信に広く使われる国際的なネットワークに発展している。

この見出しでは語義というよりも、解説にちかい。ちょっと熱を帯びているように感じるのは筆者の気のせいかもしれない。さて、『日本国語大辞典』第二版には見出し「インターン」がある。これをよんで、次は「インターンシップ」かな、と思ったら、「インターンシップ」は見出しになっていなかった。

江戸時代に使われていた外来語、明治期に使われていた外来語、大正末期から昭和初期にかけての短い時期に使われていた外来語、初版では見出しになっていない外来語、第二版も見出しにしていない外来語など、外来語の変遷も、『日本国語大辞典』をよむと実感することができる。

いろいろな学問

二〇一七（平成二十九）年一月二十五日に、思い立って、亀戸天神に行った。二十五日だから天神様の日だが、前日とこの日とは「鷽替え神事」の日である。凶事をうそにして、幸運に替えるというようなことのようだ。また「鷽」の字が「學」の字と似ているから学問の神様である天神様とつながるということもいわれているようだ。「鷽替え神事」のことは知っていたが、なかなか行く機会がなかったので、今年がいわば「初参加」だ。

それゆえ、行って驚いた。今年は小厄の前厄にあたっていたので、お祓いもしてもらったのだが、その間にどんどん人が増えて、結局二時間ほど並んでやっと、木彫りの鷽をいただくことができた。自分の分の他に、教え子三人の分もいただき、後日渡した。天神様は大事にしたいという気持ちになるので、これまでにいろいろな天神様に行った。

「ミミガクモン（耳学問）」という語は現代でも使う語なので聞いたことがあるだろう。『日本国語大辞典』には「自分で習得した知識ではなく、人から聞いて得た知識。聞きかじりの知識」と説明している。使用例には「書言字考節用集（1717）」がまずあげられているので、江戸時代にはあった語だ。「キキトリガクモン」は語釈中に「耳学問」とあり、同様の語義をもつことがわかる。

ききとりがくもん【聞取学問】《名》書物を読んだり自分で考えたりしないで、人から聞いたままを覚えているだけの学問、知識。耳学問。ききとりがく。聞き学。

『日本国語大辞典』をよみ始めて、第一巻で「アタマハリガクモン」という語にであった。こういう語があるのだと思っていたら、次には第二巻で「インコウサデン」という語にであって、ますますおもしろくなった。「キリツボゲンジ」もあれば、「サンガツテイキン」もあり、そのバリエーションもある。

あたまはりがくもん【頭張学問】《名》初めのうちだけで長続きしない勉強。

いんこうさでん【隠公左伝】《名》（「隠公」は中国、春秋時代の魯の国王。「左伝」は「春秋左氏伝」の略称。隠公元年の条から始まる）左伝を読む決心をしながら、最初の隠公の条で飽きてやめてしまうこと。勉学などの長続きしないことのたとえ。桐壺源氏。

きりつぼげんじ【桐壺源氏】《名》（「源氏物語」を、最初の桐壺の巻だけで読むのをやめてしまう、ということから）中途半端でいいかげんな学問、教養のこと。

さんがつていきん【三月庭訓】《名》（「庭訓」は「庭訓往来」の略称で、正月から一二月までの手紙の模範文例を集めたもの）「庭訓往来」を手本に書を習う決心をしながら、三月のあたりで、飽きてやめてしまうこと。勉学などの長続きしないことのたとえ。（略）

さんがつていきん公治長論語（こうやちょうろんご）（「庭訓往来」は三月のところで、「論語」は第五編の公治長のところで習うのをやめてしまうところからいう）「さんがつていきん（三月庭訓）」に同じ。

さんがつていきん須磨源氏（すまげんじ）　（「庭訓往来」は三月のところで、「源氏物語」は巻一二の須磨の巻のところで、多くの人が習うのをやめてしまうところからいう）「さんがつていきん（三月庭訓）」に同じ。

『源氏物語』を「桐壺巻」でやめるのは、飽きっぽいなと思うが、「須磨巻」まで来てやめるのは何か妙にリアルでもある。実際に江戸時代の本をみていると、冒頭から（今でいえば）十ページぐらいにはやたらに書き込みがあるのに、後ろの方は真っ白ということがけっこうある。最初は意気込んでいたんだなあ、とほほえましいが、自分がそうならないようにしないと、とも思う。

『庭訓往来』について、『日本国語大辞典』は「往復書簡の形式を採り、手紙文の模範とするとともに、武士の日常生活に関する諸事実・用語を素材とする初等教科書として編まれた。室町・江戸時代に広く流布した」と説明している。『源氏物語』や『論語』は現在、高等学校などで習うのでわかるが、この『庭訓往来』や『春秋左氏伝』は現在の学校教育ではほとんど扱われることがないだろう。学問のテキストも変わっていく。そういうことも『日本国語大辞典』を丁寧によんでいるとなんとなくわかってくる。さて「トンデモ学問」はまだまだある。

うめのきがくもん【梅木学問】《名》（梅の木は初め生長が早いけれども、結局大木にならないところから）にわか仕込みの不確実な学問。↔楠学問（くすのきがくもん）。

くすのきがくもん【楠学問】《名》（樟（くすのき）は生長は遅いが、着実に大木になるところから）進歩は遅くても、堅実に成長して行く学問。↕梅の木学問。

げだいがくもん【外題学問】《名》いろいろの書物の名前だけは知っているが、その内容を知らないいうわべだけの学問をあざけっていう語。

じびきがくもん【字引学問】《名》一つ一つの文字やことばについては知っているが、それを生かして使うことを知らない学問。何でもひととおりのことは知っているが、それ以上の深さのない、表面的で浅い知識。

ぞめきがくもん【騒学問】《名》外見ばかりで内容のない学問。虚名を目標にするような学問。

ぬえがくもん【鵺学問】《名》いろいろな立場がまじっていて統一のとれていない学問。あやしげな学問。

いやはや、梅の木、楠から鵺まで、いろいろな学問があるものです。ちなみにいえば「ヌエ」は頭がサル、胴体はタヌキ、尾はヘビ、手足はトラに似て、鳴き声はトラツグミに似るという怪鳥のことです。ここにあげたような語があるということは「がんばりきれなかった」人がいた、ということで、気持ちをひきしめなければと思う一方で、なんか人間ほほえましいぞ、とも思ってしまう。隠公でやめ、桐壺までしか読まなかったとしても、それでもいったん取り組もうとした気持ちは尊いと思う。ちなみにいえば、筆者が大学のゼミで掲げているのは、「きちんと取り組み楽しく卒業論文を書く」ということだ。学問は楽しくなくてはいけないと思う。

できないこと

『日本国語大辞典』は慣用句・ことわざの類も豊富に載せている。見出し「やきぐり【焼栗】」の後ろには次のようにある。

やきぐりが芽（め）**を出**（だ）**す**　不可能なことのたとえ。また、不可能であるとされていたことが、不思議な力によって実現することをいう。枯木に花咲く。

使用例として、「浮世草子・諸道聴耳世間猿《しょどうききみみせけんざる》（1766）」があげられているので、江戸時代には使われていたことがわかる。「枯木に花咲く」は見出し「かれき【枯木】」の後ろに載せられている。「枯れ木に花を咲かせましょう」というと、「花咲爺（花咲かじいさん）」を思わせる。

かれきに花（はな）**咲く**　①衰えはてたものが再び栄える時を迎えることのたとえ。こぼくに花咲く。枯れたる木にも花咲く。②望んでも不可能なことのたとえ。転じて、本来、不可能と思われることが不思議の力によって実現することのたとえにいう。枯れたる木にも花咲く。（略）

他にも「不可能なこと」を表現する慣用句はかなりある。どうやってその「不可能」を表現するかがおもしろい。

あごで背中（せなか）**掻**（か）**くよう**　不可能なことにいう。

あざぶの祭（まつり）**を本所**（ほんじょ）**で見**（み）**る**　麻布権現の祭礼を本所（東京都台東区）から見るの意で、不可能なことのたとえ。

あひるの木登（きのぼり）　あり得ないこと、不可能なことのたとえ。

あみのめに風（かぜ）**＝たまる**［**＝とまる**］　1 ありえないこと、不可能なこと、かいのないことのたとえにいう。2 わずかばかりでも効果が期待できることの意にいう。

いしうすを箸（はし）**にさす**　**（**石臼を箸で突き刺すのは不可能なことから**）**無理なことをいうことのたとえ。だだをこねる。

おおうみを手（て）**で堰**（せ）**く**　しようとしても不可能なこと、人力ではどうしようもないことにいう。大川を手で堰く。

おととい＝来（こ）**い**［**＝お出**（い）**で**］　もう二度と来るな。不可能なことをいって、いやな虫を捨てたり、人をののしり追い返すときにいう。「おとといおじゃれ」「おとといござい」「おとといごんせ」などとも。おとつい来い。

かの睫（まつげ）**に巣**（す）**をくう**　（略）きわめて微小なこと。また不可能なことのたとえ。

かかとで巾着（きんちゃく）**を切**（き）**る**　かかとを使って巾着をすり取る意。不可能なことのたとえ。

かわむかいの立聞（たちぎき）　**（**大きな川の向こう側で話している内容を、こちら側で立ち聞きしても聞こえるはずがないところから**）**とうてい不可能でむだなことのたとえ。

こうがの水（みず）**の澄**（す）**むのを待**（ま）**つ**　濁った大河の水がきれいになるのを待つ。気の長いことや不可能なことのたとえ。百年河清（かせい）を俟（ま）つ。

こおりを叩（たた）**いて火**（ひ）**を求**（もと）**む**　方法を誤っては、事の成就の困難なこと。また、不可能なことを望むことのたとえ。木に縁（よ）りて魚を求む。

さおだけで星（ほし）**を打**（う）**つ**　竹竿で星を払い落とす。不可能な事をする愚かさ、また、思う所に届かないもどかしさをたとえていう。竿で星かつ。竿で星。

しゃくしで腹（はら）**を切**（き）**る**　できるはずのないことをする。不可能なことをする。また、形式だけのことをすることのたとえ。

たまごの殻（から）**で海**（うみ）**を渡**（わた）**る**　非常に危険なこと、また、不可能なことのたとえ。

つなぎうまに鞭（むち）**を打**（う）**つ**　（つないだ馬に鞭を打って走らせようとしても不可能であるところから）しても、むだであること、するのがむりだということのたとえにいう。

はたけに蛤（はまぐり）　畑で蛤を得ることはできない。全く見当違いなこと、また、不可能なことを望むことなどのたとえ。木によって魚を求む。

みずにて物（もの）**を焼**（や）**く**　不可能なこと。ありえないことのたとえ。

「おとといおいで」は子供の頃に耳にして、どういう意味だろう、と思ったものだ。「おとといには来られないじゃないか」と。まあその理解でよかったわけですね。

「かの睫（まつげ）に巣（す）をくう」の「（略）」としたところには、中国の道家の書物である『列子《れっし》』の、

「焦螟」という虫が群れ飛んで蚊の睫に集まるという記事が紹介されている。こうしたことが、日本の室町時代頃に成立した「易林本節用集（1597）」にちゃんととりこまれているのですね。易林本では、この虫は「ショウメイ（蟭螟）」という名前になっている。こういうことも『日本国語大辞典』をよみ、使用例を丁寧にみることによってわかる。やはり『日本国語大辞典』をよむことはおもしろい。

「コウガ（黄河）」は改めていうまでもなく、中国の華北を流れる大河の名前で、固有名詞だ。川の水が黄土を大量に含んでいるため、黄色く濁っているところからそう名づけられているわけだが、つまり濁った川である。それが澄むのを待っても永久にそんなことはない、ということだ。

「シャクシ（杓子）」は現在では「杓子定規（しゃくしじょうぎ）」という場合には使うが、一般的には「しゃもじ」だろう。『日本国語大辞典』の見出し「しゃもじ【杓文字】」には「1（「しゃくし（杓子）」の後半を略し「文字」を添えた女房詞が一般化したもの）汁や飯などをすくう道具。めしじゃくし。いいがい」とある。しゃくし＝しゃもじは身近な道具だけに、「しゃくし」を含む慣用句は「しゃくしで芋を盛る」＝「道具をとりちがえて事を行ない失敗する。あわてて事を行なう様子をいう」や「しゃくしは耳掻にならず」＝「大きい物が、必ずしも小さい物の代用になるとは限らないことのたとえ」などいろいろある。

それにしても、いろいろな「不可能」表現があるものだ。「雪中のカブトムシ」なんてどうでしょう？　そんなことを考えるのも楽しいかもしれません。

謎のことば　ガトフフセグダア

タイトル「ガトフフセグダア」が何のことかおわかりになるでしょうか。筆者は『日本国語大辞典』をよんでいて、このことばにであった。

あごつかい【顎使】《名》高慢、横柄な態度で人を使うこと。あごさしず。＊ガトフ・フセグダア（1928）〈岩藤雪夫〉二「気弱で温純だといふ点からメーツ等に寵愛されてナンバンにまで成り上った彼には下の人間をすら余り頤使（アゴヅカ）ひ能（でき）る勇気の持合せがなかった」

『日本国語大辞典』のオンライン版で検索してみると、『日本国語大辞典』全体では、この岩藤雪夫「ガトフフセグダア」が二二一回、使用例としてあげられていることがわかる。今回の「『日本国語大辞典』をよむ」の「よむ」には使用例をよむということは含めないと最初に述べたが、それは「必ずよむ」ことにはしないということであって、当然使用例をよむこともあるし、「出典」をみることもある。最初は気にならなかったが、何度か目にするうちに、この「ガトフフセグダア」が気になってきた。作品名であることはわかるが、不思議な作品名である。

そこで、グーグルで検索をしてみると、なんと三件しかヒットしない。古本サイトなども使って、この作品が現代日本文学全集86『昭和小説集（一）』（一九五七年、筑摩書房）と日本現代文学全集69『プロレタリア文学集』（一九六九年、講談社）に収められていることがわかり、その両方を注文して、購入した。

「ガトフフセグダア」は作品の中に次のようにでてくる。

「やい山。」と彼は一寸踊を止めて私を眺めた。「ガトフ・フセグダアてことを知つてるかい？」

「何、ガトフ、、、ガトフ、、、何だいそれは、まさか火星の言葉でもあるまいし。」

「ロシア語だよ、俺がサガレンの漁場にゐる時に教はつたんだ。ね君は知つてるかい、レニンて怪物を。」と彼は節くぶしに毛の密生した右手の親指を突き出して言葉の調子を改めた。

「レニン、知つてるさ、それあ……」

「さうさ、知つてるだらう、吾々の恩人レニン。な、彼が云つたんださうだ。『ガトフ・フセグダア』つてね。上《うは》つ面《つら》は何んな間抜面をしてゐてもいい。然しいいか、『ガトフ・フセグダア』だ。『常に用意せよ。』ていふんだ。ね解つたかい。此船で君となら先づ話が出来さうだ。解つたかい、解つたらお終ひと、こらさつと。」

そして彼は又踊つた。（昭和小説集（一）一三二ページ）

「ガトフフセグダア」はロシア語で「常に用意せよ」という意味だった。このことについて、インディペンデント・キューレーターとして、国内外の美術館・ギャラリー・企業の依頼で、展覧会の企画などを行い、翻訳もしている高等学校時の同級生にたずねてみた。すると、「ピオネール」という、ボーイスカウトに倣ったソ連の少年団のスローガンが、ボーイスカウトの「Be prepared（備えよ常に）」に倣った「フシェグダー・ガトーフ（何時でも準備よし！）」であることを教えてくれた。「ピオネール」のシンボルマークに、レーニンの横顔とこのスローガンが書かれていることも、ネットの検索でわかった。

さて、作者の岩藤雪夫は一九〇二（明治三十五）年生まれで、一九八九（平成元）年に没している。他の作品も読んでみたくなったので、日本プロレタリア傑作選集の一冊となっている『血』（一九三〇年、日本評論社）、新鋭文学叢書の一冊となっている『屍の海』（一九三〇年、改造社）も入手した。後者の表紙見返しページには「労働者を友とせよ　鷲目原」という書き込みがされ、それに赤鉛筆で×をして「中村廣二」と書かれている。奥付の前のページには赤鉛筆で「示威運動」、ペンで「爆発」と書かれていて、こうした本が出版されていた時期の「熱」のようなものを感じる。

『日本国語大辞典』を丁寧によんでいくと、自分が知らない「出典」が数多くあげられている。それは古典文学作品でもそうだ。「知らない」ということはこれまであまり接点がなかったということであり、それは自身の限定された興味に起因するということもあるだろう。そうした自身の「偏り」を知り、修正する機会を与えてもくれる。「これはおもしろそうだな」と思った作品を読んでみる、というようなことも『日本国語大辞典』をよむ楽しさの一つであろう。

筆者が岩藤雪夫の作品を少し読んでみようと思ったのは「プロレタリア文学」というくくりに、ちょっと「反応」したからだ。中学校や高等学校の、おそらく文学史で聞いたことばだろうと思うが、「プロレタリア文学」といえば、小林多喜二の「蟹工船」、あとは徳永直の「太陽のない街」だろうか。黒島伝治の名前もそういう中で知ったように思う。しかし、実際にこれらの作品を読んだかというと、そうでもないことに今回気づいた。「プロレタリア文学」とくくられる文学作品が文学史に足跡を刻んでいることはたしかなことであろうが、それを「今、ここ」のものとしてとらえることはほとんどないだろう。そういうことを考えさせられた。

入手した『血』におさめされている「ガトフ・フセグダア」の冒頭（六行目）には次のようにある。

エンヂン場《ば》は夕暮《ゆふぐれ》の牢獄程《らうごくほど》に暗《くら》かつた。「持出《もちだ》しワッチ」に当《あた》つた私達《わたしたち》フィアマンは赤鬼《あかおに》みたいにスライスバアやスコップを振《ふ》り廻《まは》して圧力計《プレシユアゲージ》と睨《にら》めつこをしてゐた。

『日本国語大辞典』は右にみられる「フィアマン」や「プレシユアゲージ」も見出しとしていない。見出し「ファイアマン」の語釈中に「フィアマン」があり、「プレッシャーゲージ」を見出しとしている。ただし、使用例としては、右の箇所をあげているので、語形としては小異とみているのだろう。その一方で、「エンジンバ（エンジン場）」や「モチダシワッチ（持出しワッチ）」、「スライスバア」は見出しとしていない。外来語を見出しにするのには限界があるだろうから、それは当然のこととして、筆者としては、「エンジンバ（エンジン場）」のような複合語は、できるだけ見出しになっているといいと思う。この場合は「エンジン」に和語「バ（場）」が複合した複合語であるので、「バ」がそうした造語力をもっていたことを窺わせる語の例ということになる。どうしても、そのような『日本語の歴史』を思い浮かべながら『日本国語大辞典』をよんでしまうが、あれこれと想像しながらよむのはやはり楽しい。

走れメロスとメロドラマ

太宰治『走れメロス』は雑誌『新潮』の一九四〇（昭和十五）年五月号に発表され、同じ年の六月十五日に刊行された単行本『女の決闘』（河出書房）に収められている。現在では、中学校の国語教科書に載せられているので、よく知られている作品といってよいだろう。

作品は次のように終わる。

ひとりの少女が、緋のマントをメロスに捧げた。メロスは、まごついた。佳き友は、気をきかせて教えてやった。
「メロス、君は、まっぱだかじゃないか。早くそのマントを着るがいい。この可愛い娘さんは、メロスの裸体を、皆に見られるのが、たまらなく口惜しいのだ。」
勇者は、ひどく赤面した。

教科書に載せられている作品にしては、なかなかしゃれた感じの終わり方だなと思ったような記憶がかすかにある。しかし、この後に「（古伝説と、シルレルの詩から）」と記されていることはすっかり忘れてしまっていた。「シルレル」はもちろん、ドイツの詩人、劇作家として知られている、フリードリヒ・フォン・シラー（一七五九～一八〇五）のことである。ベートーヴェンの交響曲第九番「合唱付き」の原詞の作者といえばよいだろうか。メロスを「村の牧人」としたのは、太宰治の設定であることも指摘されている。さて、このメロスがどこで『日本国語大辞典』につながるのかというと、次のような見出しがあったからだ。

メロス《名》（ギリシア melos）旋律。特に音の旋律的な上下の動きをさす。

この見出しをみて、「走れメロス」の「メロス」は〈旋律〉という語義をもつギリシャ語だったのか！　と思ってしまった。ところが調べてみると、話はそう単純ではなかった。「メロス」はシラーの綴りに従えば、「Meros」となるはずであるとの指摘がある。しかるに、「走れメロス」のヨーロッパ諸語での訳においては「メロス」が「melos」と綴られているという。なぜ、ヨーロッパ諸語の翻訳者が「melos」と綴ったのかはもちろんわからないが、そのことによって、「走れメロス」と「旋律、歌」とにかすかながらにしても、つながりが生じていることはおもしろい。ただし、そのことは太宰治とは無関係であるのだが。「メロス」の次にあった外来語は「メロディアス」で、「メロディー」「メロディック」と続いて、「メロドラマ」があった。

メロドラマ《名》（英 melodrama ギリシア語のメロスとドラマの結合した語）① 演劇式の一つ。誇張された情況設定やせりふをもつ通俗的な演劇。ヨーロッパで、中世から近世に行なわれ、せりふの合間に音楽を伴奏した娯楽劇。② 恋愛をテーマとした感傷的なドラマや映画。

小型の国語辞典は「メロドラマ」をどのように説明しているかあげてみよう。

大衆的、通俗的な恋愛劇。▽melodrama（岩波国語辞典第七版新版、二〇一一年）

<melodrama>（映画やテレビ番組などで）通俗的で感傷的な恋愛劇。（集英社国語辞典第三版、二〇一二年）

【melodrama】《名》恋愛を中心とした感傷的・通俗的な演劇・映画・テレビドラマなど。▽メロス（＝旋律）とドラマを結びつけた語。元来は一八世紀後半のフランス・ドイツなどで発達した音楽入りの大衆演劇。（明鏡国語辞典第二版、二〇一〇年）

〔melodrama〕㊀歌の音楽をふんだんに使った、興味本位の通俗劇。㊁愛し合いながら　なかなか結ばれない男女の姿を感傷的に描いた通俗ドラマ。（新明解国語辞典第七版、二〇一二年）

〔melodrama〕映画・演劇・テレビなどの、通俗（ツウゾク）的な恋愛（レンアイ）劇。（三省堂国語辞典第七版、二〇一四年）

<melodrama>名 通俗的で感傷的な劇。（新選国語辞典第九版、二〇一一年、小学館）

「メロドラマ」の「メロ」は「メロメロ」と関係があるとはさすがに思っていなかったが、ギリシャ語「メロス」だったとは知らなかった。「メロス」とのかかわりにふれているのは、右にあげた辞書の中では『明鏡』のみ。「通俗的」「恋愛（劇）」「感傷的」が、「メロドラマ」を説明するキー・ワードであることがわかる。こうした語釈を並べてみると、『新明解国語辞典』の㊁は目立つ。「なかなか結ばれない」は辞書の語釈としては、限定的過ぎると感じるがみなさんはいかがでしょうか。では最後にもう一つ。

メセナ《名》（フランス mécénat）文化・芸術などを庇護・支援すること。特に、企業などが見返りを求めずに資金を提供する文化擁護活動をいう。紀元前一世紀のローマの将軍、ガイウス＝マエケナス(Maecenas)が、隠退後、ホラティウス、ウェルギリウスなどの芸術家を庇護したところから、その将軍の名にちなむ。

日本では一九八八（昭和六十三）年の「日仏文化サミット」をきっかけとしてひろがりをもつようになったとのことで、一九九〇年代にはしきりにこの「メセナ」という語が使われていたことを記憶している。『朝日新聞』の記事データベース「聞蔵Ⅱビジュアル」に「メセナ」で検索をかけてみると、やはり一九八八年の「日仏文化サミット」の記事がもっとも古い例としてヒットする。ごく小型の仏和辞典で調べてみても、「mécénat」は見出しになっており、そこには「学問芸術の擁護」というような説明がある。フランスでは、これが将軍の名前であることはわかっているのだろう。

それにしても、最近は新聞などを読んでいても、この「メセナ」という語にであうことがめっきり少なくなったように思う。こういう時だからこそ、学問芸術を擁護してもらいたいと思う。

夜光の貝と夜光貝

『日本国語大辞典』には次のようにある。見出し「やくがい」も併せて示す。

やこうがい【夜光貝】《名》リュウテンサザエ科の大形の巻き貝。奄美諸島以南から太平洋熱帯域のサンゴ礁に分布する。殻はサザエ形で厚く、殻径約二五センチ《メートル》の大きさになる。（略）「夜光」の名はあるが発光することはなく、屋久島から献上されたところから「やくがい」といい、それが変化した語といわれる。殻は古くから螺鈿（らでん）細工に使われ、正倉院宝物の中にもこれを用いたものがある。肉は食用になる。やこうのかい。（略）

やこうのかい【夜光貝】《名》「やこうがい（夜光貝）」に同じ。

やくがい【夜久貝】《名》「やこうがい（夜光貝）」の異名。

見出し「やこうがい」の語釈中で使われている「殻径」という語は、貝を見出しとする見出しの語釈中で、三十回使われているが、それ自体は見出しとなっていない。「殻」の音は「カク」「コク」であるので、「殻径」が漢語であるとすれば、考えられるのは「カクケイ」「コクケイ」という語形であるが、そのいずれも見出しとなっていない。オンライン版で漢字列「殻径」を検索しても、語釈中で使われた三十例しかヒットしないので、見出しにはなっていないのだろう。また現在刊行されている最大規模の漢和辞典といってよい『大漢和辞典』も「殻」字の条中に「殻径」をあげていない。語義はわかるので、「謎」ということはないが、発音がわからないので、「ちょっと謎な語」ではある。

さて、見出し「やこうのかい」の「辞書」欄、「表記」欄には『言海』があげられている。そこで『言海』を調べてみると、次のように記されている。見出し「やくがひ」も併せて示す。

やくわうのかひ（名）夜光貝 螺ノ類、盃トス、大隅屋久ノ島ニ産ズ。（屋久ノ貝ノ訛カトモ云）
やくがひ（名）屋久貝 螺《ニシ》（ニシ）ノ類、大隅ノ屋久ノ島ニ産ズ、殻、厚ク、外、青シ、磨キテ器トスベシ。
　青螺

『日本国語大辞典』の見出し「やくがい」の「補注」には平安時代、九三四年頃に成立したと推測されている辞書、『和名類聚抄』（二十巻本）の記事が紹介されている。『和名類聚抄』は巻十九の「鱗介部」の「亀介類」の中で、「錦貝」を見出しとし、その語釈中で、この「錦貝」を「夜久乃斑貝」であることを述べ、俗説であることを断りながら、「西海有夜久島彼島所出也」（西海に夜久島があって、そこで産出する）と述べる。「夜久島」は現在の屋久島と考えることができそうだ。筆者は「夜久乃斑貝」の「斑貝」はどう発音するのだろう、つまりどういう発音の語を書いたものなのだろうとまず考えるが、『日本国語大辞典』には「やくのまだらがい」という見出しがある。つまり、『日本国語大辞典』は「斑貝」は「まだらがい」という語を書いたものと判断していることになる。

やくのまだらがい【夜久斑貝・屋久斑貝】《名》 貝「にしきがい（錦貝）」の異名。

こうやって、次々とわからないことを調べ、確認していくと、いつのまにか、今自分が調べていることは何か、明らかにすべきことは何か、ということを見失うことがある。そんなばかな、と思われるかもしれないが、案外そういうことはあるし、日本語について書いてある本の中にも、そういう「傾向」のものはあるように感じる。

筆者が思ったことは、屋久島で採れる貝であれば、「屋久の貝（やくのかい）」という語形が自然なものだろうということで、この「ヤクノカイ」が「ヤコウノカイ」へと変化した「道筋」は単純には説明しにくいが、「ヤク」の部分が長音化していくというような「道筋」でさらなる音変化が起こったと考えることはできそうだ。そうやって「ヤコウノカイ」という語形ができ、それを漢字で「夜光貝」と書いていた。この「夜光貝」を漢字そのままに発音するようになって、「ヤコウガイ」という語形が発生する、という「順番」があるだろうということだ。もしもこの推測があたっているとすれば、「ヤコウノカイ」と「ヤコウガイ」とは語義はまったく同じということになり、かつ語形もほとんど同じで、両語形が併存しにくい。「ヤコウガイ」がうまれると「ヤコウノカイ」は消えてしまいやすいと思われる。そういう語形も辞書には残る。

さて、少し観点が違うが、「菜花」はどんな語形を書いたものだと思いますか。『三省堂国語辞典』第七版は見出し「なのはな」を「アブラナ（の花）。春、畑一面に黄色く　さく」と説明し、見出し「なばな」を「ナノハナの、食材としての呼び名」と説明している。「なのはな」の語釈の「畑一面」は雰囲気がでていていいなと思う一方で、畑だけに咲くわけではないのでは？　と思ったりもするが、そんなことをいうのは野暮でござんしょう。これはもともとは「ナノハナ」という語形のみだった。それを「菜の花」ではなくて「菜花」と書く書き方がうまれた。その「菜花」が食材としての菜の花の表記によく使われ、それを文字通り「ナバナ」と発音するようになった。それから「ナノハナ」と「ナバナ」との「すみわけ」が起こった、というような「道筋」ではないかと推測している。さらにいえば、「サイカ（菜花）」という漢語も存在している。これも『日本国語大辞典』は見出しとしている。

「タラノコ」を「タラコ」といい、「フカノヒレ」を「フカヒレ」という。「タラノコ」「フカノヒレ」はもはやほとんど使わない語形になっている。『日本国語大辞典』は見出し「たら【鱈】」の後ろに「たらのこ」をあげており、そこには十七世紀の使用例があげられている。また「ふかのひれ」はちゃんと見出しになっている。『言海』も「ふかのひれ」を見出しとしているので、『言海』が完結した一八九一（明治二十四）年には確実に存在した語であることがわかる。『日本国語大辞典』は見出し「ふかひれ」の使用例としては、「英和商業新辞彙（1904）」をあげている。ちなみにいえば、『三省堂国語辞典』第七版は「タラノコ」「フカノヒレ」を見出しとせず、見出し「ふかひれ」の語釈末尾に「ふかのひれ」と記している。

ことばは変化していくものだ。それを歎くつもりはない。ただ、その変化の過程は知っておきたいと思う。そんなことも辞書をよむとわかってくる。

ギロッポンでシースー

『日本国語大辞典』は俗語、隠語の類も見出しとしている。

おうみょうどうふ【王明動不】《名》不動明王の像をさかさまにして、人を呪詛（じゅそ）するところから、その名を逆にしたのろいのことば。

「オウミョウドウフ」ってどんな豆腐？　と思ったら、いやはや恐ろしいものでした。使用例には「雑俳・川傍柳（1780-83）」があがっているので、江戸時代にはあった語であることがわかる。こうした「さかさことば」の類は少なくない。

さかさことば【逆言葉】《名》1 反対の意味でつかうことば。「かわいい」を「憎い」という類。さかごと。さかことば。2 語の順序や、単語の音の順序を逆にして言うこと。「はまぐり」を「ぐりはま」、「たね」を「ねた」という類。さかごと。さかことば。

「ネタ」は現在でも使う語だ。『日本国語大辞典』は「ネタ」を次のように説明している。

ねた《名》（「たね（種）」を逆に読んだ隠語）1 たね。原料。また、材料。2（略）3 新聞・雑誌の記事の特別な材料。（略）

語義3 の使用例として「新しき用語の泉（1921）〈小林花眠〉」の「ねた　種を逆に言ったもので、新聞記事の材料のこと。三面記者などの仲間に用ひられる」があげられている。「ネタ」は小型の国語辞書、例えば『三省堂国語辞典』第七版も見出しにしている。

『日本国語大辞典』をよみすすめていくと、いろいろな「さかさことば」にであう。

おか《名》（「かお」を逆にした語）顔をいう、人形浄瑠璃社会および盗人・てきや仲間の隠語。〔隠語輯覧（1915）〕

おも《名》（牛の鳴き声「もお」を逆にした語か）牛をいう、盗人仲間の隠語。〔特殊語百科辞典（1931）〕

かいわもの【―者】《名》（「かいわ」は「わかい（若）」を逆にしたもの）若い者、ばくち仲間の子分をいう、博徒仲間の隠語。〔特殊語百科辞典（1931）〕

かけおい【駆追】《名》（「おいかけ」の「おい」と「かけ」を逆にした語）追跡されることをいう、盗人仲間の隠語。〔日本隠語集（1892）〕

かやましい《形口》（「やかましい」の「やか」を逆にしたもの）官吏、役人などの監督が厳格である、という意を表わす、てきや・盗人仲間の隠語。〔日本隠語集（1892）〕

きなこみ《名》（「きな」は「なき」を逆にした語で「泣き込み」の意）でたらめの泣きごとを訴えて同情を得、金品を恵んでもらうことをいう、てきや仲間の隠語。〔隠語輯覧（1915）〕

ぐりはま《名》（「はまぐり（蛤）」の「はま」と「ぐり」を逆にした語）1 かわりばえのしないこと。たいした違いがないこと。ぐりはまはまぐり。2 物事の手順、結果がくいちがうこと。意味をなさなくなること。ぐりはまはまぐり。ぐれはま。ぐれはまぐり。

げんきょ【言虚】《名》（「虚言（きょげん）」を逆にした語）詐欺的行為をいう、盗人・てきや仲間の隠語。〔隠語輯覧（1915）〕

げんきょう《名》（「きょうげん（狂言）」の「きょう」と「げん」を逆にした語）芝居のことをいう、盗人・てきや仲間の隠語〔日本隠語集（1892）〕

か者。

ごうざい【郷在】《名》（「在郷」を逆にした語で、もと、人形浄瑠璃社会の隠語）いなか。または、いなか者。

「ぐりはま」の使用例には「玉塵抄（1563）」があげられており、十六世紀にはすでにあった語であることがわかる。「さかさことば」にも歴史がある。「ごうざい」の使用例には「滑稽本・戯場粋言幕の外（1806）」がまずあげられているので、十九世紀初頭にはあった語であることがわかる。

どうしても細かいところが気になる性分なので、いささか細かいことを述べるが、見出し「かやましい」では「てきや・盗人仲間の隠語」とあって、見出し「げんきょ」「げんきょう」では「盗人・てきや仲間の隠語」とあることには何か意図があるのだろうかなどと思ってしまう。また見出し「げんきょ」と「ごうざい」とでは、「言虚」「郷在」という漢字列を示しているが、見出し「げんきょう」では「言狂」を示していない。また見出し「げんきょう」と「ごうざい」とはともに四拍語で、語の成り立ちが似ているように思うが、見出し「げんきょう」を「ごうざい」と同じように、「「狂言」を逆にした語」と説明することはできないのだろうか。それぞれ何か意図があるのかもしれないが、それがうまくよみとれない。

右にあげた見出しの語釈では「逆にした」という表現が使われているが、その「逆」の内実はさまざまである。「もお」の逆が「おも」であるという場合は、仮名で書かれている文字列を文字通り逆からよむ、というようなことであるが、「「かいわ」は「わかい（若）」を逆にした」という場合の逆は、そうではない。「わかい」を下からよめば「いかわ」になってしまうので、「文字を入れ替えた」というような表現があるいはふさわしいかもしれない。

筆者は、見出し「げんきょ」をみて、「ほお」と思った。それは漢語「キョゲン（虚言）」のさかさことばだったからだ。当たり前のことであるが、さかさことばが理解されるためには、もとのことばがわかっていなければならない。「キョゲン（虚言）」をひっくりかえして使うことができる「（文字）社会」では「キョゲン（虚言）」という漢語が使われていた可能性がたかい。「げんきょう」や「ごうざい」も同じように考えることができる。どのような漢語がどのような「（文字）社会」で使われていたかを考えることは、最近、筆者が取り組んでいることであるが、そういうこととかかわりがある。

右で出典となっているのは『隠語輯覧』『特殊語百科辞典』『日本隠語集』である。今までこういう「方面」のことを調べたことがなかったので、手始めにと思って、『隠語輯覧』と『日本隠語集』とを入手した。いろいろな隠語が載せられていて、おもしろかった。さて、最近バブル期をネタにしている女性の芸人がいて、「ギロッポンでシースー」などと言っている。いうまでもなく「六本木で鮨」ということだが、筆者などは（冗談ではなく）ほんとうにこんな語が使われていたのだろうか、と思ったりもする。『日本国語大辞典』には「ギロッポン」も「シースー」も見出しになっていない。それは「新語に強い」ことを謳う『三省堂国語辞典』第七版も同じだ。はたして、これらの語が辞書の見出しになる日は来るのか来ないのか。

バリアント

ちょっと違うぞ

言語学では、ある語の「変異形」を「バリアント（variant）」と呼ぶ。現代日本語では「ヤハリ」「ヤッパリ」

を使う。場合によっては「ヤッパ」や「ヤッパシ」を使うこともあるかもしれない。「ヤハリ」を標準語形と考えれば、他の語形は「変異形」ということになる。『日本国語大辞典』は「ヤッパリ」「ヤッパシ」「ヤッパ」すべて見出しとしている。「ヤッパシ」の使用例には安原貞室の著わした「かた言（1650）」があげられているので、「ヤッパシ」も江戸時代には使われていたことがわかる。

「ヤハリ」に促音が入ったのが「ヤッパリ」で、その末尾の「リ」が「シ」に替わったものが「ヤッパシ」で、これらの末尾の「リ」あるいは「シ」が脱落したのが「ヤッパ」だとみることができる。変化すればするほど、もとの語形からは離れていく。したがって、変異形には「ちょっと違う語形だな」と思うようなものから、「だいぶ違った語形だな」と思うようなものまである。今回はその「ちょっと違う語形」を話題にしてみたい。変異形を話題にするので、方言もとりあげていくことにする。方言の地点番号は省いた。

あぼちゃ　《名》　[方言]　❶植物、カボチャ（南瓜）。出羽置賜郡　島根県（略）

『日本国語大辞典』の見出し「カボチャ」には「（ポルトガル Cambodia から）」とあり、語義[1]の語釈末には「本種ははじめカンボジア原産と考えられていたので、この名があるという」と記されている。そうであれば、「カボチャ」はもともとポルトガル語の「Cambodia」の変異形であったことになる。その「カボチャ」の最初の子音[k]が脱落した語形が「アボチャ」で、変化としては頭子音が脱落したということであるが、「アボチャ」と「カボチャ」は「ちょっと違う語形」を少し超えているような気もする。それは語に形を与えている最初の音が異なるからだろう。

あらうる《連体》「あらゆる（所有）」に同じ。

あらえる《連体》「あらゆる（所有）」の変化した語。

前者の使用例として、「御伽草子・熊野の本地（室町時代物語集所収）（室町末）」と「日葡辞書（1603-04）」、後者の使用例として、「史料編纂所本人天眼目抄（1473）」と「サントスの御作業（1591）」があげられているので、両語形とも、室町時代には確実にあった語形であることがわかる。「アラユル」と「アラウル」、「アラエル」とをそれぞれ仮名で書くと、「ユ」が「ウ」、「エ」に替わった語形のようにみえてしまうが、室町時代の「エ」はヤ行の「エ」、すなわちヤ行子音がついた[je]という音だと考えられている。そうであれば、「ウ」は「ユ」＝[ju]の頭子音[j]が脱落したものということになる。また、「エ」は[je]で、「ユ」は[ju]なので、こちらは母音[u]が母音[e]に替わった「母音交替形」であることになる。

いごく【動】《自カ五（四）》（「うごく（動）」の変化した語）（略）

おごく【動】《自カ四》（「うごく（動）」の変化した語）（略）

見出し「うごく」の末尾には、「福島・栃木・埼玉方言・千葉・信州上田・鳥取・島根」で「エゴク」ということが示されており、この「エゴク」を含めると、「イゴク」「エゴク」「ウゴク」「オゴク」が存在することになり、「アゴク」以外が揃っていておもしろい。

インテレ《名》「インテリ」に同じ。

インテリ《名》**(「インテリゲンチャ」の略)** [1]「インテリゲンチャ」に同じ。[2]知識、学問、教養のある人。知識人。

見出し「インテレ」の使用例として高見順の「いやな感じ（1960-63）」の次のようなくだりがあげられている。オンライン版で検索をかけると、高見順『いやな感じ』は四一九件がヒットする。ある程度使われている資料だ。そんなこともあり、この本も購入した。ここではそれを使って、『日本国語大辞典』よりも少し長く引用する。


「勉強だ？」

丸万はせせら笑って、

「勉強で革命ができるかよ」

「そりゃ、そうだが」

「おめえは生じっか、中学なんか出てるもんだから、大分、インテレかぶれのところがあるな」

インテリをインテレと丸万が言ったのは、インテリのなまりではなく、その頃は一般にインテレとも言っていたのだ。

「intelligentsia」は外来語であるので、その外来語をどのような語形として（日本語の語彙体系内に）受け止めるかということがまずある。だから「インテレ」は「インテリ」が変化したものではないが、「インテリ」を一方に置くと、「インテレ」は「母音交替形」すなわち変異形にみえる。

うえさ【噂】《名》「うわさ（噂）」の変化した語。
うしろい【白粉】《名》「おしろい（白粉）」の変化した語。
うちゃすれる【打忘】《動》方言（「うちわすれる」の転）忘れる。
うっとら《副》（「と」を伴う場合が多い）「うっとり❶」に同じ。
うらいましい【羨】《形口》文 うらいまし《形シク》「うらやましい（羨）」の変化した語。
うるこ【鱗】《名》「うろこ（鱗）」の変化した語。
うるしい【嬉】《形口》六方詞。「うれしい（嬉）」の変化した語。
おがい【嗽】《名》「うがい（嗽）」の変化した語。
おしろ【後】《名》（「うしろ」の変化した語）（略）
かいつばた【燕子花】《名》1「かきつばた（燕子花）①」に同じ。（略）
がいと【外套】《名》「がいとう（外套）」の変化した語。
かいべつ《名》方言 植物、キャベツ。
かえら《名》「かえる（蛙）」に同じ。

それにしてもいろいろな変異形がある。書物を読んでいるだけでは、変異形にはなかなかであうことはないが、こうして辞書をよんでいると、かなりある（あった）ことがわかる。「カエラ・カエル」も活用みたいだ。そういえば、植物の「カエデ」は葉が蛙の手のようだから「カエルデ（蛙手）」だったが、それが「カエデ」に変化したものだった。

だいぶ違うぞ

先に「カエルデ」から「カエデ」になったと述べた。『日本国語大辞典』は見出し「かえで【楓・槭樹・鶏冠木】《名》」に「（「かえるで（蝦手）」の変化した語）」と記している。『万葉集』巻八に収められている一六二三番歌「吾屋戸尓　黄変蝦手　毎見　妹乎懸管　不恋日者無」は現在「我《わ》がやどにもみつかへるで見るごとに妹をかけつつ恋ひぬ日はなし」（＝我が家の庭に色づくかえでを見るたびに、あなたを心にかけて、恋しく思わない日はない）と詠まれており、「蝦手」が「かへるて（かへるで）」を書いたものと推測されている。

「カヘルデ」から一気に「カエデ」になったとは考えにくく、おそらく「ル」が撥音化した「カヘンデ」というような語形を経て、その撥音が脱落して「カエデ」になったものと思われる。「クスシ」は「薬師」と書くことからわかるように、「クスリシ」が変化した語であるが、やはり「クスリシ」→「クスンシ」→「クスシ」と変化したと推測できそうだ。「カエデ」「クスシ」はもとの語形「カエルデ」「クスリシ」から一気に到達する語形ではない点で、「だいぶ違う」といえるように思う。今回はそのような、もとの語形からすると、「おお！」と思うような変異形を話題にしてみよう。

「カッタルイ」という語がある。『日本国語大辞典』は語義[1]として「体がだるく、ものうい。疲れた感じでだるい」、語義3として「まわりくどくてめんどうだの意の俗語」と説明している。この「カッタルイ」

は「カイダルイ」の変化した語とある。そこで見出し「かいだるい」をみると次のようにある。

かいだるい【腕弛】《形口》文かひだるし《形ク》（「かいなだるい（腕弛）」の変化した語）1腕がくたびれてだるい。2身体や身体の一部が疲れてだるい。かったるい。

かいなだるい【腕弛】《形口》文かひなだるし《形ク》腕が疲れた感じで力がない。かいなだゆし。かいだゆし。かいだるい。

これらの記事を整理すると、「カイナダルイ」→「カイダルイ」→「カッタルイ」と変化したことになる。「カッタルイ」はいうなれば「三代目」ということになる。さて、筆者は神奈川県の出身であるが、中学生の頃には「カッタルイ」あるいは「ケッタルイ」という語形を耳にしていたし、自身でも使っていたような記憶がある。『日本国語大辞典』は見出し「かいだるい」の「方言」欄に千葉県夷隅郡の「けったりい」、千葉県香取郡の「けえたりい」をあげているので、こうした語形にちかいものと思われる。

次のような語形もあった。

かねがん【金勘】《名》「かねかんじょう（金勘定）」の変化した語。

使用例として「浮世草子・忠義太平記大全（1717）」があげられているので、江戸時代にはあった語であることがわかる。「カネカンジョウ」と「カネガン」もすぐには繋がらない。変化のプロセスを推測すれば、「カネカンジョウ」が「カネカン」という語形に省略されて、それがさらに「カネガン」となったものとみるのがもっとも自然であろう。漢字で「金勘」と書いてあれば、なんとか「カネカンジョウ（金勘定）」という語とかかわりがあるかな、ぐらいはわかりそうだが、耳で「カネガン」と聞いてもなかなか「カネカンジョウ」には繋がりにくそうだが、それは現代人の「感覚」なのかもしれない。とにかく、だいぶ違う。

くちびら【唇】《名》「くちびる（唇）」の変化した語。
くちびる【唇・脣・吻】《名》1（「口縁（くちべり）」の意。上代は「くちひる」か）（略）
くちべろ【唇・口舌】《名》「くちびる（唇）」に同じ。

「くちべろ」の使用例として「夢酔独言（1843）」があげられている。現在でも「シタ（舌）」のことを「ベロ」ということがあるが、『日本国語大辞典』は見出し「べろ」の使用例として「物類称呼（1775）」をあげているので、「ベロ」は十八世紀には使われていたことがわかる。そうすると、「クチベロ」の語形をうみだすプロセスにこの「ベロ」が干渉していないかどうかということになりそうだ。見出し「くちびる」に記されている「「口縁（くちべり）」の意」はいわば語源の説明であって、上代に「クチベリ」という語形の存在が確認されているわけではないと思われる。「クチベリ」をスタート地点に置くと、「クチビル」もすでにだいぶ変化しているように思われるが、その「クチビル」をスタートとすると、「クチビラ」は母音[u]が母音[a]に替わった、母音交替形にあたる。まあ耳で聞いた印象はちかいといえばちかい。「クチベロ」は「クチビル」の「ビ」の母音が[i]から[e]に、「ル」の母音が[u]から[o]に替わっており、母音が二つ替わっているので、耳で聞いた印象は少しとおくなる。「クチベリ・クチビル・クチビラ・クチベロ」と連続して発音すると早口言葉のようだ。

ぐんて【軍手】《名》白の太いもめん糸で編んだ手袋。もと軍隊用につくられたための呼称。軍隊手袋。

ぐんたいてぶくろ【軍隊手袋】《名》「ぐんて（軍手）」に同じ。

ぐんそく【軍足】《名》軍用の靴下。太い白もめんの糸で織った靴下。

見出し「ぐんたいてぶくろ」には龍胆寺雄の「放浪時代（1928）」の使用例があげられている。冷静に考えれば、「グンテ（軍手）」の「グン」としては「軍隊」ぐらいしか考えられないが、身近な存在となっているので、そこに気がまわらなかった。「グンソク（軍足）」は両親のいずれかが使った語であったと記憶しているが、どういう場面で使われたかまでは覚えていない。「グンタイテブクロ」を略した「グンテ」、これもだいぶ違う語形に思われる。さて最後にもう一つ。

ことよろ【殊宜】《名》ことによろしいの意で用いる近世通人の語。

使用例として「洒落本・素見数子（1802）」があげられているので、十九世紀初頭には存在した語であることがわかる。筆者は「あけおめ」が最初わからなかった。いつ知った語か、いまでは記憶にないが、学生との会話の中で知ったような気がする。ちなみにいえば、『日本国語大辞典』は「あけおめ」を見出しとしていない。最近は「トリマ（＝トリアエズマア）」もある。

漢字の意味がわかりますか？

筆者は『漢字からみた日本語の歴史』（二〇一三年、ちくまプリマー新書）において、意味＝語義は語がもつものであって、文字は「意味」をもたない、という意味合いで「漢字には「意味」がない」と述べた。漢字が意味をもっているのではなく、漢字が書き表わしている語が意味をもっているということだ。その考えは今でも変わらないが、中国語の場合、一語に対して、それを書き表わす漢字が一つ用意される。そうすると、語と、それを書き表わす文字との対応は原則として、一対一対応ということになる。それゆえ、漢字そのものが意味をもっているように、意識されやすい。それをふまえると、漢字に意味があるといっても、さほど変わらないと思うようになった。筆者は漢字の意味を「漢字字義」と呼んでいるが、ここでは「意味」という用語も使うことにする。これが今回のタイトルについてのいわば「補足説明」だ。

漢語「ロウバイ（狼狽）」について、『日本国語大辞典』は次のように記している。

ろうばい【狼狽】《名》（「狼」も「狽」もオオカミの一種。「狼」は前足が長く後足は短いが、「狽」はその逆で、常にともに行き、離れれば倒れるので、あわてうろたえるというところから）思いがけない出来事にあわてふためくこと。どうしてよいかわからず、うろたえ騒ぐこと。

「オオカミの一種」というと、実際にそういう動物がいるように理解してしまいそうで、「伝説上の」などという表現があったほうがよいように思う。漢語「ロウバイ（狼狽）」は現代でも使う語であるが、「狼」はともかくとして「狽」も動物名であることは通常は意識しにくい。よく考えれば、「狽」が獣偏の字であるので、わかってもいいはずであるが、なかなかそうは考えない。このように、漢語として使っている語を構成している個々の漢字の意味はあまり意識しないように思う。そういう「情報」も『日本国語大辞典』には記されている。ここではあまり使わない漢語も含めて、話題として採りあげていくことにする。

きゅうしゃ【休舎】《名》（「休」「舎」ともに、やすむの意）やすむこと。休息すること。休養すること。

きゅうせき【休戚】《名》（「休」は喜び、「戚」は悲しみの意）喜びと悲しみ。よいことと悪いこと。

きゅうめい【休明】《名》（「休」は大きい庇護の意）性格が寛容で、聡明なこと。

きょいん【許允】《名》（「許」「允」ともに、ゆるす、承認する意）願いごとなどに対して、承知し、ゆるすこと。許可。允許。允可。また、承認。

ぎょうそ【翹楚】《名》（形動タリ）（「翹」はしげり盛んなさま。「楚」は薪中の最も秀でたもの。「詩経‐周南・漢広」の「翹翹錯薪、言刈二其楚一」の句から）衆にぬきんでてすぐれること。また、そのものや、そのさま。俊秀。抜群。

「休」に〈喜び〉という意味があることがわかると、「きゅうちょう【休徴】」の語義は「よいしるし。めでたいしるし」であることがわかることになる。

さまざまなメゾン

二〇一五（平成二十七）年六月七日の『朝日新聞』の読書欄で、星野智幸が採りあげていた、谷川直子の『四月は少しつめたくて』（二〇一五年、河出書房新社）を入手した。「自分の言葉を取り戻すために」という新聞の見出しも印象的だった。入手してそのままになっていたのだが、二〇一七年三月四日に読み始めた。読み始めて少しすると次のような行りがあった。

ファッションの世界にだって芸術的な採算度外視のショーはあるけれど、ちゃんとうまくあとでそれを帳消しにするような商品が出る。出なければメゾンが立ち行かなくなっておしまい。つまり、デザイナーは芸術家でありながら売り物になる商品の素《もと》をつくり出しているということで、詩が売り物じゃないなら、そこがデザイナーと詩人の決定的な違いだ。（十五〜十六ページ）

この「メゾン」がわからなかった。『日本国語大辞典』には次のようにある。

メゾン《名》（フランス maison）《メーゾン》家。住居。

そして、「外来語辞典(1914)〈勝屋英造〉「メーゾン　Maison(仏)家」」及び「亜剌比亜人エルアフイ(改作)(1957)〈犬養健〉五「聖心会附属の療養院を訪ねた。十八世紀のメゾン風の、趣味のいい建物である」」が使用例としてあげられている。この見出しにおいては、「メゾン」という外来語が採りあげられているが、そこにあげられている使用例からすれば、どちらかといえば、現在から五十年以上隔たった時期における「メゾン」の「使用状況」が記されていることになる。

「新語に強い」ことを帯で謳う『三省堂国語辞典』第七版で「メゾン」を調べてみると、意外なことに見出しとして採用されていない。そこで『コンサイスカタカナ語辞典』第四版(二〇一〇年、三省堂)を調べてみると、そこには次のように記されている。なお、引用にあたっては縦書きとした。

メゾン[フ maison(家)〈ラ manere(留まる)〉]①(サロン風の)高級食堂。〈大〉★この語義はフランス語にはない。②家、住宅。特に日本ではマンションの名につけて用いる。〈現〉③商社。商店。特にオートクチュールの洋装店。〈現〉

この辞典の冒頭に置かれている「使用上の注意」の「略語表」によれば、〈大〉は「大正時代」、〈現〉は「昭和二一年以後，平成」ということだ。今回は「さまざまなメゾン」というタイトルをつけたが、筆者は次のような「メゾン」を思い浮かべていたからだ。

大正十六年(昭和二年)一月一日発行の『近代風景』第二巻第一号に「パンの会の思ひ出」という総題の

もとに、木下杢太郎の「パンの会の回想」というタイトルの文章が載せられている。「パン（Pan）」はギリシャ神話に登場する牧神のことで、「パンの会」は一九一〇年前後に、青年芸術家たちが新しい芸術について語り合うことを目的としてつくられた会だった。東京をパリに、隅田川（大川）をセーヌ川に見立てて、月に数回、隅田河畔の西洋料理屋に集まっていた。「パンの会の回想」には次のようにある。引用は『木下杢太郎全集』第十三巻（一九八二年、岩波書店）に拠る。

当時カフエエらしい家を探すのには難儀した。東京のどこにもそんな家はなかつた。それで僕は或日曜一日東京中を歩いて（尤も下町でなるべくは大河が見えるやうな処といふのが註文であつた。河岸になければ、下町情調の濃厚なところで我慢しようといふのであつた。）とに角両国橋手前に一西洋料理屋を探した。（略）

その後深川の永代橋際の永代亭が、大河の眺めがあるのでしばしば会場になつたのである。また遥か後になつて小網町に鴻の巣が出来「メエゾン、コオノス」と称して異国がつた。（一五七ページ）

右の「メエゾン、コオノス」の「メエゾン」は『コンサイスカタカナ語辞典』の①に語義も使用時期もあてはまる。しかもフランス語の「maison」にない語義であるということであるので、『日本国語大辞典』は、できればこの語義、そして杢太郎の使用例をあげておいてほしいと思うのは欲張りだろうか。

大正十六年は西暦でいえば一九二七年で、今から九十年ほど前になる。現在からみた大正時代は、「歴史」としてとらえるのにはまだ現代と近すぎるのかもしれない。大正時代の日本語についての研究はこれから、という面がある。『日本国語大辞典』の第三版がいつ出版されるかはわからないが、その時には大正時代の日本語についての補いがされると、『日本国語大辞典』はいっそう充実したものになるだろう。『コンサイスカタカナ語辞典』の②も、「うんうん」というところではないだろうか。最近はそれでもそうしたマンション名は減ってきているかもしれない。さて、③である。これが冒頭にあげた『四月は少しつめたくて』の「メゾンが立ち行かなくなっておしまい」の「メゾン」にあてはまる。筆者ぐらいの年齢の男性であると、「オートクチュール」もすぐには日本語に言い換えにくいかもしれない。高級洋装店ぐらいか。

カタカナ語というと、「アカウンタビリティー」「コンプライアンス」「ガバナンス」「インタラクティブ」「イノベーション」など、すぐに語義がわかりにくい語の使用が増えていることが話題になり、そのことについて論議される。そういうこともあるが、外来語、カタカナ語にもそれぞれの歴史が当然ある。ちなみにいえば、『日本国語大辞典』は「インタラクティブ」と「イノベーション」は見出しにしており、他の三語はしていない。『コンサイスカタカナ語辞典』第四版はすべて見出しとしている。この『コンサイスカタカナ語辞典』は一九九四(平成六)年に初版が刊行されているが、その初版においては、「ガバナンス」が見出しとなっていない。やはりカタカナ語にも歴史がある。

現代作家の小説を読むことはこれまで必ずしも多くはなかった。しかし、『日本国語大辞典』をよむようになって、現代の小説に使われているような語はどのくらい見出しになっているのだろうとか、現代の語義は記述されているだろうか、などと思うようになり、少しずつであるが、読んでみることにした。『日本国語大辞典』は「意識改革」もしてくれる。

お隣さん

現在は辞書が電子化されている。インターネットを使って辞書を使うこともできる。『日本国語大辞典』第二版にも「オンライン版」があり、それにはさまざまなかたちの検索ができる機能もある。電子化された辞書には便利な面がある。

電子化された辞書がひろく使われるようになってきて「紙の辞書」という表現がみられるようになった。『朝日新聞』の記事データベース「聞蔵《きくぞう》Ⅱビジュアル」で「紙の辞書」を検索してみると、一九八九（平成元）年十月二十日の記事が、もっとも古い使用例として見つかる。

少し前だと、机の上に電子辞書を出して、それを使いながら授業をきいている学生が少なくなかった。そういう状況の時は、「ではこの語を電子辞書で調べてみてください」というように、積極的に電子辞書を使いながら授業を進めるようにしていた。電子辞書の場合、そこに、ある具体的な辞書が電子化されているということが「見えにくい」。例えば、多くの電子辞書には『広辞苑』がコンテンツとして入れられている。複数の辞書が入れられている場合もある。この電子辞書のコンテンツは何かということは最初はわかっているはずだが、次第にそれは鮮明ではなくなるようで、学生に、何が入っているかをたずねてもわからないことが少なくない。「電子辞書」という、いわば「顔」をもたない辞書を調べているといえばよいだろうか。それに対して、実際に「紙の辞書」を調べる場合は、今自分が調べている辞書が何という名前の辞書なのかを知らずに調べるということは考えにくい。こういう違いもある。

電子辞書と「紙の辞書」と、どちらがいいか、という議論もしばしば目にする。そんな時に「紙の辞書」は、調べようとしている語（句）だけでなく、そのまわりの語（句）にも自然に目がいくからいいのだ、という意見が必ずある。筆者は、どちらかといえば、「紙の辞書」派だろうが、この意見は実はぴんとこない。「紙の辞書」の良さを過不足無く表現しているように感じられないということであろうか。

『日本国語大辞典』をよんでいくと、「この語とこの語とが隣り合わせの見出しになっているのか！」と思うようなことが時々ある。もちろん偶然そうなったのであるので、偶然の面白さということに尽きるが、「おっ」と思う。『日本国語大辞典』をよむ、という作業は基本的にはおもしろいのだが、何しろ相手が膨大なので、毎日少しずつよみすすめるしかない。そして、毎日きちんとよみすすめていってもなかなか「ゴール」が見えない。一冊はだいたい一四〇〇ページぐらいのことが多いので、一日五ページよんだとしても、二八〇日、九ヶ月以上かかってしまう。このペースで十三冊、二万ページをよむと、読了まで四〇〇〇日かかることになる。十年以上だ。だからもっと早いペースでよまなければいけないし、時には半日よみ続ける日もある。そんなことを思うと、時々気が遠くなる。しかしそんなことも言っていられない。そんな時に、次のような「おっ」は息抜きになる。

テクノストレス《名》（英 technostress）コンピュータなど各種ＯＡ機器の導入による職場の高技術化に伴って心身に生ずるさまざまなストレス。アメリカの心理学者クレイグ＝ブロードの造語。

でくのぼう【木偶坊】《名》①人形。操りの人形。でく。くぐつ。でくるぼ。でくるぼう。②役に立たない者。役立たずの者をののしっていう語。でく。

デリケート《形動》（英 delicate）①（人の心・感情などについて）鋭敏で、傷つきやすいさま。繊細な

さま。2（鑑賞、賞美するものなどについて）微妙な味わいを持っているさま。また、微細な差のあるさま。（略）

てりごまめ【照鱓】《名》ごまめをいり、砂糖としょうゆをまぜて煮つめた汁に入れて、さらにいり上げたもの。正月料理に用いる。

とろくさい《形口》文とろくさし《形ク》（「くさい」は接尾語。「とろい」の強調語）なまぬるい。まだるっこい。また、ばかばかしい。あほらしい。

どろくさい【泥臭】《形口》文どろくさし《形ク》1泥のにおいがする。2姿やふるまいがあかぬけていない。いなかくさい。やぼったい。

この程度のことで息抜きをしているようでは危ないですね。さて次のような見出しがあった。

ゆあみど【湯浴処】《名》「ゆあみどころ（湯浴所）」に同じ。

ゆあみどころ【湯浴所】《名》ゆあみする所。風呂場。ゆあみど。ゆあびどころ。

右の二つの見出しの間には「ゆあみどき【湯浴時】」があるので、右の二つは隣り合わせではないが、すぐ近くにある。前者には「あらたま（1921）〈斎藤茂吉〉折々の歌「ふゆさむき瘋癲院の湯（ユ）あみどに病者ならびて洗はれにけり」が、後者には「太虚集（1924）〈島木赤彦〉梅雨ごろ「五月雨のいく日も降りて田の中の湯あみどころに水つかむとす」が使用例としてあげられている。

島木赤彦の『太虚集』は「大正九年七月斎藤茂吉君の病を訪ひて長崎に至ることあり。大村湾にて」という詞書きをもつ作品から始まっている。改めていうまでもないが、島木赤彦、斎藤茂吉は、土屋文明とともに、『アララギ』を代表する歌人であった。茂吉は第三句に四拍の「ユアミド」を、赤彦は第四句に六拍の「ユアミドコロ」を使って、それぞれの句を定型に収めているので、そこからすれば「ユアミド」「ユアミドコロ」の使用は「必然」であったことになる。しかし『日本国語大辞典』はそれぞれの使用例に茂吉、赤彦の作品しかあげていない。『太虚集』によれば、右の「五月雨の」は一九二一（大正十）年の作品であることがわかる。一方、茂吉の「ふゆさむき」は『あらたま』によれば、一九一六年の作品である。ここからは筆者の「妄想」であるが、赤彦は茂吉の作品によって、「ユアミド」という語にふれていたということはないだろうか。そしてそれを自身の作品にふさわしい語形に「新鋳」して使った。こんな「妄想」ができるのも『日本国語大辞典』のおかげといってよい。

発音が先か文字が先か？

『日本国語大辞典』の見出し「ゆいごん」には次のように記されている。

ゆいごん【遺言】《名》1 死後のために生前に言いのこすことば。いげん。いごん。ゆいげん。2 自分の死後に法律上の効力を発生させる目的で、遺贈、相続分の指定、認知などにつき、一定の方式に従ってする単独の意思表示。現代の法律では習慣として「いごん」と読む。語誌 (1)古くから現在に至るまで、呉音よみのユイゴンが使われているが、中世の辞書「運歩色葉集」「いろは字」などには呉音と漢音を組み合わせたユイゲンの形が見える。⑵近世の文献ではユイゴンが主だが、ユイゲンも使われており、時に漢音よみのイゲンも見られる。明治時代にもこの三種併用の状態は続くが、一般にはユイゴンが用いられた。⑶現在、法律用語として慣用されるイゴンという言い方は、最も一般的なユイゴンをもとにして、「遺書」「遺産」など、「遺」の読み方として最も普通な、漢音のイを組み合わせた形で、法律上の厳密な意味を担わせる語として明治末年ごろから使われ始めた。

「語誌」欄において述べられていることについていえば、「呉音よみ」「漢音よみ」「三種」「言い方」「組み合わせた形」「厳密な意味を担わせる語」（注：傍点筆者）など、説明のしかた、用語がまちまちである点に不満がないではない。しかし、述べられていることがらはゆきとどいているといえよう。

「ユイゲン」「イゲン」「イゴン」はいずれも見出しになっている。その他に、見出し「いげん」の語釈中にみられる語形「イイゴン」、その見出し「イイゴン」の語釈中にみられる語形「イイゲン」も見出しとして採用されている。結局、「イゲン」「イゴン」「イイゲン」「イイゴン」「ユイゲン」「ユイゴン」という六つの語が存在することになる。

ゆいげん【遺言】《名》「ゆいごん（遺言）」に同じ。

いいげん【遺言】《名》（「ゆいげん（遺言）」の変化した語）「いいごん（遺言）」に同じ。

いいごん【遺言】《名》（「ゆいごん（遺言）」の変化した語）死後に言い残すこと。また、そのことば。いいげん。 ↓遺言（いげん）①。
いげん【遺言】〘名〙 1 死にぎわに言葉を残すこと。また、その言葉。いごん。いいごん。ゆいごん。ゆいげん。2 先人が生前言ったこと。また、その言葉。後世の人の立場からいう。3 ⇩いごん（遺言）②。
いごん【遺言】〘名〙 1 「いげん（遺言）」に同じ。2 法律で、人が、死亡後に法律上の効力を生じさせる目的で、遺贈、相続分の指定、認知などにつき、一定の方式に従って単独に行なう最終意思の表示。一般では「ゆいごん」という。

語について考える場合、まず発音があって、次にそれを文字化するという「順序」があるとみるのが自然なみかただ。現代日本語の場合でいえば、文字化するための文字として、漢字、仮名（平仮名・片仮名）がある。「ユイゴン」は漢語だから、中国語を日本語が借りて用いている＝借用している。だから通常は「ユイゴン」という発音とともに漢字「遺言」も日本語の中に入ってくる。読み方がわからない漢字「遺言」が日本語の中に入ってきて、それを呉音で発音した、ということではなく、呉音で発音していた「ユイゴン」という語が入ってきた、ということだ。一方、遣隋使、遣唐使が中国で学んで日本に伝えたのが漢音だ。平安時代に編纂された『日本紀略』の七九二（延暦十一）年閏十一月の記事には、「呉音を習うべからず」「漢音に熟習せよ」とある。また『類聚国史』に記されている、七九八（延暦十七）年四月の勅では「正音」という表現が使われており、このことからすれば、この頃には朝廷が漢音＝長安音を「正音」として奨励し、呉音を排除しようとしていたことが窺われる。

「ユイゴン」と（呉音で）発音していた語が中国から日本に入ってくる。漢字では「遺言」と書く。それが、漢字は漢音で発音しなさい、ということになると、この「遺言」を「イゲン」と発音することになる。そして、それは「イゲン」という「ユイゴン」とは異なる語とみることができる。呉音と漢音とは、いわば体系が異なる。したがって、漢字二字で書いている漢語の上の字を呉音で発音し、下の字を漢音で発音するということは通常はあり得ない。中国で、そういう組み合わせが発生するはずがないからだ。ところが、日本ではそれが起こる。「発音が先か文字が先か？」が今回のタイトルだが、先に述べたように、通常は「発音が先」である。しかし、日本においては、漢字で書かれている語を「発音する」ということがあり、その発音に、漢音、呉音、など複数の発音がある。漢音、呉音とここまで書いてきたが、この発音は漢音、この発音は呉音、というようなことを通常は意識しない。漢和辞典を調べれば、ちゃんとそれは書いてある。例えば「希」であれば、漢音が「キ」で呉音が「ケ」だ。「ケウ（希有）」という語は呉音で構成されている。「キボウ（希望）」は漢音で構成されている。日本語を母語としている人は、漢音、呉音をそれほど意識しない。そうなると、他の漢語からの類推で、「イショ（遺書）」という語では「遺」を「イ」と発音しているのだから、「遺」は「イ」と発音すればいいなと思い、「言」は「ゴンベン（言偏）」だから「ゴン」だなと思う。かくして漢音＋呉音の「イゴン（遺言）」という語形ができあがる。あるいは呉音＋漢音の「ユイゲン」という語形ができあがる。「語誌」欄がこうしたいわば「ちゃんぽん語形」が中世期に成った辞書にみられると指摘していることはおもしろい。筆者は、大量に借用された漢語が、話しことばの中でも使われるようになってきたのが中世だと推測している。その結果、漢語もいわば「一皮むけてきた」。日本語の中に溶け込んできた、といってもよいかもしれない。

漢字で書かれた形から新たな語形がうまれるというのは、「文字が先」ということだ。現在では一般的な

「カジ（火事）」や「ダイコン（大根）」はそれぞれ「ヒノコト（火の事）」「オオネ（大根）」という和語の漢字書き形からうまれたと考えられている。『日本国語大辞典』をよんでいるといろいろなことを考える。

とまどうペリカン

外来語をどう書くかということについては、一九九一（平成三）年六月二十八日に、内閣告示第二号として示された「外来語の表記」がその「よりどころ」（「外来語の表記」「前書き」）となっている。

外来語は改めていうまでもなく、日本語ではないので、まずその語をどのように聞く（＝聞きなす）かということがあり、その次に、その日本語を母語としている人が聞きなした形をどのように文字化するか、ということがある。「聞きなし」は一一三ページ「ニワトリの鳴き声」の時に使った表現であるが、動物や虫の鳴き声をどのように聞きなすかということと原理的には同じと考えてよい。

聞きなした形は一つであるが、それを文字化するにあたって、「ハチャトゥリヤン」「ハチヤトリヤン」という二つの書き方が考えられる、というのであれば、これは「書き方の問題」ということになる。Tunisiaという外国名の聞きなしは一つであるが、最初の部分を「テュ」と書くか「チュ」と書くか、ということは「書き方の問題」である。しかし、「エルサレム」と書いてあれば、もっとも自然な発音は「エルサレム」であり、「イエルサレム」あるいは「イェルサレム」と書いてあれば、やはり「イ〜」と発音したくなる。この場合は、「エ〜」という語形と「イ〜」という語形と二つあるとみるのが（筆者は）自然だと思うので、語形が二つあることになる。そうであれば、これは聞きなしの問題、つまり「語形の問題」である。「外来語をどう書くか」という問いの「内実」は「語をどのような語形としてとらえるか＝聞きなすか」ということと、聞きなした語形を「どう文字化するか」という二つが含まれていることになる。

コーヒー【珈琲】《名》（オランダ koffie 英 coffee）《カヒー・カッヒー・カーヒー・コヒー・コッヒー・コーヒ・コッフィー》1 芳香、苦味の強い焦げ茶色の飲料。カフェインを含むため覚醒作用のある嗜好品。（略）

右には見出しの「コーヒー」を含めると、八種類のかたちがあげられている。これらの「かたち」は語形が八つあるのか、書き方が八つあるのか、それとも語形が幾つかあって、書き方も幾つかあるのか、ということになるが、それを見極めることは実は難しい。「語誌」欄には「コッヒー、カッヒーと促音の入る形は、明治二〇年頃まで比較的によく見られるが、それ以降は一般にコーヒーの形が用いられるようになった」と記されている。『日本国語大辞典』は見出し「コーヒー」の語釈中に「八種類のかたち」をあげているので、（それらすべてを「書き方」のバリエーションとみているかどうかはわからないが）積極的に語形のバリエーションとみようとはしていないことになる。実際にはさらに多くのバリエーションがあることが推測できるが、八種類を超えてさらに多くのバリエーションをあげることは、いろいろな意味合いで難しいことは容易に推測できる。そう思う一方で、例えば明治期の小説などを読んでいて、現在は使わないかたちの外来語にであうことは多いので、何らかのかたちで、「現在は使わないかたち」を記しとどめていてくれるとありがたいと思う。ちょうど、読んでいた徳田秋声『凋落』（一九二四年、榎本書店）に「木暮《こくれ》は此《この》まゝ帰《かへ》る気《き》もしなかつたが、何処《どこ》かコーヒ店《てん》へでも入《はい》つて、咽喉《のど》を潤《うるほ》す必要《ひつえう》もあると考《かんが》へてゐたので、黙《だま》つて一緒《しょ》に行出《あるきだ》した」（二六四ページ）という行りがあった。ここでは「コーヒ」が使われている。

pelicanという鳥はよく知られていると思う。ペリカン便という宅配便もあったし、万年筆にもある。斎藤茂吉の歌集『赤光』（一九一三年、東雲堂書店）を読んでいて、次の作品にであった。

ペリガンの嘴《くちはし》うすら赤くしてねむりけりかた／はらの水光《みづひかり》かも（冬来）

はっきりと「ペリガン」と印刷されている。これが初めてだったら、誤植と判断するだろう。しかし、筆者は以前に「ペリガン」にであったことがあり、これが初めてではなかった。北原白秋の『邪宗門』に収められている「蜜の室」という作品に「色盲《しきまう》の瞳《ひとみ》の女《をんな》うらまどひ、／病《や》めるペリガンいま遠き湿地《しめぢ》になげく」という行りがある。作品末尾には「四十一年八月」とあり、これに従えば、一九〇八（明治四十一）年の作品であることになる。一方、同じ『邪宗門』に収められている「曇日」という作品には、「いづこにか、またもきけかし。／餌《ゑ》に饑《う》ゑしペリガンのけうとき叫《さけび》、／山猫《やまねこ》のものさやぎ、なげく鶯《うぐひす》」とあって、ここには「ペリガン」とある。初版だけでなく、再版（一九一一年）も改訂三版（一九一六年）も、「曇日」が「ペリガン」、「蜜の室」が「ペリガン」である。改訂三版の「本文」が基本的には一九二一（大正十）年にアルスから刊行された『白秋詩集』第二巻に受け継がれていく。そして、一九三〇（昭和五）年にやはりアルスから刊行された『白秋全集』第一巻においては、白秋が作品に手入れをしたことが知られている。白秋は自身の作品が刊行される時にはさまざまなかたちで手入れをすることが多い。さてそこまでを視野に入れると、次のようになる。『近代語研究』(二〇一七年)に収められている拙稿「「本文」の書き換え」では岩波版『白秋全集』に「ペリカン」とあると錯覚して記述しているので、ここで訂正しておきたい。

	初版	同再版	同改訂三版	白秋詩集	白秋全集	岩波版白秋全集
『邪宗門』						
曇日	ベリガン	ベリガン	ベリガン	ペリガン	ペリカン	ベリガン
蜜の室	ペリガン	ペリガン	ペリガン	ペリガン	ペリガン	ペリガン

右のことからすると、そもそも白秋は「ベリガン」「ペリガン」二語形を使っていたと思われる。現在一般的に使われている「ペリカン」はアルス版の『白秋全集』に至って初めてみられる。英語「pelican」の綴り、発音からすると、「ベリガン」や「ペリガン」は自然ではないように感じられるが、北原白秋も斎藤茂吉も使っている「ペリガン」はたしかにあった語形だと考えたい。

明治期に出版された書物には誤植が多い。だから現在使っている語形ではない語形をみると、誤植だろうと考えてしまいやすいが、右のようなこともあるので、慎重な態度が求められる。さて、「ベリガン」「ペリガン」は……残念ながら『日本国語大辞典』の見出しにはなっていない。

「フルホン」と「フルボン」

筆者は、仕事などに必要な本を探す時に、「日本の古本屋」というサイトをよく使う。この「古本屋」は

「フルホンヤ」と発音するのだろう。しかし、筆者は「古本」を「フルボン」と発音する人を知っている。『日本国語大辞典』には次のように記されている。

ふるほん【古本】《名》（「ふるぼん」とも）読み古した本。時代を経た書物。また、読んだあと売りに出された本。古書。こほん。

右の記事からすれば、「古本」は「コホン」を書いたものである可能性もあることになる。「ボン」という語はないので、「フルボン」の「ボン」は「フル（古）」と「ホン（本）」とが複合して一語になったために「ホン」が「ボン」と形を少し変えたものである。「アマガエル（雨蛙）」の「ガ」と同じ現象で、「連濁《れんだく》」と呼ばれる。

「連濁」という用語を使って説明すれば、「フルホン」は連濁が生じていない語形、「フルボン」はそれが生じている語形である。複合すれば必ず連濁するということでもないことがわかっている。さて、『日本国語大辞典』の「「ふるぼん」とも」の「とも」である。これはいわば含みの多い「とも」で、かつてそういう語形があったことを示す場合もある。また二つの語形が同時期に併用されていることを示す場合もある。「フルホン」と「フルボン」はどうなのか？　そう思っていたところ、江戸川乱歩「D坂の殺人事件」を読んでいて、次のような例に遭遇した。「D坂の殺人事件」はちょっと大人向きの作品なので、ここで粗筋を紹介することは控えておくことにしましょう。

A　といふのは、古本屋の一軒置いて隣の菓子屋の主人が、日暮れ時分からつい今し方まで、物干へ出て尺八を吹いてゐたことが分つたが、彼は始めから終ひまで、丁度古本屋の二階の窓の出来事を見逃す筈のない様な位置に坐つてゐたのだ。(四十七ページ)

B　僕は、丁度八時頃に、この古本屋の前に立つて、そこの台にある雑誌を開いて見てゐたのです。(四十八ページ)

話題が繊細なので、まず「D坂の殺人事件」をどんなテキストで読んでいるかについて記しておこう。一九二五(大正十四)年八月一日に発行された、創作探偵小説集第一巻『心理試験』(春陽堂)第三版に収められているものだ。初版は同年七月十八日に出版されているので、わずかな間に版を重ねていることがわかる。そしてこれは江戸川乱歩の初めての単行本であった。この『心理試験』は漢数字以外の漢字にはすべて振仮名を施す、いわゆる「総ルビ」で印刷されている。右ではそれを省いたが、文章A中に二回使われている「古本屋」には「ふるほんや」と、文章B中の「古本屋」には「ふるぼんや」と振仮名が施されている。この『心理試験』においては、濁音音節には濁点がもれなくついているように思われる。「思われる」は歯切れが悪い表現であるが、全巻を丁寧にチェックしたわけではないので、「ほぼそうであろう」ということだ。明治期の文献の場合、濁音音節に必ず濁点がつけられているわけではないので、「ふるほんや」は「フルホンヤ」「フルボンヤ」いずれであるかわからない、といわざるをえない。大正十四年に印刷出版された『心理試験』においては、濁点がきちんとつけられていると前提して述べることにするが、そうであれば、右の例は非濁音形「フルホンヤ」と濁音形「フルボンヤ」とが併用されていたことを示唆する興味深い実例ということになる。そんな細かい事で喜んでいるのか、と思われた方がいらっしゃるかもしれないが、そうなんです。そんな細かい事で喜ぶのです。文章B中の「古本屋」には「ふるぼんや」と振仮名が施されているので、これは「フルボンヤ」という語形があったことの（ほぼ）確実な例ということになる。「（ほぼ）」は、この例が誤植である可能性を考えに入れてのことだ。

「フルホン」「フルボン」の語義は変わらない。だから「どっちでもいいじゃないか」という「みかた」は当然あり得る。しかし、語形は異なる。ある音節が濁音なのか、そうでないのか、そういうことも場合によっては気になる。拙書『百年前の日本語』（二〇一二年、岩波新書）の「あとがき」でもふれたが、海外ドラマを見ていて、「微表情（micro-expression）」ということばを知った。ヒトが時としてみせる微妙な表情から心理状態を読み取るというような話だ。文献も「微表情」をもっているだろうし、語彙の観察だって、語彙のもつ「微表情」を読み取るというようなアプローチがあってもよいと思う。語義は同じで、語形が少し異なるという二つの語の存在は、microな話かもしれない。

大正十四年に発行された「総ルビ」のテキストを読んでいると、「背恰好」に出会う。これには「せいかつかう」と振仮名が施されている。つまり「セイカッコウ」と発音していたことになる。振仮名がなければ、現代は躊躇なく「セカッコウ」と発音するはずだ。ポーの『モルグ街の殺人事件』の話がでてくる。そこには「オラングータン」とある。英語は「orang-utan」であるので、誤植ではない。一九六九（昭和四十四）年に講談社から出版された「江戸川乱歩全集」全十五巻の第一巻に「D坂の殺人事件」は収められているが、そこには「オランウータン」とある。江戸川乱歩の作品はいろいろなかたちで、活字化されている。そしてそれに乱歩自身がかかわっている場合もある。だから、「いつ、どこで、誰によって」、「オラングータン」が

「オランウータン」に変えられたか、は丁寧に調べないとわからない。これは楽しみとしてとっておくことにしよう。

さて、こうなると『日本国語大辞典』がどうなっているかが気になるが、「オランウータン」を見出しにしているが、語釈中にも「オラングータン」はみあたらない。これもmicroな話かもしれないが、丁寧によむことによって、いろいろなことがわかる。

ユニセフとユネスコ

筆者が勤める大学はJR品川駅からも五反田駅からも、大崎駅からも歩いて行くことができる。筆者は、帰りは品川に向かうことが多い。品川から大学へ行く道の途中に「ユニセフハウス」がある。調べてみると、二〇〇一（平成十三）年七月にオープンした施設で、開発途上国の保健センターや小学校の教室、緊急支援の現場などを再現した常設展示がされ、ミニシアターやホールを備えていることがわかる。中学生ぐらいの集団が入っていくのを見たような記憶がある。

「ユニセフハウス」は施設の名だから、『日本国語大辞典』には見出しになっていないが、「ユニセフ」は見出しになっている。

ユニセフ【ＵＮＩＣＥＦ】（英United Nations International Children's Emergency Fund の略）国際連合国際児童緊急基金の略称。一九四六年設立。第二次世界大戦の犠牲となった児童の救済を主な仕事としたが、のち開発のおくれた国などの児童養護計画援助を行なう。一九五三年に国際連合児童基金(United Nations Children's Fund)と改称、国連の常設機関となった。略称はそのまま使用。五九年に国連総会で採択された国際連合児童権利宣言を指導原則としている。本文ニューヨーク。

右の説明からすれば、一九五三(昭和二十八)年の改称をうけて略称を「UNCF」としてもよかったことになるが、そうはしないで当初の略称をそのまま使っているということになる。「ユニセフ」は日本においてもひろく使われる略称であるので、省略しないもともとの語形を耳にしたり目にしたりすることがほとんどないが、それ以上に「国際連合国際児童緊急基金」という、いわば訳語形にはふれることがない。「緊急基金」だったのか、と思った。こうなると「ユネスコ」についても知りたくなる。

ユネスコ【UNESCO】(英 United Nations Educational, Scientific and Cultural Organization の略)国際連合教育科学文化機構の略称。国連の一専門機関。一九四五年議決されたユネスコ憲章に基づいて翌年成立。平和の精神こそ安全保障に寄与するという主張のもとに、教育・科学・文化を通じて諸国民間に協力を促し、世界の平和と繁栄に貢献することを目的としている。本部パリ。日本は昭和二六年(一九五一)加盟。

こちらも一九四六(昭和二十一)年に設立されている。ただし説明では「成立」という語が使われている。「ユニセフ」には「設立」、「ユネスコ」には「成立」という語を使ったことに何らかの意図があるかどうか。

いずれにしても、第二次世界大戦を顧みての設立である。教育や科学、文化を通じて世界の平和をめざす、という考え方は「王道」だと思うが、現在はそうした考え方からどんどん離れていっているように感じる。「ＵＮＩＣＥＦ」や「ＵＮＥＳＣＯ」は「アルファベット略語」と呼ばれることがあり、カタカナ語辞典に載せられていることが多い。もとになっている語が長くて記憶しにくいから略語が使われるのだろうから、もとの語は「知らない」ことも少なくないだろう。近時「ｉＰＳ細胞」という語がよく使われたことがあった。「ｉＰＳ」は「induced pluripotent stem cell」の略で、「誘導多能性幹細胞」と訳されている。「ｉＰＳ（細胞）」は（当然のことと思うが）『日本国語大辞典』は見出しとしていない。「ＩＴ」もよく使われる語である。これは見出しとなっている。

アイティー【ＩＴ】《名》（英 information technology の略）情報技術。「ＩＴ革命」「ＩＴ産業」

しかし、語釈が少し寂しい感じだ。『コンサイスカタカナ語辞典』第四版（二〇一〇年、三省堂）を調べてみると、語釈には「情報技術。特にコンピューターとネットワークを利用したデータ収集や処理の技術・処方。工学的技術から企業経営、人文・社会科学、コミュニケーションまでその応用範囲を広げている」とある（注：引用にあたっては縦書きとした）。実際的な技術の拡大により、応用範囲が広まり、それに伴って、そのように呼ばれる対象も広くなり、といういわば「相乗的な」「動き」を背景に、頻繁に使われるようになった語といえよう。古くからある語には、そうした語の「歴史」があり、新しく使われるようになった語には、そうした語の（またひと味違う）「歴史」がある。「歴史」は古いものにしかない、ということでもない。『コンサイスカタカナ語辞典』には「ＩＴ移民」「ＩＴ革命」「ＩＴ基本法」「ＩＴ砂漠」「ＩＴ産業」「ＩＴスキル標準」「ＩＴバブル」「ＩＴ不況」という見出しもあった。「ＩＴ基本法」は二〇〇〇（平成十二）年に制定された法律であるが、正式名称は「高度情報通信ネットワーク社会形成基本法」であるので、この正式名称の略称ということでもなく、「通称」ということになりそうだ。

見出し「ユネスコ」の少し先に「ユネスコむら」があった。

ユネスコむら【—村】 埼玉県所沢市にある遊園地。昭和二六年（一九五一）日本のユネスコ加盟を記念してつくられ、世界各国の住居などを展示していたが、平成五年（一九九三）に大恐龍探検館に作り替えられた。

この見出しをみて、小学生の頃に、ユネスコ村に遠足で行ったことがあったことを思い出した。細かいことはほとんど何も覚えていない。小学校四年生ぐらいだっただろうか、それもはっきりしない。遠足に行った後で、遠足の時のことを絵に描くことが多かったように思うが、その絵にトーテムポールを描いたおぼろげな記憶がある。あるいは他の人が描いたのかもしれない。「世界各国の住居などを展示していた」とあるので、そうした住居の中で印象が強かったのだろう。そのユネスコ村が大恐竜探検館になっていたことを、『日本国語大辞典』で知るというのも、何か不思議な驚きだった。『日本国語大辞典』をよんでいるとこんなこともわかる。

謎の専門用語

一八九一（明治二十四）年に完結した、近代的な国語辞書の嚆矢として知られる『言海』の「凡例」五十四条には『言海』中の「文章ニ見ハレタル程ノ語ハ、即チ此辞書ニテ引キ得ルヤウナラデハ不都合ナリ、因テ、務メテ其等ノ脱漏齟齬ナキヤウニハシタリ、然レトモ、凡ソ万有ノ言語ノ、此篇ニ漏レタルモ、固ヨリ多カラム、殊ニ、漢語ノ限リ無キ、編輯ノ際ニ、是ハ普通用ノ語ナラズトテ棄テタルモノノ、知ラズ識ラズ釈文中ニ見ハレタルモアラムカ、唯看ル者ノ諒察ヲ請フ」と述べられている。ここでは、語釈中に使った語が見出しになっていないことがあることについて、「看ル者ノ諒察ヲ請フ」と述べる。

『言海』は辞書冒頭に置いた「本書編纂ノ大意」の、その冒頭で「此書ハ、日本普通語ノ辞書ナリ」といわば言挙げをし、「普通語ノ辞書」であることをつよく意識して編纂されていると思われる。「普通語」を見出しとして採りあげ、その「普通語」に語釈を附すにあたって、見出しとした「普通語」をわかりやすく説明するのだから、見出しよりも「難しい」語を使うことはないともいえようが、必ずしもそうとばかりはいえないだろう。わかりやすい語で説明することには自ずと限界があって、漢語による置き換えをしなければ説明できないということもあるのがむしろ自然ではないかと考える。

辞書編纂者が、「釈文中」（＝語釈中）に使った語が見出しにないことを気にするのは、辞書が「語を説明するツール」として完結していることを「理想の姿」として意識することがある、ということを示していると考える。山田忠雄は『近代国語辞書の歩み』（一九八一年、三省堂）において、自身が編集主幹を務めていた『新明解国語辞典』の名前を挙げ、「最も進歩していると評される　新明解国語辞典　といえども、語釈

に使用した　かなりの語は見出しから欠落せざるを得なかった」（五六三ページ）と述べており、右のことを意識していることを窺わせる。

筆者は、ある辞書において、語釈中で使われている語がすべて見出しになっているということは、「理想」ではあろうし、それを目指すこともちろん「尊い」と考えるが、それを完全に実行することは難しいだろうと思う。今回はそうしたことにかかわることを話題にしてみたい。

ゆみしかけ【弓仕掛】《名》竹を弓のようにたわめ、その弾力を利用して、杼道（ひみち）を作る綜絖装置を上昇させる手織機の一部分。

語釈中の「ヒミチ（杼道）」はなんとなくわかるにしても、「綜絖（装置）」とは何だろうと思って、『日本国語大辞典』の見出しを調べてみると、次のような見出しがあった。

そうこう【綜絖】《名》織機器具の一つ。緯（よこいと）を通す杼口（ひぐち＝杼道）をつくるために、経（たていと）を引き上げるためのしかけ。主要部を絹糸・カタン糸・毛糸・針金で作る。綜（あぜ）。ヘルド。

「ゆみしかけ」の語釈と「そうこう」の語釈とを組み合わせると、「よこいとを通す杼口＝杼道をつくるために、たていとを引き上げるためのしかけを上昇させる」のが「ゆみしかけ」ということになるはずだが、それでも筆者などには「全貌」がつかみにくい。専門用語を説明することは難しそうだ。それは、結局、専門用語や学術用語は、一般的に使われている語で単純には説明しにくいから「専門」であり「学術用」であるという、いってみれば当然のことであるが、そういう語だからであろう。

見出し「そうこう」の語釈末尾に置かれている「ヘルド」は外来語による置き換え説明であろうが、(別の語義の「ヘルド」は見出しになっているが) この語義の「ヘルド」は見出しになっていない。やはり、語釈中で使う語をもれなく見出しにすることは難しいことがわかる。

さて、『日本国語大辞典』のオンライン版が備えている検索機能を使うと、「そうこう【綜絖】」が語釈あるいはあげられている使用例中に使われている見出しを探し出すことができる。十六の見出しの語釈中、使用例中で使われていることがわかる。幾つかあげてみよう。

あぜ【綜】《名》機(はた)の、経(たていと)をまとめる用具。綜絖(そうこう)。

あやとおし【綾通】《名》機(はた)の綜絖(そうこう)の目に経(たていと)を引き込むのに用いる器具。また、その作業。

せいやく【正訳】《名》正しく翻訳すること。また、正しい翻訳。(略) *女工哀史(1925)〈細井和喜蔵〉一六・五四「原名のHeldは之れを正訳すれば綜絖となるのだが京都府地方では『綜』、〈略〉名古屋以東では『綾』と称へて居るのである」

へ【綜】《名》(動詞「へる(綜)」の連用形の名詞化) 機(はた)の経(たていと)を引きのばしてかけておくもの。綜絖。

見出し「あぜ」と「へ」の語釈からすれば、この二つの和語が漢語「そうこう【綜絖】」に対応しているようにみえる。そうであった場合は、「あぜ」と「へ」とは同義かどうかが気になる。見出し「あやとおし」は「そうこう【綜絖】」に「経（たていと）を引き込む」器具というものが（まだ）あることを示している。機織りは奥が深い。見出し「せいやく【正訳】」の使用例の中に「原名のHeld」がでてくる。これが先の「ヘルド」だろう。思わぬところに「ヘルド」があった。ここではオンライン版の検索機能を使ったので、この使用例を見つけ出すことができたが、通常はここにはたどり着くことはできないと思われる。『女工哀史』は岩波文庫で読むことができる。

さて、そういうことを実際に行なうかどうかは別のこととして、オンライン版の検索機能を活用すれば、『日本国語大辞典』における見出しと語釈内、使用例内で使われている語との結びつきをさらに強化することは可能ということだ。オンライン版は辞書使用者のために提供されているものであることはいうまでもないが、辞書編集者がそれを使うこともできる。

用意と準備

『日本国語大辞典』は見出し「ようい【用意】」を次のように説明している。

1 よく気をつけること。深い心づかいのあること。意を用いること。

2 ある事を行なうにあたり、前もって備えておくこと。準備しておくこと。したく。
3 競技などをはじめる前に、準備をうながすためにかける掛け声。

右の語釈の中に漢語「ジュンビ（準備）」「シタク（支度）」が使われているので、それらがどのように説明されているかもみてみよう。

じゅんび【準備・准備】《名》ある事を行なうにあたり、前もって用意をすること。したく。そなえ。

したく【支度・仕度】《名》1（―する）計り数えること。計算すること。見積もりすること。2（―する）あらかじめ計画を立てること。心づもり。思わく。心じたく。3（―する）予定、計画などに従って、その準備をすること。用意。4（―する）服装をととのえること。きちんとした服装に改めること。身じたく。5（―する）食事をすること。6 嫁入りのために整える道具類など。嫁入り道具。また、支度金。

漢語「ヨウイ（用意）」の語釈の中に漢語「ジュンビ（準備）」「シタク（支度）」が使われ、漢語「ジュンビ（準備）」の語釈の中に漢語「ヨウイ（用意）」「シタク（支度）」が使われ、漢語「シタク（支度）」の語釈中に「ジュンビ（準備）」「ヨウイ（用意）」が使われている。このことからすれば、「シタク」「ヨウイ」「ジュンビ」には結びつきがあることが窺われる。

小型の国語辞書をみてみると、例えば『岩波国語辞典』第七版新版（二〇一一年）には次のようにある。

したく【支度・仕度】《名・ス他》準備。用意。（略）㋐外出の時、身なりを整えること。㋑食事を調えること。▽本来は見積もり測る意の漢語。「仕度」は当て字。
じゅんび【準備】《名・ス他》ある事にすぐ取りかかれる状態にすること。用意。したく。（略）
ようい【用意】《名・ス自他》ある事に備えて気を配ること。用心。また、準備。支度（したく）。（略）

見出し「したく」の語釈には「ジュンビ」「ヨウイ」が使われ、見出し「じゅんび」の語釈には「ヨウイ」「シタク」が使われ、見出し「ようい」の語釈には「ジュンビ」「シタク」が使われており、やはりこの三つの漢語の結びつきが窺われる。つまり『日本国語大辞典』の語釈を書いた人がそうした、ということではなく、誰が語釈を考えてもそのようになりやすい、ということになる。

辞書の語釈はいわば「語を語で説明する」ということなので、場合によっては、右のように、Aという語を説明するためにBという語を使い、Bという語の説明にはどうしてもAという語を使う、ということがありそうだ。それはAという語のあとに使い始めたBという語の語義をAとの「かねあい」で理解しているということだろう。「かねあい」は「距離」といってもよい。AとBとの語義の違いがあまりないということになれば、それは両語の「距離」があまりないということだ。そうなると、自分の脳内で、新しくよく目にするBという語の語義は？　という問いに、「Aという語とだいたい同じ」という答えをだして、それを蓄積するということがありそうだ。こうやって、AとBとが結びつく。そうであるとすれば、辞書の語釈が循環的になることも（忌避しなければならないとまではいえず）場合によってはやむを得ないこと、あるいはあえていえば自然なこととみることもできる。

『日本国語大辞典』は見出し「したく」の2の使用例として「竹取（9C末-10C初）「石つくりの御子は、心のしたくある人にて、天竺に二となき鉢を、百千万里の程行きたりとも、いかでか取るべきと思ひて」をあげている。見出し「ようい」の使用例として一番最初にあげられているのは、「宇津保（970-999頃）国譲下「その日は題いだして、用意しつつふみつくり給ふ」で、これは十世紀末頃の例ということになる。見出し「じゅんび」の使用例としてあげられているのは、「五山堂詩話（1807-16）」や「舎密開宗（1837-47）」の例で、こちらは十九世紀を遡る使用例があげられていない。このことからすれば、三つの漢語が借用された順は、「シタク」「ヨウイ」「ジュンビ」であると推測できそうだ。

さて、一八八七（明治二十）年頃までに、ボール紙を表紙にした本が相当点数出版されている。それを「ボール表紙本」と呼ぶことがあるが、そうしたボール表紙本をみていると、「準備」に「ようい／ようゐ」と振仮名が施されていることが少なくない。「書き手」の立場に立って表現すれば、漢語「ヨウイ」に漢字列「準備」をあてた例ということになる。例えば、明治二十年に出版されている『五大洲中海底旅行』には「「リンコルン」艦《かん》は最早《もはや》航《こう》海の准備《ようい》整《とゝの》ひ」（上十四ページ）という行りがある。あるいは同じ明治二十年に出版されている『恋情花之嵐』には「有司《ゆうし》共《ども》夫々《それ〳〵》に準備《ようい》をなし」（八十三ページ）とある。

振仮名を施さずに「準備」と書けば、それは漢語「ジュンビ」を書いたものとみるのが自然であるので、漢語「ヨウイ」を「準備」と書くためには、振仮名が必須になる。したがって、こうした書き方は振仮名によって支えられていることになるが、そもそも、こうした書き方ができる、あるいはこうした書き方をしようと思う、のは漢語「ヨウイ（用意）」と漢語「ジュンビ（準備）」とがしっかりと結びついているからだ。

現在出版されている辞書の語釈が日本語の歴史や漢語の歴史を、しらずしらずのうちに反映していることもある。「現在」は突然そこに現われたのではなく、過去との結びつきの上にある。そう考えれば、右で述べたようなことは当然といえば当然であるが、しかしそこになかなか気づきにくい。時にはゆっくり辞書をよむのもわるくはないと思う。

「に同じ」

『日本国語大辞典』をよんでいると時々「に同じ」に出会う。例えば次のような見出し項目の語釈中に「に同じ」とある。

あいくろしい【愛―】《形口》文あいくろし《形シク》（「くろしい」は接尾語）「あいくるしい」に同じ。
あいこうしゃ【愛好者】《名》「あいこうか（愛好家）」に同じ。
あいこくきって【愛国切手】《名》「あいこくゆうびんきって（愛国郵便切手）」に同じ。
あいじょ【愛女】《名》「あいじょう（愛嬢）」に同じ。
アイスアックス《名》（英 ice ax(e)）「ピッケル」に同じ。
アイストング《名》（英 ice tongs から）「こおりばさみ（氷挟）」に同じ。
あいつぼ【藍壺】《名》「あいがめ（藍瓶）」に同じ。
あいづぼん【会津本】《名》「あいづばん（会津版）」に同じ。

あいびん【哀愍・哀憫】《名》「あいみん（哀愍）」に同じ。

アウトグループ《名》（英 outgroup）「がいしゅうだん（外集団）」に同じ。

右に十例を示したが、いろいろな「に同じ」がありそうなことがわかる。辞書である語Yを調べて「Xに同じ」にゆきあたるとちょっとがっかりするかもしれない。そこにはたいてい語釈が記されておらず、見出しXを改めて調べないといけないことが多いからだ。すぐそばに見出しXがあればいいが、見出しYと離れたところにある場合は、「ちょっとめんどうだな」と感じることがある。一冊の辞書の中でもそうなのだから、全十三冊である『日本国語大辞典』の場合は、別の巻になってしまうことがあり、なおさらそのように感じるかもしれない。しかし、これはしかたがないことだろう。

見出しYには語釈が置かれておらず、見出しXを参照することが指示されているという場合、見出しYを「から見出し」、見出しXを「本見出し」と呼ぶことがある。「から見出し」は参照用の見出しということで、「参照見出し」と呼ぶこともあるが、これを置くことによって、辞書内の見出し項目同士がより緊密に結びつくことになる。しかしその一方で、右のような、辞書使用者の「ちょっとめんどうだな」につながることもある。見出し「あいづぼん」を使って、もう少し具体的に考えてみよう。「あいづぼん」は「あいづばん（会津版）」の参照を指示している。「あいづばん」の語釈中に「直江板」がみられるので、「なおえばん」及び「なおえぼん」、さらには「ようぼうじばん」もみてみることにする。

あいづばん【会津版】《名》慶長年間に上杉景勝の家臣直江山城守兼続が会津米沢で銅活字を用いて刊

行した書籍。慶長一二年(一六〇七)に刊行された「文選」は名高い。普通には直江板という。会津本。

なおえばん【直江板】《名》江戸時代、慶長一二年(一六〇七)、直江兼続がわが国で初めて銅活字を用いて印刷させた書籍。要法寺板。直江本。

なおえぼん【直江本】《名》「なおえばん(直江板)」に同じ。

ようぼうじばん【要法寺版】《名》版本の一つ。慶長年間(一五九六~一六一五)、京都要法寺で、一五世日性が刊行した銅活字の版本。「文選」「論語集解」「沙石集」「和漢合運図」「法華経伝記」「天台四教儀集註」「元祖蓮公薩埵略伝」などがある。

右の各見出し項目をみる限りでは、見出し「なおえばん」と「ようぼうじばん」とのかかわりがわかりにくいのではないだろうか。見出し「なおえばん」には何らの説明なく、「要法寺板」とあるので、それこそ「同じものかな」と思いそうだが、見出し「ようぼうじばん」には直江板、直江本とどうかかわるかが記されていない。『日本古典籍書誌学辞典』(一九九九年、岩波書店)を調べてみると、直江兼続は京都の要法寺に依頼して直江板を作っていたことがわかる。見出し「ようぼうじばん」にそのことを記す必要がないのだとすれば、見出し「なおえばん」の語釈において「京都要法寺に依頼して作成していた」というようなことを記しておくか、あるいはもうそのことにはまったくふれないか、どちらかだろうか。『日本国語大辞典』のように規模が大きい辞書の見出し項目同士のつながりを整えようとするとかなり大変そうだ。そうした調整は地味ではあろうが、辞書使用者にとっては、ありがたい調整といえよう。もっと細かいことことしていえば、「なおえばん」の語釈には「要法寺板」とあり、見出し「ようぼうじばん」に添えられた漢字列は「要法寺版」であるといった点も気にならないではない。

さて、直江兼続が、京都の要法寺に依頼して作った古活字版のことを「アイヅバン（会津版）」と呼んだり、「アイヅボン（会津本）」と呼んだり、あるいは「ナオエバン（直江板）」と呼んだり、「ナオエボン（直江本）」と呼んだりすることがある、ということだろう。それは「呼ばれているもの」が同じ、ということだ。「アイヅバン（会津版）」を説明するならば、「会津で出版された版本」、「ナオエバン（直江板）」を説明するならば、「直江兼続が出版にかかわった版本」ということだろうから、説明のしかた、つまり「観点」が異なる。言語表現は「観点がすべて」というと言い過ぎになるだろうが、それでもそういう面がたぶんにある。「ものが同じなんだからどう表現しても同じ」というのは少し乱暴な感じがする。これはある地域で昆虫の「カマキリ」を「カマギッチョ」と呼ぶということとは異なる。それは一般的には「方言」ととらえられている現象で、（そこに「観点」がからんでいることはあるが）言語の地域差とみる。

「同じ」ということはどういうことなのだろう、と考え始めると、それが奥深い問いであることに気づく。辞書をよむことによって、哲学的な思索に導かれることもありそうだ。

いろいろな「洋」

「歌は世につれ世は歌につれ」という表現があるが、言語も社会の中で使われるのだから、語を通して、その語が使われていた時期の社会のようすが窺われることがある。

ようふく【洋服】《名》1西洋風の衣服。西洋服。2（①には袖（そで＝たもとの意）がないところから、そうではないの意の「そでない」に掛けて）誠意のない人をいう俗語。〔東京語辞典（1917）〕

ようさい【洋裁】《名》洋服の裁縫。洋服を裁ったり、縫ったり、デザインを考えたりすること。↕和裁。

ようま【洋間】《名》西洋風の造りの部屋。洋室。西洋間。

「ヨウフク（洋服）」「ヨウサイ（洋裁）」「ヨウマ（洋間）」はいわばまだ「現役」の「洋」であろうというつもりで掲げた。マンションやアパートの間取りに関して、「ヨウマ（洋間）」は「ワシツ（和室）」とともに使われることが多い。「ワシツ（和室）」と語構成上も対になる形は「ヨウシツ（洋室）」であるが、むしろ和語「マ」と複合した混種語「ヨウマ（洋間）」が案外と使われているのはおもしろい。

さて、「ヨウフク（洋服）」は現在も右の1のように認識されているのだろうか、とふと思った。小型の国語辞書をみてみると、『三省堂国語辞典』第七版も「西洋ふうの衣服。背広・ズボン・ワンピース・スカートなど」と、『新明解国語辞典』第七版は「西洋風の衣服。〔男子は上着とズボンを、女子はワンピース・スーツ・スカートなどを用いる〕↕和服」と記している。『明鏡国語辞典』第二版にも「西洋風の衣服。背広・ズボン・ワンピース・スカートなど」とあるので、ほとんど同じように認識されていることがわかる。

「新聞や雑誌でみた本をアマゾンで検索してクリック。翌日には自宅に届くからだ。洋服も家電もクリック一つでことが足りる。宅配業界の悲鳴は、私たちの行動が引き起こしていた。」は二〇一七（平成二十九）年五月三十日の『朝日新聞』の記事であるが、右の記事中の「洋服」は「西洋風の衣服」という意味合いで使われているのだろうか。日常生活で着る服は、特別な場合以外は「洋服」になっている。「ワフク（和服）」

を対義語として置いた「ヨウフク（洋服）」ではなく、「衣服」「着るもの」に限りなくちかい意味合いで「ヨウフク（洋服）」という語が使われているのではないだろうか。そして、そういう「状況」は今に始まったことではない、というのが筆者の「内省」だ。そうであるのならば、「洋」が限りなく「効いていない」「洋服」がある、ということを辞書は記述してもよいように思う。このように、対義語を向こう側に置いて、「対義」が成り立っているかどうか、を語義の検証に使うこともできそうだ。

『日本国語大辞典』をよんでいて、懐かしい「洋」にであった。

ようひんてん【洋品店】《名》洋品①を売る店。洋物店。

ようふくだんす【洋服箪笥】《名》洋服をつるして入れるようにこしらえた箪笥。

「洋品①」は「西洋風の品物。商品。特に、西洋風の衣類およびその付属品」であるが、筆者が子供の頃には、いかにもそういう店があった。店の外から見ると、マネキンなどに何着か洋服が着せてあるような、ちょっとおしゃれな感じのする店だ。「ヨウヒンテン」という語を自分で使ったかどうかはっきりとは覚えていないが、耳にしたことはあったように思う。

『日本国語大辞典』は「ようふくだんす」の使用例として、谷崎潤一郎の「卍（1928-30）」をまずあげている。右の語釈を読んでいて、「ああ、そういう箪笥があったな」と思った。実家にかつてあった、主に父のスーツを入れていた箪笥は両開きになっていて、中にスーツが吊せるようになっていた。これは和服を入れるための（引き出しのみの）「ワダンス（和箪笥）」があり、それに対しての「ヨウフクダンス（洋服箪笥）」

ということであろう。この語の場合は、「ヨウダンス（洋簞笥）」ではなくて、「ヨウフクダンス（洋服簞笥）」という語形が選ばれている。

さらに幾つか「ヨウ（洋）～」という語をあげてみよう。

ようとう【洋灯】《名》ランプをいう。
ようはつ【洋髪】《名》西洋風の髪の結い方。洋式の髪形。
ようばん【洋盤】《名》洋楽のレコード。また、外国、特に欧米で録音・製作されたレコード。
ようふ【洋婦】《名》西洋の婦人。西洋の女。
ようぶ【洋舞】《名》西洋で発達した舞踊。ダンスやバレエなど。
ようぶん【洋文】《名》西洋のことばで書いた文。また、西洋の文字。
ようへい【洋兵】《名》西洋の兵隊。
ようへきか【洋癖家】《名》西洋の物事や様式などを並み外れて好む癖のある人。西洋かぶれ。
ようぼう【洋帽】《名》西洋風の帽子。烏帽子（えぼし）、頭巾などに対していう。
ようほん【洋本】《名》1西洋で出版された本。洋書。西洋本。2洋綴じの本。洋装本。

「対義」という観点からはいろいろと考えることがある。例えば、「ヨウボウ（洋帽）」は「ワボウ（和帽）」という語がそもそもあって、その「和風の帽子」に対してできた語ではないだろうというようなことだ。

「ようぼう」の語釈には「エボシ（烏帽子）」「ズキン（頭巾）」に対してとあり、そうした「頭を包むもの」に対して、かつてなかった「西洋風の帽子」を「ヨウボウ（洋帽）」と呼んだ、ということだろう。「ヨウブ（洋舞）」の対義語としては略語ではあるが「ニチブ（日舞）」を考えればよさそうだ。

「ヨウバン（洋盤）」の「洋」は右の語釈からすれば、内容もしくは製作地ということになる。しかしまた、製作地ということを厳密に考えると、ニューヨークのスタジオで録音された尺八の演奏は「ヨウバン（洋盤）」と呼べるのか呼べないのか。筆者も中学生から大学生の頃にかけてはそれなりに音楽を聴いていたが、その時には「国内盤」に対して「輸入盤」という語を使っていた。輸入盤には（当然のことであるが）歌詞カードがついていないが価格が少し安いものがあった。「洋」はいろいろなことを思い出させてくれた。

ライガーとレオポン

ライガー《名》（英 liger lion と tiger の合成語）雄のライオンと雌のトラの交配により、飼育下でつくられた雑種。ライオンよりやや大きく、体色はライオンに似るが褐色の縞がある。繁殖能力はない。

レオポン《名》（英 leopon 英 leopard と lion との合成語）ヒョウの雄とライオンの雌の交配による雑種で、ヒョウより大きく、斑紋がある。繁殖能力はない。

見出し「レオポン」の語釈にも「飼育下でつくられた」という表現が含まれている方が、二つの見出しの名前をつけた、というべきかもしれない。「平行性」が保たれると思われるが、それはそれとする。右の「合成語」は二種類の動物を表わす語を合成した、ということであるが、むしろ実際に雑種がうまれているから、合成語を作って、「実態」にみあった名前をつけた、というべきかもしれない。

よそる【装】《他ラ四》（動詞「よそう（装）」と、「もる（盛）」とが混交したもの）飲食物をすくって器に盛る。

右の語釈の中に「混交」という語が使われている。「混交（混淆）」（contamination）は言語学の用語となっている。右の使用例としては、「改正増補和英語林集成（1886）」と龍胆寺雄の「アパアトの女たちと僕と（1928）」と北杜夫の「白毛（1966）」があげられている。

この「ヨソル」には個人的な記憶がある。筆者は高校時代に卓球部に所属していたが、一年生の夏休みの合宿の時に、ご飯を「ヨソウ」というか「ヨソル」というか、ということがなぜか話題になった。筆者はそれまで「ヨソル」という語を耳にしたことがなかったので、そんな語があるはずがない、と思って「ヨソウ」派だったが、三年生の一番厳しいＩ先輩が「ヨソル」派で、絶対に「ヨソル」だと言って譲らなかった。その時の話がどう終わったかは覚えていないが、それから「ヨソル」という語が記憶に残った。『日本国語大辞典』をよんできて、この見出しに出会って、「これか！」と思った。「ヨソル」は実在する語形だった。しかも、明治期にすでにあった語形であった。

『日本国語大辞典』をよんでいると、時々この「混交」に出会う。

あせしみずく【汗―】《名》（「あせしずく」と「あせみずく」との混交語）「あせしずく（汗雫）」に同じ。

あんけらかん《副》（「あんけら」と「あんかん（安閑）」が混交してできた語という）「あんけら❶」に同じ。

げんご【言語】《名》人間の思想や感情、意思などを表現したり、互いに伝えあったりするための、音声による伝達体系。また、その体系によって伝達する行為。それを文字で写したもののこともいう。ことば。げんぎょ。ごんご。語誌江戸時代までは漢音よみの「ゲンギョ」と呉音よみの「ゴンゴ」とが並行して用いられてきたが、明治初年に、両語形が混交して「ゲンゴ」が誕生した。「ゲンゴ」の一般化に伴って「ゲンギョ」は姿を消し、「ゴンゴ」は「言語道断」などの特定の慣用表現に残った。

さそつ【査卒】《名》（「巡査」と「邏卒」の混交か）明治初期、巡査をいう語。

にらみる【睨】《他マ上一》（「にらむ」と「見る」との混交した語）にらんで見る。にらみつけるように見る。

やにむに《副》（「やにわに」と「しゃにむに」とが混交したもの）「やにわに③」を強めたいい方。

現在では「ゲンゴ（言語）」という語形を使っているので、「ゲンギョ」とか「ゴンゴ」とかいう語形を耳にすることもほとんどなくなってきているかもしれないが、明治期の文献などを読んでいるとそうした語形に出会うことが少なくない。先にも述べたが、漢字で「言語」と書かれる漢語は、同一の音系で発音するのがまずは自然であるので、上の字を漢音で発音するなら、下の字も漢音、上の字を呉音で発音するなら、下の字も呉音、というのがまずは「筋」だ。しかし、日本には、というか日本語には、漢音も呉音も蓄積され、そのために、一つの漢字が呉音、漢音、唐宋音など複数の「オン（音）」をもつようになった。そしてまた、「漢字のよみ」というかたち、（あるいは理解）を形成していったと考えることができる。このあたりは、わかりやすく説明することが難しい。そしてまた、今後の研究課題でもあると考える。漢字が語を書いたものという「感覚」よりも「漢字をよむ」という「感覚」のほうが強いとすれば、その「感覚」をときほぐすことが、日本語における漢字がどのように機能していたか、を探る一つの「道」だろう。

話を戻せば、「言」の字には「ゲン」「ゴン」二つの「オン（音）」があり、「語」の字には「ギョ」「ゴ」二つの「オン（音）」がある、ととらえると、いろいろな「組み合わせ」も可能だということになりそうだ。「サソツ（査卒）」は明治初期に使われていた語だと思われるが、まだ一五〇年ぐらいしか経っていないのに、もうその語がどうしてうまれたかがわからなくなってしまっている。また「ニラミル」の例には「観智院本類聚名義抄（1241）」があげられており、「混交」は十三世紀にもみられる言語現象であることがわかる。

『日本国語大辞典』をよんでいると、出会った語をきっかけとしていろいろなことを考えるようになる。そして、いろいろと考えることによって、日本語全体について考えることになる。無謀な試みであることはどれだけよんでも変わらないが、楽しむ気持ちもうまれてくることがわかったことは収穫だ。

一つだけ、注文をだしておきたい。『日本国語大辞典』は「混交」「混淆」を併用している。両者の意味するところが違うのであればいいが、そうであるとは考えにくいように思う。もしも両者の意味するところが同じなのであれば、書き方はどちらかに統一しておいていただけると助かる。今はオンライン版で検索をかけることができるので、こうしたこともわかるのでつい気になる。

第三章　語釈について

この語釈でよろしいでしょうか？

よんでいて、「この語釈でいいのかな」と思うことがあった。以下にそうした語釈をあげながら、どこが気になったかについて述べてみる。「そんな細かいことを気にするのか」ということもあるだろうし、「全然気になりませんけど」ということもあるだろう。語義のとらえかたや語感は細かい点では案外と個人差がある。だから、「そういう人もいるのね」と思って寛容な気持ちで読んでいただければと思う。『日本国語大辞典』の語釈を批判するということではないことを念のために一言。

外来語

インパクト『名』（英 impact 衝突の意）1 野球やゴルフで、球がバットやクラブに当たる瞬間の動き。2 ある物事が他に与える衝撃や、強い印象。＊現代経済を考える（1973）〈伊東光晴〉Ⅳ・二「その転換のひとつの契機は〈略〉社会主義成立のインパクトであった」

語義[1]で「当たる瞬間の動き」とあるが、「瞬間」に「動き」があるだろうか。筆者は中学、高校と卓球部に所属していた。卓球でもラケットがボールをとらえるところを「インパクト」と呼ぶが、それはその「瞬間」のことだ。ちなみにいえば『岩波国語辞典』第七版新版では見出し「インパクト」の語釈を「①衝撃。強い影響。②野球・テニスなどで、バットやラケットが球に当たる瞬間。▽impact」と記している。やはり「瞬間」だ。『岩波国語辞典』の①②と『日本国語大辞典』の[1][2]の順番が異なるのは、『日本国語大辞典』が「用例の示すところに従って時代を追ってその意味・用法を記述する」という方針であるためだ。

ウエスタンブーツ《名》（アメリカ Western boots）米国西部を発祥とする乗馬靴の一つ。普通、トーが尖り、アッパー全面に彫り模様がある。カウボーイブーツ。

『日本国語大辞典』の見出し「トー」には「（英 toe）つま先」とあり、「トー」が特にウエスタンブーツの部分名称であるとは思えないが、「つま先が尖り」ではいけなかったのだろうか。

テリア《名》（英 terrier）《テリヤ》犬の小・中形の品種の一つの総称。イギリスで伝統的にキツネ狩りに用いられてきた。キツネ、アナグマ、ネズミの穴にもぐり捕まえるので、小形で勇猛がよしとされた。一九世紀前半には闘犬もおこなわれた。現在は愛玩用として世界で広く飼育され、エアデールテリア、スコッチテリアなど種類が多い。

ダックスフント《名》（ドイツ Dachshund）《ダックスフンド》犬の一品種。ドイツ原産の短肢長胴の小形犬で、アナグマなどの猟犬として知られたが、現在では愛玩犬とされる。利口で根気強い。

「小形で勇猛がよしとされた」や「利口で根気強い」はどうしても語釈に必要だろうか。また「よしとされた」は表現として、わかりやすいとはいえないのではないか。

ネット《名》（英 net）［1］網。㋑スポーツ競技で、コートやグラウンドに設けるものなど。㋺婦人が、髪の乱れを防ぐために頭にかぶる網。㋩網織りの布やレース状の薄い布。［2］（―する）テニス、卓球、バレーボールなどで、打球が①に触れたり、さえぎられたりすること。［3］「ネットワーク」の略。「パソコンネット」［4］（―する）網の目のように、つなぐこと。［5］正味。純量。純益。［6］「ネットプライス」の略。［7］「ネットスコア」の略。

『岩波国語辞典』第七版新版は見出し「ネット」の語義③に「「インターネット」の略」を示し、「ネットカフェ」「ネットサーフィン」についても記述する。この語義は入れておくべきではなかったか。

ノンアルコール《名》（英 nonalcoholic から）飲料に、アルコール分を含まないこと。普通は酒類と見なされる飲料で、アルコール分のないものについていうことが多い。「ノンアルコール‐ドリンク」「ノンアルコール‐ビール」など。

もちろん右の語釈でいいし、「普通は酒類と見なされる飲料で、アルコール分のないものについていうことが多い」もそのとおりであるが、居酒屋のメニューなどでは本来アルコールを含まない飲料をアルコール飲料と対置させて「ノンアルコール」と呼ぶことがあるのではないだろうか。「多い」とあるから、そういう場合もあることは承知の上、ということかもしれないが、あっさりと「飲料にアルコール分を（ほとんど）含まないこと。またそうした飲料」とでもするのはどうだろう。あるいは「日本の法律では、アルコール分が〇・〇五パーセント以下であれば、「ノンアルコール」と表示することができる。分類上は清涼飲料水になる」などと添えるのもいいかもしれない。

パッシングショット《名》（英 passing shot）1 テニスで、ネット際に進んできている相手のわきを、すばやい打球で抜くこと。2 卓球で、相手が返球できないように、逆モーションで、抜き打ちすること。

筆者は（だいぶ前の話にはなるが）中学、高校と卓球部に所属し、大学院生の頃からしばらく、社会人の人たちと卓球をやっていた。それゆえ、卓球については、「自分の経験」として「語る」ことになるが、右の2の語義の「パッシングショット」を聞いたことがない。もちろん使ったこともない。いわばただそれだけの話だが、この語義で「パッシングショット」が使われることがあるのだろうか。

バディー《名》（英 buddy）《バーディー》事故防止のために、集団で水泳などを行なう際に一緒に行動する二人以上からなる組。また、その相棒。多く、スキューバダイビングでいう。

バディー〔名〕〔buddy〕二人組の相方（アイカタ）。相棒。「―システム〔＝ダイビングで、二人ひと組みで行動すること〕」（『三省堂国語辞典』第七版）

最初はそうだったのだろうが、現在では、例えば『三省堂国語辞典』の初めに記されている「二人組の相方」「相棒」という語義で使うことも少なくないように思う。

マダムキラー《名》（洋語フランス madame ＋ 英 killer）年増の女性たちを夢中にさせる魅惑的な男性。

「年増の女性」は説明としてふさわしいだろうか。『岩波国語辞典』『明鏡国語辞典』『新明解国語辞典』は「マダムキラー」を見出しにしていない。『集英社国語辞典』は「奥様連中を夢中にさせる男性。奥様殺し」と説明している。「マダム」のもともとの語義からすれば、このような語釈がまずは穏当ではないだろうか。実は「奥様」であるかどうかは関係なく、という含みがあるのならば、そういう書き方もあるだろうが。

矛盾はないですか?

うきぎょしょう【浮魚礁】《名》魚が集まるよう水中に人工的に作った魚礁。水面に浮くよう木材などでつくったもの。

ぎょしょう【魚礁・漁礁】《名》魚が多く集まる、水面下の岩のある場所。石やブロック、船などを大量に沈めた人工のものをもいう。

見出し「ぎょしょう【魚礁・漁礁】」を参考のために併せて掲げたが、「水中に」が「水面に浮くよう」と矛盾しているようにみえてしまうのではないだろうか。例えば「魚が集まるように人工的に作った魚礁で水面に浮くよう木材などでつくったもの」ぐらいではどうか。フィリピンで「パヤオ」と呼ばれているものがこの「うきぎょしょう【浮魚礁】」にあたるだろう。「海の中層から表層にかけて人工的に作る」というようなことを入れればさらに正確な表現になる。

語釈中のみなれない語

うずまううず《うず》まふ《まふ》《自ハ四》ぐるぐる回る、また、じたばたして動き回るの意か。〔補注〕「うずまく（渦巻）」の連用形の音便「うずまい」の「まい」を「舞」に連想してできた語形か。それならば歴史がなは「うづまふ」となる。

補注中にみられる「歴史がな」は他に、見出し「こいあい」「しょうしょうてい」「とうず」において使われており、『日本国語大辞典』中で四回みられる語である。おそらく「歴史的仮名遣い」という意味合いであろうが、「歴史的仮名遣い」が二十二回使われているので、こちらに統一したほうがよかったのではないだろうか。「れきしがな」という見出しはない。

かたいうえ【科代植・過怠植】《名》江戸時代の森林犯罪に対する刑罰の一つ。領主の管理下にある山林の盗伐者、またはその犯人を出した村に対し、犯罪を償うに足りるだけの苗木を植えつけさせること。福岡・小倉・宇和島藩では科代植、熊本藩では過料差杉（かりょうさしすぎ）ともいったが、科代植と科代銭とを併用する藩もあった。

「カタイウエ（科代植・過怠植）」はあまりお目にかかることのない語であるが、その語釈中に「森林犯罪」という、これまたお目にかかることのないような語が使われている。オンライン版で検索してみると、「シンリンハンザイ（森林犯罪）」は見出しにはなっておらず、右の例と、次に掲げる「かたいめん【過怠免】」の語釈中で使われているだけであるので、『日本国語大辞典』に二回しか使われていない語であった。

かたいめん【過怠免】《名》金沢藩で、森林犯罪に課した処罰のための税。盗伐者の出た村と、盗伐の行なわれた村が犯行の届出をしなかった時に一作につき一歩の割合で課した。犯罪事実を申告した場合は一作につき五厘に減じ、犯人を逮捕した時は課さなかった。

けいどふう【傾度風】《名》気圧傾度による力、コリオリの力、遠心力の三つの力が釣り合ったとき、等圧線に沿って吹くと考えられる理論上の風。地上から数キロメートル上層の風は、ほぼこれに当たる。

「ケイドフウ（傾度風）」も筆者などは初めて出会う語であるが、語釈中に使われている「コリオリの力」がこれまたわからない。理科系のことがらに詳しい人にはなんなくわかるのかもしれないが。調べてみると次の見出しがあった。

コリオリの力（ちから）　回転座標系の中で運動する物体に現われる、遠心力とは別の見かけの力。一定の角速度ωで回転する座標系の中で、質量mの物体が速度vで運動している時、大きさ$2m\omega v$で物体の運動方向に垂直な力。運動方向を変えるので転向力ともいう。

けんしょうえん【腱鞘炎】《名》　腱と腱鞘との間に摩擦（まさつ）が起きて、そこに炎症が起こる病気。その多くは急性で、腱の走行にそって細長く腫れ、圧迫すると痛む。親指を多く使うキーパンチャー、ピアニストなどに多い。＊医語類聚（1872）〈奥山虎章〉「Thecitis 腱鞘炎」

語釈中に「キーパンチャー」とある。『日本国語大辞典』にも見出し「キーパンチャー」があり、そこには「（英 keypuncher）電子計算機用の入力カードに穿孔（せんこう）機の鍵（けん）をたたいて穴をあける仕事をする人」とあり、使用例には井上ひさしの「日本人のへそ（1969）」があげられている。筆者が大学の学部生だった頃には「コンピュータ」の授業でまだこの穴を開けたカードが使われていたように記憶している。『日本国語大辞典』には「キーパンチャー」が五回使われているが、あと三回は見出し「しょくぎょうびょう【職業病】」「しょけい【書痙】」「パンチャー」の語釈の中で使われている。筆者はわかるが、若い世代の人にはたして「キーパンチャー」がわかるかどうか。

こうきょまえひろば【皇居前広場】東京都千代田区の皇居正門前の広場。第二次世界大戦後の一時期、アベックが集まる場所として有名になり、またメーデーの会場として「人民広場」とも呼ばれた。

「アベックホームラン」という表現などは現在も使っていると思われるので、「キーパンチャー」ほど耳遠いわけではないだろうが、「アベック」もあまり使われなくなった語といってよいだろう。『三省堂国語辞典』第七版は見出し「アベック」に「古風な語」であることを示す「古風」マークを附している。現在は「カップル」がよく使われる。それにしても、皇居前広場はそうだったのだ！

こうぐけんびきょう【工具顕微鏡】《名》測微顕微鏡の一つ。ふつうの光学顕微鏡の接眼レンズまたは対物レンズの焦点面に照準用の十字線、尺度目盛、角度目盛などを刻み、測定物をのせる台を縦横に移動できるようにしたもの。すべり台の移動量はマイクロメーターで読み取る。ねじの山のピッチ・角度、バイトの歯の角度、ゲージ類などの尺度や角度を測定する。

語釈中の「すべり台」は特別な用語であろう。何らかの説明があったほうがよいのではないか。あるいはこの語を使わないで説明をするかだろう。

美しい、美味……評価する必要があるか？

おにやんま【鬼蜻蜓】《名》オニヤンマ科の日本最大のトンボ。体長約八センチメートル、うしろばねの長さ約六センチメートル。体は黒く、黄色の横じまがあり、複眼は美しい緑色。各地に分布し、沼や空地に多い。おにとんぼう。学名はAnotogaster sieboldii《季・秋》

筆者は子供の頃から昆虫好きで、今でもクワガタやカブトムシに心躍る気持ちがするが、オニヤンマも凜々しく飛ぶ姿が好きだ。大学の奥庭を初夏の頃に飛んでいるのを見た時には、「おお！」と思った。だから「複眼は美しい緑色」と書きたくなる「気分」はわかる。しかしこれは、いわば「評価」であって、必ずしもそれは必要ないのではないだろうか。だがしかし、オンライン版によって「美しい」が語釈中にどのくらい使われているかを検索してみるとある程度の数使われていることがわかった。

あおかなぶん【青金蚉】《名》コガネムシ科の甲虫。体長二五～三〇ミリメートル。光沢のある緑色でカナブンよりも美しい。各地の山地などに分布。七、八月に現れ樹液に集まる。学名はRhomborrhina unicolor

あおばと【青鳩】《名》ハト科の鳥。全長約三三センチメートル。体は美しい緑色で、頭の上部と、くびの部分は黄緑色。雄の肩には紫紅色の斑紋がある。各地の原生林で繁殖し、冬は北日本のものは南へ渡る。木の実を常食とし、アオーアオーと鳴く。しゃくはちばと。やまばと。学名はSphenurus sieboldii《季・

夏》

あおまつむし【青松虫】《名》マツムシ科の昆虫。体長約二四ミリメートルでマツムシに似るが、美しい緑色で、樹上で生活し、八月下旬ごろからリューリューと高い声で鳴く。大正六年（一九一七）東京で発生してから関西、九州に広がり、都市部で多く見られる。外来種で原産地は中国浙江省の杭州と推定されている。学名はCalyptotrypus hibinonis

あかにし【赤螺】《名》1アクキガイ科の巻き貝。殻高約一〇センチメートル。殻の口は大きく、内面は美しい赤色。本州・四国・九州沿岸の砂底にすみ、カキその他の二枚貝を食べるので養殖貝の害敵となることもある。卵嚢をナギナタホオズキ、カマホオズキなどと呼ぶ。殻は貝細工に、肉は食用にする。学名はRapana venosa　（略）

あかもず【赤百舌・赤鵙】《名》モズ科の鳥。全長約二〇センチメートル。モズによく似ているが、背の色が赤茶色で美しい。アジア北部で繁殖し、南アジアで越冬する。日本では夏鳥として北海道・本州の中部以北で繁殖する。九州では、亜種シマアカモズが繁殖する。学名はLanius cristatus

あけぼのすみれ【曙菫】《名》スミレ科の多年草。各地の高原や山地に生える。高さ約一〇センチメートル。根出葉は心臓形で、両面に短毛を生じ、縁に鋸歯（きょし）があり、長い葉柄を持つ。春に葉間から花茎を伸ばし、直径約二センチメートルの淡紅紫色の美しい左右相称花をつける。学名はViola rossii

子供の頃、夏に雑木林にカブトムシをとりに行くと、クヌギの樹液の匂いがして、スズメバチの羽音がし、次にはカナブンが飛ぶ「ブーン」という音がする。こういう場所には、カブトムシやクワガタがいることが多いので、カナブンが飛び回っていることは大事だ。そのカナブンに、地味な色のものと緑色の光沢のあるものがいる。緑色のアオカナブンは美しいと思うが、それを辞書の語釈に書いておく必要があるかどうか、ということだ。　右で「美しい」と評価されている色は筆者も美しいと思う。だから、そうは思わないということではなくて、それはすでにことばの説明をはるかに超えているのではないか、ということだ。

みずかまきり【水蟷螂】《名》カメムシ（半翅）目タイコウチ科の水生昆虫。体長約四センチ《メートル》。形はカマキリに似て、尾端に細長い呼吸管がある。体色は淡黄褐色から褐色。池沼などの水草や水縁の壁におり、ときどき呼吸管を水面に出して呼吸する。見かけによらず良く飛ぶ。日本各地、ロシア極東部、朝鮮、中国、ミャンマーなどに分布。学名はRanatra chinensis

子供の頃に家から少し離れたところにある田んぼの用水路ともいえないようなところによく遊びに行って、ドジョウを捕ったりザリガニを捕ったりしていた。自転車に乗れるようになって、行動範囲がひろがってからのことだ。そこで、水生昆虫であるコオイムシとか、タイコウチ、ミズカマキリなどを捕まえることもあった。どれも昆虫図鑑でしか見たことがなかったから、初めて捕まえた時はちょっとどきどきした。ミズカマキリもそこで「対面」した。さてそれはそれとして、語釈末尾の「見かけによらず良く飛ぶ」だ。ミズカマキリが「どんな見かけだって言うんだい？」と言いそうだ。これも「評価」の一つであろうが、これが必要かどうか。

同様の評価語に「美味」がある。

あおはた【青羽太】《名》ハタ科の海魚。全長約四五センチメートルになる。体は黄褐色で全体に黄色の小斑点が散在し、明瞭な五本の暗色横帯がある。南日本から南シナ海にかけて沿岸の岩礁域や砂底に生息する。美味。あおあら。学名はEpinephelus awoara

あかえい【赤鱏・赤海鷂魚】《名》アカエイ科の海魚。全長一メートルに達する。体は平たく菱形（ひしがた）で、細長い尾がある。背面は緑褐色、腹面は縁辺部が黄色で、中央部が淡黄色。尾の中央部に有毒の鋭いとげがあり、刺されるとひどく痛む。日本では本州中部以南の沿岸から内湾に分布。卵胎生で六～八月ごろ幼魚を産む。エイ類中最も美味で、特に夏がよい。学名はDasyatis akajei《季・夏》

あかはた【赤羽太】《名》ハタ科の海魚。体長約三〇センチメートル。体は朱赤色で、体側に不定形の白い斑紋があり、南日本に広く分布する。ハタ類では最も普通に見られる。釣り魚。あまり美味でないといわれるが、地方によっては賞味される。学名はEpinephelus fasciatus

あかめ【赤目】《名》（略）[二]魚。[1]アカメ科の海魚。体長約一メートル。体は青黒色で下方が淡く、眼の瞳孔が赤いのでこの名がある。頭部と体側に黒斑がある。体高が高く強く側扁する。吻（ふん）はとがり、口は大きい。日本特産種で和歌山県、高知県、宮崎県の汽水域を中心とした沿岸にすみ、幼魚は高知県四万十川、宮崎県大淀川に入る。肉食魚。釣魚で若魚は美味だが、生息数が非常に少ない。学名はLates japonicus（略）

あげまきがい【総角貝・揚巻貝】《名》ナタマメガイ科の二枚貝。有明海や瀬戸内海などの浅海の軟泥底に深くもぐってすむ。肉は美味で食用とされ、干物、かん詰にもされる。殻は側扁した円筒状で、殻長約一〇センチ《メートル》。白い殻の表面は、とれやすい黄土色の殻皮でおおわれる。内面は白色。ちんだがい。あげまき。学名はSinonovacula constricta《季・春》

「エイ類中最も美味で、特に夏がよい」はこの語釈を書いた人物の個人的な見解を聞かされているような趣がある。「あまり美味でない」といわれたアカハタは散々だ。筆者は現在の勤務先の前に高知大学で勤務していた。高知では「アカメ」が釣れたということがニュースになる。ニュースになるくらいだから、めったに釣れないはずで、「美味」という情報は貴重といえば貴重だ。誰が食べたのかとも思うが。アゲマキガイはたしかにおいしい。なかなか手に入らないが、オランダからの輸入物を売っていることもある。「美味で食用とされ」は美味だから食用とされている、ということで、これは個人の感想ではなく、一つの「情報」になっている。

あきあじ【秋鯵】《名》秋にとれるアジ。最も美味な時という。《季・秋》＊俚言集覧（1797頃）「秋味鮭を云。又伊勢にてあぢの秋になりて味の美なるをいふ」

あきいわし【秋鰯】《名》秋にとれるイワシ。イワシは秋がしゅんなので、脂がのり最も美味。《季・秋》＊俳諧・宗因高野詣（1674）秋「きくに声の西南よりや秋鰯」

あきなす【秋茄子】《名》ナスの栽培品種。秋の末に結実して、種子が少なく、美味。あきなすび。《季・秋》＊咄本・笑長者（1780）秋茄子「秋なすで匂ひがあって、大ぶうまいとて、まい日まい日にてくふ」＊雑俳・柳多留‐三二（1805）「秋茄子はしうとの留守にばかり喰」

右でも「アジ」「イワシ」「ナス」ではなく、「アキアジ（秋鯵）」「アキイワシ（秋鰯）」「アキナス（秋茄子）」といずれも「アキ（秋）」を冠している。これは秋が旬でおいしいから、特にその時期のものをそのように呼ぶということで、「美味」という説明がいわば「効いてくる」。だから語釈には「美味」が一律不必要ということではない。

説明は足りてますか？

かせい【河清】《名》常に濁っている黄河の水が清く澄むこと。望んでも実現しないことのたとえ。

語釈はほとんどこれでよいと思うが、もともとは「河」は黄河のことだったということを加えるとよりわかりやすくなるように思う。例えば、「「河」はもともと黄河のことで、常に濁っている黄河の水が清く澄むこと。望んでも実現しないことのたとえ」などとするのはどうだろうか。

どろぼうねこ【泥棒猫】《名》他家へしのび込んで食べ物を盗む猫。盗人猫。＊洒落本・寸南破良意（1775）年季者「女郎みなみな泥坊猫（ドロバウネコ）を見るやうに、よりたかり喰」＊春夏秋冬-夏（1902）〈河東碧梧桐・高浜虚子編〉「夕顔に泥坊猫を叩きけり〈紅緑〉」＊桐の花（1913）〈北原白秋〉ふさぎの虫「投げつけられた盗賊猫（ドロボウネコ）のやうにぽんと起き直る」

『岩波国語辞典』第七版新版、『新明解国語辞典』第七版、『三省堂国語辞典』第七版、『集英社国語辞典』第三版、『明鏡国語辞典』第二版、いずれも「どろぼうねこ」を見出しとしない。右の語釈以外の使い方をよく耳にするのですが……。

にくしょく【肉食】《名》①動物、特に鳥獣の肉を食うこと。にくじき。＊書言字考節用集（1717）六「肉食 ニクショク」＊新聞雑誌‐一号・明治四年（1871）五月「外国人の説に、日本人は性質総て智巧なれども、根気甚乏し、是肉食（ニクショク）せざるに因れり」＊改正増補和英語林集成（1886）「Nikushoku ニクショク 肉食」＊ヰタ・セクスアリス（1909）〈森鷗外〉「東先生は洋行がへりで、〈略〉盛に肉食をせられる外には、別に贅沢はせられない」＊漢書‐匈奴伝「児能騎レ羊、引レ弓射二鳥鼠一、小長則射二狐菟一、肉食」②美食すること。また、その人。③動物が他の動物を食物とすること。にくじき。＊日本読本（1887）〈新保磐次〉二「肉を食する獣を肉食の獣と曰ふ」

『三省堂国語辞典』第七版の見出し「にくしょく［肉食］」の語義③には「〔俗〕異性との交遊に積極的なこと。「―系女子」（↔草食）」とあるが、この語義は『日本国語大辞典』にはまだ早いということだろうか。『岩波国語辞典』第七版新版にもこの語義は記述されていない。こういうことには「遅速」があっても当然だと思う。

ばんちょう【番長】《名》1 令制で、左・右兵衛府に属し、兵衛四百人の長としてこれらを統率して内裏の諸門を警護した官人。四人置かれた。2 令の規定以外の諸司の官人で、宮中の警備にあたり、多数の配下を統率するもの。㋑大舎人寮の職員。㋺中衛府の職員。㋩近衛府の職員。3 中学・高校生などの非行少年グループの長。

ビースタイルがこんな面倒な方法で採用活動をするのは、「自己ＰＲ」や「ガクチカ（学生時代に力を入れたこと）」「志望動機」など、企業が繰り返すお決まりの質問に、準備してきた答えを返すだけの面接には意味がないと判断したからだ。

「面接という非日常の環境で、適度にコミュニケーション能力や個性をアピールできる『面接番長』みたいな人が、実は入社してみると大したことなかった、というケースもある。逆に、コミュ力があまり高くないというだけで、将来活躍してくれるであろう有能な人材を見落としてしまうリスクも大きいと考えました」（柴田さん）（『週刊アエラ』二〇一七年七月十日）

右は雑誌記事であるが、「メンセツバンチョウ（面接番長）」という語が使われている。筆者は個人的には使わない表現であるが、こうした「××番長」という表現をよく見聞きする。「××にたけている人」というような意味合いであろう。「新語に強い」ことを謳う『三省堂国語辞典』もまだこの語義を掲げていない。

ローカル色豊か

かたいた【潟板】《名》岡山県児島湾内の干潟で貝やウナギを捕る漁業者が、泥の上を滑走するのに使用した道具。幅四八センチメートル、長さ二メートルほどの長方形の板で、これを泥上に置き、この上に左足を折り曲げてのせ、右足で泥を蹴りつつ潟上を滑走し漁獲する。

「カタイタ」は岡山県児島湾内の干潟で使用されている道具にのみ使われる呼称なのだろうか。筆者の「感じ」では、有明海でムツゴロウなどを捕る時にもこんなような道具を使っているような気がするのだが。そして、もしもやはり岡山県児島湾内の干潟でのみの呼称だとしたら、それほど限定がかかった語を見出しとする必要があったかどうかということにはならないだろうか。

この語義は？

囲碁用語で、相手の模様をけすために用いられる「カタツキ」という手段がある。相手の石の斜め上に打つ手で、相手の石の「肩」を上方から「ツク」ところからの名称であろう。『日本国語大辞典』は囲碁用語をかなり丁寧に載せていると思われるが、この「カタツキ」が載せられていないように思う。囲碁用語をすべて載せる必要はもちろんないが、「あきさんかく【空三角】」「あたり【当・中】」「あます【余】」「あまりがち【余形】」「いちごうます【一合枡】」「いっけんとび【一間飛】」「おいおとし【追落】」「おおげいま【大桂馬】」「おおざる【大猿】」など、囲碁をしない人にはわからないであろう用語も見出しになったり、語義の説明としてあったりすることを思えば、「カタツキ」もあってもよいのではないかと思う。

疑問形の語釈

かもざけ【鴨酒】《名》鴨を肴（さかな）にして飲む酒をいうか。＊狂歌・雅筵酔狂集（1731）冬「ねざめしてさびしさ炉の火吹く竹のなかなかし夜をひとり鴨酒（カモさけ）」＊俳諧・季寄新題集（1848）冬「十月〈略〉鴨酒」

使用例から当該語の語義がつかみにくい場合があることは理解できるので、断定しにくい気持ちはわかるが、辞書の語釈が「いうか」と終わるのは落ち着きが悪いのではないか。疑問形で呼びかけられても、「読み手」も困る。しかしこの「いうか」がかなりある。語釈で「いうか」をみると落ち着かないが、といって、「ではどう表現すればよいか」ということになると筆者にも代案が浮かばない。これはいたしかたないか。

あしおし【足押】《名》遊戯の一種。足相撲のこと。すねとすねとを押しあって勝負する臑押（すねおし）をいうか。

あずまむし【東虫】《名》旅の途中でついたシラミをいうか。江戸にシラミが多かったのでいったともいう。＊雑俳・柳多留‐一一二（1830）「旅衣きつつなれにし東虫」＊雑俳・柳多留‐一四六（1838‐46）「旅衣西行こまるあづま虫」

あなじけ《名》西北の風が吹いて、雨雪などを催す気配をいうか。＊永久百首（1116）冬「奥山のならひとなればあなしけの雪より先に薪（たきぎ）こりつむ〈藤原仲実〉」

あめずみ【飴炭】《名》（飴のように軟らかで、光沢があるところからいうか）「けしずみ（消炭）」の異称。＊俳諧・崑山土塵集（1656）「神無月ふるあめ炭やおき火燵〈永雪〉」

あわく【喘】《自カ四》はげしく呼吸する。あえぐ。馬に関していうか。＊新撰字鏡（898-901頃）「嘽労也 阿波久 又馬伊奈久」

「今は」「最近は」

キャミソール《名》（英・フランス camisole）《カミソール》女性用の下着の一つ。丈は胸の部分から腰くらいまであり、肩紐がついている。ペチコートと合わせて用いる。今は、下着としてでない着方も若者に見られる。＊遠い横顔（1954）〈永井龍男〉春の展示会「『そこで、キャミソールや、ブラジャーを着てみせるんやわ』『キャミソールって…』『女の人の、一番下に着るものよ』」

おおごや【御火小屋】《名》七月六日の晩に柱松（はしらまつ）を立てて焼く行事。岡山県邑久郡の一部でいう。今は子供の行事で、柱に麦藁をくくりつけて燃やす。もとは下が小屋になっていたための名称か。迎え火の一種。

おおたかだんし【大高檀紙】《名》（「檀紙」は、楮（こうぞ）で漉（す）いた厚手で白く皺のある高級紙）中高（ちゅうたか）・小高（こたか）に対して大型の檀紙をいう。縦一尺七寸位（約五〇センチメートル）、横二尺二寸位（約六七センチメートル）。徳川時代、備中（岡山県）産が有名であったが、現在はほとんど福井県から産出する。昔は綸旨、免状、辞令、高級な包み紙などに用いられた。今は化学繊維を混ぜるものもでき、包装、書道などに使用する。大高。大高紙。

おにがわら【鬼瓦】㊀《名》1 屋根の棟（むね）のはしに置く大きな瓦。昔は魔よけのために鬼の面をかたどったものを用いたが、今はいろいろな意匠のものがある。大棟では両端に用い、降棟（くだりむね）、隅棟などでは一端に用いる。（略）

おひょうし【雄拍子】《名》雅楽の打楽器の打ち方で、強拍のものをいう。普通、弱拍の雌拍子（左手）に次いで右手で打つ。ただし、今は雄桴（おばち）という。↕雌拍子。

かちゅう【仮鍮】《名》銅と亜鉛の合金。もと天然の鍮石（ちゅうじゃく）に対して、人造のものをいったが、今は区別しない。黄銅。

かりはなみち【仮花道】《名》劇場で本花道に対して見物席から舞台に向かって右手にある花道。本花道より狭く、現今は見物席の通路に仮設することが多い。かりはな。

きたのりんじさい【北野臨時祭】《名》京都の北野神社で行なわれた祭礼。一条天皇の寛弘二年（一〇〇五）八月四日に始められ、今は廃絶している。

見出し「かりはなみち【仮花道】」の語釈には「現今は」とある。見出し「おにがわら【鬼瓦】」の語釈は「昔は〜、今は〜」というかたちで記述されている。もちろんいわんとしていることは理解できるが、「昔／今」というとらえかたは、辞書の語釈としては少し粗いということはないだろうか。「最近は」もある。

いぬのみ【犬蚤】《名》ヒトノミ科の昆虫。体長約二ミリメートル。主に犬に寄生する。最近は飼い犬によって

室内に持ち込まれ、人の吸血被害も多くなっている。全世界に広く分布する。学名はCtenocephalides canis

えきべん【駅弁】《名》（「駅売り弁当」の略称）鉄道の主要駅ホームで売っている弁当。明治一八年（一八八五）、上野、宇都宮間の日本鉄道が開通した時、宇都宮で、竹の皮包みの握り飯を販売したのが最初といわれる。幕の内弁当は、明治二一年（一八八八）に姫路で売られたのが最初。最近は車内販売もさかん。

おむすび【御結】《名》（「お」は接頭語）「にぎりめし（握飯）」を丁寧にいう語。語誌(1)「むすび」は「むすぶ」の名詞形で、「むすぶ」は「印をむすぶ」「（手を）むすんでひらいて」などのように、てのひらを閉じる意に通じ、飯について「にぎる」にあたるが、動詞としての用例は見られない。(2)地域的には、東日本は「おむすび」、西日本は「おにぎり」であるが、最近は「おにぎり」が一般的呼称になりつつある。→「おにぎり（御握）」の語誌。

クリーニング《名》（英 cleaning）洗濯（せんたく）。日本では、専門業者の行なうドライクリーニングをさすことが多い。最近は「ハウスクリーニング」など清掃の意で用いることもある。

コリー《名》（英 collie）犬の一品種。スコットランド原産。肩高約六〇センチメートル。顔が長く、体は細く軽快で全身長毛でおおわれる。毛色は黄褐色または黒色で、くびのまわりの毛は白くたてがみ状を呈する。牧羊犬として知られるが、最近は多く愛玩用に飼われる。＊蓼喰ふ虫（1928-29）〈谷崎潤一郎〉六「コリーの方は散毛でグレイハウンドの方は短毛なんだ」＊禽獣（1933）〈川端康成〉「犬にしろ、例へば一度コリイを飼ふと、その種を家に絶やしたくないやうな気になるものだ」

しちょうかくきょういく【視聴覚教育】〘名〙視覚・聴覚の感性にうったえながら、その感性の活動を取り入れて行なう教育。モラビアの教育思想家コメニウス以来の直観教育に端を発し、現在は映画・スライド・ＯＨＰ（オーバーヘッドプロジェクター）・ラジオ・テレビ・ビデオテープなどを使ったり、模型・展示物・写真・実物見学をとり入れたりする教育の総称。なお最近は教育工学の立場から、最適な学習過程の組織化のために教育機器を使用する教育まで含めていう場合もある。聴視覚教育。

シャンタン〘名〙（英 Shantung「山東」の英語読み）絹織物の一種。山東絹。中国の山東省で産出する柞蚕（さくさん）糸を経（たていと）、緯（よこいと）に用いて織ったもの。表面効果が紬（つむぎ）風になっている点が特徴。最近は経に生糸、緯に玉糸を用いて節糸（ふしいと）の感じを出し、布面に不規則な節を出したものが多い。婦人服・ブラウス・シャツ地用。なお、絹もののほかに化学繊維のもの、木綿のもの、毛のものなどもある。

とよおか【豊岡】㊀兵庫県北東部の地名。円山（まるやま）川下流域の豊岡盆地の中心地。江戸時代、京極氏三万五千石の城下町として発達し、柳行李を特産。最近はかばん類の生産が盛ん。山陰海岸国立公園に属する日和（ひより）山・玄武洞などがある。昭和二五年（一九五〇）市制。（略）

見出し「えきべん【駅弁】」の「最近は車内販売もさかん」はむしろ書き換えるべきか。列車における車内販売は「さかん」とはいえないのではないだろうか。ペットとして飼われる犬の種類にもはやりすたりがありそうだ。筆者が子供の頃、隣の家でコリーを飼っていた。筆者はイヌを飼った経験がないが、そのため「コリー」という名前は早くから覚えた。谷崎潤一郎の『蓼喰ふ虫』と川端康成の『禽獣』が使用例としてあげられているので、（これらの例はおそらく早い時期を示しているだろうが）一九三〇年前後にはペットとして飼うことがあったのだろう。調べてみると、一九三四（昭和九）年二月二十八日の『朝日新聞』に「性能優秀なエアデル・テリア」「子供さんのお相手に優雅なコリー種を」という見出しの記事があり、その末尾には「たゞコリー種はエアデルよりも数が少い、もつと日本人に可愛がられ沢山輸入されてもいゝ犬である」とあるので、この頃から次第に飼われ始めたのだろう。そうだとすると、この「最近は」はやはり一九三〇年初めのことになり、二〇一八（平成三十）年からすれば、八十八年前ぐらいになる。さすがにこれは「最近は」とはいえないのではないだろうか。見出し「しちょうかくきょういく【視聴覚教育】」の「なお最近は」もあまり最近のことと思えないのではないか。「最近は」にはかなり幅がありそうだ。

真面目な話

ぐろ【壠】《名》（「くろ（畔）」の変化した語か）小高くなっている草むら。草木のこんもり茂っているところ。＊浮世草子・好色一代男（1682）四・二「荆（うばら）・山梔（くちなし）のぐろのもとにふして」＊一目玉鉾（1689）三「川の西の畔（グロ）の中に」方言 一《名》❶草むら。奈良県675 島根県石見724 岡山県苫田郡748 広島県高田郡779 徳島県811 ◇ごろ 奈良県675 ◇ぐろた 兵庫県氷上郡052 神戸市665 ◇ぐるっしょ 奈良県675 ◇ぐるっしょわら・うぐろっしょ・うくろっしょ・うぐるっしょ 奈良県吉野郡675 683 ❷茨（いばら）のやぶ。茨（いばら）の叢生（そうせい）した地。三重県飯南郡586 和歌山県伊都郡054 那賀郡692 鳥取県八頭郡012 気高郡717 ◇ぐろわら 和歌山県那賀郡692 ◇ぐる 三重県上野市・

阿山郡585 和歌山県日高郡698 ❸石、草、薪（まき）、わらなどを積み上げたもの。四国†035 島根県出雲725 岡山市762 広島県775 山口県大島801 愛媛県大三島848 高知県861 ◇くろ 兵庫県淡路島671 愛媛県840 高知県862 ❹刈り取った稲を積み重ねたもの。稲むら。島根県鹿足郡739 ◇くろ 徳島県美馬郡810 香川県829 愛媛県周桑郡054 高知県062 ❺石を積んでおく所。石の集まり。石地。島根県725 広島県倉橋島771 山口県玖珂郡800 ◇ぐろんごお 島根県鹿足郡・邇摩郡725 ❻人や物の集まり。群れ。島根県邑智郡725 山口県玖珂郡800 愛媛県宇和島855 高知市「あこに人がぐろになっちょる」「田の中に藁のぐろがある」867 ❼集落。◇ぐるとも。山口県豊浦郡798 ❽田の中の小丘。または開墾し残した小丘。島根県石見725 ❾虫、こおろぎ（蟋蟀）。香川県826 **二**《接尾》一盛りになっているものを数える単位。やま。◇くろ 高知県「このきゅうり一くろ三銭」862

まず古代日本語では語頭＝語の先頭に濁音が位置する語は（ほとんどといっておくが）なかったことがわかっている。現在は語頭に濁音が位置している「バラ（薔薇）」はもともとは「ウバラ」「イバラ」という語で、その語頭の母音が脱落したために、濁音が語頭になった。「ザル」だって、もともとは「イザル」という語であった。そのことからすると、「グロ」という和語が古くからあったとは考えにくい。奈良県の方言として「うぐろっしょ」「うぐるっしょ」とあるが、このような「ウグロ～（ウグル～）」がもともとの語形で語頭の「ウ」が脱落したものではないかというのが筆者の推測だ。左に掲げた見出し「うぐろ」「うぐろもち」「うぐろもつ」の「うぐろ」も同様だ。

うぐらもち【鼹鼠】《名》1 もぐら。うぐら。うぐろもち。＊日葡辞書（1603-04）「Vguramochi（ウグラモチ）〈訳〉もぐら」2 家の床下などの土を掘って忍び込むどろぼうをいう、盗人仲間の隠語。〔隠語輯覧（1915）〕

うぐろ《名》「うぐらもち①」に同じ。＊雑俳・たから船（1703）「そりゃこそな・土龍（ウグロ）おさへた瓜盗」

うぐろもち【墳・鼹鼠】《名》（「うくろもち」とも）1 土などが高くもちあがること。また、もちあげること。→うぐろもつ。＊観智院本名義抄（1241）「壊 ウクロモチ」2「うぐらもち①（鼹鼠）」に同じ。＊観智院本名義抄（1241）「鼹鼠 ウグロモチ」＊黒本本節用集（室町）「土豹 ウクロモチ 土龍同」＊日葡辞書（1603-04）「Vguromochi（ウグロモチ）」＊俳諧・玉海集（1656）四・冬「うくろもちか地を持あくる霜柱〈徳窓〉」＊洒落本・百花評林（1747）辻君「此君はうぐろもちのごとし。日の光（め）をおがむ事はなりませぬ」

うぐろもつ【墳】《自タ四》土などが高くもちあがる。うごもつ。うごもる。うごろもつ。＊大日経義釈延久承保点（1074）一〇「掌の内を空にして、稍し穹（ウクロモ）ち隆からしむ」＊観智院本名義抄（1241）「隆 ウクロモツ」

「クロ（畔）」の変化した語ではないか、という『日本国語大辞典』の「説」を見当するために、見出し「くろ【畔】」をあげる。

くろ【畔・畦・壠】《名》1 田と田の間の土を盛り上げた所。田の境。あぜ。＊岩淵本願経四分律平安初期点（810頃）「世尊〈略〉中道にして有る田の善能く事を作して畦（クロ）・畔（あ）の斉整（ととのほれる）を見（みそこ）なはして」＊十巻本和名抄（934頃）一「畔　陸詞曰畔〈薄半反　和名久路　一云阿〉田界也」＊平家（13C前）九・越中前司最期「水田（みづた）のごみ深かりけるくろの上に、二人の者共腰うちかけて息づき居たり」＊古活字本荘子抄（1620頃）一「畛はさかい也田のくろぞ」＊尋常小学読本（1887）〈文部省〉二「楮は、山はたけ又は田のくろに、ううる物にて、高さは、五六尺位迄、そだつものなり」2 小高くなった所。また、物を小山のように積み上げたもの。＊観智院本名義抄（1241）「壟　ツカ　ウネ　クロ」＊名語記（1275）五「たちあがりたるむらむらをくろといへば」＊歌謡・田植草紙（16C中‐後）晩歌一番「をきの田中のくろはなにくろか　けふの田主のとくのまいくろよ」＊和訓栞（1777‐1862）「くろ〈略〉四国辺に物を多く積累ねたるをいふ木ぐろ藁ぐろ栗ぐろ稗ぐろなどいふめり壠の字の意なるべし」＊せみと蓮の花（1952）〈坪田譲治〉「そばの畑に大きな藁のくろがあった」

語誌 (1)①の意味では、アゼが主に北陸・中部以西、九州にかけて分布するのに対し、クロは関東以北および九州北部の一部などに見られる。この分布状況から、クロはアゼよりも古い語形と推定され、文献への両語形の出現順とも合致する。 (2)関東・新潟・九州北部などのアゼとクロを併用する地域では、アゼは田の境を、クロは田の境だけでなく畑の境をも意味するところが多く、さらに、方言で様々な意味の広がりが見られる。クロはアゼより広い意味を持つ語であったことも推察される。↓あぜ（畔）。

『日本国語大辞典』が「クロ」から「グロ」へと変化したとみている理由の一つは観智院本『類聚名義抄』の記事であろう。観智院本『類聚名義抄』法中三十二丁裏には「壟　正　壠　力悚反　ツカ　ウネ　クロ　丘也壟也」と記されており、「壠」字に「クロ」という和訓が配されていることが確認できる。また『和訓栞』に「四国辺」のこととして、物を積み重ねてあるものを「木ぐろ藁ぐろ栗ぐろ稗ぐろ」などという、という記事があることもかかわるか。ただし「キグロ」「ワラグロ」「クリグロ」「ヒエグロ」の「グロ」は複合したための連濁である可能性もある。坪田譲治は四国の出身ではないが、岡山県の出身で、その坪田譲治の作品では「くろ」とある。この語義2は語義1とつながらないのではないか。さて、「グロ」は「クロ」が濁音化したものか、「ウグロ」の母音が脱落したものか。こういうことを考えるきっかけも『日本国語大辞典』をよむことによって得ることができる。

ばんてん【盤纏】《名》日ごろ使う金。こづかいや路用の金。また、金を使うこと。俗語。＊江戸繁昌記(1832-36)四・仮宅「腰下些かの盤纏〈注〉タクワヘ)、嚢に和して之を献ぜん。伏して望む、姐々大恩、生が一命を救へ」＊音訓新聞字引(1876)〈萩原乙彦〉「盤纏 バンテン ロヨウ、コヅカヒ」＊北条霞亭(1917-20)〈森鷗外〉一〇「盤纏(ハンテン)足らざるがために、金を父に請うたのではなからうか」＊五代会要-倉「人戸送納之時如レ有二使官布袋一者毎一布袋使三百姓納二銭八文一、内五文与下撃二布袋一人上、与三文即与二倉司一充二吃食、鋪襯、紙筆盤纏一」

語釈中に「俗語」とある。この「バンテン(盤纏)」は碩学小島憲之がその著『ことばの重み―鷗外の謎を

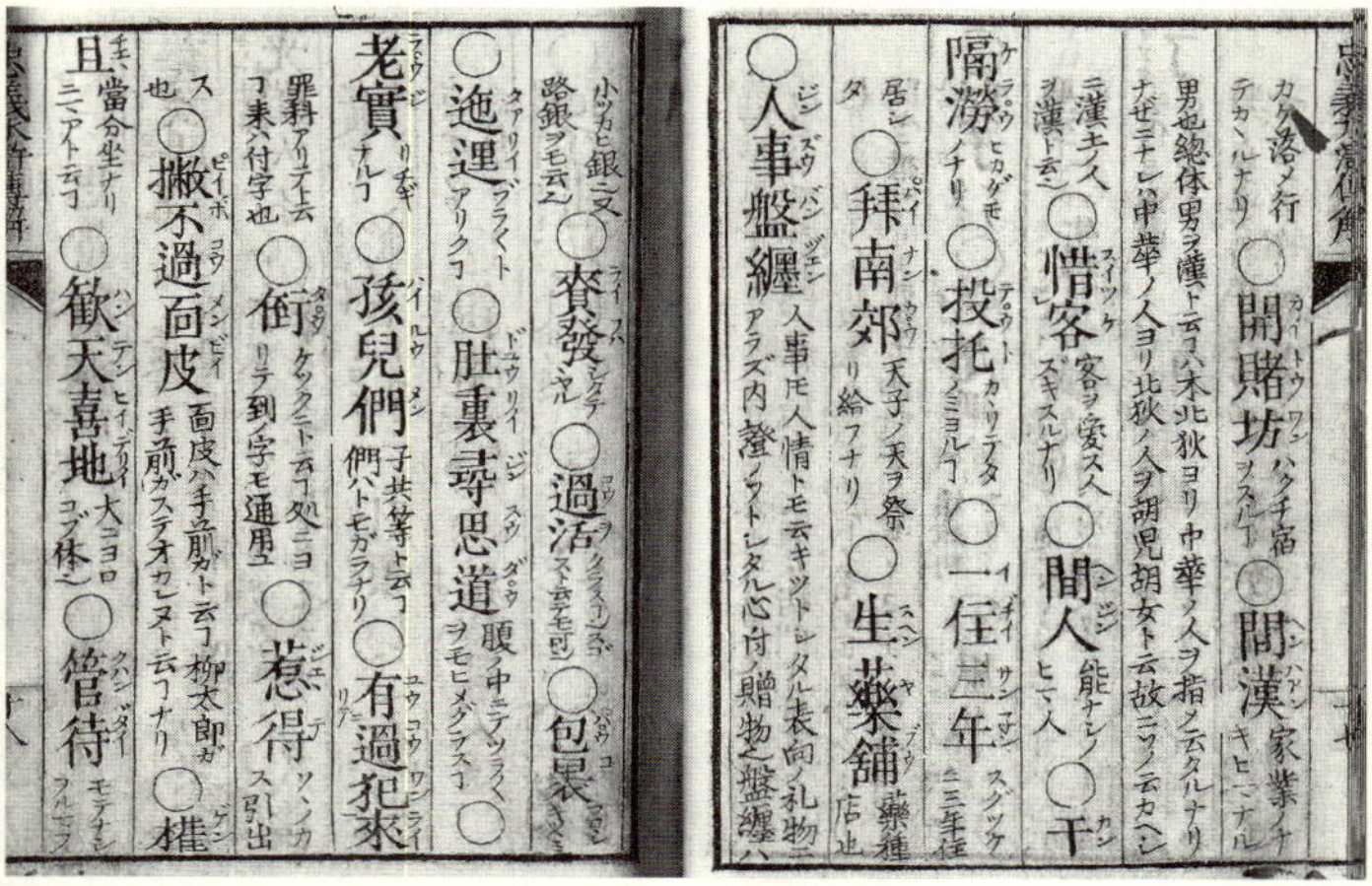

『忠義水滸伝解』十七丁裏～十八丁表

解く漢語―』（一九八四年、新潮選書）の第八「葫蘆」中で、鷗外の『小倉日記』に使われている語として採りあげている。そこには「「盤纏」については、鷗外たちのよく読んだ『水《すい》滸《こ》伝《でん》』などに例が多くみえる」（一七八ページ）とある。筆者は高知大学に勤めていた時期に同僚であった中森健二氏が、中国文学者であったために、中国文学に関してのさまざまなことを一から教えてもらうという貴重な経験をした。同僚の気安さに乗じて、初歩的な質問を次々とする筆者にも嫌な顔一つせず丁寧に教えてくださった。それが生きているとはとてもいえない状況ではあるが、そんなこともあって、その頃に、岩波文庫で『水滸伝』を読んだ。原文ではないので、「読んだ」とはとてもいえないが、注などにはできるだけ目を配るようにした。それで、「盤纏」は知った。小島憲之は「盤纏」を「宋・明・清の「近世語」」とみている。「近世語」というよりは、（中国の）近代語と呼ぶべきかと思うが、「盤纏」はそうした意味合いでの「俗語」である。つまり、書きことばとしての古典中国語を一方に置いた時の「俗語」＝中国近代語であって、現代日本語における俗語ではないはずで、語釈中にただ置かれた「俗語」はおおいに誤解を招くのではないだろうか。

小島憲之は『水滸伝』の簡単な注解を示している幾つかの辞書を採りあげている。こうした辞書は「唐話辞書」と呼ばれることがあるが、図版として掲げておこう。

図は一七五七（宝暦七）年に出版された『忠義水滸伝解』で、「人事盤纏」を見出しにして、「盤纏ハ小ツカヒ銀也又／路銀ヲモ云也」と説明している。「小ツカヒ銀」は「小遣い金《がね》」。見出しとなっている漢字列の右側には、中国語の発音（と思われるもの）が振仮名として施されている。

ちなみにいえば、小島憲之『ことばの重み』はことばをどうやって追求していくかということが「実感」できるよい本だ。しかしながら、だいぶ前に刊行されているので、古書店などでずいぶんと廉価で販売されていることがある。そんな時には買っておいて、自身が指導することになった大学院生に読むようにプレゼントしたりすることがある。

あすい【阿誰】《名》（「阿」は六朝ごろ多く使われた俗語。軽い疑問を表わす）だれ。＊凌雲集（814）和菅祭酒賦朱雀衰柳作〈丹墀清貞〉「既就二堯衢一待二恩煦一。阿誰更憶二陶潜家一」＊正法眼蔵（1231-53）海印三昧「阿誰なる一物の、万有を包含するとはいはず」＊狂雲集（15C後）嘆孤独老人多欲「千古無レ多富貴時、青銅十万譲二阿誰一」＊随筆・山中人饒舌（1813）上「山川雲霞、鍾二秀海内一。翎毛花卉。皇二艶四時一。不レ知下後来借二阿誰之筆一以吐中其気上矣」＊賈充‐与妻李夫人聯句詩「室中是阿誰、歎息声正悲」

右の見出しでは「六朝ごろ多く使われた俗語」と記されていて、中国、六朝頃の「俗語」であることがはっきりと述べられている。統一的に記述するべきではないだろうか。

ホスト《名》（英 host）[1] 晩餐会などで客の接待をする主人役の男性。[2] テレビ、ラジオのワイド番組などで、進行係をつとめる男性。[3] 社交場などにつとめる男性の接客係。

ホストクラブ《名》（洋語 host club）男性の接客係が女性客の相手をつとめる風俗営業店。

見出し「ホストクラブ」があるのだから、見出し「ホスト」の[3]は不十分ではないかというのが筆者の感じたことである。「社交場など」の「など」に「ホストクラブ」が含まれているということだろうか。『三省堂国語辞典』は見出し「ホスト」を「①会・番組などを取りしきる〈男性／役〉。「会議の―・―国」（↕ゲスト）②〔ホスト クラブなどで〕客の接待をする男性」と説明している。「社交場」を起点に語釈を組み立てるか、「ホストクラブ」を起点に語釈を組み立てるか、ということであろう。『岩波国語辞典』には見出し「ホスト」の㋑に「女性客中心のクラブで、接待をする男性」とある。

ぽちぶくろ【―袋】《名》[方言] 心付けを入れる袋。祝儀袋。京都市621 大阪市638 奈良県678 和歌山市691 広島県高田郡779 香川県829 愛媛県松山846

これは少しびっくりした。「ポチブクロ」は明らかに筆者の使用語彙であったので、『日本国語大辞典』が

「方言」として扱っているので「?」となった。『岩波国語辞典』『集英社国語辞典』は「ポチブクロ」を見出しとしていない。『明鏡国語辞典』は「祝儀やお年玉を入れる小さなのし袋」と説明し、『三省堂国語辞典』には「祝儀（シュウギ）やお年玉など、心づけを入れる小さな　のしぶくろ。〔京阪（ケイハン）地方で芸者などへの祝儀を「ぽち」と言うことから〕」とあって、「京阪地方」ということが記されている。しかし新聞記事などにも地域を限らず使われている語であるし、「方言」とまではいえないのではないだろうか。このあたりが難しいところで、かつて「方言」であったが、現在では広く使われるようになっている語をどう扱うか、というところだろう。

どうやって語義を導き出した？

すさひ【取蚍尾】《名》物のいきおいに乗ずることか。＊色葉字類抄（1177-81）「取蚍尾　スサヒ」＊観智院本名義抄（1241）「取蚍尾　スサヒ」

使用例として『色葉字類抄』と観智院本『類聚名義抄』とがあげられているが、おそらく両者はかかわりがある。他にこの「すさひ」という語が使われている文献があるかどうかわからないが、仮にないとしたら、これだけの情報でどうやって語義を導き出したのだろうかと思わざるをえない。

小型の国語辞書の語釈と比べてみる

「セオウ」という語を採りあげてみよう。まず『日本国語大辞典』の見出し「せおう【背負】」をあげる。

せおう【背負】《他ワ五（八四）》1 背中にのせる。背中に負う。しょう。2 不利な条件の物事を引き受ける。責任などをひっかぶる。不本意なことがらを受け入れる。しょう。3 あるものが背後になるような位置に場所を占める。

記者会見で新ユニホームを着用したＤｅＮＡの筒香は「全世代が結束して戦う素晴らしいデザイン。日の丸を背負うことは光栄で、身が引き締まる」と語った

右は『朝日新聞』二〇一七（平成二十九）年六月二十九日の記事であるが、ここに「日の丸を背負う」という表現がみられる。少し前から増えてきたように思って注意していた。しかし『朝日新聞』を検索してみると、一九九〇年頃からすでにこうした使い方があることがわかる。先の記事では「日の丸を背負うことは光栄で」とあり、これは日本の代表として試合に出場するということの謂いであることがわかる。『日本国語大辞典』の2は「不利な条件の物事を引き受ける」ということなので、この2にはあたらない。ではこうした語義は小型の国語辞書には記述されているのだろうか。

せおう【背負う】《他五》❶物を背中にのせてもつ。しょう。「背中に赤ん坊［リュック］を―」「十字架

を—」❷負担になることを引き受ける。「責任〔借金〕を—」❸〔修辞的な言い方で〕ある物が背後になるようなところに位置する。背にする。「背後に雑木林を—・いながら、…大きな建物が、行く手に見え出した〈堀辰雄〉」(『明鏡国語辞典』第二版)

せおう〔**背負う**〕(他五)①せなかに負う。「荷を—」②背後にする。「竹やぶを背負った家」③責任・負担を負う。「借金を—・国益を背負って立つ・〔投手が〕—ランナーは一、二塁」▽しょう。(『三省堂国語辞典』第七版)

せおう【**背負う**】〔他五〕①運んだりするために物を肩や背中にのせる。「荷物を—」②責任を負うべきものとして引き受ける。「借金を—」「あすの日本を背負って立つ」▽「しょう」ともいう。(『集英社国語辞典』第三版)

せおう【**背負う**】《五他》せなかにのせて負う。しょう。転じて、苦しい仕事や条件などを身にひきうけて責任をもつ。「一家を—」「日本の将来を—若者たち」(『岩波国語辞典』第七版新版)

せおう【**背負う**】(他五)㊀〔運ぶべき荷物などを〕背中に載せる。㊁苦しい仕事や条件を引き受けて、責任を持つ。「一身に—／△借金(責任の一半・課題)を—」(『新明解国語辞典』第七版)

「負担を負う」場合の「負担」はわかりやすく「プラス」「マイナス」でいえば、「マイナス」だろう。『日本国語大辞典』の2はその「マイナス」を「不利な」という表現、「ひっかぶる」という表現であらわしている。あるいは『明鏡国語辞典』は「負担になる」と表現し、『岩波国語辞典』『新明解国語辞典』は「苦しい仕事や条件」と表現している。その点において、認識は共通しているといえよう。その一方で、『集英社国語辞典』

があげる「あすの日本を背負って立つ」、『岩波国語辞典』があげる「日本の将来を—若者たち」は大変には違いないが、「マイナス」とまではいえないだろう。大変だけれどもやりがいがある、責任は重いがやる価値がある、となってくれば、「光栄」にちかづく。日本の代表として国際試合に出場するとなれば、「光栄」で、自身にとっては少なくとも「マイナス」ではない。「マイナス」が「プラス」に転じつつある。しかしまだこの語義あるいは使い方は小型の国語辞書にも積極的には記述されていない。『日本国語大辞典』も記述していない。

勘違いしてました!

ここまでどちらかといえば、『日本国語大辞典』の語釈に「注文」をつけるようなかたちの話題が多かったが、語釈をよんで、「あれ?」と思ってよく調べてみると、自身が勘違いしていたことがわかるということも少なからずある。そうした例をあげてみよう。

バント《名》（アメリカ bunt）野球で、打者がバットを振らず、ボールに軽く当てて内野にゴロを転がす打ち方。味方の走者を進塁させるために行なう犠牲バントと、自ら塁に進むために行なうセーフティーバントがある。

筆者は、「セーフティバント」は走者の進塁とともに、自身も生きようとするものだと思っていた。つまり走者を進塁させるのが「バント」で、その特殊なかたちが「セーフティバント」だと思っていた。それで、

「自ら塁に進むためのセーフティーバントがある」という語釈に「あれ？」となった。

調べてみると、「バント」はちゃんと「公認野球規則」において定義されており、その定義によると「バットをスイングしないで、内野をゆるく転がるように意識的にミートした打球」ということだ。なぜ定義されているかといえば、ツーストライク後の「バント」が失敗すると打者は三振・アウトとなるという、いわゆる「スリーバント失敗」のルールがあるからだろう。投球をカットしてファウルにするのは難しいだろうが、バントの上手な人なら、バントでファイルにすることはカットよりはたやすいだろうから、投手が大変だ。

話を戻せば、まず「バント」という打法があって、目的によって「送りバント」とか「セーフティバント」とか「スクイズバント」とがある。だから「バント」が上位概念で、「セーフティバント」はその下位概念ということになり、カテゴリーのレベルが異なるということだ。ことばは世界をきりとる。だから、どういうきりとりかたをしているかが大事だ。そしてカテゴリーがどうなっているかは、思考の枠組みとかかわるので、これも大事だ。日常生活に、人間をとりまく「世界」のすべてがあるわけではないので、ことばに敏感であることによって、時々自身がとらえている「世界」を見直すことが必要になる。バランスよく編集されている辞書は、「世界」の（ことばによる）縮図のような役割を果たすことができる。そう考えると「辞書をよむ」ということのおもしろさや意義が感じやすい。

どう考えればよいですか?

はんぷくれんしゅう【反復練習】《名》あることがらを繰り返し練習したり用いたりして、身につけ、習慣的に反応できるようにすること。ドリル。反復法。

ドリル《名》（英 drill「錐（きり）」の意）①穴あけ用の工具の一つ。（略）②（錐をもんで穴をあけていくように反復して身につけさせるということから）学習法の一つ。重要な事項を反復練習によって指導すること。また、それに用いる教材。ドリルブック。

ドリルブック《名》（英 drill book）学習用の練習問題を集めた本。練習帳。ドリル。

筆者が小学生の頃には「漢字ドリル」や「算数ドリル」があった。筆者は練習問題が集めてあるものが「ドリル」だと理解しており、「反復」ということを意識していなかった。だから、『日本国語大辞典』の見出し「はんぷくれんしゅう【反復練習】」の語釈に「ドリル」とあるのをよんだ時に、「ああ、勘違いしていたのだ」と思った。念のために、と思って見出し「ドリル」をみるとその語釈には右のようにあって、筆者の理解と同じだ。「反復練習」は同じ（ような）ことを繰り返し練習する、ということだろうから、その「反復」が表に出ているか、そうでもないか、ということかもしれないが、少し気にはなる。

『三省堂国語辞典』第七版の見出し「ドリル」の語釈③には「〔くり返して　する〕練習」とある。〔　〕は折衷案か。まあそういう感じで理解されているということだろう。

語誌欄についても一言

ヒアリング《名》（英 hearing）《ヒヤリング》1（英語では aural comprehension）外国語学習での聞き取り。また、その練習。2（公的機関や会社が行なう）意見の聴取と説明を兼ねた会議。公聴会。聴聞会。語誌（②について）昭和五四年（一九七九）一月、原子力発電所設置についての説明会が開かれ、これを「公開ヒアリング」と称したのが始まり。「公聴会」が地元の意見を聞くだけだったのを、意見を聞いたあと説明をする対話形式にしたので、その違いを明らかにするため「ヒアリング」としたのだという。

「語誌」欄には一九七九年とあるが、『朝日新聞』の記事に検索をかけると、「公開ヒアリング制度」の検討は一九七六年から始まっていたと思われ、その頃にすでに「公開ヒアリング」という語が使われている。語誌が誤った情報を伝えているわけではないが、国語辞書であるから、やはり「公開ヒアリング」という語がいつから使われているか、ということをまず話題にしてほしいとも思う。

ぼくしょう【乏少】《名》（形動）1とぼしいこと。わずかなこと。また、そのさま。すこし。ぼうしょう。2貧しいこと。貧乏なこと。また、そのさま。貧困。語誌「乏」は、呉音「ボフ」、漢音「ハフ」であるが、「九条本法華経音」（平安末期写）には「慕六反（ボク）」と「房邑反（ボフ）」の二音が見える。また、「安田八幡宮蔵大般若経鎌倉初期点」には「所乏 ボク ボウ」（巻八）、「乏少 ボク ボフ」（巻三三〇）のように「ボク」「ボフ」の二形が加点されている。「法華経」「大般若経」は共に呉音で読まれるから、結局、呉音にはこの字の音に「ボフ」「ボク」の二音が存在したことになる。したがって「乏少」には「ボフセウ」「ボクセウ」の二通りの読み方があり、「色葉字類抄」や節用集類では、「ボクセウ」の形の方が優勢であったようである。

「語誌」欄の末尾「優勢であったようである」は「ようである」が曖昧であると同時に、論文を読んでいるような「口調」で、「編集方針」に記されている「現代の視点に立って引きやすく読みやすい」は直接は「見出しのかたち、および解説文」について述べているが、「語誌」は読みやすくなくてもいいということにはならないだろうから、この「読みやすい」からは乖離しているように感じられる。

第四章　使用例について

先にも述べたように、「凡例」の「編集方針」の一に「極力、実際の用例を示す」、三には「用例文」、五には「実際の使用例」、六・九・十には「用例文」という表現が使われている。『日本国語大辞典』は「用例文」を（なぜか）見出しにしていないので、『日本国語大辞典』の定義を窺うことはできないが、ごく常識的に考えれば、見出しとなっている語句を使用した文が「用例文」であろう。そして「実際の使用例」は文字通り、実際に使われた文で、（概念上は）そうではない、作られた「作例」がある、ということになるだろう。

以下では、「実際の使用例」を「使用例」と呼び、それに対して、作られたものを「作例」と統一的に呼ぶことにする。『日本国語大辞典』が「作例」をあげているかどうかは現時点ではわからない。つまりよんでいく間に、これは「作例」だと気づいたものはなかったということだ。

使用例をどう活用するか？

きのこやま【菌山】《名》きのこ類が多く自生する山。＊俳諧・百番句合（1733）六九番「里近く社引けたり菌山（きのこやま）〈宗瑞〉」＊俳諧・白雄句集（1793）三「なつかしや楓苗ふくきのこ山」＊俳諧・

文政句帖－五年（1822）八月「先達の手首尾わるさや茸山」

見出し「きのこやま」には俳諧における使用例しかあげられていない。そうだからといって、俳諧のみで「キノコヤマ」という語が使われていたことにはならないが、といって、さまざまな場面で使われているのであれば、他の使用例をあげるだろう。特に最初にあげられている「俳諧・百番句合」と次にあげられている「俳諧・白雄句集」とは成立が六十年しか隔たっておらず、もっと他に使用例があるのなら、白雄句集はあげなくてもいいかもしれない。そのように考えを巡らすと、この語は俳諧で使われていた可能性がたかそうな語であるという推測ができる。この推測があっているかどうかは、どのような文献において、「キノコヤマ」という語に巡り会うかということによって、判断することができるかもしれない。

きゅうきょ【鳩居】《名》（「詩経－召南・鵲巣」の「維鵲有レ巣、維鳩居レ之」による語）ハトは巣を作ることがへたなため、カササギの作った巣にいること。転じて、婦人がみずから家をなすことができないで夫の家にいることのたとえ。また、借家住まいのたとえ。

銀座に鳩居堂という書画用品、お香の老舗がある。路線価が話題になる時に必ず「鳩居堂前」が採りあげられる。このお店のホームページをみると、店名はやはり『詩経』「召南・鵲巣」に由来するようで、「カササギの巣に託卵する鳩に、「店はお客様のもの」という謙譲の意を込めたものです。また、室鳩巣の雅号と熊谷家の家紋「向かい鳩」にちなんだ屋号でもあります」と記されていた。

さて、話を戻せば、見出し「きゅうきょ【鳩居】」には使用例があげられていないが、丸括弧内の記述によって、『詩経』にある語であることがわかる。

使用例は、その語が実際にどう使われたか、どのような文献で使われたか、という「情報」を与えてくれるので、その語がどのような「文字社会」と結びついていたかを推測することができる場合がある。「今、ここ」は大事であるが、「今、ここ」だけに目を向けると「歴史的なとらえかた」が抜け落ちてしまう。語の歴史を知った上で、その語を使うということは大事だ。そういう意味合いで、使用例は重要である。

きゅうしゅういろ【九州色】《名》黒く日にやけた健康そうな南国人の肌色。＊三四郎(1908)〈夏目漱石〉一「此女の色は実際九州色(キウシウイロ)であった」

夏目漱石『三四郎』の中では、印象深い語である。『三四郎』(一九〇九年、春陽堂)から引用する。振仮名は省いた。

女とは京都からの相乗である。乗つた時から三四郎の眼に着いた。第一色が黒い。三四郎は九州から山陽線に移つて、段々京大阪へ近付いてくるうちに、女の色が次第に白くなるので何時の間にか故郷を遠退く様な憐れを感じてゐた。それで此女が車室に這入つて来た時は、何となく異性の味方を得た心持がした。此女の色は実際九州色であつた。

三輪田のお光さんと同じ色である。国を立つ間際迄は、お光さんは、うるさい女であつた。傍を離れる

のが大いに難有かつた。けれども、斯うして見ると、お光さんの様なのも決して悪くはない。(一～二ページ)

『日本国語大辞典』は見出し「きゅうしゅういろ【九州色】」の使用例として、夏目漱石『三四郎』のみを示している。こういう場合がいつもそうであるとはもちろん限らないが、夏目漱石の「造語」というか、一般的に使われていなかった可能性を考えておく必要があるだろう。

「造語」というと、何か「わざわざ造った」という印象が強くなるが、例えば、「きゅうしゅういろ【九州色】」に倣って、「シコクイロ(四国色)」とか、もっと地域を狭くして、「カナガワイロ(神奈川色)」や「ナガサキイロ(長崎色)」などという語を「造る」ことができる。今、勝手に造ったし、こうした語は聞いたことがないので、おそらく筆者の「造語」といってよいだろう。これらの語は、「シコク(四国)＋イロ(色)」のように、語構成はわかりやすい。しかしどういう語義であるか、語構成からは類推ができそうもない。だから語義はわかりやすくない「造語」ということになるが、「キリンイロ(キリン色)」という「造語」の場合、説明するのは難しいが、おそらく動物のキリンのような色ということだろうということは類推できる。だから、こちらの「造語」は語義もだいたいわかる。こういう「造語」もある。

きょうちゅう【鯁忠】《名》剛直で忠義なこと。＊読本・椿説弓張月(1807-11)後・二七回「又白縫紀平治が、年来(としころ)の苦節鯁忠(キャウチウ)を称嘖し」

この「キョウチュウ【鯁忠】」という語も、使用例が「読本・椿説弓張月」のみで、中国の文献における使用例があげられていない。これが漢語だとすれば、どういう漢語なのだろうと思う。『大漢和辞典』第十二巻の七四八ページに見出し「鯁」があるが、そこには「鯁忠」は載せられていない。「鯁」には〈かたい・ただしい〉という字義があるので、『日本国語大辞典』の「剛直で忠義なこと」は見当外れということはもちろんない。穏当な理解だろう。こういう項目をみると、筆者などは、滝沢馬琴が「鯁」字の字義がわかっている上で造った疑似漢語ではないか、などと放恣な妄想をしてしまったりする。漢字字義に通じていれば、それはむしろ自然なことかもしれない。『大漢和辞典』が載せていない二字漢語が滝沢馬琴の読本作品にどのくらいみられるか、という研究があってもよさそうだ。それは日本語を母語としている江戸時代の人が、どのくらい漢字を使いこなしているか、という指標になるかもしれない。

たいこう【大功】《名》[1] 大きなてがら。立派ないさお。大勲。↕小功。＊令義解（718）田・功田条「凡功田。大功世世不レ絶」＊神皇正統記（1339-43）中・光仁「天武・聖武国に大功あり、仏法をもひろめ給ひしに、皇胤ましまさず」＊史記抄（1477）八・孝文本紀「または周勃が大功があるほどに、丞相になさうとてぞ」＊文明本節用集（室町中）「身無二大功（タイコウ）一而有二大祿一〔淮南子〕」＊日葡辞書（1603-04）「Taicôuo（タイコウヲ）ツム」＊読本・椿説弓張月（1807-11）続・四一回「御辺身単にして、かかる大功（タイコウ）をたてられし事、感激に堪ず」＊書経-大誥「敷二前人受命一、茲不レ忘二大功一」[2] 大きな仕事。大規模な事業。＊平家（13C前）七・願書「義仲其後胤として首を傾て年久し、今此大功を発す事」＊列子-楊朱「将レ治レ大者不レ治レ細、成二大功一者不レ成レ小」[3] 中国の喪服の一種。期間が九か月の場合に着る、織目のあらい麻布で作ったもの。↕小功。＊制度通（1724）七「五服といふは〈略〉喪服を著するを斬衰斉衰大功小功緦麻と五段にたてて喪をつとむるなり」＊江戸繁昌記（1832-36）二・葬礼「喪主以下、緦麻大功の親、儀服孝を帯び」＊儀礼－喪服「大功布衰裳、牡麻経無レ受者」

「たいこう【大功】」の語義は大きく三つに分けて記されている。そのうち③はやや特殊な語義で、①と②とが広く使われてきた語義と思われる。語義①の使用例は八世紀の『令義解』から始まり、十四世紀の『神皇正統記』、十五世紀の抄物『史記抄』、十七世紀の『日葡辞書』、十九世紀の『椿説弓張月』とずっと使われ続けてきていることがわかる。中国の文献としては『書経』があげられている。語義②の使用例は十三世紀の『平家物語』が最初であるので、語義①がまずあり、語義②は後発したことが推測される。ごく粗くいえば、漢語「タイコウ（大功）」は八世紀頃から江戸期までずっと使われていたといえよう。

たいこう【対抗】《名》①互いに勝利を争うこと。はりあうこと。きそいあうこと。対立すること。＊真理一斑（1884）〈植村正久〉六「正義達徳の君子たらんと欲せば〈略〉酒色の快楽、世の物議、社会の風潮、又或る時は剣戟に向って十分に対抗するを要す」＊思出の記（1900-01）〈徳富蘆花〉五・二「其後明治政府に対して已み難い対抗の一念は」＊富岡先生（1902）〈国木田独歩〉四「若し理窟を言って対抗（タイカウ）する積りなら」②私法上、当事者間で効力の生じた法律関係を他の人に対して主張すること。＊民法（明治二九年）（1896）一六条「善意の第三者に対抗することを得ず」③「たいこううんどう（対抗運動）①」に同じ。＊文づかひ（1891）〈森鷗外〉「ラアゲキッツ村の辺にて、対抗は既に果てて」4競馬、競輪などで、本命に次ぐ能力があると予想されるもの。

その一方で、右の「タイコウ（対抗）」は最初の例が一八八四（明治十七）年の『真理一斑』で、徳富蘆花『思出の記』、国木田独歩『富岡先生』があげられている。こちらは明治期になってから使われ始めた語ということになる。

外来語もみてみよう。

タラップ《名》（オランダ trap）船や航空機などの乗り降りに用いられる鉄製の階段状のはしご。＊風俗画報－二九一号（1904）敵艦来寇「佐渡丸に向けて駛走し来り、其先頭なる端艇タラップの下に漕ぎ寄せ」＊黒い蝶（1955）〈井上靖〉「機体にはタラップが掛けられ、胴腹の出入口の扉は開けられた」＊忘却の河（1963）〈福永武彦〉二「彼女は、バスのタラップに足を掛ける前に」

「タラップ」は「ああ、あれだな」とすぐにわかると思うが、最初にあげられている使用例は『風俗画報』の二九一号で、一九〇四年は明治三十七年にあたる。この「タラップ」は船のもの、井上靖『黒い蝶』は「機体」とあるので、航空機のものだろう。おもしろいのは、福永武彦『忘却の河』の使用例で、「バスのタラップ」とある。ここでいう「タラップ」は外付けされるものではなく、バスの入り口のものであろうから、それも「タラップ」と呼んでいたことがあることがわかる。ちなみにいえば、福永武彦は、筆者が高校生の頃に熱心に読んでおり、『忘却の河』ももちろん読んだが、すでに「粗筋」さえも曖昧になっているので、「バスのタラップ」という行りも忘却の彼方にある。

『朝日新聞』の記事を検索してみると、一九八五（昭和六十）年十二月三十一日、一九九二（平成四）年三月三十日、一九九四年十二月八日の記事にこの「バスのタラップ」という表現が使われていることがわかった。たった三例であるので、使われないということはないが、きわめて稀、ということだ。こういう、やや珍しい使い方が使用例をよくみることによってわかることもある。この「バスのタラップ」は偶然ではなく、「船や航空機など」の「など」の具体例として加えられているものと推測する。

ダンケ《感動》（ドイツ Danke）ありがとう。＊美しい暦（1940）〈石坂洋次郎〉一七「篠原淳平が一同の代表格で手を挙げて、『有難う（ダンケ）』と云った」

石坂洋次郎は現在ではあまり読まれていないかもしれないが、新潮文庫には『青い山脈』（一九五二年）や『陽のあたる坂道』（一九六二年）、『あいつと私』（一九六七年）などが早くから入っていたので、筆者の「文庫体験の初期（中学生頃）」に何冊か読んだ記憶がある。それはそれとして、ドイツ語である「ダンケ」をいつ頃、誰がどういう場面で使うのだろうと思った時に、それをうまくあらわしている使用例があると、「なるほどこういうように使われていたのだ」ということがわかって、少し語に「表情」が加わるのではないだろうか。

ダンプカー〘名〙（洋語 dump car）荷台を後方または側方に傾けて積載物を滑り落とすことができるトラック。ダンプ。ダンプトラック。＊水の葬列（1967）〈吉村昭〉一「ダンプカーは坑内からのズリを谷に落し」＊最後の旅（1969）〈加賀乙彦〉「ダンプカーが荷台をかたむけて砂利を一挙に落下させるように」

初めにあげられている吉村昭『水の葬列』の使用例では「ズリ」を調べたくなるかもしれない。『日本国語大辞典』は「ズリ」を「鉱山で掘り出された鉱石中に含まれる価値のない岩石、鉱物など。また、土木工事で切り崩したり、掘ったりして生じた岩石片、土砂をもいう。特に、北海道地方の炭鉱では、掘り出された岩石や屑石炭をいうが、九州地方の炭鉱ではこれを「ぼた」という」と説明している。

日本の高度経済成長期は一九五四（昭和二十九）年十二月（第一次鳩山一郎内閣）から一九七三年十一月（第二次田中角栄内閣）の十九年間であるといわれることがあるが、そのまっただなかに一九六四年の東京オリンピックがある。筆者は一九五八年生まれであるので、十九年の中の十五年ぐらいを「経験」していることになる。見出し「ダンプカー」にあげられている使用例は一九六七年、一九六九年のもので、やはり右のようなこととかかわりがあるように感じる。

『朝日新聞』の記事を検索してみると、一九五五（昭和三十）年に初めて「ダンプカー」という語が記事で使われている。その次は、一九五九年四月二十二日の記事であるが、「ダンプカー転倒　通行人はねられて重傷」という見出しであるし、その次の同年十月十二日の記事の見出しも「京都で二十三人負傷　ダンプカー、市電に衝突」、その次の同年十一月三日の記事の見出しも「ダンプカー大あばれ」である。新聞記事だから、そういうことになるともいえようが、ダンプカーのかかわる交通事故が頻発していたような印象を受ける。こういうことも、使用例から感じる場合もある。

語を自身が使う、といった場合、まずは語義をきちんと理解して、ということになるだろうが、それはいわば当然のことで、やはり、「どういう場面でどのように使えばいいか」ということが重要だろう。碩学小島憲之は「語性」という用語を使っていた。「語性」は〈語の性質〉であろう。筆者は「性質」は人間の性質を思わせるので、言語に関して「性質」という語を使って説明しないように気をつけている。小島憲之が「語性」という用語でいわんとしていたのは、語には使われてきた歴史があって、それが「どういう場面でどのように」ということであり、また具体的にはどのような文献、文学作品の中で、使われてきたか、ということだろう。そうしたものをふまえて（あるいはわざとふまえないで、ということもあるだろうが）語を使うのが、語の使い方がわかっている、ということだろう。それはドリルのようなもので、語義を棒暗記するということではさらさらなく、実際に使われている文章を読んだ時に感じ、蓄積していくもの、あるいは大人や先人に教えてもらうようなことだろう。まず「他者の声を聞く」それから「自分が声に出してみる」といってもよいかもしれない。「他者の声を聞く」はいわば「歴史的な観点」であるが、現在はこの「他者の声を聞く」というプロセスを省いて、いきなり話だそうとしていないだろうか。言語は他者と共有されて初めて言語として成り立つ。自分だけのことばで語ることはできない。

チェーンストア《名》（英 chain store）同一業種の多数の小売商店を一つの経営下に組織したもの。仕入れ、人事、事務管理などを本部に集中し、各店は販売に専心する。スーパー、専門店、月賦販売店などの営業形態があり、組織上、レギュラー・チェーン（正規連鎖店）、ボランタリー・チェーン（任意連鎖店）、両者を組み合わせたフランチャイズ・チェーンがある。チェーン店。連鎖店。＊音引正解近代新用語辞典（1928）〈竹野長次・田中信澄〉「チェイン・ストーア Chain store 英 連鎖商店と訳してゐる」＊銀座八丁（1934）〈武田麟太郎〉「経営者側からいへば、チエンストアのやうなものを形作ってゐた」＊ロッパ食談（1955）〈古川緑波〉甘話休題Ｉ「青木堂といふ店は、当時市内何軒かチェーンストアがあり」

最初にあげられている『音引正解近代新用語辞典』（一九二八年、修教社書院）においては、「Chain store」を「連鎖商店」と翻訳している。たしかにそういえそうであるが、『日本国語大辞典』はこの「レンサショウテン（連鎖商店）」を見出しにしていない。見出しにしていないというより、この語はこの語釈中にしかみられない。続いてあげられている使用例は一九三四年、一九五五年で、少し古い。現在は「チェーンテン（店）」という語も使われている。

チェーンてん【—店】《名》「チェーンストア」に同じ。＊新西洋事情（1975）〈深田祐介〉アテンド悲歌「チェーン店としては欧州最大、というより唯一の日本料理屋です」

「チェーンテン」も見出しになっているが、あげられている使用例は一九七五（昭和五十）年で、新しいわけでもない。「チェーンストア」と「チェーンテン」と二つの語が視野に入っている場合、例えば前者がいつ頃まで使われ、いつ頃から後者に変わったのか、とか、語の変遷まではわからないにしても、後者がいつ頃から使われ始めたのか、などが知りたくなる。そうした「興味」に使用例が的確に答えてくれると嬉しい。見出し「チェーンてん」では、使用例が一つしかあげられていないので、これが「使われ始め」を示している例なのか、『日本国語大辞典』が編集された時点での新しい例ということなのかがこれだけではわからない。

そこで初版を調べてみると、初版には見出し「チェーンてん」はなく、「チェーンストア」は次のように説明されていた。先に掲げた第二版とは少し語釈が異なり、あげられている使用例も少し異なる。縮刷版は初版と同じ。

チェーンストア《名》（英 chain store）同一業種の多数の小売商店を一つの経営下に組織したもの。仕入れ、人事、事務管理などを本部に集中し、各店は販売に専心する。スーパー、専門店、月賦販売店などの営業形態があり、組織上、正規連鎖店と任意連鎖店（ボランタリー＝チェーン）がある。連鎖店。
＊銀座八丁〈武田麟太郎〉「経営者側からいへば、チエンストアのやうなものを形作ってゐた」

『朝日新聞』で「チェーン店」を検索してみると、一九七二（昭和四十七）年十一月一日の記事がもっとも古い使用例であることがわかる。とすれば、深田祐介の『新西洋事情』での使用例は、『日本国語大辞典』が得た比較的新しい使用例であった可能性がたかい。ここで、第二版を編集している時点での比較的新しい使用例が入っていると、「チェーン店」がいわばまだ「現役の語」であることがはっきりとわかる。

さて、筆者が強力なツールとして使っている『朝日新聞』のデータベースであるが、右のことを検索していて気づいたことがあった。それは「チェーンストア」で検索しても「チェーン店」で検索しても、結果が変わらないということだ。「あれ?」と思って検索する画面をよくみたら、検索のために入力する欄には「キーワード」とあった。つまり文字列検索ではない、ということだ。今まで勝手に文字列検索だと思い込んでいた。恐ろしいことだ。文字列検索であれば、「チェーンストア」で検索すれば、「チェーンストア」のみが、「チェーン店」で検索すれば、「チェーン店」のみがヒットするが、「キーワード」検索なので、その「キーワード」にかかわる記事がヒットしているということになる。検索機能のどこかで、「チェーンストア」と「チェーン店」は「同値」のものとなっているのだろう。検索機能は便利ではあるが、どういう検索をしているかに注意する必要がある。

小型辞書の作例と使用例との違い

だんらん【団欒】《名》1 月などのまるいこと。また、まるいもの。＊范成大‐上元紀呉下節物詩「撚レ粉団欒意、熬レ稃腷膊声」2 (―する) 集まって車座にすわること。円居(まどい)。＊文華秀麗集(818)下・和野柱史観闘百草、簡明執之作〈巨勢識人〉「団欒七八者、重楼粉窓下」＊東海一漚集(1375頃)一・帰郷中留博多寄別源「兄弟団欒相語処。莫レ忘下餬二口四方一児上」＊田舎教師(1909)〈田山花袋〉一四「三人して団欒(ダンラン)して食った」＊或る女(1919)〈有島武郎〉前・一四「午餐が済んで人々がサルンに集まる時などは団欒が大抵三つ位に分れて出来た」＊孟郊‐惜苦詩「可レ惜大雅旨、意ニ此小団欒ニ」③（―する）家族など親しい者同士が集まって楽しく語りあったりして時をすごすこと。親密で楽しい会合。うちとけた会合。＊草堂集（1816）下・草虫何嘤々「合家団圝話、無レ偽亦無レ真」＊星巖集‐甲集（1837）梨花村草舎集・新正口号「団欒話裏東風入、渾舎迎レ春喜不レ堪」＊徽（1911）〈徳田秋声〉七七「笹村の頭には〈略〉自分の家、家族の団欒、それらの影が段々薄くなって」＊大道無門（1926）〈里見弴〉影法師・一「とてもこちらの家庭では見られないほど団欒（ダンラン）して居るのですが」

小型の国語辞書が「ダンラン（団欒）」をどのように説明しているかみてみよう。

だんらん【団欒】《名・自サ変》親しい人たちが集まってなごやかに時を過ごすこと。「一家―」▽集まって車座にすわる意から。（『明鏡国語辞典』第二版）

だんらん【団欒】（名・自サ）（まるく）集まって　なごやかに過ごすこと。まどい。「一家―」（『三省堂国語辞典』第七版）

だんらん【団欒】―する（自サ）〔「団」も「欒」も丸い。車座に円居《イマド》する意〕家族など親しい者同士が集まり、なごやかに時を過ごすこと。「一家―」（『新明解国語辞典』第七版）

だんらん【団欒】《名・ス自》集まってなごやかに楽しむこと。親しみある楽しい集まり。「一家―」▽もと、集まって車座にすわること。（『岩波国語辞典』第七版新版）

だんらん【団欒】〔名・自スル〕親しい者たちが集まり、打ち解け合って楽しく過ごすこと。まどい。「一家─」（『集英社国語辞典』第三版）

小型の国語辞書の語釈はほとんど同じで、右に掲げた五つの辞書はすべて「一家団欒」を使用例として示している。それはそれで、現代日本語の状況を反映しているのだろう。『日本国語大辞典』は語義を三つに分けて記述しており、使用例と合わせてみれば、①から②、③へと語義が展開していったことが推測できる。里見弴の『大道無門』の使用例は「こちらの家庭では見られないほど団欒（ダンラン）して居るのですが」とある。この『大道無門』は五六六回使用例として掲げられている。わりに使用例として使われているように感じたので、購入して読んでみた。今記録を見ると、二〇一七（平成二十九）年の二月十日から読み始めて、四月十四日に読み終わっている。『日本国語大辞典』が掲げている使用例が少し短いので、前後を含めてあげてみる。振仮名は省いた。

正面の席から、根本夫人が、やゝ興奮したやうな早口で、「日本の婦人に、彼の女自身の生活がない、といふことは、わたくしも、あちらに居りました頃に、つく〲さう感じたんで御座いますが、あちらの人の、どういふところを見て、一番その感を深くしたかと申しますと、老人の居る家庭です。若い夫婦から云ふと、舅、姑ですが、この場合では主に姑です。つまり年をとつた女の人たちが、どこの家庭で見ましても、ちやんと自分自身の生活をもつてゐるのです、─といふのは、何も若い人たちと離ればなれに、そつちはそつち、こつちはこつち、といつた工合に、仲わるく暮してゐるといふのではありません。それどころか、とてもこちらの家庭では見られないほど団欒して居るのですが、たゞ違ふ点は、日本の御老人たちは、御自分たち自身の生活といふものをお持ちにならないもんですから、兎角若い人たちの生活のなかへ割り込んでいらつしやる」（一一五ページ）

右からすれば、（舅）姑が若い夫婦と団欒して暮らしているということだろう。少し前に武田砂鉄『紋切型社会─言葉で固まる現代を解きほぐす』（二〇一五年、朝日出版社）が話題になったが、「一家団欒」なども「紋切り型表現」だと思う。一家が団欒していようがいまいが「イッカダンラン（一家団欒）」という語を使って、その語でくくってしまう。小型の国語辞書の編集者がそういうことを思っているとは考えないが、それでも「ダンラン（団欒）」だったら、「一家団欒でしょ」という感じがないでもない。『大道無門』での「ダンラン（団欒）」はもう少し「緊張感」のある文脈で使われているように感じる。「ダンラン（団欒）」という語が「紋切り型」になっていない、といってもよい。

「作例」の「抽象性」がいい場合もある。語は文中に置かれると、「その文の中での意味」を少なからず帯びる。それにあまり気をとられると、使用例をたくさんあげたくなる。しかし、一〇〇の文をあげれば、当該語の「その文の中の意味」は一〇〇ある。きりがなくなる。「作例」は適度に抽象化された語義を示す。しかし、あまり抽象化すると、「紋切り型」になってしまう。そのあたりの加減が難しそうだ。使用例をよんでいるとそんなことを考えることがある。

「ことばは世界をのぞく窓」なんだから、その「窓」からのぞいた時に、家族が仲良くしている様子が目に入る。その「様子」を「ダンラン（団欒）」という語によって表現する、という順序がある。「紋切り型」の表現とは、そうではなくて、家族は団欒するものでしょ、というとらえ方があって、実際に団欒していても、いなくても、「一家は団欒だよね」というように、「ダンラン（団欒）」という語の方に、「様子／実情／実際」を、今はやりの言い方でいえば「寄せる」ということだ。ことばが「実際」を絡め取るとでもいえばよいだろうか。そういうこともありそうだ、と思う一方で、やはりそれは言語の仕様としては粗いのではないかと思う。

さて、別巻となっている「出典一覧」で『大道無門』を調べてみると、「①里見弴 ②改造社　昭和二年 ③一九二六 ④小説」とある。「出典一覧」の冒頭には、①は「作者または編者名」、②は「底本名」、③は「成立年・刊行年」、④は「補助注記」とある。②の「底本名」には「本辞典において用例のテキストとして採用した底本を示す」「全集・叢書などの類は、その全集名・叢書名のみを示した。それらの詳細については、「主要全集・叢書一覧」に掲げる」「単行本については、書名、または編著者名・発行者名・刊行年などを必要に応じて示す」「写本・版本については、所蔵者名・書写年、刊記など必要に応じて示す」とあり、④の「補助注記」には「本辞典の用例で示す書名が略称の場合はその正式名称を示す」「特に著名な別称、分野、資料の性格、翻訳書における原著者等を必要に応じて示す」と記されている。④に「小説」とあるのは、「分野」ということだろう。ちなみに、第一巻別冊の「主要出典一覧」では、②が「成立年・刊行年」、③が「底本名」となっている。「主要出典一覧」は後々再編集されたことがうかがえる。

「出典一覧」でいうと②「底本名」がしっくりこない。「改造社」は出版社名で、もちろん改造社から出版されたテキストが「底本」だということはわかるが、「底本名」が「改造社」ではないだろう。「底本を示すために、底本の出版社を示すこともある」などとあればより丁寧ではなかったか。③には「一九二六」とある。

「主要出典一覧」の②「成立年・刊行年」にも「一九二六」とある。使用例に示されているのも「一九二六」である。さきほど、筆者は『大道無門』を購入した、と述べたが、筆者が購入した『大道無門』（改造社）の刊記には「昭和二年三月十二日印刷／昭和二年三月十五日発行」とある。この刊記からすれば、この本はこの本で「初版」であることになる。昭和二年は一九二七年だ。「日本の古本屋」という古書のサイトで「大道無門」「改造社」で検索すると、昭和二年出版のものと、昭和二十二年出版のものとしかヒットしない。一九二六年であれば、大正十五年でなければならない。『日本国語大辞典』の記事からすれば、大正十五年に改造社が出版した『大道無門』があるはずだ。今後気にしておこう。

たたずむ【佇・彳】《自マ五（四）》（後世は「ただずむ」とも）①その所を離れずにいる。そのあたりにしばらくとどまる。そこにじっと立っている。＊蜻蛉（974頃）下・天禄三年「だらにいとたうとう誦みつつ、礼堂にたたずむ法師ありき」＊源氏（1001-14頃）末摘花「なにやかやと世つけるすちならて、そのあれたる簀の子にたたずままほしきなり」＊平家（13C前）一〇・横笛「往生院とはききたれども、〈略〉ここにやすらひ、かしこにたたすみ、たづねかぬるぞむざんなる」＊書言字考節用集（1717）八「彷徨　タダズム」＊妙好人伝（1842-52）二・下・播州卯右衛門「我家へ這入かねて門に彳（タタズ）み居ければ」＊和英語林集成（初版）（1867）「Tadadzmi, mu, nda　タダズム　彳」②そのあたりを行きつもどりつする。その辺をうろうろする。ぶらつく。徘徊する。＊万葉（8C後）一六・三七九一「飛ぶ鳥の　飛鳥壮士が　長雨いみ　縫ひし黒沓　さしはきて　庭に立住（たたずめ）　まかりな立ちと　いさめ少女が〈作者未詳〉」＊書陵部本名義抄（1081頃）「寸歩　タタズム〔遊〕」＊堤中納言（11C中-13C頃）貝あはせ「例の随身に持たせて、まだ暁に門のわたりをたたずめば、昨日の子しも走る」＊御巫本日本紀私記（1428）神代下「仿徨　太々須牟（タタスム）」3身を落ちつける。生活の基盤を置く。＊浮世草子・懐硯（1687）二・一「内証勘当して追出しければ、外に彳亍（タタスム）かたもなく哀にさまよひ歩行（ありき）しを」＊浄瑠璃・愛護若塒箱（1715頃）二「ヤイ宿なしの素浪人、佇む所のなきままに自業自滅の切腹を」

『日本国語大辞典』は「タタズム」の語義を「1その所を離れずにいる。そのあたりにしばらくとどまる。そこにじっと立っている」「2そのあたりを行きつもどりつする。その辺をうろうろする。ぶらつく。徘徊する」「3身を落ちつける。生活の基盤を置く」という三つに分けて記述している。語義2の最初の使用例として『万葉集』が示されているので、12はともに古くからある語義ということになる。語義3の最初の使用例は十七世紀のものなので、3はかなり後発した語義といえよう。

ここでも小型の国語辞書の記述をあげてみよう。

たたずむ【佇む】《自五》❶ある場所にしばらく立ち止まる。「その横に、大学の制服を着た青年が人待ち顔に─・んでいる〈北杜夫〉」❷ある場所に建物・彫像・樹木などが（ぽつんと）立って存在する。「森の中にひっそりと─人家」（『明鏡国語辞典』第二版）

たたずむ〔佇む〕（自五）〔文〕①〔特別にすることもなく〕しばらく立つ。「町かどに─」②〔建物などが〕ひっそりとある。「山あいに─寺」（『三省堂国語辞典』第七版）

たたずむ【佇む】（自五）立ち去ることが出来ないで、立ったままそこにしばらく居る。（『新明解国語辞典』第七版）

たたずむ【佇む】《五自》しばらく一か所に立ちどまる。▽「ただずむ」とも言う。（『岩波国語辞典』第七版新版）

たたずむ【佇む】〔自五〕《文章》しばらく立ち止まる。「街角に―」（『集英社国語辞典』第三版）

『三省堂国語辞典』と『集英社国語辞典』が「タタズム」は文章で使われる語（すなわち話しことばではあまり使われない語）であることを積極的に示している。小型の国語辞書の語釈と対照すると、幾つかのことに気づく。まず、『日本国語大辞典』は語義3の使用例として「浄瑠璃・愛護若塒箱（1715頃）」をあげているが、この十八世紀の使用例がこの見出しにおける一番「新しい」使用例ということになる。小型の国語辞書は、改めていうまでもなく、現代日本語の辞書であるので、現代において「タタズム」がどのような語義をもち、どのように使われているかを記述している。すると、『明鏡国語辞典』の語義❷、あるいは『三省堂国語辞典』の語義②に該当する語義が『日本国語大辞典』にはみられないことに気づく。これは新しい語義といってよいだろう。

語義①の〈しばらく立ち止まる／立つ〉は「立ち止まる／立つ」だから、少なくとも生物のことと考えれば、語義②はそれが無生物に転じたものとみることができる。だから、語義②を記述しておこうという立場に立てば、語義②を書くことになるが、だから書かなくてもよいのだという立場だってあり得る。そういうことはよくあることだから、一々別義とみなす必要はない、というのも一つの見識であろう。そこまで考えれば、結局「タタズム」の語義は〈しばらくたちどまる〉とおさえておけばよいことになる。そのように語義について丁寧に整理してみると、『新明解国語辞典』の「立ち去ることが出来ないで」は他の国語辞書にみられない語釈であることがはっきりとしてくる。「立ち去ることが出来ない」には理由があるように思われる。あるいは「理由もなく何となく立ち去ることが出来ない」ということもあるのだろうか。いずれにしても、「立ち去ることが出来ない」から「立ったままそこにしばらく居る」は「評価的」な語釈に思われる。『日本国語大辞典』は十八世紀までの使用例しかあげていないので、そこから推測することは難しいが、あげられている使用例の中には、何か理由があってそこにいる、というような使い方はみられない。

湖上へ出ると、最初は波でふらつき、水へ落ちかけたが、徐々に慣れてきた。1時間ほどかけ、湖岸や近くの鴨川をこいでいく。岸でたたずむ鳥や、深い緑に覆われひっそりとした河口などを目にした。水が澄んでいれば、湖魚も見られるという。(『朝日新聞』二〇一七年八月十日滋賀全県版)

右の記事には「岸でたたずむ鳥」とある。先に「少なくとも生物」と書いたが、人間以外の生物にも「タタズム」が使われるようになっていることがわかる。先に一〇〇の文があれば一〇〇の語義がある、というようなことを述べたが、それはそのとおりである。しかしまた、実際の使用例がどのように使われているかを観察し、当該の文中での意味ではなくて、当該語の根幹にある語義を抽出するのが、語義を記述する人の役目であろう。そうであれば、使用例は語義記述の起点でもある。

「周囲から取り残され、ぽつんとたたずむ丘」(『朝日新聞』二〇一七年七月二十九日)や「澄んだ空気に包まれた森の中にたたずむ2頭のつがいの鹿」（同七月二十六日）のように、「丘」などの無生物や「つがいの鹿」のような人間以外の生物にも「タタズム」が使われるようになったのは、「タタズム」には理由がそもそもなかったからではないか。理由があって立ち止まるというのが「タタズム」の根幹にある語義であれば、そこは「捨てにくい」はずだ。

しゅっぱつ【出発】《名》1目的地に向かって出かけること。かどで。出立（しゅったつ）。＊布令字弁（1868-72）〈知足蹄原子〉五「出発　シュッハツ　デムク」＊改正増補和英語林集成（1886）「タビジニshuppatsu（シュッパツ）スル」＊寧馨児（1894）〈石橋思案〉一一「余が英国を出発（シュッパツ）する時」2物事を始めること。また、その始め。＊アパアトの女たちと僕と（1928）〈龍胆寺雄〉九「僕はプロレタリヤ運動って云ふのは、プロレタリヤの不満から出発したので、その解放を叫んで居るんだと思ってたんだけれどね」＊島崎藤村論（1953）〈亀井勝一郎〉漂泊のしらべ「『自伝的作家』と後に呼ばれる藤村の出発はこの一篇にある」

近時、小型の国語辞書は見出しとなっている語の使い方についての「情報」を丁寧に示すようになってきている。それは国語辞書といっても、日本語を母語とする人だけが使うのではないというとらえかた、あるいは日本語を母語としない人に日本語を教えるにあたっての「情報」を備えておいたほうがよいという考え方、などによるものであろう。

例えば『新明解国語辞典』は「動詞を述語とする文の基本構文の型」を「〈なに**ヲ**―〉〈だれ**ヲ**―／だれ**ニ**

—〉」といったかたちで示している。見出し「シュッパツ（出発）」には「〈どこ**カラ**—する／どこ**ヲ**—する〉」とあって、この語が「Xからシュッパツする」「Xをシュッパツする」という構文で使われることを端的に示している。そうした目で、『日本国語大辞典』が示す使用例をみると、1にあげられた三つの使用例のうち、最初の二つは辞書の例であるために、十分な文脈をもっていない。三つ目にあげられた「＊寧馨児（1894）〈石橋思案〉」は「英国を出発する」で、「Xをシュッパツする」という構文の使用例となっている。『新明解国語辞典』の記事からすれば、「Xからシュッパツする」という使用例がほしい。

新聞記事に「から出発」で検索をかけてみると、「長崎港から出発」（二〇一七年八月十日『朝日新聞』福岡全県版）や「試合前日の夜に新潟駅などから出発」（同五日『朝日新聞』新潟全県版）などのように「場所から出発」という使い方の他に、語義「2 物事を始めること」での「から出発」も、「被災者支援から出発」（同七月二十四日『朝日新聞』宮城全県版）や「当然の疑問から出発」（同七月十一日『朝日新聞』）もあり、現在であれば、使用例はたやすく集めることができそうだ。そこまで考えると、新聞記事や書きことばのコーパスを使った辞書編集ということが視野に入ってきそうだ。『日本国語大辞典』第三版にそれを望む、ということでもないし、実際にそうしたことが検討されているかどうかもわからない。しかし、可能性の一つ、選択肢の一つとしてはあるだろう。

『日本国語大辞典』第二版は、語の歴史的な変遷についての「情報」をきちんと示している辞書である。その点は高く評価したい。使用例も豊富だ。それにコーパス的な観点からの「情報」が過不足なく加えられたら、と思う。しかし、そのバランスをとるのは難しいだろう。「舵取りをする人（々）」の「加減」が大変そうだ。

あるいはまた、小型の国語辞書の中には「語の文法に関する情報」を積極的に示すものがある。例えば『新明解国語辞典』第七版は、見出し「ずばぬける」を次のように説明している。

ずばぬける【ずば抜ける】（自下一）とび離れてすぐれている。「ずば抜けた運動神経」文法 多く「…ずばぬけている」また「ずばぬけた＋体言」の形で使われる。

『日本国語大辞典』をみてみよう。

ずばぬける【―抜】《自カ下一》1 ふつうの程度よりも、ずっとすぐれる。群を抜く。＊仮名草子・ぬれぼとけ（1671）上「ある明月の事なるに、星の親ぢのずばぬけしを、見るより見性したまいて、三世・浄土をぶったてて、仏道なりと名をつけて」＊夢声半代記（1929）〈徳川夢声〉江戸ッ児になる迄「何しろ中学時代を通じて、私の最も頭破抜（ヅバヌ）けた成績と云へば、これであった」＊茶話（1915-30）〈薄田泣菫〉独帝への進物「まあ、貴方のはずば抜（ヌ）けて大きいわね」＊医師高間房一氏（1941）〈田畑修一郎〉四・四「見ただけでのろまな在馬にくらべると、相沢の馬はずば抜けてゐた」2 言いにくいことなどを、ずばりと言う。＊くれの廿八日（1898）〈内田魯庵〉四「と斯うずばぬけて打出されると」

「仮名草子・ぬれぼとけ（1671）」の使用例は別とすれば、「＊夢声半代記（1929）〈徳川夢声〉江戸ッ児になる迄」は「ズバヌケタ成績」、「医師高間房一氏（1941）〈田畑修一郎〉」は「ズバヌケテイた」で、『新明解国語辞典』の「情報」と一致している。

使用例が載せられていない見出し

から見出し

「凡例」「編集方針」の冒頭には「一　この辞典は、わが国の文献に用いられた語・約五十万項目に見出しを付けて五十音順に配列し、その一々について、意味用法を解説し、極力、実際の用例を示すとともに、必要な注記を加えるものである」と記されている。

右には「極力、実際の用例を示すとともに」とある。ということは、「実際の用例」が示されていない見出しがあるということだ。

「凡例」「**見出しについて**」「一　**見出しの種類**」には「解説・用例など、すべてを記述する」「本見出し」と「別に本見出しがあって、それを ⇩ をもって指示する」「から見出し」とがあることが記されている。

イスパンヤ ⇩イスパニア

イスパニア（ラテン Hispania スペイン España）《イスパニヤ・イスパンヤ》「スペイン」に同じ。＊随筆・西遊記（新日本古典文学大系所収）（1795）九「フランス国、イスパンヤ国一致仕、ヱゲレス国と合戦に及び」＊幼学読本（1887）〈西邨貞〉五「今より三百二十余年前、いすぱにあの人始めて之れを見出だせしなり」＊冷笑（1909-10）〈永井荷風〉一三「仏蘭西の作家モオリス、バレスが其漫遊記中に西班牙（イスパニヤ）の土壌より発する空気を官能的に叙したる一章を記憶す」

「イスパンヤ」は、から見出しで、本見出し「イスパニア」の参照を促している。本見出し「イスパニア」には「解説・用例」が記されている。この場合、使用例の最初にあげられている「随筆・西遊記」に「イスパンヤ（国）」が使われているので、から見出しとなっている語形の使用例も本見出しにあげられていることになる。

初版では、から見出し「イスパンヤ」はなく、本見出し「イスパニア」は次のように記されており、使用例はあげられていなかった。

イスパニア（ラテン Hispania スペイン España）「スペイン」に同じ。

つねにから見出しの使用例が本見出しに示されているわけではない。

イスパハン ⇩イスファハン

イスファハン（Esfahan）《イスパハン・エスファハン》イラン中部の都市。紀元前六世紀アケメネス朝ペルシア帝国の頃建設され、一六、七世紀にはイランの首都となった。イスラム様式の見事な建造物が残されている。

右では本見出し「イスファハン」に「イスパハン」「エスファハン」があげられている。しかし、「エスファハン」はから見出しに（も）なっていない。異なる語形、異なる表記を（できるだけ）多く示すことに力を注ぐか、「辞書としての一貫性」を保つことに力を注ぐか、といったところだろうか。から見出しから本見出しの参照を促すのだから、本見出しにはから見出しにかかわる「情報」はできるだけ示されているのがよいだろうし、「イスパハン」がから見出しであることからすれば、「エスファハン」もから見出しになっているほうが「辞書としての一貫性」が保たれているといえよう。しかしまた、から見出しとなっている「イスパハン」が前に置かれていることからすれば、次第に（何らかの意味合いにおける）「標準形」から遠くなるように語形が並べられている、とみることもできるかもしれない。

いそがし【忙・急】《形シク》⇩いそがしい（忙）

いそがしい【忙・急】《形口》文 いそがし《形シク》（動詞「いそぐ（急）」の形容詞化）1 早くしなければならない用事に追われるさまである。また、用事が多く重なったりして暇がない。多忙である。＊石山寺本大般涅槃経平安初期点（850頃）「吾は今劇務（イソカシ）」＊伊勢物語（10C前）六〇「宮仕へいそがしく心もまめならざりけるほどの家刀自（いへとうじ）」＊書陵部本名義抄（1081頃）「時澆（アハテ）政劇 イソカシ」＊虎明本狂言・雁礫（室町末-近世初）「やらいそがしや、急ぎの御使に参る」＊俳諧・曠野（1689）員外「墨ぞめは正月ごとにわすれつつ〈野水〉大根きざみて干（ほす）にいそがし〈荷兮〉」＊当世書生気質（1885-86）〈坪内逍遙〉一六「『イヤどうも事務多端で』『定めし多忙（イソガシ）いだらうネエ』」2 せかされるような感じで落ち着かない心持ちである。落ち着いてはいられない気持である。気がせく、あわただしい。せわしい。＊源氏（1001-14頃）宿木「例の心のくせなれば、いそがしくもおぼえず」＊栄花（1028-92頃）初花「御台（みだい）なども参らぬにはあらで、なかなか常よりも物をいそがしう参りなどせさせ給ひけるに」＊ロドリゲス日本大文典（1604-08）「カノラウジン ココロ isogaxũte（イソガシュウテ）ウチエ モドリ（黒船物語）」＊二人比丘尼色懺悔（1889）〈尾崎紅葉〉戦場「遽（イソ）がしく馬を下り、鑣（くつばみ）とって進み寄れば」3 ものごとが次から次へとたえまなく続くさまにいう。とめどない。＊古今集遠鏡（1793）五「なぜに此やうに涙がいそがしうこぼれることやら」＊日本読本（1887）〈新保磐次〉五「時計の面に小なる円を画き、ここに亦針ありて甚急がしく回転す」＊唐人お吉（1928）〈十一谷義三郎〉一「夜なべの音がちょいと乱れ、またすい・すい・とんと急がしくつづいてゆく」4 追われたり、調べられたりして、犯人が危険な状態にあるさまをいう、盗人仲間の隠語。〔隠語輯覧（1915）〕5 悪事をたくらむ、悪事に夢中になるさまをいう、盗人仲間の隠語。〔隠語全集（1952）〕

いろいろな理由からから見出しがたてられている。「凡例」「見出しについて」「四　活用語の見出し」の「2　形容詞」には「文語形と口語形とが存在するものは、口語形を本見出しとする」と記されており、右はこの条に該当する。「口語形」である「イソガシイ」が本見出しとなるが、そこに「文語形」の使用例もあげられることになる。というよりも、使用例中の「口語形」はむしろ少ない。

「文語形」・「口語形」ということも、二〇一八年すなわち現代においてははっきりとしている。現在使っている「イソガシイ」が「口語形」で、かつて使われていた「イソガシ」が「文語形」だ。それゆえ、現代刊行されている『日本国語大辞典』が現在使っている「口語形」を本見出しにして、かつて使われていた「文語形」をから見出しにするのは、現代の辞書としては当然のことといってよい。しかしまた、かつて使われていたのが「文語形」であることからすれば、使用例のほとんどが「文語形」であることも当然のことである。しかし、それは一見しただけではわかりにくい、ということはないだろうか。そうしたことがわかるのは「当然」だといつまでいっていられるか、という危惧が杞憂ならむしろよい。

右のことをわかりやすくするためには、「文語形」「口語形」ともに本見出しとし、「文語形」見出しには「文語形」の使用例をあげ、「口語形」見出しには、はっきりと「口語形」であることがわかる使用例をあげればよい。しかしこれは全体の記述量に大きくかかわる。

ちなみにいえば、一八九一（明治二十四）年に完結した『言海』においては、見出し「うまれる」に「訛語《ナマリ》、或ハ、俚語《サトビコトバ》」の符号を附し、「生《ウマ》ル、ノ訛」と説明する。つまり、「文語形」を一方に置き、「口語形」を「訛語」と位置づけていた。

いがましい《形》[方言] ⇩いげがましい（棘―）

いげがましい【棘―】《形》[方言] ❶魚の小骨やとげが特に多い。長崎県対馬913 ◇**いぎがましい** 山口県803 ◇**いがましい** 山口県大島801 ❷理屈っぽく人当たりが悪い。性格が扱いにくい。長崎県対馬911 ◇**いがましい** 山口県大島801

右では方言「イガマシイ」をから見出しにして、本見出しとした、方言「イゲガマシイ」を参照させている。本見出し「いげがましい」の語釈中には「いげがましい」の他に、「いぎがましい」「いがましい」という二つの語形があげられている。後者はから見出しとなっている。しかし、前者はから見出しとなっていない。筆者は方言を専門に分析していないので、このあたりの「調子」がいささかつかみにくい。なぜ「イガマシイ」はから見出しになっていて、「イギガマシイ」はなっていないか。また「いがましい」は「山口県大島801」で使われている語形であることがわかるが、『日本国語大辞典』の「情報」としては、この地域しかあげられていない。特定の地域、それもかなり限定された地域における語形をすべてから見出しにすることなど、方言専門の辞典であっても容易にはできないはずで、「いがましい」をから見出しにするということの、大げさにいえば「意義」がわかりにくい。

『日本国語大辞典』第十三巻の巻末には初版の「編集後記」に続いて「第二版・あとがき」が載せられている。「1　改訂の前史」の「③「日本方言大辞典」の刊行」には、「一方、初版以来の懸案でもあった、故大岩正仲先生の遺志をついだ約二十万語の「日本方言大辞典」(全三巻、一九八九年)が、徳川宗賢先生の御指導のもと、長期にわたるカード・原稿の整理を経て完成した。これには凸版印刷のコンピュータによる作業が大いに役に立ち、索引類の作製にも威力を発揮したが、この成果が、第二版の特色の一つである方言語彙の大幅増補に貢献することになった」と記されている。第十三巻の帯には「項目数五〇万、用例数一〇〇万、引用文献三万点」「さらに方言一〇万語、語誌五〇〇〇項目、標準アクセント二五万語など。豊かな日本語を知る日本最大の国語辞典全一三巻。ここに完結」とあり、方言が十万語とりこまれていることがわかる。

百科事典的な見出し

「百科事典的な見出し」という表現を使ったが、動植物名などには、使用例が示されていないことが多い。次に掲げる連続する四つの見出しにおいては、いずれにも使用例が示されていない。

いかりむし【碇虫】《名》甲殻類イカリムシ科の節足動物。ウナギ、コイ、キンギョなど淡水魚の口の中や皮膚に寄生する虫。体長約一センチメートルほどの細長い棒状で、体色は透明な黄緑色。養魚池などに発生し、大きな被害を与えることがある。全体の形が碇に似ているのでこの名がある。学名はLernaea cyprinacea

いかりもの【怒物】《名》彫刻で、怒りの様相をしている仏像の称。仁王、四天王、不動明王、十二神将の類。

いかりもり【碇銛】《名》銛の一種。尖端の左右に突起があって、形が碇に似ているもの。捕鯨に用いる。

いかりもんが【錨紋蛾】《名》イカリモンガ科のガ。体長約一二ミリメートル、はねの開張約三三ミリメートル。全体に黒褐色で、前ばねの外側に、中央部が内に突出した橙色の斜の帯紋がある。五月と七月頃、昼間飛ぶのが見られ、チョウのようにはねを上方にたたんで止まる。日本各地に分布。学名はPterodecta felderi

最初と最後とは昆虫名である。「イカリモリ（碇銛）」は専門用語とまではいえないだろうが、このような語も文献に「足跡を残しにくい」ことが推測される。こうしたことに気づくことも重要である。言語を分析するための基礎資料として、書きことば、話しことばを体系的に集め、それらに研究に必要な情報を付与した「コーパス（corpus）」を使った言語分析がひろく行なわれるようになってきた。話しことばのコーパスも構築されているが、今ここでは書きことばのコーパスについて考えることにする。

国立国語研究所が公開している「現代日本語書き言葉均衡コーパス」（BCCWJ）について、同研究所は次のように述べている。

『現代日本語書き言葉均衡コーパス』（BCCWJ）は、現代日本語の書き言葉の全体像を把握するために構築したコーパスであり、現在、日本語について入手可能な唯一の均衡コーパスです。書籍全般、雑誌全般、新聞、白書、ブログ、ネット掲示板、教科書、法律などのジャンルにまたがって一億四三〇万語のデータを格納しており、各ジャンルについて無作為にサンプルを抽出しています。すべてのサンプルは長短ふたつの言語単位を用いて形態素解析されており、さらに文書構造に関するタグや精密な書誌情報も提供されています。著作権処理も施されていますので、安心して使っていただけます。

右にはデータ数が一億四三〇万語とあって、きわめて多くの語がデータとして集積されていることがわかる。しかし、それはいうまでもなく、何らかのかたちで文字化された語を集積したもので、そもそも文字化されにくい語はいかに大規模なコーパスであってもとりこまれようがない。「文字化されにくい」という表現を採ると、「話しことば」を想起しやすいであろう。たしかに「話しことば」には文字化されにくい語が少なからず含まれる。しかし、「イカリモンガ（錨紋蛾）」は「話しことば」とばかりもいえない。むしろ、「話しことば」であっても「書きことば」であっても、この語形を使うはずだ。そしてまた詳しい昆虫図鑑であれば、この語は載せられている。しかし、昆虫の名前の目録といった趣きのある昆虫図鑑以外に「イカリモンガ」という語が文字化されることは多くないことが推測され、また「話しことば」において「イカリモンガ」という語が使われることも同様に多くないことが推測される。「イカリモンガ」はある昆虫の「名前」であり、かつその「名前が呼ばれる」機会が多くない、ということだ。

まず「事物」があって、それに名前を付けたものが言語であるという、言語を「名称目録（nomenclature）」のようにとらえる考え方（＝言語命名論）を、ソシュールは否定し、「言語以前にはそれが指し示すべき判然と識別可能な事物も観念も存在しないことを明らかに」（『ソシュール小事典』一九八五年、大修館書店、二九三ページ右）したことが指摘されている。昆虫の名前であっても、近似した他の個体との違いに着目し名付けられているという点において、右のソシュールのとらえかたはあてはまる。しかし、名付けられた後は、「命名されたモノ」に限りなく近付いていく、ということはないだろうか。しかしまた、近似した他の個体が新たに「発見」されることによって、いったん付けられた「名前」が変えられるということはありそうで、そうみると、昆虫名などを特別視する必要はないことになる。

使用例と当該語の使用の歴史

いがん【依願】『名』強制でなく、本人からの願いによること。

現在でも使う語で、特に「イガンタイショク（依願退職）」のかたちで見聞きすることが多い。一八七九（明治十二）年から一九九九（平成十一）年までに発行された『朝日新聞』に文字列「依願」で検索をかけてみると、一八七九年にすでに「依願」が「依願免職」「依願免官」というかたちで使われていることがわかる。一九八五（昭和六十）年からの記事に「依願」で検索をかけると、五三八七件がヒットし、「依願退職」で検索をかけると四七一四件がヒットするので、「依願」の八十七・五パーセントが「依願退職」というかたちで使われていることがわかる。また、「依願退官」が六二六例ヒットし、これを合わせると、「依願」の九十九パーセントにあたり、単独で「依願」が使われることがきわめて少ないことがわかる。見出し「いがん【依願】」に使用例が載せられていないことには、こうしたことがかかわっている可能性がある。

しかし、それでも、筆者などがまず思うことは、見出しになっている語はいつ頃から使われていたか、ということであるので、複合しているかたち一例だけでも載せてあれば、と欲張ったことを思ってしまう。

いぎいどく【異義異読】《名》一つの漢字で意味の異なる場合には、読みが違うこと。暴風（ぼうふう）と暴露（ばくろ）、難易（なんい）と貿易（ぼうえき）、音楽（おんがく）と安楽（あんらく）など。

筆者は右の「イギイドク（異義異読）」という語を『日本国語大辞典』をよんでいて初めて出会った。この見出しにも使用例が示されていないので、ここで採りあげることにする。

そもそも、右で述べられていることは当然のことではないか、とまず思った。例えば、「楽」字についていえば、漢音、呉音ともに「ガク」「ラク」二つの音がある。したがって、「ガク」を使った漢語「ガッキ〈楽器〉」「ガッキョク（楽曲）」もあれば、「ラクジ（楽事）」「ラクド（楽土）」もある。この場合、「ガク」は〈音楽〉で、「ラク」は〈たのしむ〉と字義が異なる。言い換えれば、「ガク」と発音する漢語の場合、〈音楽〉にかかわる語義をもち、「ラク」と発音する漢語の場合、〈たのしむ〉ということにかかわる語義をもっているということだ。こうしたことを（わざわざ）「異義異読」とくくる必要があるのだろうか。しかも語構成がわかりにくい。

語釈には「一つの漢字で意味の異なる場合には、読みが違うこと」とある。また細かいことをいうようだが、「意味の異なる場合には、読みが違う」はどうして「異なる」「違う」となっているのだろうと思う。「意味が異なる場合には読みが異なる」としてはいけないのか。こんなところで、同語反復を避ける必要はないのでは？　と思ってしまう。もっといえば、「字義が異なる場合には読みが異なる」とすれば、「異義異読」の説明としてはわかりやすくないか、などと思う。

ただし、筆者はもっと根本的なことに疑問をもっている。それは「一つの漢字で意味の異なる場合には、読みが違う」は何を説明しているかきわめてわかりにくいということだ。よくよくよむと何のことを述べているか、わからなくなる。例えば、「一つの漢字に二つ以上の字義があり、それらの字義に対応する漢字の発音が異なること」というような説明はまだいくらかわかりやすいのではないか。そして、その上でさらにいえば、そういう「状況」を「異義異読」と称することが妥当か、ということだ。「一つの漢字に二つ以上の字義があり、それらの字義に対応する漢字の発音が異なること」は漢字を起点とした説明だ。つまり説明の「視点」は固定されている。どこに固定するかということの是非もあるが、とにかく固定されている。

『日本国語大辞典』の語釈の「一つの漢字で意味の異なる」の「意味の異なる」はつまりは漢字字義が、ということで漢字についてのことだ。その一方で、「読みが違う」は「漢字を読む」という話になっている。そうした点において、「視点」が固定されていない。だからわかりにくくなる。しかし、こういう文は近時よく見かけるというのが筆者の印象である。

さて、いろいろと述べてきたが、だから、「イギイドク（異義異読）」という語はどういうところからうまれ、どういう文献で使われた語であるか、ということを知りたくなる。　使用例は、語の「存在証明」でもあり、「履歴書」でもある。だから大事だし、できれば示してもらいたい「情報」の一つでもある。

第五章　出典について

「凡例」の検討

「凡例」の「編集方針」「出典・用例について」の一には「採用する出典・用例」とあり、二には「典拠の示し方」とある。二の一部を示す。

1　各出典についておのおの一本を決め、それ以外から採る必要のあるときは、異本の名を冠して示す。ただし、狂言など、すべてについて伝本の名を表示するものもある。

2　底本は、できるだけ信頼できるものを選ぶように心がけたが、検索の便などを考え、流布している活字本から採用したものもある。近・現代の作品では原本も用いたが、文庫本や全集本から採用するものもある。

3　いくつかの名称をもつ出典名は一つに統一して示す。ただし、「物語」「日記」「和歌集」等を省略したものもある。

4　出典の成立年、または刊行年をできるだけ示す。正確な年次のわからないものについては、大まかな時代区分で示したものもある。また、成立年に関して諸説あるものについては、一般に通用しているものを一つだけ示す。

8　以上の出典のうち、主要なものについては第一巻別冊中に掲げる「主要出典一覧」に概略を示す。

しゅってん【出典】《名》故事、成語、引用句および事柄などの出所。また、それの出ている書物。典拠。

てんきょ【典拠】《名》頼りにできる根拠。正しいよりどころ。出典。典故。故実。

『日本国語大辞典』は「シュッテン（出典）」「テンキョ（典拠）」について右のように記している。右では「シュッテン（出典）」の末尾には「典拠」とあり、「テンキョ（典拠）」の語釈には「出典」が置かれており、そのことからすれば、両語は同じような語義であると『日本国語大辞典』編集者に認識されていることになる。そうであれば、「出典」あるいは「典拠」いずれかの語によって統一的に記述するのがよいのではないか。「**典拠の示し方**」の1において、すぐに「各出典」と述べ始めるのはいかにも別語、別概念であることを思わせる。ここまでの行論においてもしばしば同種のことを述べてきたが、「凡例」はもう少し統一的に記されていてほしいし、かつ丁寧に記されているべきではないかと考える。例えば、右でいえば、「1　各出典についておのおの一本を決め、それ以外から採る必要のあるときは」においては、動詞「採る」の目的語が示されていない。「出典を採る」なのであろうか。筆者はそうした表現はあまり耳にしたことがない。筆者の「感覚」では「用例を採る」ということだと推測する。そしてそれは、辞書編集者には当然のことかもしれないが、「各出典についておのおの具体的に使用するテキストを一つ決め、それ以外のテキストから使用例を採る必要のあるときは、そのテキストの名前を表示した」ぐらいの書き方をするのはどうだろうか。
「底本」という用語だって、その発音とともに、一般使用者にとっては「自明」とはいえないであろう。

そこほん【底本】《名》（「そこぼん」とも）「ていほん（底本）③」に同じ。

ていほん【底本】《名》[1] したがき。草稿。＊春明退朝録－巻下「枢密院承旨為二承宣一、亦似三相二合其底一、乃底本也」[2] 控え帳。写し。ひかえ。[3] 翻訳・翻字などの際、拠りどころとする本。また、古典の異本を校合（きょうごう）する際などに、基準として採用する本。もととする本。そこほん。

「ていほん【底本】」の語義[3]には、「辞書が使用例を採集する本（テキスト）」と加えておくべきではないか。

2における「原本」も一般使用者にとっては「自明」ではないだろう。『日本国語大辞典』の記事を使用例を省いてあげておく。

げんぽん【原本・源本】《名》[1] もと。根本。根源。元本。[2] 翻刻、抄録、改訂、引用、翻訳などをする場合に、もとになる書物。原書。また、うつしに対して最初に書かれた文書。[3] 一定の内容を表示するために、確定的なものとして最初に作成した文書。謄本または抄本に対していう。判決原本、手形原本、公正調書原本など。

2の「原本」は「初刊本」がちかいのではないかと考えたが、『日本国語大辞典』は「ショカンボン（初刊本）」を見出しにしておらず、また語釈にもこの語は使われていない。つまり、『日本国語大辞典』のどこにも「初刊本」という語はみあたらないことになる。近代文学作品は、多くの場合、まず新聞や雑誌に発表される。これは、「まず発表される」ということだから、「ショシュツ（初出）」という用語で説明される。「夏目漱石の「それから」は『朝日新聞』が初出だ」というような使い方をする。「それから」の場合、その新聞に掲載された「本文」をもとにして、単行本『それから』が春陽堂から出版されている。これは単行本として初めて刊行されたものだから、これが「初刊本」ということになる。その「初刊本」の中でまず印刷されるものが「初版（本）」、再度印刷出版されたものが「再版（本）」ということになる。そのうちに、単行本『それから』が夏目漱石の全集に収められたり、さらには文庫本となって出版されたりする。前者が「全集本」、後者が「文庫本」ということになる。

2の「原本」が右で筆者が述べたようなものであるとすれば、見出し「げんぽん【原本・源本】」にはそうした語義が記述されていないことになる。「辞書が使用例を採集する近現代文学作品の初刊本」あるいは「初刊本」という語を使わないのであれば、「辞書が使用例を採集する近現代文学作品の最初の単行本」ぐらいの語義を加えておく必要があるのではないか。「凡例」で使ったあらゆる語を見出しとすることはできないかもしれない。しかし、『日本国語大辞典』の根幹にかかわる用語は、一般使用者が、「これはどういうことか」と思って調べることに備えて語義を整えておけば親切であることはいうまでもない。辞書がどのように編集されるか、はともかくとして、辞書そのものが一般使用者が使うために編集されていることはいうまでもないだろう。つまり辞書は外に向かって開かれている必要がある。そうであれば、当該辞書の成り立ちや根幹を支える考え方について説明している「凡例」は一般使用者にわかりやすく、丁寧に、統一的に記されている必要があろう。

出典からわかること、推測できること

辞書体資料と非辞書体資料

見出しとなっている語がどのような文献で使われたかを示すのが出典情報であるので、たとえ一つであっても、そこからわかること、推測できることはある。

筆者は辞書のように、言語情報を集めて何らかの「編集」が施されている文献を「辞書体資料」と呼び、そうした「編集」が施されていない文献を「非辞書体資料」と呼んで、はっきりと区別している。「非辞書体資料」はあまりよい呼称ではないという自覚はあるが、「辞書体資料」でないものは「非辞書体資料」というように、排他的に区別しているということを示すために、あえて熟さない「非辞書体資料」という呼称を使い続けている。「辞書体資料」の「編集」はどこかから語を切り取ってもってくる、といってもよい。『万葉集』が編纂されたのは八世紀だと考えられているが、八世紀の人が八世紀の日本語を使うのは自然な行為である。しかし、二十一世紀の現在、辞書を編集することになり、「古い時期の日本語も見出しにする」という「方針」をつくり、その「方針」に基づいて『万葉集』で使われた語を見出しにしたとしよう。その語は当該辞書が編集された二十一世紀には使われていない。しかし、そうした語も「切り取ってもってくる」こ

とができる。しかし、その語を二十一世紀の日常生活の中で使うことはなさそうだ。その語は二十一世紀に使われている日本語ではないからだ。「非辞書体資料」の中に、かつて使われ、その資料が成った時期に使われていない語が使われることがないとはいえない。しかしだいたいにおいては当該時期に共有されている語によって成り立っているとみてよいだろう。「切り取ってもってくる」のだから、当該「辞書体資料」の編纂者が、その語の語義を熟知しているかどうかもわからない。見出しが多い辞書をつくることを目的にして、いろいろな文献から次々と語を「もってくる」かもしれない。「辞書体資料」にはそういう面がある。

例えば『日本国語大辞典』は「色葉字類抄（1177-81）」という辞書を、いわば「よく使っている」。「色葉字類抄」で「見出し＋本文」に検索をかけると、三五一六件がヒットする。また、用例の出典としては三三三七回使われている。右で示したように、『色葉字類抄』は十二世紀後半に成った辞書である。しかし、『色葉字類抄』に載せられている語だからといって、十二世紀後半に使われていた、とは限らない。このあたりが注意しなければならない点だと思う。

謎の「アマウケバナ」

あまうけばな【雨承鼻】《名》穴が上を向いた鼻。＊色葉字類抄（1177-81）「尪　アマウケハナ」辞書色葉・言海

「辞書」欄には「色葉・言海」とある。『色葉字類抄』三巻本（尊経閣蔵本）をみると、ア篇の人躰部の四番目

に漢字「尫」という単漢字が掲げられ、「アマウケハナ」とある。その下には、やはり単漢字「腭」が掲げられ、「アキ／又乍X（Xは鍔の金偏を口に換えた字）」とある。まず「穴が上を向いた鼻」という語義がどうやって導き出されたか、と思う。そこで三巻本『色葉字類抄』よりも遡ると考えられている二巻本『色葉字類抄』（尊経閣蔵本）を調べてみると、「尫腭」と二字漢字列として掲げられ、右傍には「アサハケハキ」と振仮名が施されている。ただし尫の右側は「王」ではなく「玉」となっている。そしてこの「尫腭」に続いて「咢同」とある。江戸期に書写された三巻本『色葉字類抄』（黒川本）をみると、尊経閣蔵本とほぼ同様に書かれており、そのことからすれば、三巻本には特に誤写や錯誤はないようにもみえる。しかし、そこにみえる「アマウケハナ」を「雨承鼻」とまず解釈し、だから「穴が上を向いた鼻」という語釈を附した、ということはあるのか、ないのか。そういうことを考えたりする。やはり『色葉字類抄』とかかわりがあると考えられている『世俗字類抄』、具体的には天理図書館に蔵されている二巻本（下巻の六十四丁裏）をみると、「尫アマウチハナ」とある。これは東京大学国語研究室に蔵されている二巻本の『世俗字類抄』でも同じである。ここに至って、謎の「アマウケバナ」の他に「アサハケハキ」「アマウチハナ」という語形も「出て来てしまった」。わからないことを調べていると、さらにわからないことが出て来て、どんどんわからなさが深くなっていく、というのはよくあることで、そのこと自体には驚かないが、ここまでくると、「アマウケバナ」は実際にあった語形かどうかを疑う必要もでてくる。『色葉字類抄』以外に、「アマウケバナ」が使われた文献があって、それが『日本国語大辞典』の編集者にわかっていたら、その文献をあげるはずだ。おそらく、それはないと推測する。そうであれば、この「アマウケバナ」は三巻本『色葉字類抄』にしかみられない語ということになる。

「辞書」欄には『言海』の名前があがっている。『言海』は「古キ語」に附ける符号を附した上で、「〔天承鼻ノ義〕鼻ノ孔ノ仰ギタルモノ。仰鼻」と記す。末尾に置かれている漢字列「仰鼻」は『言海』が「凡例」三十八において「漢用字」と呼ぶものにあたる。『大漢和辞典』は「仰」字の条に「仰鼻（ギヤウビ）」をあげ、「上向きの鼻。はすきりばな」と説明する。『日本国語大辞典』は「はすきりばな」を見出しとしている。『日本国語大辞典』が示す使用例からすれば、「ハスキリバナ」は江戸期には使われていたことがわかる。

はすきりばな【蓮切鼻】《名》蓮根（れんこん）の切り口のように、穴が上方を向いている低い鼻。＊俳諧・はなひ草（寛永二〇年本）（1643）「蓮　一、はすのめし　一、はす切鼻（キリハナ）又有べし」＊俳諧・雑巾（1681）春「山ざくらはすきり鼻を見せにけり〈常二〉」＊浄瑠璃・日本振袖始（1718）一「姉御の頬は何に似た、たらい口に蓮（ハス）切鼻」

さて、『言海』はどこから「アマウケバナ」をとりこんだか、ということになる。『言海』は「本書編纂ノ大意」の(三)において、「従来の辞書類」の名前を列挙する。その中に「伊呂波字類抄」が含まれている。現在では「色葉字類抄」と「伊呂波字類抄」とは異なる辞書を指す。「伊呂波字類抄」には「凢×王（凢×玉）アマウケハナ」（注：×は左右の関係を示す）とある。したがって、『言海』は『伊呂波字類抄』から「アマウケバナ」を「採集」した可能性がある。それは「辞書体資料」から「辞書体資料」へ、という「情報」の「受け渡し」である。そして、その『色葉字類抄』『言海』の「情報」が現代において編集された辞書である『日本国語大辞典』に受け継がれている。こうした「辞書の連鎖」についてはこれまでに述べたことがあるが、「辞書体資料」の「情報」は「連鎖」しやすい。あるいはそれが自然であるといってもよい。少なくとも中国の「辞書体資料」においては、それが自然、当然であるといってよいだろう。

「辞書体資料」から「辞書体資料」へと「情報」が受け渡され、「辞書体資料」が「連鎖」していくのだとすれば、「辞書体資料」のみが使用例としてあげられている見出しには何ほどか「注意」あるいは「留意」する必要がある。

『色葉字類抄』に由来しそうな見出しは他にもある。

臨時の造語か？「アマナイカウ」

あまないかう【和買】《他ハ四》買い手が売り手から折り合った値で買う。＊色葉字類抄（1177-81）「和市 アマナヒカフ」辞書 色葉

「辞書」欄にも「色葉」としか記されていない。

あまなう【和・甘―】■一《自ハ四》（「なう」は、ある事を行なう、ある状態にするの意の接尾語）①（和らぐ状態になるのをいうか）和合する。和解する。仲よくする。また、同意する。＊書紀（720）仁徳一六年七月（前田本訓）「玖賀媛を以て速待に賜ふ。明日（くるつひ）の夕（よ）、速待、玖賀媛が家に詣りぬ。而れども、玖賀媛、和（アマナハ）ず」＊書紀（720）継体二三年四月（前田本訓）「奏（まう）す所を

推ね問ひて、相ひ疑ふことを和解（アマナハシム）」＊観智院本名義抄（1241）「和 アマナフ」2そのことに甘んずる。満足する。＊大智度論平安初期点（850頃か）一三「一切世人の甘（アマナヒ）て刑罰形残考掠を受くることは、寿命を護るを以てなり」＊大日経義釈延久承保点（1074）一三「其の情に愜（アマナフ）に因りて、方便化導して、其をして仏恵に安住せしむ」＊中華若木詩抄（1520頃）中「此菴に、尤甘ない得たることのあるは」二《他ハ四》1それをよしとする。㋑甘んじて受け入れる。甘受する。＊四季物語（14C中頃か）一一月「まいて後の世のありがたきすぐせ、たれか此たのしみをあまなはんや」＊太平記（14C後）一・無礼講事「悲しむらくは、公の只古人の糟粕を甘（アマナッ）て、空しく一生を区々の中に誤る事を」＊玉塵抄（1563）二六「顔回などは貧をあまないたのしうたぞ」＊日葡辞書（1603-04）「ヒガショクニ ヲモムイテ シクヮヲ amanŏ（アマナウ）〈訳〉火を愛し、あるいは求めて、夏の虫があかりの中に飛込む、その火が虫を滅してしまう」＊俳諧・昔を今（1774）序「あやしき舎りして市中に閑をあまなひ」＊読本・雨月物語（1776）菊花の約「清貧を甜（アマナ）ひて、友とする書（ふみ）の外はすべて調度の絮煩（わづらはしき）を厭（いと）ふ」㋺うまいとして飲食する。＊俳諧・鶉衣（1727-79）後・中・七一・与舎鳌子文「今より左に餅を持し、右に煎茶を甘なひて」＊俳諧・鶉衣（1727-79）後・中・七三・濯老井賦「此井の水を甘なふ人は、仮令（たとひ）無風雅の腸なりとも、忽三石のなら茶を思ふべし」＊譬喩尽（1786）五「五穀（こく）を甘（アマナ）ふ」2（言い方などを）柔らかくする。甘くする。へつらう。＊サントスの御作業（1591）一・サンタヘブロニア「タトイ ツワモノ ドモ コト ヲ amanai（アマナイ）、ヲモテ ヲ ヘツラウ トユウ トモ」＊日葡辞書（1603-04）「Amanai, ŏ, ŏta（アマナウ）〈訳〉人の好意を得ようとして、ことばを柔らげたり微笑を作ったりする。コトヲamanai（アマナイ）ヲモテヲ へツラウ〈訳〉微笑を作ったり親切にしたり、あるいはお世辞を言う」 三『他ハ下二』 和合させる。仲よくさせる。同意させる。＊書紀（720）応神四〇年正月（北野本訓）「二（ふたり）の皇子（すめみこ）の意（みこころ）を和（アマナへ）たまはむと欲（おもほ）す」 語誌 奈良時代の仮名書き例はなく、平安時代の例も漢文を訓読した文献に限って現われる。「あま」の語源は未詳だが、「書紀」古訓に見える例からすると、原義は「和合する」「仲よくする」で、そこから「満足する」「それをよしとする」の意が生じ、「甘」と意識されるようになり、「甘んず」と同義語となっていったと思われる。

「アマナイカウ」は「アマナウ＋カウ」と分解できそうで、となれば、「アマナウ」の語義 一 1 にある「同意する」をあてはめて、〈同意して買う〉という語義であることが推測できる。気になるのは、『日本国語大辞典』の語釈「買い手が売り手から折り合った値で買う」は〈同意して買う〉よりも何ほどか具体的にみえるが、そこまで具体的な語釈を導き出した「根拠」は何かということだ。やはり、あげられてはいないが、「非辞書体資料」における「アマナイカウ」の使用例がある、ということなのだろうか、そうではなくて、語釈の書き手が考えた語釈なのか、ということだ。

『大漢和辞典』は見出し「和」の条に「和市」を示す。『色葉字類抄』はワ篇の畳字部に漢字列「和市」を掲げ、「ワシ」と示していることからすれば、「和市」は漢語と考えてよいだろう。その一方で、ア篇の畳字部に、やはり漢字列「和市」を掲げ、こちらには「アマナフ／アマナヒカフ」と記している。例えば同じア篇の畳字部に漢字列「阿容」が掲げられ、漢字列の下には「ヲモネリイル」と記されている。「ヲモネリイル」が一語ではないことは明らかで、これは漢語「アヨウ（阿容）」の語義を和語で「説明」したものとみることができる。ちなみにいえば、『大漢和辞典』巻十一において、漢語「アヨウ（阿容）」の語義は「寛大。人を容れる。包容。周容」（八〇六ページ）と説明されている。「アマナイカウ」が漢語「ワシ（和市）」を「和」字と「市」字とに分解し、それぞれを和訓「アマナウ」、「カウ」で（翻訳的に）置き換えてつくられた、臨時の複合語であった場合、そうした臨時につくられた語が『日本国語大辞典』の見出しになっていることになる。臨時であっても、「アマナイカウ」という語形が『色葉字類抄』において確認できるということは確かなことであるので、とにかく日本語の歴史の中に「足跡を残している」ということはできる。その一方で、「臨時」ということを考えた場合、「使われた実績をもつ」とまではいえないことになり、こうした語を見出しにしなくてもよい、という考え方も成り立たないではない。そういうことの「見極め」も時と場合によっては必要になる。それもこれも、出典があげられていれば、であって、やはり出典情報は重要である。

他に『色葉字類抄』のみを出典として掲げている見出しに、例えば次のようなものがある。見出し「いとん【猗頓】」は「辞書」欄に「色葉」とある。

いいかき《名》竹製のざる。といだ米の水を切るのに用いる。いかき。＊色葉字類抄（1177-81）「箄 イヒカキ 籔 イヒカキ」辞書 色葉

いと【已度】《名》度を過ごしていること。過度。＊色葉字類抄（1177-81）「已度 イト」辞書 色葉

いとん【猗頓】中国春秋時代または戦国時代の大富豪。河東で製塩業を営んだと伝えられる。一説には魯の貧窮の士であったが、陶朱公（范蠡＝はんれい）に教えられて西河に牛羊を牧畜し、富を築いたと

いう。生没年不詳。転じて、富裕なことをいう。辞書 色葉

あまはし〘名〙他人にさずけること、または、依頼すること、の意か。＊高山寺本名義抄（鎌倉初）「付ツク サツク アマハシ」辞書 色葉

「出典一覧」の「名義抄」の条には次のように記されている。

④「類聚名義抄」。辞書。使用した底本により「観智院本名義抄」（一二四一年奥書、日本古典全集）、「書陵部本名義抄」（一〇八一年頃、『図書寮本類聚名義抄』勉誠社　昭和四四年）、「高山寺本名義抄」（鎌倉初、『国語国文』別刊２号　京都大学国文学会　昭和二六年）のように示した。

その「高山寺本類聚名義抄」から採られた語が見出しとなっている。『日本国語大辞典』においては観智院本『類聚名義抄』を使っている。しかし、その『類聚名義抄』の広義の異本も使うことがある。したがって、異本を使った場合はそれを表示するということで、「異本の名を冠して示す」に該当する。しかしこれがまたわからないことがある。観智院本『類聚名義抄』の見出し「付」（仏上七丁表六行目）には次のようにある。

付　音賤　ツク　サツク　アマハシ　アク　禾乎

ここにははっきりと「アマハシ」とあり、正宗敦夫編『類聚名義抄（仮名索引／漢字索引）』第貳巻（一九六四年、風間書房）にも「アマハシ」（二八九ページ下段）のかたちであげられている。したがって、観智院本に「アマハシ」があるのだから、わざわざ高山寺本を使用例としてあげる必要はなかった。というよりも、「それ以外から採る必要のある時は」と述べているのだから、観智院本にはみられない和訓だという誤った示唆を与えることになるのではないだろうか。

あめる〘自マ下一〙はげる。＊改正増補和英語林集成（1886）「Ame, ru アメル。アタマガ ameru（アメル）」 方言 ❶頭がはげる。山形県庄内138 西置賜郡139 新潟県371 ❷衣類などの布地が、すり減って薄くなる。新潟県東蒲原郡368 ❸雪道が踏み固められて、鏡のように滑らかになる。新潟県361 ❹残しておく。余しておく。奈良県宇智郡683

見出し「あめる」の使用例としては「辞書体資料」である「改正増補和英語林集成（1886）」があげられているのみ。「改正増補和英語林集成」は『和英語林集成』の第三版にあたる。「出典一覧」においては、「和英語林集成（初版）わえいごりんしゅうせい（しょはん）①J＝C＝ヘボン ②『和英語林集成』（北辰社　昭和四一年復刻）③一八六七刊 ④再版（一八七二刊）は東洋文庫復刻本に、改正増補（一八八六刊）は丸善・明治二一年初版によった」と記されている。

調べてみると、右の語義をもつ「アメル」を見出しにしているのは、『和英語林集成』第三版、すなわち「改正増補和英語林集成」のみであるので、これは「それ以外から採」った場合にあたる。

「あめる」の使用例としては「改正増補和英語林集成」のみがあげられているが、方言として❶❷❸❹の語義及び、それぞれが使われている地域が示されている。しかし、❶❷❸の語義は例えば〈ぴかぴかになる〉とか〈てかてかになる〉というように言い換えれば、一つの語義とみなせなくもないのではないか。❹は「アマル（余）」の母音交替形であろう。

オンライン版で「全文（見出し＋本文）」という条件下で「和英語林集成」という文字列で検索をかけてみると、五八二五件がヒットする。これは初版、再版、第三版の合計であるが、『日本国語大辞典』において、比較的よく使われている「辞書体資料」ということになるだろう。

あいぐみ【相組】《名》同類。仲間。＊和英語林集成（再版）（1872）「Aigumi アイグミ 同伍」

見出し「あいぐみ【相組】」は『和英語林集成』の再版のみを使用例として掲げている。この場合、初版にはみられない見出しであるが、第三版にはみられる、ということに注意する必要がある。

『日葡辞書』の場合

オンライン版で「全文（見出し＋本文）」という条件下で「日葡辞書」という文字列で検索をかけてみると、一万八五七三件がヒットする。『日葡辞書』はかなりよく使われている「辞書体資料」といえよう。

いげわら《名》いばらの林。または、いばらのある所。＊日葡辞書（1603-04）「Igueuara（イゲワラ）」

見出し「いげ」は次のように説明されている。

いげ【棘】《名》1植物などのとげ。いばら。いぎ。＊日葡辞書（1603-04）「Igue（イゲ）〈訳〉棘。カミ（上方）ではイギという」2稲。籾（もみ）のついた米。＊日葡辞書（1603-04）「Igue（イゲ）〈訳〉外皮のついた米。シモの語。女性の言葉」方言一❶とげ。山口県803 福岡県872 876 877 佐賀県887 長崎県904 906 917 熊本県926 930 933 大分県938 宮崎県947 鹿児島県038 961 970 ❷麦や稲ののぎ。◇**いがら** 島根県邑智郡725 ◇**いがす** 高知県869 ❸栗（くり）のいが。 筑紫†035 ◇**いがぐし** 群馬県多野郡246 ◇**いんがら** 青森県三戸郡086 富山県390 ◇**えがら・えんがら** 富山県389 390 ❹動物、うに（海胆）。 備前†032 京都府竹野郡622 ❺魚の小骨。 長崎県054 906 911 熊本県玉名郡926 ❻針。 長崎県対馬911 ❼えら。 静岡県520 三植物。 ❶とげのある植物。いばら（茨）。 大分県941 ◇**いげぞろ** 宮崎県児湯郡040 ◇**いげんと** 大分市941 ❷のいばら（野茨）。 薩摩†137 福岡県築上郡964 長崎県南高来郡964 熊本県玉名郡929 八代郡964 鹿児島県薩摩郡・肝属郡965 ◇**いげくさ**〔─草〕高知県幡多郡808 ◇**いげぼたん**〔─牡丹〕福岡県築上郡964 鹿児島県桜島965 ◇**いげんどろ** 熊本県玉名郡929 宮崎県西臼杵郡964 ◇**いげどら** 宮崎県延岡947 ◇**いげどろ** 熊本県下益城郡930 宮崎県西臼杵郡964 ◇**いげだら** 長崎県対馬912 ❸ばら（薔薇）。 長崎県053 大分県941 鹿児島県963 ◇**いげぼたん** 福岡市877 長崎県899 906 917 熊本県926 931 936 大分県938 鹿児島県961 種子島054 ◇**いげぶたん** 熊本県玉名郡926 ◇**いげばな**〔─花〕長崎県五島917 ◇**いげどろぼたん** 熊本県下益城郡930 ❹さるとりいばら（菝葜）。 ◇**いげのは** 福岡県大牟田964 熊本県鹿本郡964 ◇**いげん**

は　熊本県玉名郡929

「いげ【棘】」の使用例も『日葡辞書』のみであるが、「方言」としての「イゲ」は九州・四国を中心に広く分布していることがわかる。いずれにしても語義は〈とげ〉あるいは棘のある植物の名であると思われる。「イガ（毬）」は母音交替形であろう。「イバラ」は日本に自生する棘のある植物の代表格であろうか。イバラ＝イゲのハラ（原）は「イゲハラ（棘原）」で、この「イゲハラ」がハ行転呼音現象にさらされると、「イゲワラ」になる。つまり「イゲワラ」はきちんと語構成が説明できるような語形である。しかしそれが「足跡を残した」のは『日葡辞書』だけなのであろうか。

『日葡辞書』はイエズス会の宣教師と日本人信者とが協力して編集した日本語ポルトガル語対照辞書で、十七世紀の初めに出版されている。編集、出版の目的の中心はポルトガル人宣教師の日本語学習があったことは容易に推測できる。そしてそれはさらに日本におけるキリスト教の布教を目的としていた。となれば、「書きことば」のみならず「話しことば」も広く見出しとする必要があり、その点において、日本語を母語とする者が当該時期に編集した「辞書体資料」とは、編集の目的において、大きな隔たりがあったとみるのが自然であろう。日本語を母語とする者がことさらに採りあげる必要がないような語であっても、『日葡辞書』は見出しとして採りあげているということはむしろあって当然と考えるべきであろう。『日本国語大辞典』をよみ進めていくと、『日葡辞書』のみが使用例としてあげられている見出しが目に入ってくる。

あいしょく【愛食】〘名〙好きな食物。＊日葡辞書（1603-04）「Aixocu（アイショク）〈訳〉ある者が好む食物」

あいしらいどころ《名》人を歓待し泊まらせるところ（日葡辞書（1603-04））。

あいそめ【逢初】《名》（「あいぞめ」とも）初めて人と会うこと。特に、恋人との場合にいう。＊日葡辞書（1603-04）「アノ ヒトニ イマ aisomegia（アイソメヂャ）」

あいのたて【間楯】《名》争いの中に入ってなだめること。＊日葡辞書（1603-04）「Ainotateni（アイノタテニ）ナル」

あいは《名》人々の間。仲。＊日葡辞書（1603-04）「フタリノ aifaga（アイハガ）ワルイ。〈訳〉二人は互いに仲が悪い」方言❶相手。仲間。山形県西置賜郡・南置賜郡139 新潟県東蒲原郡368 西蒲原郡371 ❷人と人との仲。鳥取県711 ◇ああは 京都府竹野郡622 ❸手伝い。新潟県岩船郡366 西蒲原郡370 ◇あいほお 新潟県347 中魚沼郡379

あいやどる【相宿】《自ラ四》（「あい」は接頭語）同じ家にいっしょに住む。また、同じ宿、部屋にいっしょに泊まる（日葡辞書（1603-04））。

あいろ【藍色】《名》（「あいいろ」の変化した語か）藍色。また、藍色の染料。あるいは、藍蠟（あいろう）のことか。＊日葡辞書（1603-04）「Airo（アイロ）〈訳〉着色するための藍色の染料」

あえもの【─者】《名》ばか者。＊日葡辞書（1603-04）「Ayemononi（アエモノニ）ナル〈訳〉愚かなために人から悪口を言われ嘲弄される」

いたずかわしさ【労─】《名》（形容詞「いたずかわし」に接尾語「さ」の付いたもの。「いたつかわしさ」とも）煩わしいこと。煩わしさ。＊日葡辞書（1603-04）「Itazzuguaxisa（イタヅガワシサ）」

いだる【茹】《自ラ四》（「ゆだる（茹）」の変化した語）うだる。＊日葡辞書（1603-04）「Idari, u, atta（イダル）」方言❶困却する。さんざんな目に遭う。兵庫県淡路島671 徳島県811 ❷寒さのために草や木の葉が赤く焼ける。高知県土佐郡866

十ほどをあげたが、例えば「アイショク（愛食）」は、現代は使われることがあるようだが、『日葡辞書』以外の文献には「足跡」を残していないのだろうか。残していないとすれば、むしろ「話しことば」内で使われていたのだろうか。もしもそうだとすると、この漢語風の語が十七世紀初め頃にはすでに使われていたことになり興味深い。というように、『日葡辞書』の使用例しかあげられていない、ということはそれはそれで、さまざまな推測に思いを至らせる。「漢語風」と表現したのは、『大漢和辞典』『漢語大詞典』の見出し「愛」の条中に「愛食」はあげられていないからだ。

『日葡辞書』は「アイヤドル」のような接頭辞「アイ（相）」がついた語を少なからず見出しにしている。こうした語は接頭辞「アイ（相）」がどのような語義、はたらきをもっているかがわかっていれば、あえて見出しとしないということもありそうだ。『日本国語大辞典』には次のようにある。

あい【合・会・相】（略）㊁《接頭》㊀動詞の上に付く。[1]ともに関係することを表わす。㋑ともに。ともどもに。いっしょに。㋺向かい合った関係にあるさま。互いに。[2]語調を整えたり、語勢を添えたりする。改まった言い方として、近代では手紙などに用いる。㊂名詞の上に付く。[1]同じ関係にある間柄。「相弟子」「相番」「相嫁」など。[2]互いに向かい合った関係。「相対」「相たがい」「相四つ」など。

三《語素》（名詞に付いて接尾語的に）前後の事情や関連における、もののありかた。「意味合い」「義理合い」「色合い」「頃合」など。（略）

右のような語義、はたらきがわかっていれば、母語話者は「類推」によって「アイ〜」という語構成の語の語義を推し量ることができる。しかし母語話者でなければ、一つ一つの語の語義を知りたくなる、ということはあるだろう。

最近買い物をしていて気になることがある。同じクリアファイルの柄違いとか、同じ入浴剤で香りが違うとか、設定されている温泉名が違うとか、そういうものをまとめて買おうとした時に、レジで一つ一つのバーコードを読む、ということだ。こちらは右のような認識で買っているから、一つのバーコードを読んだら、かける五とか、そういうやり方ができるのではないかと思うし、その方が早いはずだが、律儀に一つ一つ読む人が圧倒的に多い。商品化が複雑になって、同じように見えても実は違っていて、価格も違うということがあるのかもしれない。だから、間違いを防ぐために、すべての商品をバーコードリーダーにかけるようにしているのかもしれない。しかし、商品のカテゴリーがきちんと把握できていれば、つまりは商品管理が徹底していれば、これは同じクリアファイルの柄違いだ、というようなことはわかるのではないか。書店に本を買いに行って、この本ありますか、とたずねると以前であれば、ここにあります、とかそれはないと思います、とすぐに返事が返ってきた。本の流通量が多くなっているのかもしれないが、今だとちょっとお待ちくださいといって、検索をする。ここで販売している本の全貌は検索をしないとわからないということだ。だんだん話がそれてしまったかもしれないので、話を元に戻そう。

何が言いたかったかといえば、母語話者ではない人が辞書を編纂した場合、母語話者とはまた見出しの選択が異なるということはあるのではないかということだ。そういうことが『日葡辞書』のみの使用例に少し現れているのではないかというのが筆者の思ったことだ。だから、一つの使用例しかあげられていない見出しにもおもしろさがある。

『日葡辞書』が当時の方言語形を見出しにしていることは指摘されているが、「アイハ」は山形県や新潟県で使われている方言であることがわかる。また「アイロ」が「アイイロ」が変化した語形かどうかはわからないが、仮にそうだった場合、重複した母音の一つを脱落させた形で、そのような変化語形も見出しとして「掬い上げている」ことになる。これも母語話者であれば、もともとの語形あるいは、標準語形と「回路」が確保されていて、あえて説明する必要がないかもしれないが、母語話者でなければ、一つ一つが別の語ということになり、「掬い上げて」おく必要が生じるともいえる。

ゆだる【茹・煠】《自ラ五（四）》[1]湯で、十分に煮られる。ゆであがる。うだる。＊日葡辞書（1603-04）「Yudari, ru, atta（ユダル）〈訳〉食べられるまでに煮える ユデ、ユヅルの受身」＊滑稽本・東海道中膝栗毛（1802-09）初「『コレちょっと、おれが手をいぢって見てくれろ』『なぜに』『もふゆだったかしらん』」＊青春（1905-06）〈小栗風葉〉夏・一〇「水は白く泡立って、心太も然ぞ煠（ユダ）るだらう」[2]暑さのために、からだがぐったりする。暑気にうんざりする。うだる。＊若い人（1933-37）〈石坂洋次郎〉上・一九「みよ、午後の残暑に茹った都会の河岸の風物に、歪められたどんな線描がある？・

うだる【茹】《自ラ五（四）》（「ゆだる」の変化したもの）[1]湯で煮られて、食物が柔らかくなる。＊少年行（1907）〈中村星湖〉四「はい坊の好きの団子もうだっつらぞ」2 暑さのためにゆだったような感じになる。体がだるくなる。＊吾輩は猫である（1905–06）〈夏目漱石〉七「こんな利目（ききめ）のある薬湯へ煑（ウ）だる程這入っても少しも功能のない男は」＊他人の顔（1964）〈安部公房〉灰色のノート「毛穴の一つ一つが、暑さにうだった犬のように」3 疲れや酔いなどで体がふらふらになる。へたばる。＊滑稽本・八笑人（1820–49）五・上「五人連で大酔にうだって帰り道に茶やの婆（ばば）アに道を聞て、大損をして草臥（くたびれ）た」＊星座（1922）〈有島武郎〉「酒ばかり飲んでうだってゐる癖に余裕がないはすさまじいぜ」

筆者は〈湯で十分に煮られる〉という語義では「ユダル」を使うが、「夏の暑さで」となれば、「ウダル」を使う。「ウダルような暑さ」も使う。よく考えてみれば、「ウダル」と「ユダル」とはもとは一つの語であることがわかる。「ユ」が「ウ」になる変化は、仮名で書くと大きな変化にみえるが、[jɯ]が[ɯ]になるのだから、語頭にあったヤ行の子音[j]が脱落したということだ。『日葡辞書』は「ユダル」は「ウダル」だけではなく、「イダル」という語形にも変化したことを示している。こちらは「ユ」が「イ」に、すなわち[jɯ]が[i]に変化したということだ。[jɯ]はいきなり[i]にはなりにくい。この「イ」はかつては存在したと思われるヤ行の「イ」すなわち表示するなら[ji]であるとみるのが自然だ。[jɯ]から[ji]への変化であれば、結局は[ɯ]が[i]に変わった母音交替ということになる。

一五五九（永禄二）年頃に、日我という人物が編んだと考えられている『いろは字』という「辞書体資料」の「ユ」から始まる語を収めている箇所に、「鰻《ユルカ》イルカ共」（三十七丁裏）という記事がみられる。「鰻」は現在ではウナギにあてる漢字であるが、この時期にはさまざまな漢字（列）を使ってウナギを文字化していた。下に「イルカ共」と注記されているので、確実であるが、振仮名として施されている「ユルカ」は「イルカ」のことだ。これは「イ」が「ユ」に変わった例になる。

『日本国語大辞典』の見出し「いるか」には次のようにある。

いるか【海豚】《名》1 哺乳類クジラ目に属し、体長約五メートル以下のハクジラの総称。シロイルカ、イッカクのほかは、あごに多数の歯がある。鼻孔は一個しかなく半月形で、多くは背びれをもつ。マイルカのほか、カマイルカ、バンドウイルカ、スジイルカなど種類は多く、ふつう海に群生するが、アマゾン川など淡水にすむカワイルカもいる。知能が高く、芸を仕込むことができる。かつては脂肪は機械油に、肉は食用にしていた。《季・冬》2 イルカ科のマイルカの呼称。全長約二メートルに達する。背は黒か暗褐色で、腹面は白い。生時は体の両側に灰色、黄色などの波状模様がある。太平洋、大西洋、インド洋などの暖海にすむ。（略）発音〈なまり〉**ウルカ**〔島根〕**ユイカ**〔鹿児島方言〕**ユリカ**〔岩手〕**ユルカ**〔岩手・静岡・和歌山県・紀州・佐賀〕**ユルガ**〔岩手・秋田〕

「発音」欄には「ウルカ」、「ユリカ」、「ユルカ」などが示されている。

さて、『いろは字』には、他に、「鮎《アユ》アイ共」（二十三丁裏）、「｜（＝湯）浅《アサ》　名字イハサ云クセ」（三十八丁表）、「有道《ユウタウ》イウ共」（同上）、「右筆《ユウヒツ》イウ共」（同上）、「祐福《ユウフク》イウ共」（同上）、「優恕《ユウジヨ》イウ共　ユタカニユルス）」（同上）、「誘引《ユウイン》イウ共」（同上）、「壹岐守《ユキノカミ》イキ共」（三十八丁裏）など、「イ」と「ユ」との交替を思わせる記述が散見している。これらの中には、仮名でどう書くか、という「かなづかい」を示したものが含まれている可能性があるが、「アイ（鮎）」などは他の文献にもみられる語形で、これらすべてを日我個人に帰することはできない。そしてまた、「茹《ユツル》イツル共　火ニテ―也」（三十七丁裏）という記事もあり、『日葡辞書』の記事を裏付ける。つまり「ユダル」に対応する「イダル」、「ユヅル」に対応する「イツル」という語形が室町時代にはあった、とみることができる。そのような変化語形（変異語形）を「掬い上げている」のが『日葡辞書』の見出しのようにみえる。

『和英語林集成』の場合

あいじょうもん【合証文】《名》 協力の承諾の言葉を含んでいる文書。＊和英語林集成（再版）（1872）「Aijōmon アイジヤウモン 合約」

あこがれあるく【憧歩】《自カ四》 ぼんやり心を奪われて歩く（改正増補和英語林集成（1886））。

あつながれ【熱流】《名》 火事。＊改正増補和英語林集成（1886）「Atsunagare アツナガレ」

あまばり【雨晴】《名》 降りそそぐ雨のあいだの晴れ間（改正増補和英語林集成（1886））。

いきぐちい《形口》 息苦しい。〔改正増補和英語林集成（1886）〕

いきぐちったい《形口》 息苦しい。〔改正増補和英語林集成（1886）〕

いしだんご【石団子】《名》 砂粒が、水酸化鉄によって結合され、塊状になったもの。黒褐色の円い塊状をなし、内部には白色または青白色の細粉がつまっている。子持石（こもちいいし）。糗石（はったいいし)。饅頭石(まんじゅういし)。＊改正増補和英語林集成(1886)「Ishidango イシダンゴ」
いすろごい〘名〙争いや喧嘩〔改正増補和英語林集成(1886)〕。
いぼわす〘他サ四〙灸(きゅう)をして、あとをただれさせる。＊改正増補和英語林集成(1886)「ヤイトヲ ibowasu(イボワス)」
いやさき【最前・彌先】〘名〙最もさき。いちばんさき。＊改正増補和英語林集成(1886)「Iyasaki イヤサキ 最初」方言 宮城県仙台市123

例えば、「イキグチイ」も「イキグチッタイ」も語義は「息苦しい」と説明されているので、どちらか一つの見出しで十分だ、という判断もありそうだが、『和英語林集成』第三版はどちらも見出しにしている。この時期の日本語には「内省」がはたらかないので、両語形にどのような「違い」があるか、予想するしかないが、「イキグチッタイ」の方がより「話しことば」的なのではないかと予想する。そうした微妙な「違い」も「掬い上げる」のは『日葡辞書』と共通しているのではないだろうか。あるいは「イヤサキ」は現在も宮城県で使われている方言であることがわかる。「イヤサキ」が第三版が編まれた時期に方言であったかどうかはわからないが、それでもいささか古めかしい語だった可能性もある。そういう語もやはり「掬い上げる」。

母語話者が母語の「辞書体資料」を編集する場合、俗語や訛語といった、何らかの「傾き」のある語を見出しにする、というはっきりした目的があれば別であるが、そうでなければ、自然に「標準語形」を軸とした編集になるであろうし、母語話者であれば、「類推」によって理解できるというような語形は見出しにしないであろう。しかし、「辞書体資料」編集者が母語話者でなかった場合、あるいは母語話者ではない人物が編集にかかわっていた場合は少し「事情」が異なってくる可能性がありそうだ。

さてそうであったとして、『日葡辞書』編集者は当該編集者の必要に応じて、さまざまな見出しを「掬い上げる」。『和英語林集成』編集者はやはり自身の必要に応じて、さまざまな見出しを「掬い上げる」。両「辞書体資料」が編集された時期はずいぶん異なる。前者の見出しの軸は室町時代語であろうし、後者の見出しの軸は幕末・明治期の語であろう。さて、『日葡辞書』が「掬い上げ」、『和英語林集成』が「掬い上げ」た見出しを『日本国語大辞典』はさらに「掬い上げ」ている。その結果として、『日本国語大辞典』の見出し全体のバランスはどうなっているか、ということだ。しかし、これは誰にも「判定」できないことかもしれない。

筆者の考える理想型は、「バランスがとれている」ということだ。小型の国語辞書は編集者の考えが色濃く反映してもよい。実は筆者は「よい」とまでは思っていないので、まあそれはありがちなことだ、と考えておくことにしよう。しかし、日本で唯一の大型国語辞書となれば、やはりある程度の「バランスがとれている」ことを期待したい。そういう観点からみた場合、かつ出典にかかわることとしてあと一つ気になることがある。

『重訂本草綱目啓蒙』の場合

あおあかざ【青藜】《名》アカザの一品種。＊重訂本草綱目啓蒙（1847）二三・菜「灰藋　あをあかざ　しろあかざ　ぎんざ　阿州」方言 長崎県南高来郡964（略）辞書 言海

あおかわず【青蛙】《名》「あおがえる（青蛙）」の異名。＊重訂本草綱目啓蒙（1847）三八・湿生「鼃　あ

をがへる〈略〉あをかはず 越前」辞書 言海

あおだいず【青大豆】《名》 大豆の栽培品種で、外皮が緑色で内部が黄色、または緑色となる。学名はGlycine max. cv. ＊重訂本草綱目啓蒙（1847）二〇・穀「大豆〈略〉青は青大豆なり。〈略〉俗名あをまめ一名あをはだ 勢州 あおにぶ 播州」

あぜだいこん【畔大根】《名》 植物「いぬがらし（犬芥）」の異名。＊重訂本草綱目啓蒙（1847）二二・菜「葶菜 いぬがらし〈略〉あぜだいこん」

いっときばな【一時花】《名》 植物「ひがんばな（彼岸花）」の異名。＊重訂本草綱目啓蒙（1847）九・山草「石蒜 まんじゅしゃげ 京〈略〉ひがんばな 肥前〈略〉いっときばな 防州」方言 植物。❶ひがんばな（彼岸花）。 山口県794 ◇**いちじばな** 山口県熊毛郡794 ◇**いっときごろし**〔一時殺〕 大分県北海部郡941 ❷どくだみ（蕺草）。 山口県大津島794

いもこ《名》 魚「やまめ（山女）」の異名。＊重訂本草綱目啓蒙（1847）四〇・魚「嘉魚 いはな〈略〉やまべは津軽の方言にして〈略〉あめご 伊州、いもこ 若州」

うちわえび【団扇海老】《名》 ウチワエビ科に属し、体がうちわのように平たいエビ。体長約一三センチ《メートル》で、全体に赤みを帯びる。甲羅には一面につぶつぶがあり、ふちにはのこぎりの歯のような突起が並ぶ。南日本の太平洋沿岸にすむ。肉は食用になるが、多くは肥料とする。学名はIbacus ciliatus ＊重訂本草綱目啓蒙（1847）四〇・魚「海鰕 うみゑび〈略〉一種うちはゑびは一名たびゑび〈略〉形海老〈勢州〉に似て扁し、その首殊に扁大にして長団扇の如し」

えいざんかたばみ【叡山酢漿草】《名》 植物「みやまかたばみ（深山酢漿草）」の異名。＊重訂本草綱目啓蒙（1847）一六・石草「酢漿草〈略〉一種えいざんかたばみと呼あり。葉大にして一寸余。肥たるもの二寸余。葉末に尖りあり。春花を開く。白色大さ七八分又淡紅色なる者あり」方言和歌山県伊都郡・東牟婁郡690（略）辞書言海

おおえんじゅ【大槐】《名》植物「いぬえんじゅ（犬槐）」の古名。＊重訂本草綱目啓蒙（1847）三一・喬木「槐〈略〉〔集解〕櫰槐はいぬゑんじゅ おほゑんじゅ」

おとこへびいちご【男蛇苺】《名》植物「おへびいちご（雄蛇苺）」の古名。＊重訂本草綱目啓蒙（1847）一二・隰草「蛇含〈略〉をへびいちごをとこへびいちご」

かえるえんざ【蛙円座】《名》植物「とちかがみ（水鼈）」の古名。＊重訂本草綱目啓蒙（1847）一五・水草「莕菜〈略〉水鼈は〈略〉かへるゑんざ 江戸」方言植物、あさざ（莕菜）。また、とちかがみ（水鼈）。江戸†020（略）辞書言海

がってんむし【合点虫】《名》昆虫「こめつきむし（米搗虫）」の異名。＊重訂本草綱目啓蒙（1847）三七・化生「叩頭虫 ぬかづきむし〔和名鈔〕〈略〉はたおりむし 京、がてんむし 同上、がってんむし 筑後〈略〉こめふみむし 讃州高松、こめつきむし 同上香西・阿州」

かやむし《名》節足動物「やすで（馬陸）」の異名。＊重訂本草綱目啓蒙（1847）三八・湿生「馬陸〈略〉かやむし 讃州」方言毛虫。新潟県佐渡352

かれき《名》「てながえび（手長蝦）」の異名。＊重訂本草綱目啓蒙（1847）四〇・魚「つえつきえび 京、若州は一名てながえび〔本朝食鑑〕〈略〉かれき 勢州山田」方言三重県宇治山田市591

かわせんどう【川船頭】《名》昆虫「あめんぼ（水黽）」の異名。＊重訂本草綱目啓蒙（1847）三八・湿生

「水黽〈略〉あめんぼう 備後府中〈略〉あめそ 薩州、あめんどう かはせんどう 共同上」［方言］静岡県富士郡521 長崎県南高来郡905

右には『重訂本草綱目啓蒙』の使用例のみがあげられている見出しを十五あげた。いろいろなことがらが看取される。まず『重訂本草綱目啓蒙』について簡略に述べておく。「出典一覧」には「①小野蘭山述、井口望之重訂 ②日本古典全集 ③一八四七刊 ④本草」と記されているので、『日本国語大辞典』は、一八四七（弘化四）年に刊行された版本を「底本」として活字翻刻した「日本古典全集」（一九二八年、日本古典全集刊行会）を使っていることがわかる。『本草綱目啓蒙』は明の李時珍（東璧）の著わした『本草綱目』をもと

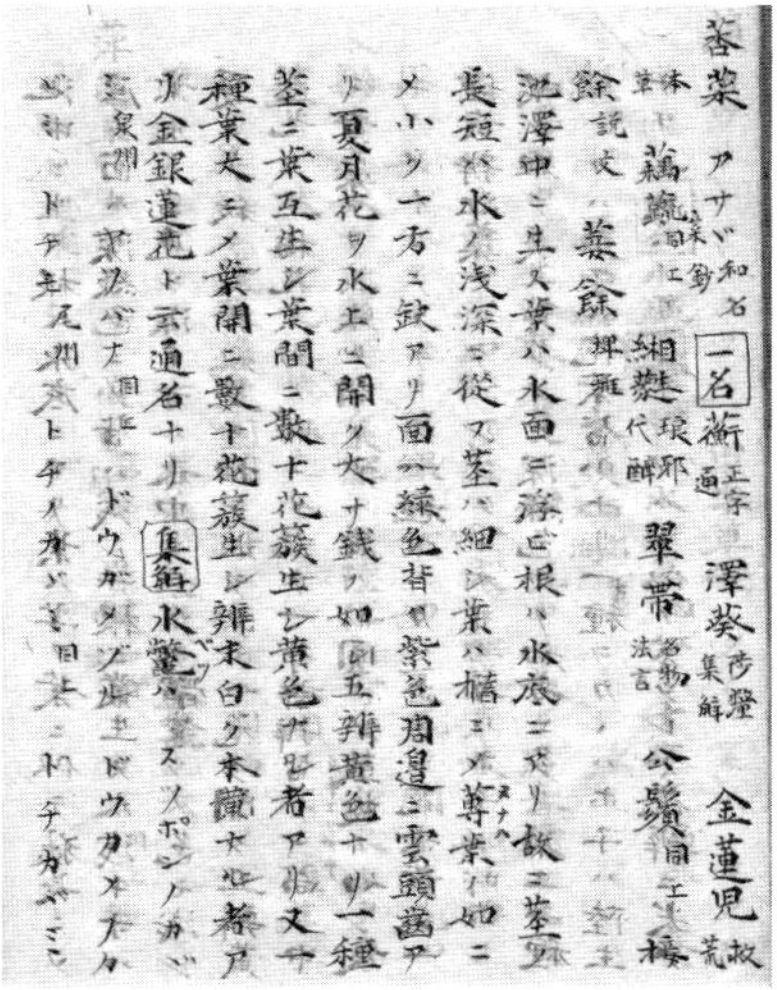

『本草綱目啓蒙』（右ページ）

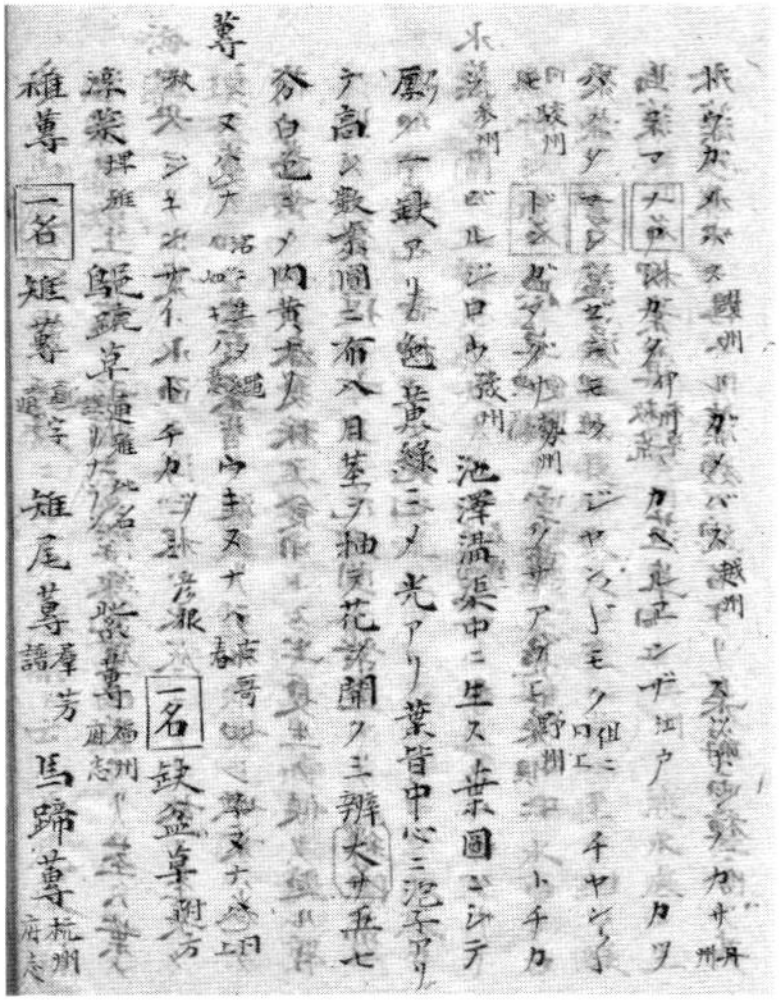

『本草綱目啓蒙』（左ページ）

にして、和名を配し、説明を加えたものであるが、方言なども豊富にとりこんでいる。薬物書としての需要があったためか、写本がある程度の数残されている。図は筆者所持の写本で、見出し「莕菜」。左ページ二行目（三四一ページ下図）に「カヘルヱンザ　江戸」とある。

『大漢和辞典』は「スイベツ（水鼈）」を「草の名。とちかがみ。どうがめばす。こまのあしがた」と説明している。「ベツ（鼈）」はスッポン。まず中国で「スイベツ（水鼈）」と呼ぶ植物は日本で「トチカガミ」と呼んでいる植物と対応しているだろう、という認識がまずあって、右の図の記事は、その「トチカガミ」を「讃州」すなわち讃岐国では「ドウガメバス」と呼び、「越州」すなわち越後、越前、越中では「ガメバス」と呼び、江戸では「カヘルヱンザ」と呼ぶという記事であると理解することができる。『日本国語大辞典』の見出し「とちかがみ」には次のように記されている。

とちかがみ【水鼈】〘名〙トチカガミ科の水生多年草。北海道を除く各地の池沼に生える。茎を長く伸ばし、葉は節に叢生して長柄があり、径六センチ《メートル》ぐらいの円状心臓形、裏面に浮袋になる気胞（きほう）があり水面に浮かぶ。雌雄同株。秋、葉間から苞葉に包まれて花茎が水面まで伸び、頂に径約三センチ《メートル》の白い花が咲き、一日でしぼむ。花には小形でがく状の三外花被と大形で白色の内花被が三枚ある。果実は広卵形。和名の「とち」は「スッポン」の意で葉をスッポンの鏡にたとえたもの。漢名、水鼈。どうがめばす。こまのあしがた。すっぽんのかさ。やつばな。とちのかがみ。学名はHydrocharis dubia ＊重訂本草綱目啓蒙（1847）一五・水草「莕菜〈略〉水鼈は、すっぽんのかがみ 泉州、やつばな 同上、どうがめづる どうかめのかがみ とちも 尾州、とちのかがみ 同上、どちかがみ」＊日本植物名

彙（1884）〈松村任三〉「トチカガミ 水鼈」（略）辞書言海

見出し「とちかがみ【水鼈】」の語釈中に「どうがめばす」「こまのあしがた」「すっぽんのかさ」「やつばな」「とちのかがみ」がみられるが、ここには「かえるえんざ」は見られない。また、「どうがめばす」は見出しにはなっていない。しかし「こまのあしがた」は見出しになっている。

こまのあしがた【駒足形】《名》 植物「うまのあしがた（馬足形）」の異名。＊重訂本草綱目啓蒙（1847）一三・毒草「毛茛 うまのあしがた こまのあしがた」方言植物、とちかがみ（水鼈）。伊州†039

見出し「こまのあしがた」はやはり『重訂本草綱目啓蒙』のみを使用例として示している。しかし、この「こまのあしがた」は『重訂本草綱目啓蒙』の巻十三、「毒草」の「毛茛」の引用となっている。『重訂本草綱目啓蒙』はこの「毛茛」を「溝瀆水旁ニ生ス水草ニアラズ路旁ニモ亦多シ」と説明しており、水草のアサザとは異なる植物であると思われる。ここにややこしいことがからまってくる。アサザはマンションのバルコニーに置いたメダカを入れた大きな水槽で育てていたことがあるので、よくわかるが、夏頃に黄色の花を咲かせる水草だ。葉は、ウマの足跡のような大きさはないが、たしかに丸い形状をしている。

植物の場合であれば、中国で「毛茛」と呼んでいる植物は日本のどの植物と対応しているのか、ということだ。中国と日本とでは植生が異なることもあるだろうから、対応がない場合もあるだろう。その場合はむしろわかりやすい。また「ほぼ」にしても、対応がはっきりとしている場合もよい。しかし、「だいたい」

対応しているというような場合などはどうか。あるいは文献の「情報」のみでは「同定」が困難な場合はどうか、ということがある。学名を間に置いて、中国のこの植物はこの学名の植物、その学名は日本ではこの植物のことだ、というように「共通項」を真ん中に置くことができれば「同定」はやりやすいだろうが、江戸時代には望むべくもない。そしてまた、日本のみを考えたとしても、「コマノアシガタ」という呼び名＝語形が、ある地域では毒草に使われ、ある地域では水草に使われていた、という時にどうするか。ウマの足形、すなわち足跡のような形状の葉をもつ植物は「コマノアシガタ」と呼ばれる可能性をもつ。それがある地域では毒草で、ある地域では水草だった。こうした場合に「国語辞書」としてどうするか、ということだ。「国語辞書」として徹した「態度」を採るのであれば、やはり右に記したような記述をするべきだろう。

すなわち、見出し「コマノアシガタ」の語釈には「ウマの足形、足跡のような形状の葉をもつ植物の呼称。地域によって具体的にいかなる植物を呼ぶかは異なる」というようなことをまず記し、この地域ではこの植物をそう呼んでいる、この地域ではこの植物をそう呼んでいる、ということを示す。これは丁寧だ。しかし、先にあげた見出し「こまのあしがた」は「本文」は毒草の「こまのあしがた」で、「方言」欄では、トチカガミの「伊州」方言に「こまのあしがた」があることを示しており、辞書使用者が混乱しないだろうか、と思わざるを得ない。しかもその「伊州」という「情報」はおそらく『重訂本草綱目啓蒙』から出ている。

「方言」欄の「伊州」は図にもみえているので、おそらくは『重訂本草綱目啓蒙』の記述を受けているだろう。図でわかるように、「水鼈」の条には、他にもいろいろな語形があげられている。その語形のうち、見出しになっている語、なっていない語の「基準」はどこにあるのだろうか。編集者には、いうにいわれない「基準」があるかもしれない。しかし、『重訂本草綱目啓蒙』のみを使用例にあげている見出しをみると、『重訂本草綱目啓蒙』に記されている語はかなり見出しとしているのだろう、という推測をすることになる。オンライン版で「見出し＋本文」で、文字列「重訂本草綱目啓蒙」に検索をかけてみると、二九二〇例がヒットする。少ないということはないが、非常に多いというわけでもない。「かなりとりこんでいる」という筆者の印象はやはり印象ということだった。

「本草学」や「名物学」においては、あるモノの名前がどうであるか、異名にはどのようなものがあるか、ということが関心事になる。『日本国語大辞典』は「メイブツガク（名物学）」は見出しにしていないが、「ホンゾウガク（本草学）」は見出しになっている。

ほんぞうがく【本草学】《名》中国の薬物学で、薬用とする植物、動物、鉱物につき、その形態、産地、効能などを研究するもの。薬用に用いるのは植物が中心で、本草という名称も「草を本とす」ということに由来するという。神農氏がその祖として仮託されるが、古来主として民間でのさまざまな経験が基礎となって発展したもので、梁の陶弘景、唐の陳蔵器らが各時代の整理者として名高く、明にいたって、李時珍によって集大成された。日本では奈良朝以降、遣唐使によって導入され、江戸時代に全盛をきわめた。貝原益軒以後は、中国本草書の翻訳、解釈などにとどまらず、日本に野生する植物・動物などの博物学的な研究に発展し、明治に至って、主に植物学、生薬学に受け継がれた。赭鞭（しゃべん）の学。本草。

したがって、図でわかるように、あるモノの名前を数多く集めてくる。『日本国語大辞典』といえどもそれをすべて見出しにするわけにはいかないだろう。そのようにしてしまったら、見出し全体の「バランス」が著しく崩れ、異名ばかりが見出しになっている辞書ということになる。したがって、どれは見出しにしてどれはしないか、という「線引き」が必要になるが、その「基準」がみえてこない。

「異名」にはさまざまな「異名」があるはずで、空間的に隔たっていると語形が異なるということはある。これがいわば「方言」だ。『日本国語大辞典』は全体的に、方言に手厚い辞書とみるべきなのかもしれない。しかしそれにしても、「こまのあしがた」のように、出典としている『重訂本草綱目啓蒙』がすでに方言と認めている語形を一般的な見出しとして採用するのはどうなのだろう。そのように採用した時点で、つまり現代においては方言形ではない、とみていることになりそうだが、そのように理解していいかどうか。このあたりは編集者に話を聞いてみたいところかもしれない。

異名と古名

先にあげた記事の中には「異名」という表現と「古名」という表現とが使われている。この二つの用語に積極的な違いがあるか、ないか。「古名」は「古」だから、古い時期に使われていた名＝語形ということであろうが、その「古い」は現代からみた江戸時代、すなわち『重訂本草綱目啓蒙』が編まれた時期ということなのか、それとも、使用例には示していないけれども、『重訂本草綱目啓蒙』を遡る（古い）時期に成った文献に当該語形が使われていることが確認されているので、それを視野に入れて、「古名」と呼んでいるのか。しかし、その場合であれば、『重訂本草綱目啓蒙』ではなく、その「（古い）時期に成った文献」を使用例に示すのが『日本国語大辞典』の方針ではないかと思う。このあたりも少しわかりにくい。

『重訂本草綱目啓蒙』＋『言海』

先にあげた見出しは『重訂本草綱目啓蒙』のみを使用例に掲げているものであるが、「あおかわず」「えいざんかたばみ」のように、「辞書」欄に『言海』のみがあげられている見出しがある。これは『日本国語大辞典』ではなく、『言海』にかかわることがらであろうが、このような見出しは『言海』が『重訂本草綱目啓蒙』に基づいて見出しとしている可能性があると推測する。そうであれば、これも、「辞書体資料」といってよい『重訂本草綱目啓蒙』から「辞書体資料」『言海』への「情報」の連鎖、受け渡しであることになる。そしてまた、『言海』が見出しとしていることが、『日本国語大辞典』が見出しとして採用していることに何ほどかかかわっているとすれば、連鎖は二つではなく、『重訂本草綱目啓蒙』→『言海』→『日本国語大辞典』と三つであることになる。そのことを批判しているのではまったくない。先にも述べたが、「辞書体資料」はそういうものだと考えている。批判ではなく、使用者は、そういうことも思っておいた方がよいだろうということだ。「辞書体資料」には「辞書体資料」の使い方というものがある。『日本国語大辞典』を丁寧によむと、そういう「感覚」もしっかりとしてくる気がした。

第六章　辞書欄・表記欄について

「凡例」の言説の検討

「凡例」の「辞書欄について」において述べられていることを摘記する。2における「略称」は省いた。

1　平安時代から明治中期までに編まれた辞書のなかから代表的なものを選んで、本辞典の各見出しと対照し、その辞書に記載がある場合には、辞書の欄にそれぞれの略称を示す。

2　扱った辞書およびその略称は次の通り。該当するものが二つ以上ある場合は、次にあげる順に従って示す。

新撰字鏡〔京都大学文学部国語学国文学研究室編「新撰字鏡―本文篇・索引篇」による〕……字鏡（字）

和名類聚抄〔京都大学文学部国語学国文学研究室編「諸本集成和名類聚抄―本文篇・索引篇」による〕……和名（和）

色葉字類抄〔中田祝夫・峯岸明編「色葉字類抄研究並びに索引―本文索引編」による〕……色葉（色）

類聚名義抄〔正宗敦夫編「類聚名義抄―第壹巻・第貳巻仮名索引」による〕……名義（名）

下学集〔亀井孝校「元和本下学集」森田武編「元和本下学集索引」による〕……………………下学（下）
和玉篇〔中田祝夫・北恭昭編「倭玉篇研究並びに索引」による〕……………………………和玉（玉）
文明本節用集〔中田祝夫著「文明本節用集研究並びに索引―影印篇・索引篇」による〕……文明（文）
伊京集〔中田祝夫他編「改訂新版古本節用集六種研究並びに総合索引―影印篇・索引篇」による〕
……………………………………………………………………………………………………伊京（伊）
明応五年本節用集〔伊京集に同じ〕……………………………………………………………明応（明）
天正十八年本節用集〔伊京集に同じ〕…………………………………………………………天正（天）
饅頭屋本節用集〔伊京集に同じ〕………………………………………………………………饅頭（饅）
黒本本節用集〔伊京集に同じ〕…………………………………………………………………黒本（黒）
易林本節用集〔伊京集に同じ〕…………………………………………………………………易林（易）
日葡辞書〔イエズス会宣教師編による〕……………………………………………………………日葡
和漢音釈書言字考合類大節用集〔中田祝夫・小林祥次郎著「書言字考節用集研究並びに索引―影印篇・索引篇」による〕……………………………………………………………………書言（書）
和英語林集成（再版）〔東洋文庫複製本による〕……………………………………………ヘボン（へ）
言海〔大槻文彦著の明治二四年刊初版による〕………………………………………………言海（言）

6　先に掲げた索引類の性格をそのまま踏襲する部分と、適宜勘案する部分とがある。その主な点は次の通り。

(イ)「新撰字鏡」は天治本と享和本とを一括して扱う。ただし、万葉がなで記されたもの、ないしそれに準ずるものを採る。

(ロ)「和名類聚抄」は、箋注本（十巻本）と元和本（二十巻本）とを一括して扱う。ただし、採否については、「新撰字鏡」の場合に同じ。

(ハ)「色葉字類抄」は、前田本と黒川本とを一括して扱う。ただし、上巻・下巻において、前田本と黒川本で掲げる語形に違いがある場合は、前田本のみを対象とする。一字漢語については単語と確定できるものは採るが、字音語素と考えられるものは採らない。

(ニ)「類聚名義抄」は観智院本名義抄によるが、高山寺本・蓮成院本等によって誤字が訂正される場合はそのかたちを採る。

(ホ)「下学集」は、元和三年版により、本文左右の訓をはじめ、注の部分にある語も訓のある限り対象とする。

(ヘ)「和玉篇」は、慶長十五年版和玉篇により、和訓のみを対象とする。

(ト)「文明本節用集」は、「下学集」の扱いに準ずる。

(チ)「伊京集」はじめ六種の節用集は、「下学集」の扱いに準ずるが、「天正十八年本節用集」にみられる後筆による書き込みは一切対象としない。

(リ)日葡辞書は、見出し語を対象とする。

(ヌ)「書言字考節用集」は、享保二年版本の見出し語について、左右の付訓すべてと、注部分の語も訓のある限り対象とする。

筆者は大学の日本語日本文学科の教員である。一年生の授業を担当している時には、一年生に『日本国語大辞典』を使うように伝え、「使い方」の概略を説明する。同時に『大漢和辞典』(大修館書店)の使い方も説明するので、授業の一回分で二つの辞典の説明をすることが多い。しかし、その程度の説明では十分ではないことが少なくない。例えば、右にあげた「辞書」欄の説明をよんで、どのような「情報」がどのような資料に基づいて提示されていて、その「情報」をどのように活用すればよいか、がすぐにわかる、大学生がどのくらいいるだろうか。日本語学を専攻している大学院修士課程の学生でも右の言説をすべて滞りなく説明するのは難しいのではないかと思う。もちろん、古辞書と呼ばれるような辞書をつねに使って自身の研究を行なっていればそんなことはないだろうが、現代日本語の研究をしている大学院生は古辞書につねにふれているとは限らない。もしも筆者の推測があたっているとすれば、一般使用者はさらに理解が難しいことになる。しかしまた、丁寧に説明するとなると、日本語の歴史についてある程度説明する必要がでてくるかもしれない。「古辞書」は現代日本の言語生活からかなり遠いところに位置するようになってしまっているかもしれない。

ここまででも述べてきたが、「統一的な記述」「一貫性のある記述」が重要だ。それが保たれていることによって、省略したかたちで記述することが可能になる。そういう点を中心にして、気になったことを述べておくことにする。

まずもっとも気になったのは、『日葡辞書』の下に「イエズス会宣教師編による」と記されていることである。例えば『和玉篇』であれば、「中田祝夫・北恭昭編「倭玉篇研究並びに索引」による」とあるので、現代人が編集した「索引」を使用していることがわかる。しかし「イエズス会宣教師編」はあたかもイエズス会の宣教師が編集した『日葡辞書』そのものを使っているように理解されないだろうか。「出典一覧」をみると、②すなわち「底本名」に『日葡辞書』（岩波書店）とあるので、一九六〇（昭和三十五）年に岩波書店から刊行された、ボドレイ文庫蔵本をもとにした複製本を使っていることがわかる。そのことは「イエズス会宣教師編」という記述からは誰にもわからないはずだ。

次に、迂闊なことに、今回「辞書欄について」をじっくりとよんで初めてわかったのだが、「辞書」欄の『和英語林集成』は、先の記述からすると「再版」に限られているということだ。『和英語林集成』の初版は一八六七年に出版されている。以下、再版が一八七二年、第三版が一八八六年に出版されている。『日本国語大辞典』は初版、再版、第三版すべての版を使っているが、再版は「和英語林集成（再版）」、第三版は「改正増補和英語林集成」と表示されている。

それはいいのだが、例えば見出し「あさがすみ【朝霞】」の「辞書」欄には「日葡・ヘボン」とある。この「ヘボン」が先に示した2によれば「和英語林集成（再版）」にあたり、具体的には「東洋文庫複製本」を使っているということだ。ちなみにいえば、この「東洋文庫複製本」は一九七〇（昭和四十五）年に亀井孝の解題を附して東洋文庫から刊行されている。『和英語林集成』再版をみると、「ASAGASUMI, アサガスミ、朝霞、n. The morning haze or fog.」とある。しかし、これと同じ記事は第三版にもみられるし、「or fog」を除いた記事は初版にもみられる。このことは誤解を招かないのだろうか。

「ヘボン」という表示は「和英語林集成（再版）」に記事があることを示しているだけで、それ以上でもそれ以下でもない、といえばそのとおりである。この「辞書」欄では「再版」のみの「情報」をだす、ということとかもしれないが、『日本国語大辞典』の中では、初版も第三版も参照され、その「情報」が載せられている。いろいろな経緯があって、この「辞書」欄では再版のみの「情報」を示すことになったのであろうが、「ヘボン」が「和英語林集成（再版）」とわかっていると、では初版や第三版にはないのか、と思ったりしそうである。もっともよいのは、初版、再版、第三版を「ヘボン1」「ヘボン2」「ヘボン3」で示すことにして、再版、第三版に記事があれば、「ヘボン23」と表示するというようなやりかただ。そのようにしてもらえれば、一目瞭然だ。

各条の表現に「採る／採らない」「対象とする」とある。「採る／採らない」は辞書編集者がよく使う表現であるので、編集者には違和感がないのだろうが、一般使用者はどうだろうか。辞書編集者の「口吻」がそのまま「凡例」に出ているようにも感じる。例えば、6(イ)は『新撰字鏡』について述べている。『日本国語大辞典』の項目を使って説明してみよう。

くろなまり【**黒鉛**】《名》（**錫（すず）を「しろなまり」というのに対していう語**）鉛の異称。＊新撰字鏡（898-901頃）「鈆　黒奈万利」＊観智院本名義抄（1241）「鈆鉛　クロナマリ」（略）辞書 字鏡・名義（略）

こにすい《名》植物「ごしゅゆ（呉茱萸）」の古名。＊享和本新撰字鏡（898-901頃）「呉茱萸　古爾須伊」辞書 字鏡（略）

さなかずら【**真葛・実葛**】一《名》1植物「さねかずら（真葛）」に同じ。＊古事記（712）中「船檝を具へ餝り、佐那葛（サナかづら）の根を舂（つ）き、其の汁の滑（なめ）を取りて、其の船の中の簀椅（すばし）に塗りて」2植物「かみえび」の異名。＊新撰字鏡（898-901頃）「木防己　二八月採根陰干　佐奈葛一云神衣比」[二][枕][1]❶①のつるが伸びて、一時はわかれても、またからみ合うところから「のちに逢う」にかかる。さねかずら。＊万葉（8C後）一三・三二八〇「今さらに 君来まさめや 左奈葛（サナかづら）後も逢はむと 慰むる 心を持ちて〈作者未詳〉」[2]❶①のつるがどこまでも長く伸びるところから、「遠長し」「絶えず」などにかかる。＊万葉（8C後）一二・三〇七三（或本歌）「木綿裹（ゆふつつみ）白月山の佐奈葛（サナかづら）絶えむと妹を吾が思はなくに〈作者未詳〉」＊万葉（8C後）一三・三二八八「大船の 思ひたのみて 木妨己（さなかづら）いや遠長く 我が思へる 君に依りては 言のゆゑも 無くありこそと〈作者未詳〉」[補注]次の例は「さなかずら」と類音を持つ「さ寝（ね）」にかかる序詞の一部として用いられている。「玉くしげみもろの山の狭名葛（さなかづら）さ寝ずはつひにありかつましじ〈藤原鎌足〉」〔万葉‐二・九四〕。（略）[辞書]字鏡・言海（略）

『新撰字鏡』は昌泰年間（八九八〜九〇一年）に成立したと考えられているが、一一二四（天治元）年に写したという奥書をもつテキストが「天治本」で、「享和本」は一八〇三（享和三）年に印刷出版されたテキストを指す。見出し「こにすい」では「享和本新撰字鏡」が使用例として示されているが、これは「天治本」に当該記事がみられないために、「享和本を採った」ということだ。図は享和本であるが、右から三行目の下段に「呉茱萸　古尒須伊」とある。この「古尒須伊」が「こにすい」だ。

『新撰字鏡』が八九八から九〇一年の間に成立したと考えられているので、「享和本新撰字鏡（898-901頃）」の（898-901頃）はそういう意味合いである。その『新撰字鏡』の一八〇三（享和三）年に出版されたテキストが「享和本」だ。「享和本新撰字鏡（898-901頃）」は誤解を与えないか、ということも少し心配になる。

見出し「くろなまり」では「新撰字鏡（898-901頃）「鈆　黒奈万利」」というかたちで使用例があげられている。こちらは何も記されていないので、「天治本」をあげていることになる。「黒奈万利」でいえば、「ナマリ」という和語を「奈万利」と書いている箇所はいわゆる「万葉がな」で書かれている。しかし「クロ」に漢字「黒」をあてた部分は「万葉がな」表記ではなく、正訓字表記である。あるいは見出し「さなかずら」においては、使用例として示されている「佐奈葛　一云神衣比」「佐奈葛」は「佐奈」は「万葉がな」表記であるが、「カズラ」に漢字「葛」をあてた箇所は正訓字表記である。「神衣比」の「神」も「万葉がな」表記ではない。6

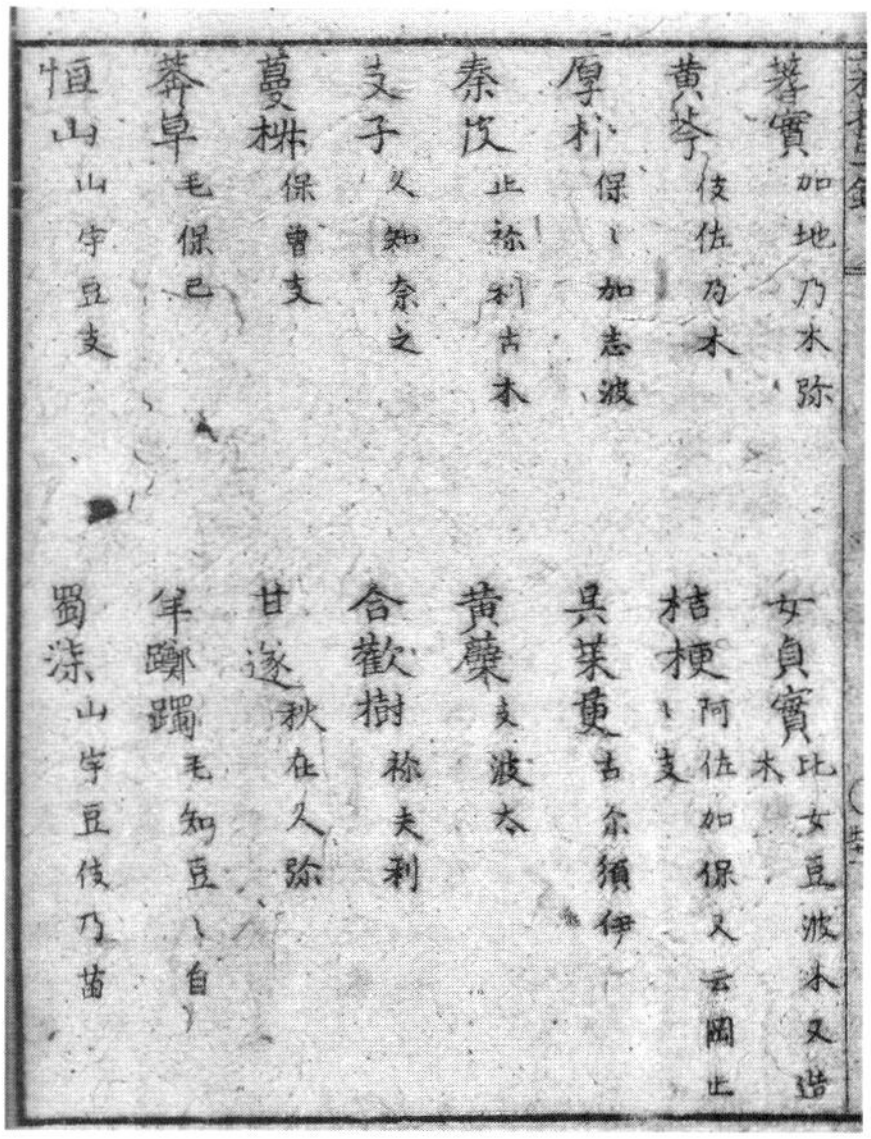
蓍實 加地乃木弥
黄芩 伎佐乃木
厚朴 保々加志波
秦皮 止祢利古木
支子 久知奈之
蔓椒 保曽支
莽草 毛保己
恒山 山宇豆支
女貞實 比女豆波木又造木
桔梗 阿佐加保又云岡止々支
呉茱萸 古尓須伊
黄蘗 支波太
合歓樹 祢夫利
甘遂 秋在久弥
羊躑躅 毛知豆々自
蜀漆 山宇豆伎乃苗

享和本『新撰字鏡』五十一丁裏

(イ)の「それに準ずるものを採る」はこういう場合を指していると思われる。

少し気になることを幾つか書いておく。6

(ハ)には「前田本」「黒川本」とある。これも『色葉字類抄』を使う場合は当然わかっているでしょう、ということかもしれないが、「いやいや当然ではないのでは？」と思う。「前田本」は現在尊経閣文庫に蔵されているテキストで、かつて前田家に蔵されていたので、そのように通称されることがある。また「黒川本」はかつて黒川真前、黒川真頼、黒川真道が所蔵していたテキストで、江戸時代中期頃の写本と目されている。「前田本」が三巻のうちの中巻を欠くために、中巻は「黒川本」を使うしかない。これが『色葉字類抄』の場合の「前田本と黒川本とを一括して扱う」という「事情」である。6㈡「「類聚名義抄」は観智院本名義抄によるが、高山寺本・蓮成院本等によって誤字が訂正される場合はそのかたちを採る」はなぜ「観智院本名義抄」という表現を使っているのだろうか。「観智院本」とのみあるのが自然ではないかと思う。6㈠「「伊京集」はじめ六種の節用集は」とあると「文明本節用集」は「節用集」ではないのか、などと余計なことを思いそうであるが、「文明本節用集」も「伊京集」以下の六種の「節用集」もみな、『節用集』と呼ばれる中世期に編まれた辞書のテキストにあたる。

右に述べたことよりも、「「天正十八年本節用集」にみられる後筆による書き込みは一切対象としない」が気になった。筆者は「堺本」と呼ぶことにしているが、「天正十八年本節用集」にはおびただしい書き込みがある。その部分は考えなかった、ということであろうが、この言説を厳密に考えると、他の「「伊京集」はじめ六種の節用集」については、「書き込み」を含めて考えている、ということになる。その理解でいいのだろうか。

具体的に検証してみよう。例えば「黒本本節用集」の六十三丁表、け部人倫門の末尾に「眷属《ケンソク》」とある。この見出しは、複製本を使っても、誰が見ても（といっておくが）他の見出しとは異なることがわかる。墨色が他の見出しと異なるし、筆致も異なる。尊経閣善本影印集成20『節用集　黒本本』（一九九九年、八木書店）の「解説」においても、「別筆」と認定されている。『日本国語大辞典』の見出しは次のようになっている。

けんぞく【眷属・眷族】《名》1 血のつながっているもの。親族。一族。うから。やから。2 従者。家来。

配下の者。家の子郎党。3（梵 parivāra の訳。眷愛隷属の意）仏語。親類、師弟の関係にあって互いに相随順する出家、在家の者。狭くは仏の教え、広くは仏の教えを受ける者すべてをいう。辞書 文明・天正・黒本・易林・日葡・書言・ヘボン・言海

「辞書」欄には「黒本」とあり、たしかに「黒本本」の場合は書き込みも含めて考えられていることがわかる。6(チ)はそう「読む」ことができるので、「凡例」に偽りがあるわけではない。しかし、書き込みはいつ誰の手によってなされたかがわからないため、ひとまずは「本文」とは別に考えるのが一般的である。そうした意味合いからすれば、すべて書き込みは考えに入れない、というのがもっとも自然な「方針」であると思う。これについても「事情」があるかとも推測するが、さまざまな「事情」を勘案していくと、ついには、全体の「筋」がとおらなくなるということだってある。『日本国語大辞典』の「筋」が通ってないというつもりは毛頭ないが、こうした点は少し気になる。現在であれば、「辞書」欄から、書き込みと思われるものを除くことはできるのではないだろうか。

「本文」と「索引」ということからすれば、すべてそれが「セット」で示されている。『和英語林集成』（再版）と『言海』とは「索引」にあたるものが示されていないが、それはこれらが、前者であれば、見出しをアルファベット順、後者であれば、見出しを古典かなづかいの五十音順に配列してあるからであって、索引がなくても、ある語が収載されているかどうかはきちんと確認できるからである。さて、「本文」は原本がよいに決まっているが、原本に準じるものとして、写真複製がある。使用された辞書の中で、「下学集」以外は、そうした写真複製の類が「本文」として使用されている。「下学集」はといえば、「凡例」に示されてい

る「亀井孝校「元和本下学集」」は実は（というのも妙だが）一九四四（昭和十九）年に出版された岩波文庫である。元和版『下学集』は終わりちかくに「点画少異字」という条があるが、そこのみは写真版であるが、他の箇所は活字によって翻字されている。元和版『下学集』は古辞書叢刊第二『元和三年板下学集』（一九六八年、新生社）として写真複製版が、山田忠雄の監修・解説で出版されている。したがって、「本文」としてはこれを使うことはできなくはない。「索引」にあたる「森田武編「元和本下学集索引」」は高羽五郎の「国語学資料」の第十二輯として一九五三（昭和二十八）年三月に非売品として印刷されているもので、先の岩波文庫を「本文」として編まれている。元和版の索引は、現時点でも、この森田武によるものしかなく、この索引を使おうとすれば、岩波文庫を使う、ということになる。しかし、少々の手間を厭わなければ、森田武編の索引を使って、いったん岩波文庫にたどりつき、それに対応する箇所を『元和三年板下学集』で確認することはもちろんできる。筆者はそのようにしている。このあたりのことは、「問題」でもなんでもないかもしれない。そして『日本国語大辞典』第三版が出版される時には軽々とクリアされるようなことのようにも思う。いやそうであってほしい。だから、ここまで書いてきたことはきっと「杞憂」だろうと思うが、念のために記しておくことにする。

話が少しそれるが、右で名前が出た亀井孝、山田忠雄、森田武、高羽五郎は、いずれも死去しているが、高度な「到達」を示した先達である。その「到達」を学ぶために、岩波文庫の「元和本下学集」の「解題」を読み、新生社の『元和三年板下学集』の「「下学集」解説」を読むことは意義あることであることは疑いないので、誤解のないことを願う。

辞書欄・表記欄から何をよみとるか？

『言海』を編んだ大槻文彦は「本書編纂ノ大意」（三）において、「日本語ヲ以テ、日本語ヲ釈キタルモノヲ、日本辞書ト称スベシ。従来ノ辞書類、和名鈔、新撰字鏡、類聚名義抄、下学集、和玉篇、節用集、合類節用集、伊呂波字類抄、和爾雅、会玉篇、名物六帖、雑字類編等、枚挙スベカラズ。然レトモ、是等、率ネ、漢字ニ和訓ヲ付シ、或ハ和語ニ漢字ヲ当テタルモノニテ、乃チ、漢和対訳、或ハ和漢対訳辞書ニシテ、純ナル日本辞書ナラズ」と述べている。

「伊呂波字類抄」が『色葉字類抄』を含む呼称であるとすれば、『日本国語大辞典』が「辞書」欄に掲げている辞書はすべて挙げられているといってよい。大槻文彦は明治期までに編まれた「辞書体資料」はすべて「漢和対訳／和漢対訳」という枠組みの辞書であると述べている。その認識は正しいと筆者も考える。そうした枠組みを認めた上でいえば、『日本国語大辞典』が示した「辞書体資料」のうちで、『新撰字鏡』『類聚名義抄』『和玉篇』は漢字を見出しとする、はっきりとした「漢字辞書」である。その他の辞書で明治期以前に編まれたもの、すなわち『和英語林集成』『言海』以外のものは、漢字列を見出しとしている。それを「国語辞書」と呼ぶことは必ずしも適切ではないと考えるが、今ここでは便宜的に「漢字辞書」と「国語辞書」とに分けて話を進めることにしたい。

そうすると、『日本国語大辞典』が採りあげている辞書のうち、『新撰字鏡』『類聚名義抄』『和玉篇』が「漢字辞書」にあたり、その他は（広義の、といっておくが）「国語辞書」にあたることになる。『日本国語大辞典』は、『新撰字鏡』は九世紀末から十世紀初め頃の、『類聚名義抄』は、十三世紀半ば頃の、『和玉篇』は十五世紀後半頃の成立とみている。このようにみると、江戸期に編まれた「漢字辞書」、さらに欲をいえば明治期に編まれた「漢字辞書」もあるとよさそうだ。

例えば『角川大字源』（一九九二年）は「古訓」欄を設け、「親字のもつ古訓を、古辞書類を典拠としつつ、校訂を加えて掲げ」（「凡例」八ページ）ているが、「近世」の辞書として「毛利貞斎増続大広益会玉篇」を使っている。この『増続大広益会玉篇』は候補の一つにはなり得ると考える。

「実状」の側からいえば、明治期に編まれた「漢字辞書」はなくはない。しかしそれらの多くは、明治期以前に編まれた「漢字辞書」の「情報」を累積していることが多い。丁寧な「洗い出し作業」をすれば、ある漢字についての「明治期の定訓」が浮かび上がってくるだろうし、そうした「作業」は可能であると筆者は考えるが、そうした成果はまだ十分に報告されるに至ってないように思う。

山田俊雄は『ことばの履歴』（一九九一年、岩波新書）において、「今、漢和辞典や国語辞典は、日本人の、われわれの先祖のもっていた漢字の知識を、その目的のために十分に拾い集めて収めていない。まして、ある漢字の訓の沿革を時代の順を追って述べるところにははなはだ遠いようである。漢字の訓《くん》を、漢字のもつ意味であると解するのは正しさを含むけれども、漢字の訓《くん》を日本語としてどう言って来たものか（つまり訓《よ》み方、読《よ》み方としては何といって来たものか）という点になると、それこそまだ「闇から牛」である」（二二二ページ）と述べている。また工藤力男も「字訓史」という表現を使う。

「ある漢字の訓の沿革を時代の順を追って」確認しようとした場合、『日本国語大辞典』は江戸期出版の「漢字辞書」を使っていないので、中世期まで、という限定がつくものの、「新撰字鏡・類聚名義抄・和玉篇」がどうなっているかをつかむことによって「おおよその見当」をつけることはできる。ただし、『日本国語大辞典』は語を見出しとしており、漢字を見出しとしているわけではないので、見出しとなっている語が、三つの「漢字辞書」において見出しとなっているか、という確認ができるということではあるが。実際の見出しを使って具体的に説明してみよう。

あざむく【欺】 ■一《他カ五（四）》 [1] ㋑相手にあれこれと誘いかけ自分の思うとおりにさせる。相手に本当のことだと思わせてだます。＊万葉（8C後）五・九〇六「布施おきてわれは乞ひ禱（の）む阿射無加（アザムカ）ず直（ただ）に率（ゐ）ゆきて天路（あまぢ）知らしめ〈作者未詳〉」＊新撰字鏡（898-901頃）「佞 阿佐牟久 又加太牟 又伊豆波留」＊源氏（1001-14頃）蛍「女こそものうるさがらず、人にあざむかれむと生まれたるものなれ」＊書陵部本名義抄（1081頃）「紿 イツハル アザムク」＊俳諧・芭蕉翁古式之俳諧（1685）「既にたつ碁に稀人（まれびと）をあざむきて〈嵐雪〉 鴻鴈高く白眼（にらめ）ども落ず〈其角〉」＊学問のすゝめ（1872-76）〈福沢諭吉〉六「官を欺くは士君子の恥づ可き所なればば」＊何処へ（1908）〈正宗白鳥〉一三「まさかそんな聖人もあるまい、君は己れを欺いて趣味や情熱を軽視してるんだ」 ㋺ **（「期待・推測などが人をあざむく」という翻訳調の表現で）** 結果としてだます、の意。期待や推測のとおりにならないことを表わす。＊すみだ川（1909）〈永井荷風〉九「伯父さんはきっと自分を助けてくれるに違ひないと予期してゐたが、その希望は全く自分を欺（アザム）いた」＊雁（1911-13）〈森鷗外〉二四「果して僕の想像は僕を欺（アザム）かなかった」 [2] 思うことをそのまま口に出してあれこれと言う。悪く言う。そしる。（略） [3] 相手を軽く見る。見くびる。ばかにする。（略） [4] **（③の意から。「…を（も）あざむく」の形で）** 比較する対象を見くだしてもよいほどである。

その状態の度合が高いとされるものと比べても、それよりまさる、という意に用いる。…とまぎれるほどである。…に劣らない。…をしのぐ。（略）[語誌] (1)「地蔵十輪経元慶七年点一二」などの訓点資料や、「新撰字鏡」「書陵部本名義抄」などの辞書に、「いつはる」「へつらふ」といった訓と並び用いられているところから、平安時代には、これらと似た語感を持つものとして意識されていたと思われる。この「へつらふ」と「あざむく」は、「相手の気持に乗じる」という共通の意義特徴を持っていたものか。(2)虎寛本狂言や西鶴の作品あたりから見える「だます」は、「あざむく」が状況対応の姿勢であるのに対し、相手に積極的に働きかける姿勢が認められる。（略）[辞書] 字鏡・和名・色葉・名義・下学・和玉・文明・伊京・明応・天正・饅頭・黒本・易林・日葡・書言・ヘボン・言海 [表記] 欺（色・名・下・玉・文・明・天・饅・黒・易・書・へ・言）誑（色・名・玉・易・書）詒（下・玉・文・伊）詐（字・色・名）謬（字・名・玉）嗤（色・名・玉）蚩（和・色）悝・謀・謗・矯・騙・陽・張・蒙・謌・譸・詬・紿・詿・訑（色・名）衒（名・玉）瞞（玉・文）謫・譎・諓・譚・倿・詇・讁・諵（字）嘲・誘（色）諭・訝・媚（名）誣・僘・謾・衏（玉）賺（書）

見出し「あざむく【欺】」においては、他動詞と自動詞とに大きく二つに分けて語義が記されている。他動詞の内部は語義が四つに、自動詞の内部は語義が二つに分けられている。他動詞の語義[1]㋑の使用例として「新撰字鏡（898-901頃）」と「書陵部本名義抄（1081頃）」とがあげられている。「辞書」欄には「字鏡」以下十七の辞書、すなわち『日本国語大辞典』が「辞書」欄で「扱った辞書」すべてがあげられている。つまり「アザムク」という語はこれらすべての辞書に採りあげられていることがわかる。当然三つの「漢字辞書」にもみられるということだ。「表記」欄はその「アザムク」という語が、どのような漢字（列）と結びつきをもってそれぞれの辞書に載せられているかを示している。「欺」字の字下には、「色葉」以下十三の辞書があげられているので、これらの辞書においては、「アザムク」と「欺」字とが結びついていることがわかる。そしてこの「欺」字と結びついていることがもっとも多いこともわかる。

「表記」欄をみると、漢字の下に「色・名」とあること（注：傍線筆者）が多いことに気づく。『類聚名義抄』は「漢字辞書」で、かつ和訓を多く載せているので、いわば当然のことであるが、『色葉字類抄』は同じ和訓をもつ漢字を列挙して載せている箇所がある。

図は三巻本『色葉字類抄』の「ア篇」人事部である。尊経閣善本影印集成18『色葉字類抄一　三巻本』（一九九九年、八木書店）から引用させていただいた。三行目に「欺」字があげられ、字下の右に「アサムク」とある。「サ」には「左」の一画目・二画目を採ったと考えられている字体が使われている。さて、「欺」字に続いては、「嘲」字が（口がごくごく小さく添えられているようなかたちになってしまってはいるが）続き、さらに「誑」字と続いていく。五行目の「驕」字の下に「已上欺也」とあり、「欺」から「驕」までの三十三字が「アサムク」という和語と結びつく、もっといえばおそらくは「アサムク」という和訓をもったことがある漢

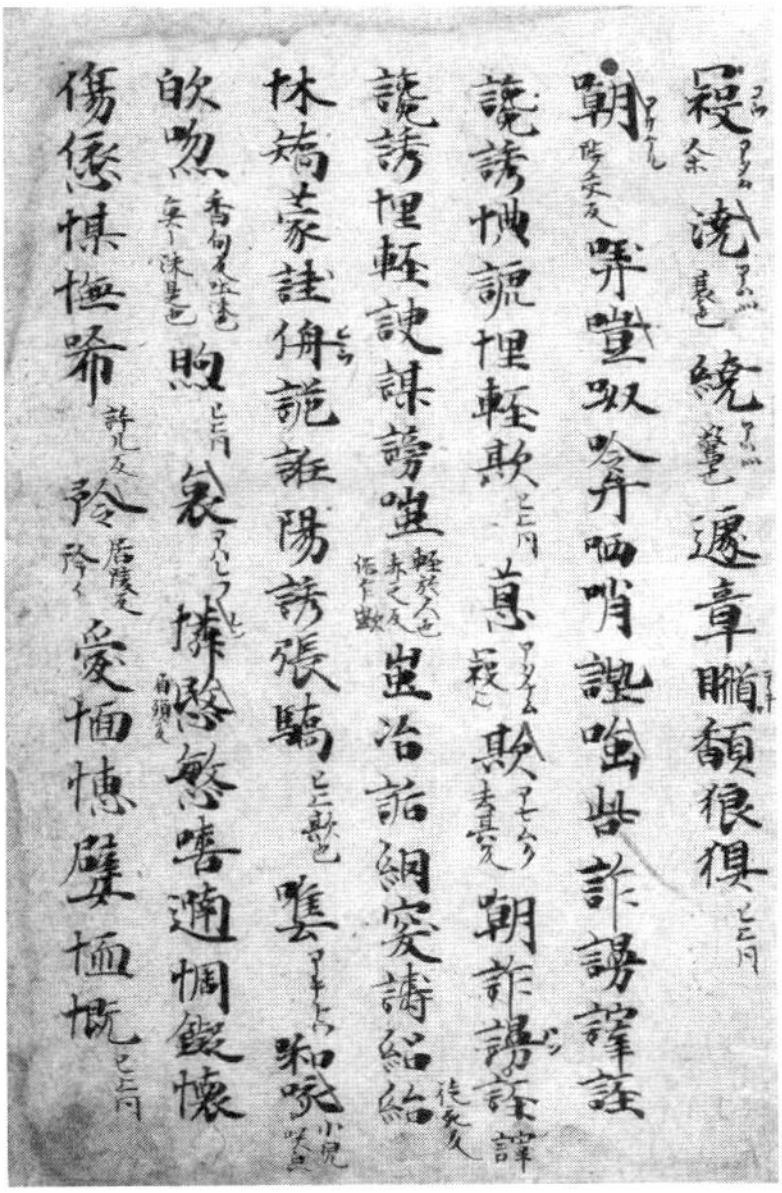

『色葉字類抄』「ア篇」人事部

字であろう。そういう漢字を『色葉字類抄』は類聚している。右は図として掲げたが、あげられている漢字の中には「同定」が難しい字が含まれることもあり、右の三十三字すべてが『日本国語大辞典』の「表記」欄にあげられてはいないが、それはむしろ当然のことといってよい。こうした「常用漢字表」には載せられていない漢字を電子化することはまだ「容易」とまではいえないだろうから、オンライン版の作製にはかなりの、あるいはある程度の時間と労力とを必要としたと推測する。

辞書欄からよみ解く「辞書の連鎖」

いおのふえ【魚鰾・魚脬】《名》魚の腸の近くにある、浮き沈みを調節するための袋状の器官。うきぶくろ。ふえ。＊十巻本和名抄（934頃）八「脬 考声切韻云脬〈疋交反 漢語抄云以乎乃布衣〉魚腹中脬也。又人膀胱肉也」＊色葉字類抄（1177–81）「脬 イホノフエ」［辞書］和名・色葉・名義（略）

右に示した見出し「いおのふえ【魚鰾・魚脬】」においては、使用例として「十巻本和名抄（934頃）八」と「色葉字類抄（1177–81）」とがあげられ、「辞書」欄には「和名・色葉・名義」とあるので、さらに『類聚名義抄』にも記事があることがわかる。ちなみにいえば、二十巻本『和名類聚抄』巻十九（元和古活字版でいえば十丁表）にも右の記事はみられるので、十巻本に限った記事ではない。『色葉字類抄』においては、「イ篇」「動物付動物体部」に「脬　イホノフエ」とあり、観智院本『類聚名義抄』においては、「脬」字（仏中六十六丁表三行目）に和訓「イヲノフエ」「クソフクロ」「フエ」「シ、ノフエ」「ユハリフクロ」が配されている。

『日本国語大辞典』が説くように、「イオノフエ」とは魚の浮き袋のことで、それが「フエ（笛）」のような形状をしているところから、「イオノフエ（魚の笛）」と呼ばれるようになったということであろう。『大漢和辞典』は「脬」字字義を「ゆばりぶくろ。膀胱」と説明している。魚の浮き袋という、実際のモノはモノとしての形状が似ているために、「(魚の)笛」と呼ばれ、またその形状は膀胱（ユバリブクロ）にも似ているために、「脬」字と結びつく、ということであろう。さて、『色葉字類抄』観智院本『類聚名義抄』の記事からは、それが『和名類聚抄』とつながっている「痕跡」を見いだすことはできない。しかし、両辞書が『和名類聚抄』とつながっていることはこれまでに具体的に指摘されており、そのことからすれば、両辞書の「イオノフエ」も『和名類聚抄』に「淵源」をもつ可能性がたかい。そうだとすると、『日本国語大辞典』の「辞書」欄に「**和名・色葉・名義**」とある見出しは、そうした可能性をもつことになる。つまり、「辞書」欄を注視することによって、日本における「辞書の連鎖」がみえてくる。「和名・色葉・名義」のみが「辞書」欄にあげられている見出しをあげてみよう。

あくた【蚘虫】《名》人の腹の中に寄生する虫。腹の虫。回虫。＊十巻本和名抄（934頃）二「蚘虫 唐韻云蚘虫〈音与レ廻同〉人腹中長虫也 病源論云蚘虫〈今案一名寸白 俗云 加以 又云 阿久太〉飲白酒食生栗等所成也」＊色葉字類抄（1177-81）「蚘虫カイ又アクタ寸白也」（略）辞書 和名・色葉・名義（略）

あぶらいい【油飯】《名》麻の実の油を入れて炊いた飯。＊十巻本和名抄（934頃）四「油飯 楊氏漢語抄云膏味〈阿布良以比〉麻油炊飯也 一云玄熟」辞書 和名・色葉・名義 表記 油飯（和・色）膏味（和・名）

あぶらびき【刷毛】《名》水鳥が羽毛を整えること。また、その羽毛。はづくろい。＊二十巻本和名抄

（934頃）一八「毳 刷附〈略〉四声字苑云刷〈所劣反 文選刷蕩読 波都久呂比 漢語抄云刷毛 阿布良比岐〉鳥理毛也」＊観智院本名義抄（1241）「刷毛 アブラビキ 鳥躰」[辞書]和名・色葉・名義 [表記]刷毛（和・名）髦（色）

あれ【餅粉】《名》餅（もち）に付ける麦粉。＊十巻本和名抄（934頃）四「餅 釈名云〈略〉胡餅以麻着之〈今案麺麦粉也 世間餅粉 阿礼是也〉」[方言]❶餅をつく時などに付ける米の粉。長崎県五島054 熊本県918 下益城郡930 鹿児島県963 968 970 ◇**あれえ** 長崎県壱岐島914 熊本県玉名郡058 ◇**あれんこ**〔—粉〕熊本県918 ❷餅や団子の外側につける餡（あん）。佐賀県887 長崎県南高来郡905 鹿児島県一部961 ◇**あれえ** 長崎県彼杵052 ◇**にあれえ** 長崎県壱岐島914 [辞書]和名・色葉・名義 [表記]餅粉（和・色・名）

いねの稃（かい）穀米のもみがら。から。[辞書]和名・色葉・名義 [表記]稃（和・色・名）𥝱（和・色）粰（名）

うまくさ【青葙】《名》植物「のげいとう（野鶏頭）」の異名。＊十巻本和名抄（934頃）「青葙 本草云青葙〈私羊反宇末久散 一云阿末久佐〉」＊色葉字類抄（1177–81）「青葙 ウマクサ アマクサ」（略）[辞書]和名・色葉 [表記]青葙（和・色）

おうざい【黄菜】《名》大根、菜類などのモヤシ。さわやけ。＊二十巻本和名抄（934頃）一六「黄菜 崔禹錫食経云温菘味辛是人作黄菜常所噉者也〈黄菜俗云王佐以 一云佐波夜介〉」（略）[辞書]和名・色葉・名義 [表記]黄菜（和・色・名）

おふす【拍浮】《自サ四》水に浮く。およぐ。＊十巻本和名抄（934頃）二「拍浮 文選注云拍浮〈拍打也 俗云於布須是也〉」[辞書]和名・色葉・名義 [表記]拍浮（和・名）柏浮（色）

かいるてのき【雞冠木】《名》植物「かえで（楓）」の古名。＊十巻本和名抄（934頃）一〇「雞冠木楊氏

漢語抄云雞冠木〈加倍天乃岐　弁色立成云雞頭樹　加比流提乃岐　今案是一木名也〉」辞書 和名・色葉・名義 表記 鶏頭樹（和・色）鶏冠樹（名）

かしらかさ【頭瘡】《名》 頭に生じるかさ。頭にできるおできの類。ずそう。かしらくさ。＊十巻本和名抄（934頃）二「瘍　禿附　説文云、瘍〈音楊　賀之良加佐〉頭瘡也」＊観智院本名義抄（1241）「瘍　カシラガサ」辞書 和名・色葉・名義 表記 瘍（和・色・名）

見出し「あれ【餠粉】」では、「方言」欄に九州の地域名が少なからずみられ、この語が辞書にのみ「足跡」を残しているわけではないことが窺われる。このような語も当然ある。しかしまた、右に示した見出しにおいては、「非辞書体資料」における使用例が何も示されておらず、そのことが「非辞書体資料」において当該語が使われなかったことをただちに示唆しているわけではないが、それにしても、「非辞書体資料」においてはあまり使われなかったことを推測させ、そうした語がありそうだ、ということは考えておいてよいだろう。

さて、次にあげる見出しは「辞書」欄に「和名・色葉」しか載せられていない。

あしの縄（なわ） 葦をよりあわせて作った縄。門の戸に懸けて災禍をはらうまじないとした。＊十巻本和名抄（934頃）五「葦索　蔡邕独断云懸葦索〈阿之乃奈波〉於門戸以禦凶也」辞書 和名・色葉 表記 葦索（和・色）

いとの鞋（くつ） 「いとぐつ（糸鞋）」に同じ。＊十巻本和名抄（934頃）四「絲鞋　弁色立成云絲鞋〈伊

土乃久都 今案俗云之賀伊〉」 辞書 和名・色葉 表記 絲鞋（和・色）

おのこかんなぎ【男子巫・覡】《名》 男の巫（かんなぎ）。おかんなぎ。＊二十巻本和名抄（934頃）二「巫覡〈略〉文字集略云覡〈乎乃古加牟奈岐〉男祝也」 辞書 和名・色葉 表記 覡（和・色）

かえるはみ【鴘】《名》 鷹が成長して羽の斑点が変わること。生後二年の色をいう。＊十巻本和名抄（934頃）七「鷹 鴘字附〈略〉唐韻云鴘〈方免反 又府蹇反 俗云加閇流波美〉鷹鷂二季色也」＊色葉字類抄（1177-81）「鴘 カヘルハミ 鷹鷂二年色也」（略） 辞書 和名・色葉 表記 鴘（和・色）

例えば、左に掲げた見出し「かすげの馬」では「辞書」欄に「色葉」とのみある。使用例には「二十巻本和名類聚抄」の記事が示されているが、そこには「カスゲノウマ」という語形が明示的に（つまり万葉仮名で）書かれていない。それゆえ、「辞書」欄に「和名」がないのであろう。しかし、二十巻本『和名類聚抄』には「糟毛馬也」とあり、『色葉字類抄』にも「油馬 カスケノウマ／糟毛也」とあることからすれば、『和名類聚抄』の「糟毛馬」は「カスゲノウマ」とみて（ほとんど）よいのではないか。「辞書の連鎖」という観点に立つと、そのような「判断」もできることになる。

かすげの馬（うま） 糟毛①の毛色の馬。＊二十巻本和名抄（934頃）一一「油馬 弁色立成云油馬〈糟毛馬也〉」＊色葉字類抄（1177-81）「油馬 カスケノウマ 糟毛也」 辞書 色葉 表記 油馬（色）

そして次にあげる見出しは「辞書」欄に「**和名・色葉・名義・言海**」とある。

うまのきぼね　馬の下あご。＊十巻本和名抄（934頃）七「食槽　李緒相馬経云食槽欲寛〈食槽　馬乃岐保禰〉」＊観智院本名義抄（1241）「食槽　ウマノキボネ　牛馬躰」辞書 和名・色葉・名義・言海 表記 食槽（和・色・名・言）

いくはところ【的所】《名》弓の的を置く場所。射垜（あずち）。＊十巻本和名抄（934頃）二「射垜　唐韻云垜〈楊氏漢語抄云射垜　以久波土古路　世間云阿无豆知〉射垜也」（略）辞書 和名・色葉・名義・言海 表記 射垜（和・色）射垜（色・名）

おぎむし【蚇蠖】《名》「しゃくとりむし（尺取虫）」の異名。＊十巻本和名抄（934頃）八「蚇蠖〈略〉説文云蠖〈平岐牟之〉屈伸虫也」＊色葉字類抄（1177–81）「蚇蠖　オキムシ　又ムマノマラムシ」（略）辞書 和名・色葉・名義・言海 表記 蚇蠖（和・色・名）蝍蝛・蝍蜮（色）蠖（名）尺蠖（言）

おろかおい【穭】《名》刈ったあと種がこぼれて自然に生えた稲。また、草木の切り株から生えた芽。ひつち。ひこばえ。＊十巻本和名抄（934頃）九「穭　唐韻云穭〈音呂　於路加於比　俗云比豆知〉自生稲也」＊色葉字類抄（1177–81）「穭　ヒツチ　自生稲也　ヲロカヲヒ」（略）辞書 和名・色葉・名義・言海 表記 穭（和・色・名・言）操（名）

かさどころ【瘡処】《名》瘡のあと。できもののあと。＊十巻本和名抄（934頃）二「瘡　唐韻云瘡〈音倉　加佐〉痍也。痍〈音夷　岐須〉瘡也。瘢〈音般　加佐度古路〉瘡痕也」＊観智院本名義抄（1241）「痕　カサドコロ」（略）辞書 和名・色葉・名義・言海 表記 瘢（和・色・名・言）痕（和・名）

筆者がこの「和名・色葉・名義・言海」という「辞書」欄から想起することは、『和名類聚抄』が見出しとした語は『色葉字類抄』『類聚名義抄』にとりこまれた。『和名類聚抄』『色葉字類抄』『類聚名義抄』を参照することができた大槻文彦は、これらが見出しとしている語を自身が編集した『言海』においても（いわば積極的に、そこまではいわないとしても、先行する辞書において確認できる語形であるということをもって）見出しにしようと考えなかったか、ということだ。おそらくそのような「意識」はあった、と推測する。これもまた「辞書の連鎖」である。『日本国語大辞典』も辞書であることからすれば、そうした「辞書の連鎖」にまったく没交渉ということはむしろ考えにくいのではないか。辞書使用者はそうしたことも少し意識しておくとよいのではないだろうか。

例えば左に示した見出し「いずもかな」は「辞書」欄に『言海』のみがあげられ、使用例もあげられていない。『言海』は「古キ語」に附ける符号を附した上で「いづもがな（名）出雲仮名　ひらがなニ同ジ」と記しているのみである。『日本国語大辞典』の語釈「大江匡房の「江談抄」にある、空海が出雲で作ったという伝説に由来」はどこから導き出されたものか、ということがまずあるが、他にこうしたことを記している文献がある、とみるのが自然であろう。

見出し「いたひき【板挽】」の場合はどうだろうか。『言海』は「イタヒキ」を「材ヲ板ニ挽キ割ルノミヲ業トスル工人」と説く。

いずもかな【出雲仮名】《名》　ひらがな。大江匡房の「江談抄」にある、空海が出雲で作ったという伝説に由来。　辞書 言海　表記 出雲仮名（言）

いたひき【板挽】《名》材木をひいて板にすること。また、それを職業とする人。木挽（こびき）。（略）辞書 言海 表記 板挽（言）

いつきのいん【斎院】《名》平安時代、京都の賀茂神社に奉仕した未婚の皇女。さいいん。辞書 言海 表記 斎院（言）

いとこめ【従姉妹女】《名》いとこに当たる女性。父母の姪（めい）。辞書 言海

いとひきなっとう【糸引納豆】《名》粘り気があり、糸を引く納豆。豆納豆。（略）辞書 言海 表記 祝茸（言）

いわいだけ【祝茸】《名》きのこ「まんねんたけ（万年茸）」の異名。辞書 言海 表記 祝茸（言）

うけそう【請奏】《名》「しょうそう（請奏）」に同じ。辞書 言海 表記 請奏（言）

このような、「辞書」欄に『言海』のみがあげられ、かつ使用例も示されていない見出しは散見する。先に述べたように、だからといって、『言海』以外に当該語が使われた文献が存在しないということにはならないけれども、その一方で、多くの文献にその「足跡」を残した語というわけではないことも確かなことといえよう。『言海』が見出しとしていたことを契機として、『日本国語大辞典』がこれらの語を見出しにしたかどうか、それはもちろんわからないとしかいいようがないが、『言海』→『日本国語大辞典』という「辞書の連鎖」を想起させる見出し項目ではある。

おうしょう【螉蠑】《名》ウシヒフバエの幼虫。牛馬の皮の中に寄生する。くい。＊二十巻本和名抄（934頃）一一「螉蠑 説文云螉蠑〈翁従二音 和名久比〉在牛馬皮中虫也」＊色葉字類抄（1177-81）「螉

蜙 ヲウショウ クヒ 牛馬皮中虫也」辞書 色葉　表記 螉蜙（色）

さて、右の見出し「おうしょう」では、使用例に「二十巻本和名類聚抄」があげられているのに、「辞書」欄に「和名」とないのがなぜかおわかりになるだろうか。

二十巻本『和名類聚抄』の「牛馬病第百五十一」の冒頭に「螉蜙　説文云螉蜙 翁従二音 和名久比 在牛馬皮中虫也」とあって、見出しは漢語「オウショウ（螉蜙）」である。この漢語に対応する「和名」が「久比」すなわち「クヒ」である、というのが『和名類聚抄』の記事である。見出しとなっている「螉蜙」の発音は、明示的には示されていないというみかたも成り立たなくはないが、「翁従二音」とあるので、「オウショウ」という発音が推測できなくはない。そうみれば、『日本国語大辞典』が見出しとした漢語「おうしょう」は二十巻本『和名類聚抄』に載せられていることになり、「辞書」欄に「和名」と入れてもよさそうだ。ここにいささかの「?・」がある。

『日本国語大辞典』は「オウショウ」という漢語を見出しにして、その使用例として二十巻本『和名類聚抄』を掲げているのだから、二十巻本『和名類聚抄』に「オウショウ」という漢語が載せられていることを認めているはずだ。そうであれば、「辞書」欄に「和名」とあってよいはずである。ここからは筆者の推測になる。先に引用した「凡例」の「辞書欄について」には「本辞典の各見出しと対照し、その辞書に記載がある場合には、辞書の欄にそれぞれの略称を示す」とあって、この言説からすれば、見出し「オウショウ」の「辞書」欄には「和名」があってよいと考える。しかし、おそらく無意識に、であろうが、編集者は、和訓があった場合、和語の場合を考えていて、漢語の場合を考えていないのではないかと憶測する。その「気持ち」「心性」は理解する。しかし、これは一般的な使用者には、「錯誤」にみえるのではないだろうか。

しかし次の見出しにおいては、漢語「カク（狢）」が「辞書」欄に「和名」と記されていて、一貫しないか。

かく【狢・貉】〘名〙「むじな（狢）」の漢名。＊十巻本和名抄（934頃）七「狢 説文云狢〈音鶴漢語抄云无之奈〉似狐而善睡者也」＊色葉字類抄（1177-81）「狢 カク ムシナ」＊二人比丘尼色懺悔（1889）〈尾崎紅葉〉自序「貉（カク）は汶を渡って死す」＊列子‐湯問「鸜鵒不レ踰レ済、貉踰レ汶則死矣地気然也」

[辞書]和名・色葉 [表記]狢（和・色）（略）

『日本国語大辞典』の特徴は幾つかあげられるが、中でも使用例を豊富にあげていることはまずあげてよい。しかもそれが時代順に並べられている。このことは、『日本国語大辞典』が「実証的」であることを示すと同時に、史的な観点を重視していることを示している。「辞書」欄は「表記」欄とともに、その「史的な観点」をより端的に示しているとみることができる。見出しになっている語が、どのような辞書に採りあげられているかが、瞬時にしてわかる「辞書」欄、そして当該語がどのように文字化＝漢字化されているかがわかる「表記」欄の価値は大きい。両欄が十分に活用されて、語を史的にとらえるという「みかた」が浸透し、使用者それぞれが「日本語の歴史」をとらえることができるとよいと思う。

終わりに

『日本国語大辞典』をよみ始めたのが二〇一五（平成二十七）年九月二十四日で、一通りよみ終わったのが二〇一七（平成二十九）年八月十四日の十一時五十分。よみ始めの時間は記録していなかったが、よみ終わりは記録した。そして、二〇一七年九月十二日から再度よみ始めた。

「はじめに」で述べたように、『日本国語大辞典』全十三巻はだいたい二万ページだから、もしも一日に一ページずつよむとしたら、全巻読破には二万日かかることになる。二万日は……五十四年だ。そういうペースで「よむ」こともあり得る。その十倍の、一日に十ページずつよむとしても、二万ページよむのに、二〇〇〇日かかる。二〇〇〇日は五・四年だ。このくらいがいいペースなのかもしれない。筆者は、二〇一六年度に大学から特別研究期間を認められ、授業等から離れることができた。そのため、朝から晩まで『日本国語大辞典』をよむ、ということが可能にはなった。やってみればすぐわかるが、辞典をよみ続けるというのはなかなか作業としてはきつい。だから可能だからといって毎日そうしていたわけではもちろんない。それでも、大学に勤務しながらの時よりはずっと多くの時間をあてることができた。平均すると一日に二十五ページぐらいよんだ感じだろうか。これはかなりの速度でよんだということだ。もっとゆっくり、いろいろな事を考えたり、調べたりしながらよめばまた違う「よみ」になることはいうまでもない。だから二度目に入った。今度はぼちぼちとよみ進めようと思っている。

一通りにせよ、いったんよみ終わった今は何らかの「感覚」というものが残っているように思う。それを説明することは難しいが何らかの「感覚」がたしかにある、と思う。よみ始める前は、『日本国語大辞典』を全巻よむとどうなるか、まったく見当がつかなかった。これだけの作業をして、何も残らなかったらどうしよう、という気持ちは最初の数ヶ月はあった。そもそもその時点では読破することがほんとうにできるか、という気持ちもあったし、どのくらい時間がかかるだろうと思うこともよくあった。よみながら気づいたことや、考えたことは小さなノートにメモをとりながら、よみ進めていった。そのノートには、最初の頃、よく、一日にこのペースでよむと一ヶ月でどのくらいよめる、という計算が書いてある。そういうかたちで、不安を解消していた。いつ頃からペースがつかめ、調子がつかめたか、今となってはわからないが、ある程度よみ進めた時に、なんとなくペースがわかったというか、よみ方がわかってきた、と思ったことがあった。そのあたりから、少し余裕をもってよむことができたかもしれない。

無謀な試みではあったが、今はやってみてよかったと思っている。先に述べたように、何か「感覚」が残っている。それは何かよくわからないが、自身の知っている日本語のバランスが少しよくなった、というような感覚かもしれない。

日本語を分析するのが日本語学であるが、日本語学にはさまざまな分野がある。まず現代使われている日本語を観察対象とするか、過去の日本語を観察対象とするかで大きく分かれる。筆者は後者だ。過去の日本語を観察対象とする場合、基本的には過去の日本語すべてということになるのだろうが、実際は『万葉集』の成った時期のみとか、平安時代のみとか、室町時代のみとか、かなり限定された時期の日本語を観察することが少なくない。日本語を大きく二つに分ければ「古代語」と「近代語」に分けることができる。両者の過渡期が中世語で、これが鎌倉時代、室町時代にあたる。平安時代までが「古代語」、江戸時代からが「近代語」だ。「古代語」を観察する人は「古代語」のみ、「近代語」を観察する人は「近代語」のみ、ということが多い。

筆者は大学院の修士論文で瀬戸内海の大三島にある大山祇《おおやまづみ》神社に室町時代から江戸時代にかけて奉納されていた連歌懐紙を素材とした日本語分析を行なった。したがって、筆者はまず室町時代、中世語を観察したことになる。ある時から明治時代の日本語にも興味をもち、明治時代の日本語についても観察をするようになった。これは「近代語」の観察だ。木簡学会に入会し、木簡に書かれた日本語をてがかりに、七世紀や八世紀の日本語についても少し考えるようになった。これは「古代語」の観察だ。「古代語」の観察はまだまだ不十分であるし、室町時代語や「近代語」の観察も、「なってない」という自覚がある。『日本国語大辞典』をよんでいくと、こんな語があったのだ、ということが（当然といえば当然であるが）よくある。一度よんだからといって、すぐにその語が「脳内辞書」にすぐに「格納」されるわけではないが、それでも、一度も出会わないよりはずっとよい。この「こんな語があったのだ」がまずよかった。「辞書体資料」には、それぞれがそのようなかたちに「編集」された目的や経緯があるから、必ずしもバランスがよいわけではないが、『日本国語大辞典』のように、日本語の辞書であることを最初から目的として編まれている「辞書体資料」はある程度のバランスが保たれているはずだ。日本語が書かれているあらゆる文献に目を通した人は当然のことながらいないわけであるが、自然な読書や自然な言語生活でふれる文献や語は案外と限られているのではないだろうか。『日本国語大辞典』は、そうした「自然な読書や自然な言語生活」でふれることのできない文献があることを教えてくれ、そうした文献を読むことを促し、そうした文献に「足跡」を残している語の存在を教えてくれるという「役割」をはたしてくれた、と思う。使用例、出典を必ず綿密によんでいたわけではないが、それでも、知らない語に出会った場合、どんな文献でどのように使われているか、ということは気になる。その結果、ずいぶん多くの本を購入した。購入しなくても、図書館などで読めばいいし、最近であれば、インターネットを通して、多くの本に接することができるので、購入する必要はないかもしれない。しかし、筆者はどうしても「本の具体的な顔」を見たくなる。どんな大きさの本か、どんな紙に印刷されているか、どんな装幀をしているか、そういう「本の具体的な顔」をどうしても知りたいし、それを知らないとその本＝テキストを安心して使うことができない。現在は、SNSを通じて知り合った「友人」が何人いるというような時代だ。そのような「友人」の多くは顔を知らない「友人」であろう。そういう「つながりかた」もあるのだろう。本＝テキストは「友人」にちかい面がないでもないが、「友人」ではないので、やはり安心して使うためには、「顔」を見ておきたくなる。実際、購入してみて、こういう「顔」をしているのか、と思うことがよくある。切手にもなっている浄瑠璃寺の吉祥天女像を実際に見た時に、勝手にもっと大きな像を思い浮かべていたことに気づいた。そういうこともあるので、やはり「顔」を見る事は大事だ。

また、本には「持ち主」がいて、それを今たまたま筆者が手にしているにすぎない。かつての「持ち主」が本＝テキストに「痕跡」を残している場合がある。例えば、『日本国語大辞典』はいわゆる「隠語」も見出しとすることがある。第一巻別冊の「主要出典一覧」には隠語辞典として、「隠語構成様式并其語集」「隠語輯覧」「隠語全集」の名前があげられている。これらの文献はよく使われている。筆者は、「隠語」についてはこれまであまりふれたことがなかったので、これら三冊を購入してみた。すると、最初のものは外箱には「隠語構成の様式并其語集」と印刷されている。本の表紙も同様で、扉ページには「隠語構成様式並に其語集」とある。江戸時代に出版された本などでは、本に貼られている題簽に書かれている題名＝外題と、本の内部に記されている題名＝内題とが微妙にあるいはかなり異なることがある。外題を正式な書名と考える「外題主義」と内題を正式な書名と考える「内題主義」とがある。この本の場合、外題主義を採るなら「隠語構成の様式并其語集」、内題主義を採るなら「隠語構成様式並に其語集」で、「主要出典一覧」はそのどちらでもない。そんなことは気にする必要がないのではないか、と思われる方がいるだろう。そう、「気にする必要がない」という「立場」に立てば、そうであるが、「そういうことは大事だ」という「立場」に立てば、気になる。筆者は、なぜ外題にも内題にもないかたちが「主要出典一覧」に記されるに至ったか、というその経緯が実は気になる。つい最近、テレビで、「国際基督教大学」を「コクサイキトクキョウダイガク」と発音したアナウンサーがいた。もしかしたら、原稿にはないものを、その場で自身が判断して発音したのか、と思ったが、そうだとすると、これは個人のレベルでのことがらになる。しかし、何回かの「チェック」を経ているはずのものに、右のようなことがあるとすると、それは「チェック機能／チェック体制」にかかわることがらということになる。

さてそれはそれとしよう。購入した『隠語輯覧』にも外箱が付いていたが、外箱の右側には「佐渡刑事用」、左側には「佐渡携」とおそらくは墨で書かれていて、本の目次ページには「佐渡」という朱印が押されていた。朱印といっても、現在文房具店などで販売されている、いわゆる「三文判」と同じような小さな楕円形の印だ。『隠語輯覧』は一九一五（大正四）年十一月十一日に発行されているが、「非売品」で、監修者は富田愛次郎、発行所は京都府警察部となっている。京都府警察部が作って、「現場」に配ったものであろうか。「佐渡刑事用」はなかなかなまなましい。もう一つ思ったのは、「佐渡携」という書き方だ。もちろん佐渡が携帯するもの、というような意味合いであろうが、こういう場合に「携」と書く、この書き方がどの程度一般的であったか。みんなが同じモノを持っている時に、自分のモノであることを区別するためには、ただ苗字などを書いておく、ということもあろうが、そこから一歩踏み込んで、自分のモノであることを表明する時にどう書くか、ということで、過去の言語に関しては、案外こういうことがわからない。そしてそれは、たった一つの例から推測が始まるということもある。筆者が『隠語輯覧』を購入したのは、もちろんその内容が知りたかったからであるが、具体的な本には、右のような「情報」が付随していることが少なからずあり、それが、これまで自身がもっていた「情報」を急速に展開させることがある。せっかく『隠語輯覧』を話題にしたので、少し内容をみてみよう。

うづかひ【鵜使】二人共謀シテ、一人ガ商店々頭ニ物品ヲ購買中、他ノ一人ガ万引窃盗ヲ犯スヲ云フ（第三類　犯罪行為、十一ページ）

うらしま【浦島】竿先ニ折釘ナド附シタル物ヲ用ヰテ、格子口ナドヨリ座敷内ニ於ケル衣服其他ノ物品ヲ窃取スル所為（第三類　犯罪行為、十一ページ）

『日本国語大辞典』の見出し「うづかい【鵜使】」の語義 2 には「ひとりがおとりになって買物をしている間に、共謀者が万引きをすることをいう、盗人仲間の隠語。〔隠語輯覧（1915）〕」とあり、右の『隠語輯覧』の記事をもとに語義が記されていることがわかる。

『日本国語大辞典』の見出し「うらしま【浦島】」には次のようにある。

うらしま【浦島】 一《名》 1 トウカムリガイ科の巻き貝。房総半島以南の水深二〇～一〇〇メートルの砂泥底にすむ。螺塔（らとう）が低く、卵形。殻高約八センチメートル。表面は黄白色で、褐色の方形斑が並ぶ。殻口は大きく、内側に小さなひだが並ぶ。和名ウラシマガイ。学名は Semicassis pila 2 竿の先に針をつけたものを窓や格子の間から差し入れ、室内の物品を盗み出すことをいう、盗人仲間の隠語。〔隠語輯覧（1915）〕 二 一「うらしま（浦島）の子」に同じ。 二 浦島伝説に取材した作品。 1 謡曲。脇能物。廃曲。作者不詳。別名「水江（みずのえ）」。臣下が丹後国水江に下向し、浦島明神から薬を授けられる。 2 謡曲。脇能物。廃曲。宝生作。別名「龍神浦島」。亀山院の臣下が水江に下向すると、蓬萊の仙女、浦島明神、海龍王、天女などが現われる。 3 狂言。大蔵流番外曲。祖父と孫が釣った亀を助けてやると、亀の精が現われ、磯辺に箱を置いて消える。二人が箱をあけると、白い煙が立ち、祖父は若い男となる。 4 歌舞伎所作事。長唄。四世杵屋三郎助作曲。文政一一年（一八二八）江戸中村座で初演。七変化舞踊「拙筆力七以呂波（にじりがきななついろは）」の一つ。 三 京都府北部、奥丹後半島東端の伊根町付近の古称。水江浦島子（みずのえのうらしまのこ＝浦島太郎）をまつる宇良神社があるために呼ばれた。

（略）

一の[2]が『隠語輯覧』にある「ウラシマ」にあたるが、これがなぜ一[1]の巻き貝と同じ一に入っているのだろうか。結局「ウラシマ」だから見出し「うらしま【浦島】」のいずれかの語義と一緒に説明するしかなく、しかし、一緒になるような適当な語義がないために、一に入れたようにみえる。そもそも釣り竿から浦島太郎が連想されているのだろうから、むしろ「ウラシマソウ」と同じような発想ではないだろうか。『日本国語大辞典』には次のように記されている。

うらしまそう【浦島草】《名》サトイモ科の多年草。各地の山林や竹やぶで陰湿な場所に生える有毒植物。細長く伸びて垂れた花軸の先の付属物を浦島太郎の釣り糸に見たててこの名がある。高さ約五〇センチ《メートル》。葉は太く長い柄をもち、一五片ほどに裂け、縁は大きく波打つ。葉柄は暗緑色の円柱形で、紫褐色の斑点がある。初夏、細かい花が大きな包葉に包まれた花軸上に密生する。花軸は多肉質で上部が紫黒色の長いむち状となって、先が釣り糸状に垂れ下がる。包葉はつぼ状で白に暗紫色のまだらがあり、黒紫色で白い縦筋のある背面がふた状に前方に伸びてかぶさる。実は赤く熟す。学名は Arisaema thunbergii ssp. urashima《季・夏》＊重訂本草綱目啓蒙（1847）一三・毒草「虎掌〈略〉花中に長蘂なく、長線をいだし、垂長さ一尺余。俗にこれを浦島草（ウラシマサウ）とよぶ。浦島太郎釣をたれし形に象る」＊日本植物名彙（1884）〈松村任三〉「マヒヅルテンナンセウ　ウラシマサウ　虎掌」＊寒山落木〈正岡子規〉明治二八年（1895）秋「枕もと浦島草を活けてけり」（略）

鎌倉の山などを歩いているとよくこのウラシマソウを見かけた。花の色は暗紫色で、ちょっと毒々しい感じもする。花が、マムシが鎌首をあげたような形状にもみえるためか「マムシグサ」とも呼んでいたように記憶するが、その語形は『日本国語大辞典』には載せられていない。方言形も載せられていない。江戸時代に出版された御伽草子二十八冊のうちの「浦島太郎」の挿絵には、やはり釣り竿が描かれている。「浦島太郎」といえば「釣り竿」、「釣り竿」といえば「浦島太郎」という連想も、いわば文化的な連想なのであって、こういうことをしっかりとおさえ、伝承し、継承していくことも大事だ。

「隠語全集」は一九五二(昭和二十七)年十一月三十日に発行されているので、『隠語輯覧』よりだいぶ後の出版である。編著者は最高検察庁刑事部で、発行所は刑務協会となっている。目次をみると「序」があったようであるが、筆者が入手したものは、その部分が欠落している。奥付にも裏表紙にも価格が記されておらず、あるいはこれも非売品か。この本は全体を「隠語の部」「符牒の部」「方言の部」に分け、それぞれの部において見出しを五十音順に配列して掲出している。「隠語の部」から少し例をあげてみよう。

おはじき	拳銃	犯罪者 不良仲間	盛岡、仙台
がいしや	被害者	犯罪者	長野、京都、静岡、名古屋、神戸、横浜、東京、仙台
かえる	蟇口	掏摸仲間	静岡、福岡、神戸、高知、横浜
かき餅	花札	博徒	千葉、神戸
がさ	家宅捜査	犯罪者	神戸、京都、水戸、静岡、名古屋、福岡、高知、仙台、東京、松山
がて	手紙	不良青少年	福岡、高知、奈良、鹿児島、静岡、横浜、津、長野

右でわかるように、見出しに対応する標準語形をあげ、次に、どのような人々がその隠語を使っているかを示し、それがどの地域で使われているかも併せて示している。かなり細かい「情報」が載せられているといってよい。最高検察庁刑事部が編集していることからすれば、全国の刑事部に当該地域で使われている隠語のリストを提出させ、それを整理した可能性がありそうだ。拳銃を「ハジキ（おはじき）」、家宅捜査を「ガサ（イレ）」という隠語などは、現代の刑事ドラマなどでも使われているが、比較的広い範囲で使われていたようだ。

「がて」は「テガミ」の倒語「ミガテ」の「ミ」を省略した語形だろうか。

言語が「世界を見る窓」だとすれば、人間の生活のさまざまな場面で使われているはずで、隠語もその一つの場面であるとみることができる。

筆者は近代文学の研究をしているわけではないので、近代文学の作品の読書経験に関しては、一般的な読書、つまり趣味の読書の範囲をあまり出ない。しかも、二十七歳で短期大学に勤めるようになってから、今までは、「趣味の読書」をする余裕もあまりなかった。となると、大学生までの読書ということになってしまい、かなりの偏りがあった。明治期の日本語を観察するようになってからは、明治期の文学作品は「趣味の読書」ではなく、だいぶ読んだが、それでも偏りは避けがたい。森鷗外、夏目漱石は一通り読んでいるが、あまり読んだことのない作家も少なからずいる。『日本国語大辞典』をよみながら、そうした作家の作品をじっくりと読む、ということはもちろんできなかったが、まずは本を購入しておこう、という気持ちにはなったので、少しずつ注文して揃えていった。少し作品を読んでみた作家もある。これは「趣味の読書」ではないが、自身の読書の範囲をいわば「強制的に」広げることにつながった。第二章で採りあげた、岩藤雪夫などもそうした作家の一人だ。あるいは十一谷義三郎《じゅういちやぎさぶろう》（一八九七～一九三七）もそうした一人だ。一九二四（大正十三）年には、川端康成、横光利一らの『文藝時代』に参加している。川端康成、横光利一は知られているが、十一谷義三郎は両者ほどは知られていないといえよう。『日本国語大辞典』では十一谷義三郎の『あの道この道』や『仕立屋マリ子の半生』などが使われている。いろいろ調べていると十一谷義三郎には『キャベツの倫理』というおもしろい題名の作品があることがわかったので購入してみることにした。この『キャベツの倫理』は「新興芸術派叢書」というシリーズの一冊であることが購入してみたらわかった。そこから、同じ「新興芸術派叢書」に収められている、岡田三郎の『物質の弾道』、楢崎勤『神聖な裸婦』、池谷信三郎の『有閑夫人』も購入してみた。これらはまだ読んでいないが、一九三〇（昭和五）年の出版だから、大正時代の日本語を窺うことができるのではないかと思っている。

右のようなことを二〇一六年度に少しずつ、かつ継続して行なっていった。本を購入するのに当然経費は必要になるが、しかしそもそも、こういうことをゆっくり行なうゆとりが通常はない。『日本国語大辞典』をよみ始める前は、『日本国語大辞典』を調べて、使用例をみた時に、この文献はどういう文献だろうとか、この作家はどういう作家なんだろうとか思うことが多く、そういう場合は、見出しになっている語に対する「距離」がちょっとあるように感じてしまっていた。『古事記』を全部読んでいれば、この語は『古事記』にあるということがわかると、たとえ、そのことを忘れていたとしても、「そうか『古事記』にあるのか。読んだはず」と思うことができるが、まったく「知らない」文献や作家の場合は「ふうん」という気分になりやすい。『日本国語大辞典』を一度よんだからといって、『日本国語大辞典』が使った文献すべてを身辺に揃えたわけではもちろんないので、相変わらず「ふうん」は少なからずあるが、少しは「ふうん」が減ったということだ。そういうことに気づいたのは、よみ始めてだいぶたってからだったので、最初の頃は、文献名や使用例をあまり注意していなかった。後半になって、だいぶそういうことにも注意するようになったが、こうした「意識」の変化も『日本国語大辞典』をよんで起こったことだ。

『日本国語大辞典』をよみ進めていると、必要があって読んでいる文献や文学作品で、少し珍しそうな語に出会うと、「これは『日本国語大辞典』で見出しになっているだろうか」と思うようになった。さいわいなことに、オンライン版はこういう時にうってつけだ。パソコンからもアクセスできるので、本を読みながら、「これは?」と思う語に出会うたびに検索をしてみる習慣が次第についた。そうすると、案外と見出しになっていない語があることもわかってきた。それをそのままにしておくのは「もったいない」ので、そうした語をメモしておくようになった。附録「『日本国語大辞典』にない見出し」は、そのメモに基づいて作ったものだ。『日本国語大辞典』は「愛好者」が多い。筆者が所属している日本語学会のシンポジウムで、登壇者が次々と「日国ファン」であることを「告白」? するという場面を見たことがある。「日国友の会」というサイトもあるようだ。そこでは『日本国語大辞典』にない語を見つけると報告しているようだ。筆者は「日国ファン」ではない。ないばかりか、学生に「日国」という略称を使わないように、とまで言っていた。略称はめんどうなことを省くということにつながってしまうことがある。それを「未然に防ぐ」といったら、「何を大げさな」といわれるであろうが、そういうことに注意し、「ニッコク」ではなく「ニホンコクゴダイジテン」という正式名称を使うことの大事さも知っておきたい。しかし、最近は「まあいいかな」と思うことがないではない。堕落か。それはそれとして、筆者があげた「見出しにない語」の中にはすでに「日国友の会」のサイトには報告されている語もあるだろうが、筆者が独自のアプローチで探し出した語ということでご了解いただければと思う。

※本書の中で、とくに断りがない引用は、すべて『日本国語大辞典 第二版』（二〇〇〇～二〇〇二年、小学館）からのものです。

※本書第二章は、「Sanseido Word-Wise Web（三省堂ワードワイズ・ウェブ）〈https://dictionary.sanseido-publ.co.jp/〉」で連載していたもの（二〇一七年二月十二日～二〇一八年七月一日までの三六回分）を再編集したものです。

附録 『日本国語大辞典』にない見出し

凡例
「見出し語」は『日本国語大辞典』に載るであろうかたちを掲げた。
※新語義……………見出しはあるが、語義が異なるもの
※方言以外の語義…見出しはあるが、方言のみのもの
※用例追加候補……見出しはあるが、用例がないもの
※項目追加候補……語釈中で用いられることばだが、見出しがないもの
※出典既出…………見出しはあるが、用例の刊行年が早いもの

番号	見出し語	用例	出典				
			作者	作品名	刊行年	出版社等	頁
1	**あおざくろ**	**青柘榴**乳房のもとに乳足らふ児	中村草田男	『火の島』	1939・11・30	龍星閣	42
2	**あかぐき**	松葉牡丹の**赤茎**《あかぐき》長く降りしきる雨のさ中に絶えず揺れゐつ	山口茂吉	『赤土』	1941・1・1	墨水書房	23
3	**あしごたつ**	**足ごたつ**と数珠を後生大事に持ちまわるご宗旨気ちがいの婆さんたちが寄り集まって、	フローベール：山田𣝣訳	『ボヴァリー夫人』	2009・7・20	河出文庫	227
4	**アスファルト**	**アスファルト**溶けし鋪道に敷き均すこまかき砂利は黒く沈みぬ	山口茂吉	『赤土』	1941・1・1	墨水書房	26
5	**あぜび** ※出典既出	堰の音遠からずして**畦火**かな	水原秋桜子	『葛飾』	1930・4・1	文明社	17
6	**あてっぽか**	私と富田副手は、**あてっぽか**に書架から洋書を選んで各位に配った。	高橋和巳	『悲の器』	1996・5・2	河出書房新社	48
7	**あほっきょく**	俺はアメリカの**亜北極**にいたはずであり、ロッキー山脈のバトレスのなかにいたはずだった。	ジャック・ロンドン：有馬容子訳	『ジャック・ロンドン幻想短編傑作集』	2008・10・15	彩流社	8
8	**あれがわ**	今度のこの崩れにしろ、**荒れ川**にしろ、また種が芽を吹いたな、という思いしきりである。	幸田文	『崩れ』	1991・10・21	講談社	12

9	いしうつり	谿川に**石うつり**する鶺鴒の動きの曇るこの真昼かも	島木赤彦	『氷魚』	1920・6・20	岩波書店	155
10	いぬいちご	**犬いちご**戦報映画観る暇なし	中村草田男	『火の島』	1939・11・30	龍星閣	88
11	うかいひょうげん	わざと稚拙にみせかける児童語、言い替え（パラフレーズ）による意識的な**迂回表現**が繰り返される。	亀山郁夫	『ロシア・アヴァンギャルド』	1996・6・20	岩波新書	15
12	うしそり	**牛橇**《うしそり》は吹雪《ふぶき》おとろふる間《ひま》を求めいまし松花江の氷をわたる	斎藤茂吉	『連山』	1950・11・15	岩波書店	135
13	うしはこび	監督はむかし**牛運び**をしていたことがあって、他人の身の上には関心を示さなかった。	ボルヘス：鼓直訳	『ブロディーの報告書』	2012・5・16	岩波文庫	141
14	うつりこみ	首を動かさないようにしながら眼だけ上げ、通行人の**映りこみ**を見張った。	ウイリアム・ギブスン：黒丸尚訳	『ニューロマンサー』	1986・7・15	ハヤカワ文庫	32
15	うなじお	川口《かはぐち》はあかくにごりて居りたるが**海潮**《うなじほ》のなかに入りてあとなし	斎藤茂吉	『たかはら』	1950・6・30	岩波書店	40
16	うみはて	私は白々と**海《うみ》はて**が白むころ、やつと眠りに落ちた。	三上於菟吉	『黒髪』「黒髪」	1926・5・10	大阪毎日新聞社	79
17	エコロケーション	コウモリたちが超音波による聴覚に頼る**エコロケーション**によって暗闇を飛び回ったり、	三中信宏	『思考の体系学』	2017・4・25	春秋社	3
18	えらぐ	大峰《おほみね》を越え来し友ら寄合ひて**ゑらぐ**を見つつ二人《ふたり》いでたつ	斎藤茂吉	『たかはら』	1950・6・30	岩波書店	167
19	えんぬり	**煙《えん》ぬり**の板の木戸朽ちややかしぎ直ちに向ふ前の流に	土屋文明	『ふゆくさ』	1925・3・25	古今書院	124

番号	見出し語	用例	出典 作者	作品名	刊行年	出版社等	頁
20	**おいはは**	**老母**《おいはは》は尊くいまし給ひけれ黙《もた》に安らかに君がまにまに	島木赤彦	『柹蔭集』	1926・7・17	岩波書店	6
21	**おおかれき**	遠足の列くねり行く**大枯木**	高浜虚子	『六百句』	1947・2・5	菁柿堂	202
22	**おくまく**	**屋幕**って知ってるだろう、半分のテントでキャンプファイヤーが燃えている部分の一方が開いているやつだ。	ジャック・ロンドン：有馬容子訳	『ジャック・ロンドン幻想短編傑作集』	2008・10・15	彩流社	9
23	**おしろいとんぼ** ※用例追加候補	曇り深し蓮の莟のいただきに臀《しり》低くゐる**おしろひ蜻蛉**	島木赤彦	『氷魚』	1920・6・20	岩波書店	30
24	**おたすけごや** ※用例追加候補	正しくはお中道大沢休泊所というらしいが、一般には**お助け小屋**で通っているという。	幸田文	『崩れ』	1991・10・21	講談社	41
25	**おやこうま**	広々と径をゆづりぬ**親子馬**	前田普羅	『春寒浅間山』	1946・12・8	靖文社	40
26	**おやざかり**	むこうは子持ちだから、今がきっと**親ざかり**なのだろうし、こちらは親とは名ばかり、いまや老化ざかりの、	幸田文	『崩れ』	1991・10・21	講談社	73
27	**ガーリー**	**ガーリーな**ファッションが好きなようだから、お嬢さんぽいテイストはそのままに、ひかえめで落ち着いた色使いの、	綿矢りさ	『かわいそうだね？』	2011・10・30	文藝春秋	54
28	**かいしゃにんげん**	そして最も哀れな**会社人間**でさえ、あっという間に再燃させることができる。	チャールズ・フォスター：西田美緒子訳	『動物になって生きてみた』	2017・8・30	河出書房新社	29
29	**かいそうボート**	その辺には、一双《そう》の**快走**《くわいそう》**ボート**や幾つもの笊《ざる》や円材の破片や、そんなものが波の間に間に浮き沈みしてゐて、	ドイル：三上於菟吉訳	『シヤーロック・ホームズの記憶』「グロリア・スコット号」	1930・2・5	平凡社	101

30	かいちゅうてちょう	すばしつこさうな警察の探偵が立つて、しきりに**懐中手帳**《くわいちうてちやう》に何か書きとめてゐた。	ドイル：三上於菟吉訳	『シャーロック・ホームズの記憶』「入院患者」	1930・2・5	平凡社	148
31	かいちゅうとう	**懐中燈**の寒き灯の輪の別れかな	中村草田男	『火の島』	1939・11・30	龍星閣	30
32	かいちゅうレンズ	彼はそこにある四つの吸ひ殘りをつまみ上げて、それらを**懐中**《くわいちう》**レンズ**で調べてみた。	ドイル：三上於菟吉訳	『シャーロック・ホームズの記憶』「入院患者」	1930・2・5	平凡社	150
33	かいまくしあい	**開幕試合**を見るのは初めてだったので、私としてもその日のことはよく覚えているのだ。	ポール・オースター：柴田元幸訳	『トゥルー・ストーリーズ』	2004・2・25	新潮社	17
34	ががくきょうし	**画学教師**《ぐわがくけうし》G氏は驚いてこれを医療室に持込み、同僚と共に検《しら》べて見ると、	江戸川乱歩	『蜘蛛男』「蜘蛛男」	1935・2・16	平凡社	80
35	かがくたんてい	電話の相手は、例の有名な**科学探偵**の帆村理学士らしい。	海野十三	『探偵小説傑作集』「恐怖の廊下事件」	1946・12・1	日本文化社	174
36	かくれみのきぎょう	どんな**隠れ蓑企業**をやっていたにせよ、とうにいなくなっている。	ウィリアム・ギブスン：黒丸尚訳	『ニューロマンサー』	1986・7・15	ハヤカワ文庫	38
37	がさこそ	おぢいさんは、やゝあつて新聞を手にとつた。**がさこそ**音を立てゝ拡げると、一度ぽんと叩いて、	佐佐木茂索	『春の外套』	1924・11・20	金星堂	55
38	かしつ	車の**荷室**で揺られているイヌは、できれば外でウサギを追っていたいだろう。	チャールズ・フォスター：西田美緒子訳	『動物になって生きてみた』	2017・8・30	河出書房新社	30
39	かつどうはいゆう	だい一咽喉《のど》が**活動俳優**《くわつどうはいいう》の実演のやうに、まつたく死んでるし、	十一谷義三郎	『キャベツの倫理』「キャベツの倫理」	1930・6・10	新潮社	53
40	かっとばす ※新語義	品川まで約三十分で**カツ飛ばした**。	江戸川乱歩	『蜘蛛男』「蜘蛛男」	1935・2・16	平凡社	216

番号	見出し語	用例	出典 作者	作品名	刊行年	出版社等	頁
41	**カフェばいり**	実はその青年と、**カフエばいり**をしたり、怪しげな家で密会したりしてゐるのだ	三上於菟吉	『黒髪』「黒髪」	1926・5・10	大阪毎日新聞社	120
42	**かみリボン**	現在は銀行振込で数字の並んだ**紙リボン**をもらうだけでむなしい。	唐仁原教久	『『濹東綺譚』を歩く』	2017・11・5	白水社	39
43	**カリーナエプロン**	お客が混んでくると、イタリア製の**カリーナ・エプロン**をつけ、営業用ににっこり笑って、	倉橋由美子	『聖少女』	1965・9・5	新潮社	18
44	**かれいつき**	潤吉をよく魚釣りや**鰈突き**に連れて行つてくれた母の従兄と、他にまだ誰かがゐた。	細田民樹	『逆生』	1925・4・5	プラトン社	7
45	**かれくわ**	**枯桑**や子等は手を垂れ雲は来る	中村草田男	『火の島』	1939・11・30	龍星閣	34
46	**かれしばいろ**	この原の**枯芝色**に似て立てる落葉松の葉は散るべくなりぬ	島木赤彦	『氷魚』	1920・6・20	岩波書店	191
47	**かんせいみ**	混沌とした**完成味**《くわんせいみ》には、ひとたまりもなく魅せられて了《しま》ふのを常とした。	里見弴	『満潮』「蜘蛛の糸」	1925・10・5	新潮社	95
48	**かんせいよそうず**	彼は売れない画家で、建物の**完成予想図**を描いて生計を立てていた。	ポール・オースター：柴田元幸訳	『トゥルー・ストーリーズ』	2004・2・25	新潮社	17
49	**きこうたい** ※用例追加候補	しかし、暑い**気候帯**にいるから、衣類を持っていてもほとんど着ないだろう。	ダニエル・デフォー：増田義郎訳	『完訳 ロビンソン・クルーソー』	2010・10・25	中公文庫	101
50	**きずれ**	通り風すぎて**木擦**《きず》**れ**の音すなり枝々ふかく交《か》はせる赤松	島木赤彦	『氷魚』	1920・6・20	岩波書店	145

51	きそけいこ	これから**基礎稽古**を軽くやった後で、ちょっと交互に役を変えて読み合わせをしてみよう	島本理生	『ナラタージュ』	2005・2・25	角川書店	31
52	ぎゅうにゅうさくしゅじょ	実際、代々木の、或《あ》る**牛乳搾取所**《ぎうにうさくしゆじよ》の近所にある彼等の住居では、	里見弴	『慾』「蠅の幽霊」	1925・11・20	春陽堂	203
53	キューバリブレ	チャイナドレス風の緋色の上着に着替えた彼女が、**キューバリブレ**の材料を運んでくると、	早瀬耕	『未必のマクベス』	2017・9・25	ハヤカワ文庫	10
54	きょうじゅしょくどう	文面は**教授食堂**でも読むとして、私はその封書の裏をかえしてみた。	高橋和巳	『悲の器』	1996・5・2	河出書房新社	40
55	ぎょうせいとうきょく	これらの言語法がもたらした結果の一つは、**行政当局**が二言語使用をみずからに課さねばならなくなったことである。	ルイ＝ジャン・カルヴェ：萩尾生訳	『社会言語学』	2002・1・10	白水社文庫クセジュ	47
56	きりふきシャワー	しかも、かれの索《もと》めるのは、**霧吹きシャワー**のように漫然とした、一時しのぎのそれではなく、	諏訪哲史	『岩塩の女王』「無声抄」	2017・8・20	新潮社	8
57	きんだいしん	ただあなたの詩のなかには**近代心**といふものがなくつて、個性がどうも乏しくつて、	佐藤春夫	『剪られた花』	1924・4・30	新潮社	132
58	くもりうみ	かぎりなき**曇海**《くもりうみ》にてひとところ白金《しろがね》の溶けしごとかがやきぬ	斎藤茂吉	『遍歴』	1948・4・5	岩波書店	355
59	けいかいとう	丁度ゴー・ストップの**警戒燈**が赤だつたので彼は鋪道の上に立止り、	廣津和郎	『若い人達』「若い人達」	1950・3・5	中央公論社	68
60	けいさつじどうしゃ	今にあの**警察自動車**《けいさつじどうしや》が追駈けて来る。	江戸川乱歩	『蜘蛛男』「蜘蛛男」	1935・2・16	平凡社	296
61	げくげく	犇と子爵の胸へ縋りついて、**ゲク〳〵**泣出してゐるやうだつた。	大下宇陀児	『探偵小説傑作集』「烙印」	1946・12・1	日本文化社	85

番号	見出し語	用例	出典				
			作者	作品名	刊行年	出版社等	頁
62	**げんびょうがく**	**原病学**ハ疾病ヲ論スル学ニシテ、之ヲ区別シテ[通論][各論]トス、	エルメレンス講義：安藤正胤他記聞	『原病学通論』巻之一	1874	和泉屋市兵衛	1丁表
63	**こううき** ※項目追加候補	実にこの**降雨期**があるからだと云つてもよかつた。	野村愛正	『土の霊』「泥雨期」	1919・12・20	新潮社	131
64	**こうくうとう** ※項目追加候補	酒匂川のみなかみがたに黝々《くろぐろ》と**航空燈**の光る山見ゆ	山口茂吉	『赤土』	1941・1・1	墨水書房	28
65	**こうそくどでんしゃ**	○・**高速度電車**の沿線で、その電気軌道会社の経営になる田園都市を俯瞰して、	龍胆寺雄	『燃えない蠟燭』	1949・6・5	湘南書房	94
66	**こうびん**	研究室あてにくる**公便**や文部省通達、その他書籍のカタログなどは、事務員が各研究室にくばるが、	高橋和巳	『悲の器』	1996・5・2	河出書房新社	39
67	**こしゃ**	**狐舎**の灯を木の間の闇に見て寝ねつ	前田普羅	『春寒浅間山』	1946・12・8	靖文社	22
68	**こぜかえす**	私はかう自分で自分に相談をすると鞄の鍵を**こぜ返し**た。	佐藤春夫	『剪られた花』	1924・4・30	新潮社	122
69	**こそう**	軽石のやうに**涸燥**し、憂愁もなく、夢幻もなく、地平線に向つて流るゝ真珠色の灰雲《くわいうん》もなく、	ゴーチエ：久米正雄訳	『クレオパトラの一夜』「クレオパトラの一夜」	1921・4・17	新潮社	5
70	**こだまがえし**	彼等はその先輩を常に非難していた。が、その非難は**谺返《こだまがへ》し**のやうに、却つて彼等の上に返つて来るものだつた。	野村愛正	『土の霊』「泥雨期」	1919・12・20	新潮社	126
71	**こむれ**	山の上の栂の**木群《こむ》れ**を吹きとよもす嵐の空の日は澄みてあり	島木赤彦	『氷魚』	1920・6・20	岩波書店	149

番号	見出し	用例	著者	出典	年月日	出版社	頁
72	**コンヂション**	この、甚だ優越した**コンヂション**を、ムザとここで放擲せねばならぬのが残念だけれど、兎に角それくらゐの犠牲は我慢していゝだらう。	大下宇陀児	『探偵小説傑作集』「烙印」	1946・12・1	日本文化社	69
73	**さいしょくのうえん**	さまざまな土地の出身者が**栽植農園**において一緒くたにされ、	ルイ＝ジャン・カルヴェ：萩尾生訳	『社会言語学』	2002・1・10	白水社文庫クセジュ	55
74	**ざいにんせん**	古くから使つてゐた**罪人船**《ざいにんせん》は、黒海で運送船として使用されてゐたのであつた。	ドイル：三上於菟吉訳	『シャーロック・ホームズの記憶』「グロリア・スコツト号」	1930・5・2	平凡社	88
75	**さいみんか**	……**催眠歌**《さいみんか》のやうな柔《やさ》しい音を立てゝ、病《や》める心をいたはり慰めて呉《く》れる懐しい海。	正宗白鳥	『青蛙』「汐風」	1926・11・10	忠誠堂	17
76	**さくらおちば** ※用例追加候補	あわただしき心をもてりおくつきの**桜落葉**踏む我の足音	島木赤彦	『氷魚』	1920・6・20	岩波書店	261
77	**ざつかいきゅう**	文化のにない手は貴族階級から**雑階級**と呼ばれる社会的により下位にある人々へと移っていった。	亀山郁夫	『ドストエフスキー父殺しの文学』（上）	2004・7・30	日本放送出版協会	164
78	**さっきかた**	**さつき方**まで足掻き苦しんでゐた瀬尾女史は、蒲団から障子の方へ乗り出しかけた形で、	廣津和郎	『若い人達』「若い人達」	1950・3・5	中央公論社	108
79	**さんぎょうあんないらん**	殊に**三行案内欄**《ぎやうあんないらん》の色々の広告文には、思はぬ犯罪の隠れてゐることがあるものだよ。	江戸川乱歩	『蜘蛛男』「蜘蛛男」	1935・2・16	平凡社	42
80	**さんりょうとう**	得々と私語しながら、人生の**三稜塔**《りようたふ》の、天辺へ近づいた。	十一谷義三郎	『キャベツの倫理』「街の斧博士」	1930・6・10	新潮社	38
81	**じげん**	**慈厳**《じげん》かね備へた気丈な母親の手一つで、一粒だねの隆吉は、	里見弴	『満潮』「蜘蛛の糸」	1925・10・5	新潮社	94

番号	見出し語	用例	出典 作者	作品名	刊行年	出版社等	頁
82	**じっこうせいかつ**	**実行生活**の上では何処までもその考へを押通して行くやうな強さが彼女の行動には始終あつた。	廣津和郎	『若い人達』「若い人達」	1950・3・5	中央公論社	64
83	**しと**	そこには、ポンペイおよびペラクラヌムの**死都**から発掘した、古代の珍品が蒐集してあつた。	ゴーティエ：田辺貞之助訳	『廃墟の恋』「廃墟の恋」	1953・9・1	創芸社	7
84	**じどうかいさつき**	チケットを買って**自動改札機**へ向かう。	鹿島田真希	『六〇〇〇度の愛』	2005・6・10	新潮社	36
85	**シナリオかき**	その間を、畔柳博士は、**シナリオ書**《か》**き**といつた風体で、ステツキを力にノソ〳〵歩き廻つてゐるのである。	江戸川乱歩	『蜘蛛男』「蜘蛛男」	1935・2・16	平凡社	164
86	**じぬしやしき**	円柱列《コロネード》のついた木造の**地主屋敷**と、二軒の低い離家《はなれ》であった。	ツルゲーネフ：米川正夫訳	『初恋』	1960・8・5	岩波文庫	9
87	**しばん**	見れば大時計の古ぼけた**指盤**の向うで／冬のさびしい海景が泣いて居るではないか。	萩原朔太郎	『定本 青猫』	1936・3・20	版画荘	83
88	**しびん**	**私便**や部屋をもたぬ時間講師あての書類は、その私書函が利用される。	高橋和巳	『悲の器』	1996・5・2	河出書房新社	39
89	**しゃわり**	「どれだけ最新のアイテムを**社割**で買いそろえてても、私はよれよれのピンクのブラウスを着ている女に負けるんだ」	綿矢りさ	『かわいそうだね?』	2011・10・30	文藝春秋	32
90	**しゅうせいゴム**	ポケットのなかには鉛筆や、弾性ゴムや、**修正ゴム**がいっぱい詰めこまれていた。	レーミゾフ：安井侑子訳	『小悪魔』「小悪魔」	1981・2・15	国書刊行会	19
91	**しゅくだいちょう**	この「海草しらべ」のほかにもうひとつ、**宿題帳**の中に「花の色染めをしましょう」というのがあったが、	庄野潤三	『夕べの雲』	1965・3・20	講談社	29

92	**じゅんりん** ※用例追加候補	その峠に楓の**純林**があり、秋のもみじもさることながら、初夏の芽吹きのさわやかさはまた格別ときき、	幸田文	『崩れ』	1991・10・21	講談社	3
93	**じょうこや**	浅草の浅草座ね、あれを**常小屋**《ぜうこや》にして旗を上げて見たいと思つてゐるのだ。	三上於菟吉	『黒髪』「黒髪」	1926・5・10	大阪毎日新聞社	91
94	**しょうわん** ※項目追加候補	あの無数の底知れぬ入江や浦や**小湾**の繰りひろげる壮大な光景を夢みなかった者がいるだろうか。	オノレ・ド・バルザック：沢崎浩平訳	『セラフィタ』	1976・7・15	国書刊行会	10
95	**しんけいそしき** ※出典既出	亦疑フラクハ、**神経組織**ノ変化ニ由ル者ナラン、	エルメレンス講義：安藤正胤他記聞	『原病学通論』巻之一	1874	和泉屋市兵衛	2丁裏
96	**スクールボーイ**	今は一介の**スクウルボオイ**だが、当初の志は死んでも貫徹しなければ止まない、	宇野浩二	『枯木のある風景』	1946・11・20	三島書房	82
97	**ずけいげんご**	グラフやダイアグラムのような「**図形言語**」が文字や数学の言語とは別の有利さをもっていることを私たちはすでに日々実感しているはずです。	三中信宏	『思考の体系学』	2017・4・25	春秋社	3
98	**スペインおどり**	彼女らはどこで修業したのか曲りなりにもソプラノやアルトを歌ひ、**スペインをどり**を踏みそこなひながらも真似ることが出来るのだが、	三上於菟吉	『黒髪』「黒髪」	1926・5・10	大阪毎日新聞社	87
99	**せいめいかんかく**	詩人をそこへみちびいたのは南国の空気の灼熱と、カスピ海の水の冷涼がもたらす根源的な**生命感覚**への渇望であった。	亀山郁夫	『甦るフレーブニコフ』	2009・4・10	平凡社ライブラリー668	34
100	**せきじゅう** ※用例追加候補	**石獣**《せきじう》のそばを過《よぎ》りて朝ざむき苔の上なる赤楝蛇《やまかがし》の子	斎藤茂吉	『連山』	1950・11・15	岩波書店	55

番号	見出し語	用例	出典 作者	出典 作品名	出典 刊行年	出典 出版社等	頁
101	**せんじそかい**	伯母が、収と彼の妹とを連れて**戦時疎開**で実家へ帰つてきたのだつた。	河野多恵子	『美少女・蟹』「愉悦の日々」	1963・8・25	新潮社	17
102	**せんどうぶんしょ**	果ては**扇動文書**などと、独特に組み合わされているのだ。	ミハイル・バフチン：望月哲男他訳	『ドストエフスキーの詩学』	1995・3・7	ちくま学芸文庫	31
103	**そうかいさぎょう**	港務局あたりに雇はれて**搜海作業**《さうかいさげふ》をやるあんなちやんとした潜水《もぐり》夫ではなくて、	十一谷義三郎	『キヤベツの倫理』「街の斧博士」	1930・6・10	新潮社	23
104	**ダイバート**	夜景の遊覧飛行は十五分も続かず、澳門《マカオ》国際空港への**ダイバート**（着陸地変更）を告げるアナウンスが流れる。	早瀬耕	『未必のマクベス』	2017・9・25	ハヤカワ文庫	12
105	**タオール**	首から懸けてくれる白い布がかなり黒ずんでゐたり顔にあてる**タオール**がいかにも垢じみてゐたりするのがたまらなく無気味であつた。	吉田絃二郎	『父』「カフスとカラー」	1926・2・15	改造社	81
106	**たかねぼし**	**高嶺星**蚕飼の村は寝しづまり	水原秋桜子	『葛飾』	1930・4・1	文明社	12
107	**たきかぜ**	**滝風**は木々の落葉を近寄せず	高浜虚子	『六百句』	1947・2・5	菁柿堂	205
108	**タクシ** ※項目追加候補	空の**タクシ**が過る。あいつを呼止めようや。	佐佐木茂索	『春の外套』	1924・11・20	金星堂	84
109	**ただずまい**	芝焼いて旧居のままの**ただずまひ**	高浜虚子	『六百句』	1947・2・5	菁柿堂	156
110	**たまごみせ**	小路《こうぢ》には**卵店**《たまごみせ》などあるかたはらに「相命」の文字「集善医所」の文字	斎藤茂吉	『遍歴』	1948・4・5	岩波書店	361

111	だらながい	かさかさして呆気《あっけ》ないものになるか、**だら長い**調子の合わないものになるか、どちらかです。	ツルゲーネフ：米川正夫訳	『初恋』	1960・8・5	岩波文庫	6
112	たんばいこう	陶窯に**探梅行**の時すごす	高浜虚子	『六百句』	1947・2・5	菁柿堂	229
113	ちかい	昆明の**池海**《ちかい》の上に風のむた寒き浪よる水脈《みを》のひかる間《ま》	斎藤茂吉	『連山』	1950・11・15	岩波書店	192
114	ちきゅうしゅぎ	アジアの団結を通しての**地球主義**というユートピア的な世界観が呈示されている。	亀山郁夫	『甦るフレーブニコフ』	2009・4・10	平凡社ライブラリー668	42
115	ちてきあつりょく	我々は道徳的勇気と冷静なる**知的圧力**とをもちまして、兄弟愛と純朴さの不滅の理想を追求するでありましょう	チェスタトン：南條竹則訳	『木曜日だった男』	2008・5・20	光文社文庫	60
116	ちほうめいし	これら**地方名士**の肖像画からやがて一転して、ブエノスアイレスの古い屋敷を取り上げるようになった。	ボルヘス：鼓直訳	『ブロディーの報告書』	2012・5・16	岩波文庫	99
117	ちゃらい	案外**チャラい**んだねと藤堂さんは例のいじわるそうなニタニタ笑いを浮かべている。	谷川直子	『四月は少しつめたくて』	2015・4・30	河出書房新社	36
118	ちゅうげんうちわ	紅の多い石版刷《せきばんずり》の**中元団扇**《ちうげんうちは》をクルリ〱廻しながら、視線をあちこちへ逸らせて、	里見弴	『慾』「刑事の家」	1925・11・20	春陽堂	55
119	ちょうち	多クハ疼痛ヲ以テ、之ヲ**徴知**スルニ足レリ、	エルメレンス講義：安藤正胤他記聞	『原病学通論』巻之一	1874	和泉屋市兵衛	2丁裏
120	ちりよけマント	『まあ〱、とても今夜はお帰りがないと思つてゐましたのに――よくまあねえ――』と、ばあやは私の**塵除**《ちりよけ》**マント**をぬがせながら、	三上於菟吉	『黒髪』「黒髪」	1926・5・10	大阪毎日新聞社	74

番号	見出し語	用例	出典				
			作者	作品名	刊行年	出版社等	頁
121	**つくりぎし**	**造《つく》り岸《ぎし》**さむざむ浸しよる潮のかわける道にあふれむとする	土屋文明	『ふゆくさ』	1925・3・25	古今書院	84
122	**つちぞこ**	**地底《つちぞこ》**より差す潮の気のうるほひに砂あたたかき三保の磯畑	山口茂吉	『赤土』	1941・1・1	墨水書房	40
123	**つぶらみ**	外《と》を見れば見ゆる朝顔の**つぶら実**に冬の日あたり忽ちかげる	島木赤彦	『氷魚』	1920・6・20	岩波書店	108
124	**つまりごおり**	何もかもが真っ白で、川が凍結して**詰まり氷《アイスジャム》**が出来たところはなだらかにうねっている。	ジャック・ロンドン：柴田元幸訳	『火を熾す』「火を熾す」	2008・10・2	スイッチ・パブリッシング	9
125	**てつど**	わが前の**鉄扉《てつど》**の内を貨物昇降機下りしとき男のこゑ聞こゆ	山口茂吉	『赤土』	1941・1・1	墨水書房	183
126	**てんたいりょこう**	そこでは文明のふしぎなる幻燈機械や／**天体旅行**の奇妙なる見世物をのぞき歩く	萩原朔太郎	『定本 青猫』	1936・3・20	版画荘	80
127	**とうかいせん**	**東海線《とうかいせん》**の汽車、谷を出づる辺《ほとり》。	江見水蔭	『恋』「水」	1900・4・28	博文館	336
128	**とうがらしみず** ※項目追加候補	**唐芥水《たうがらしみづ》**などを口の中《うち》へ流込んで呼返さうとしたが、	正宗白鳥	『青蛙』「こんな一日」	1926・11・10	忠誠堂	71
129	**とうげぐち**	梅雨晴や小村ありける**峠口**	水原秋桜子	『葛飾』	1930・4・1	文明社	41
130	**どうぶつじき**	ロドルフはボヴァリー夫人と夢判断や予感や**動物磁気**の話をしていた。	フローベール：山田爵訳	『ボヴァリー夫人』	2009・7・20	河出文庫	233
131	**どうりょく**	シュルレアリスムは**導力**を、この言葉の二重の意味において、十全に有していると言うことができる。	ミシェル・カルージュ：新島進訳	『独身者機械』	2014・3・31	東洋書林	28

132	**とおいわ**	夕づく日舟引きあぐる漁師らの足みな傾《かし》ぎ**遠岩**の上に	島木赤彦	『切火』	1915・3・25	岩波書店	22
133	**とおかじ** ※出典既出	**遠火事**の煙うすれてこの家にひとり飯食む夕となりぬ	島木赤彦	『氷魚』	1920・6・20	岩波書店	247
134	**とおなつやま**	青空は**遠夏山**の上にのみ	中村草田男	『火の島』	1939・11・30	龍星閣	26
135	**とおまち**	小夜ふけて聞ゆるものは**遠街**《とほまち》の電車もやみて雨ふるけはひ	島木赤彦	『切火』	1915・3・25	岩波書店	154
136	**とくせいしゃ**	遊民、貧者、放蕩者、**瀆聖者**、奇人、そして最後に頭の足りない者	モーリス・ブランショ：守中高明訳	『他処からやって来た声』	2013・2・28	以文社	134
137	**となりびと**	山の村の**隣人**《となりびと》らに暇《いとま》告げて来つる道には帰ることなし	島木赤彦	『氷魚』	1920・6・20	岩波書店	207
138	**とりげんご**	あの音はみんなそれぞれの**鳥言語**のれっきとした単語なのだと確信した。	ポール・オースター：柴田元幸訳	『内面からの報告書』	2017・3・30	新潮社	13
139	**どりょくかん**	**努力感**こそが求められるべきだと思えていたのであり、	ポール・ヴァレリー：清水徹訳	『ムッシュー・テスト』	2004・4・16	岩波文庫	7
140	**どんあつ**	紙幣束《さつたば》を呑んでふくれてるそいつが、ミゾオチを**鈍圧**《どんあつ》して、くるしかつたのだ。	十一谷義三郎	『キヤベツの倫理』「街の斧博士」	1930・6・10	新潮社	30
141	**ないかいこうろ** ※項目追加候補	つい足許の船着場に泊つてゐる、**内海航路**の汽船の、赤や緑の舷燈は、	里見弴	『満潮』「講演会」	1925・10・5	新潮社	20
142	**ないてきしりょく**	研鑽の結果、**内的視力**を授けられ、迅速な知覚によって、地球上で最も対照的な風景を、	オノレ・ド・バルザック：沢崎浩平訳	『セラフィタ』	1976・7・15	国書刊行会	15

番号	見出し語	用例	出典				頁
			作者	作品名	刊行年	出版社等	
143	**にゅうおん**	即ち幼くして**乳媼**《にゆうをん》と共に匿《かく》れてゐた寺で、	森鷗外	『伊澤蘭軒』（鷗外全集著作編第八巻）	1952・7・10	岩波書店	17
144	**ねこじさつ**	どうせ間借人の**猫自殺**など碌な報酬にありつける筈がないと思つたのか、	廣津和郎	『若い人達』	1950・3・5	中央公論社	107
145	**ねつじょうかん**	トレヴオは真心のある**熱情漢**《ねつじやうかん》で、元気と勢力とに満ち満ちてゐた。	ドイル：三上於菟吉訳	『シャーロック・ホームズの記憶』「グロリア・スコット号」	1930・5・2	平凡社	58
146	**のうどうせん**	ひとときは焔《ほのほ》をなせるミシュチエンコの**能働戦**《のうどうせん》をおもはざらめや	斎藤茂吉	『連山』	1950・11・15	岩波書店	43
147	**はいすいみぞ**	三平の父と母が、用水池の**排水溝**《はいするゐみぞ》に小さな水車を浸けて、	十一谷義三郎	『キャベツの倫理』「キャベツの倫理」	1930・6・10	新潮社	59
148	**はげだんな**	地主の、**禿旦那**《はげだんな》の、源《げん》ネモンの家だ。	十一谷義三郎	『キャベツの倫理』「キャベツの倫理」	1930・6・10	新潮社	51
149	**はしりっこ** ※方言以外の語義	ハ、、、、、、、駄目ですよ。かう見えても**走**《はし》**りつこ**なら引けはとりませんからね。	江戸川乱歩	『蜘蛛男』「蜘蛛男」	1935・2・16	平凡社	321
150	**はたうた**	村々の娘が唱ふ**機歌**《はたうた》の声も遠くきこえる。	萩原朔太郎	『定本 青猫』	1936・3・20	版画荘	73
151	**バナナばたけ**	夕ぐるる磯の明りゆ歩み入る**バナナ畑**の葉の茂りはも	島木赤彦	『切火』	1915・3・25	岩波書店	35
152	**はにかましい**	冴子はちよつとばかり**はにかましく**言うんです。	龍胆寺雄	『燃えない蠟燭』	1949・6・5	湘南書房	41
153	**はにみち**	通り雨すぎて明るし**赭土道**《はにみち》の矮松《こまつ》の花のしめりたる見ゆ	島木赤彦	『氷魚』	1920・6・20	岩波書店	234

154	**はまぐさ** ※方言以外の語義	足のうらを焦《や》くやうな砂の上に、**浜草**《はまぐさ》の生えた所をよつて歩いた。	里見弴	『慾』「刑事の家」	1925・11・20	春陽堂	53
155	**はめごろし**	窓は安プラスティックの一枚板が**嵌**《は》**めごろし**になっている。	ウイリアム・ギブスン：黒丸尚訳	『ニューロマンサー』	1986・7・15	ハヤカワ文庫	39
156	**はらいき**	わが足に馬の**腹息**《はらいき》を感じつつしまし見はるかす高野原の上	島木赤彦	『柹蔭集』	1926・7・17	岩波書店	105
157	**パラピンがみ**	最後の**パラピン紙**《がみ》の蔽ひを裂くと、おお私はどうして眩《めくら》めかずにはゐられよう！	三上於菟吉	『黒髪』「黒髪」	1926・5・10	大阪毎日新聞社	142
158	**はりだしえん**	**張**《はり》**出**《だ》**し縁**《えん》から、スリツパのままで庭へ下りた。	三上於菟吉	『黒髪』「黒髪」	1926・5・10	大阪毎日新聞社	119
159	**ひしゅうかん**	近づきがたい畏怖があり、しかもいうにいわれぬ**悲愁感**が沈澱していた。	幸田文	『崩れ』	1991・10・21	講談社	6
160	**ぴちゃんこ** ※用例追加候補	此の犬は頬がこけ、耳は潰された様に**ぴちゃんこ**になつて、	谷崎精二	『生と死の愛』	1917・7・8	新潮社	140
161	**ビネット**	文中に**ヴィネット**（小品挿画）として入れたものは、多くグランヴィル『百格言集』とトマス・ビューウィックの木口《こぐち》木版集からとった。	由良君美	『みみずく偏書記』	1983・5・5	青土社	目次
162	**ひばさみ** ※新語義	**火バサミ**でこげついた肉を網から剝《は》がすことに全力を注いでいる目立たない男には特に弱い。	綿矢りさ	『かわいそうだね？』	2011・10・30	文藝春秋	33
163	**ひびがき**	**ひび垣**《がき》の根にたまる水光りたり足場あやうき町うらのみち	土屋文明	『ふゆくさ』	1925・3・25	古今書院	68
164	**ひやけうり**	**日焼け瓜**いくつも下がり明るめり夕焼畠に我も明るき	島木赤彦	『切火』	1915・3・25	岩波書店	135

番号	見出し語	用例	出典 作者	作品名	刊行年	出版社等	頁
165	びようじゅつし	某**美容術師**の助手玉園夏枝といふ女の部屋で、最も非常識な行動の間際を発見されたこと――	大下宇陀児	『探偵小説傑作集』「烙印」	1946・12・1	日本文化社	89
166	ヒルム	**ヒルム**を調べて見ると、あの大写しの部分に、巧みに赤インキを塗つて、さも血の流れる様に、徐々にその量を多くしてあることが分つた。	江戸川乱歩	『蜘蛛男』「蜘蛛男」	1935・2・16	平凡社	120
167	ぶとうたいそう	Eは、ぴよんと跳ねあがつて、**舞踏体操**《ぶたふたいさう》の身振りを始めた。	十一谷義三郎	『キヤベツの倫理』「街の斧博士」	1930・6・10	新潮社	40
168	ふなぶえ	ふかぶかと霧雨の中に**船笛**《ふなぶえ》のこだま響かふ山近みかも	島木赤彦	『切火』	1915・3・25	岩波書店	8
169	ふゆがいとう	**冬外套**の必要な頃までには又何処かで外套を都合して来て呉れると水野はいふのである。	廣津和郎	『若い人達』「若い人達」	1950・3・5	中央公論社	60
170	ブルジョアふりょうせいねん	**ブルジョア不**《ふ》**良**《りやう》**青年**《せいねん》の一人だつたに過ぎないのだ。	里見弴	『満潮』「蜘蛛の糸」	1925・10・5	新潮社	85
171	ぶんけんじょ	沿線《えんせん》に**分遣所**《ぶんけんじよ》ありただ一人の日本兵《につぽんへい》が其処に立ちゐる	斎藤茂吉	『連山』	1950・11・15	岩波書店	145
172	ぶんれつぎょうしゅう	野生では**分裂凝集**といって四分五裂した小集団に分かれて行動するが、飼育下だと全員がいつも同じ区画にいることになる。	フランス・ドゥ・ヴァール：松沢哲郎監訳・柴田裕之訳	『動物の賢さがわかるほど人間は賢いのか』	2017・9・7	紀伊國屋書店	369
173	へぼさっか	ドストエフスキーは文体を持たない**へぼ作家**だということになるだろう。	ミハイル・バフチン：望月哲男他訳	『ドストエフスキーの詩学』	1995・3・7	ちくま学芸文庫	33

174	**へんきゃくコーナー**	私たちは昼食を終え、使った食器をトレイごと**返却コーナー**に置いた。	綿矢りさ	『かわいそうだね？』	2011・10・30	文藝春秋	26
175	**ぼうさぞうりん**	海ちかく**防砂造林**の松しげり上になづさふ雨はれし霽	山口茂吉	『赤土』	1941・1・1	墨水書房	97
176	**ぼうすいぐつ**	あやめは水着の上に浅黄いろのケープを羽織つて**防水靴**《ぼうすゐぐつ》をはいたまゝ、書斎《しよさい》にはいつて来た。	三上於菟吉	『黒髪』「黒髪」	1926・5・10	大阪毎日新聞社	103
177	**ぼうだんへき**	嘘の武器とまやかしの**防弾壁**とを奪取しようとしているのである。	エルンスト・ブロッホ：池田浩士訳	『この時代の遺産』	1994・11・7	ちくま学芸文庫	22
178	**ボキシング**	棒剣術だとか**ボキシング**だとか云ふやうなものにも殆ど興味がなかつたし、	ドイル：三上於菟吉訳	『シャーロック・ホームズの記憶』「グロリア・スコツト号」	1930・5・2	平凡社	58
179	**ぽさりと**	と、**ポサリと**音がして、彼女のもつてゐた小笹が、地べたへ落ちた。	龍胆寺雄	『跫音』「紅茸」	1934・5・11	改造社	21
180	**ほそながれ**	天気つづきの今日はここもこんなにきれいな**細流れ**だが、雨が降れば相当カッカとねえ	幸田文	『崩れ』	1991・10・21	講談社	8
181	**ほっそらと**	紅友禅にきらびやかにつゝまれたきやしやな肩、**ほツそらと**胸高に締めた帯、	龍胆寺雄	『燃えない蠟燭』	1949・6・5	湘南書房	41
182	**ぽったり** ※新語義	**ぽつたり**とした巻紙が出た。おぢいさんは、ゆつくり読んで行つた。	佐佐木茂索	『春の外套』	1924・11・20	金星堂	53
183	**ボディコピー**	「新作？　それは詩じゃない。**ボディコピー**だ」	谷川直子	『四月は少しつめたくて』	2015・4・30	河出書房新社	61
184	**ホルダップ**	白昼交番の中へ**ホルダップ**が現はれたのだ。	江戸川乱歩	『蜘蛛男』「蜘蛛男」	1935・2・16	平凡社	302

番号	見出し語	用例	出典 作者	作品名	刊行年	出版社等	頁
185	**ほろじどうしゃ**	**幌自動車**のセルロイド張りの窓がひどく破れてゐるのが、最初から不愉快でならなかつた。	吉田絃二郎	『父』「カフスとカラー」	1926・2・15	改造社	77
186	**マークカード**	自動券売機に使用する**マークカード**の記入の仕方を教わって、馬券を買うため長い列に並んでいると、	谷川直子	『四月は少しつめたくて』	2015・4・30	河出書房新社	36
187	**マイヨネーズソース**	どろりとかゝつた**マイヨネーズ・ソース**にさへ利《き》かされてはゐない女どもばかりだつた。	里見弴	『満潮』「蜘蛛の糸」	1925・10・5	新潮社	66
188	**まがりくぎ**	柵をこえるには、**曲り釘**が邪魔もの。	レーミゾフ：安井侑子訳	『小悪魔』「小悪魔」	1981・2・15	国書刊行会	9
189	**まきうま**	暖炉の紙ばりのおおいをはずし、**薪架**《まきうま》のあいだに、ボウリングのピンのように、このせむしの像を立てた。	メルヴィル：八木敏雄訳	『白鯨』（上）	2004・8・19	岩波文庫	100
190	**ますかす**	荒磯《ありそ》岩《いは》家はもいづこ暁の雨を**目透《ますか》し**我《あ》が見つるかも	島木赤彦	『切火』	1915・3・25	岩波書店	9
191	**まちば**	くねくねした小径をたどって**街場**を迂回し、屠殺場を過ぎ、市場を過ぎ、	エドゥアール・グリッサン：恒川邦夫訳	『レザルド川』	2003・12・15	現代企画室	18
192	**まんまひる**	**まんまひる**梅雨に倦みたる心もて大きくさめをしたりけるかも	島木赤彦	『切火』	1915・3・25	岩波書店	118
193	**ミイタ**	懐具合が心配で心配で、**ミイタ**ばかり二人で眺めてゐた事があつたぢやないか。	佐佐木茂索	『春の外套』	1924・11・20	金星堂	84
194	**みうれ**	憩ひつゝ桑の**実熟れ**のさびしさよ	水原秋桜子	『葛飾』	1930・4・1	文明社	43

195	**みぞれぐも**	**霙雲**低く下《お》りゐる街筋に夕《ゆふべ》のあかり早くつきたり	島木赤彦	『氷魚』	1920・6・20	岩波書店	266
196	**むかいたん**	**無灰炭**《むかいたん》のストーブの熱気に、うつとりと、面倒くさく、返事をしなかつた。	里見弴	『澑心』「澑心」	1933・11・20	新小説社	88
197	**むれつばめ**	磯の上の氷室の屋根の**むれ燕**みだれ散りたり嵐の空に	島木赤彦	『氷魚』	1920・6・20	岩波書店	85
198	**メーキアップ** ※項目追加候補	餘りのけばけばしい**メーキアップ**にその顔の感じが違つて見えるけれども、	廣津和郎	『若い人達』「若い人達」	1950・3・5	中央公論社	28
199	**めすきいた**	玄関から右手へ、三和土《たゝき》の上に**目隙板**を置き駢《なら》べた渡《わたり》で、かなりの建坪らしい日本家へとつゞいてゐた。	里見弴	『満潮』「講演会」	1925・10・5	新潮社	19
200	**もうでぶね**	春水や毛氈かへて**詣で舟**	水原秋桜子	『葛飾』	1930・4・1	文明社	21
201	**もくぞうりょかん**	野菜料理や**木造旅館**の貧しい出窓が傾いて居る。	萩原朔太郎	『定本 青猫』	1936・3・20	版画荘	83
202	**もたりかかる**	おかみさんが十年前と同じやうにぽつねんとたゞ一人でがらんとした店の真ん中に坐つて火鉢に**凭りかゝり**ながら往来の雪を見つめてゐた。	吉田絃二郎	『父』「父」	1926・2・15	改造社	73
203	**もとさや**	ここにいても、隆大と**元サヤ**に戻らないって	綿矢りさ	『かわいそうだね?』	2011・10・30	文藝春秋	59
204	**ももうぐいす**	高原に**百鶯**《ももうぐひす》の啼くこゑは雪降《ゆきふ》るころは啼くこともなし	斎藤茂吉	『たかはら』	1950・6・30	岩波書店	92

番号	見出し語	用例	出典 作者	作品名	刊行年	出版社等	頁
205	**もりばと**	**モリバト**のように木に巣を作るのではなく、イエバトのように岩山の穴に巣を作るものだった。	ダニエル・デフォー：増田義郎訳	『完訳 ロビンソン・クルーソー』	2010・10・25	中公文庫	115
206	**もんしんひょう**	僕はうなずく。診察の前の**問診票**の通りだった。	中村文則	『私の消滅』	2016・6・20	文藝春秋	56
207	**やくこんき**	楽しかるべき**約婚期**をなかば送つた彼女は、人生の光明へ向つて一歩踏みださうとしてゐるといふよりか、	龍胆寺雄	『跫音』「紅茸」	1934・5・11	改造社	13
208	**やこうしゃ**	**夜行車**《やかうしや》の手荷物室になく仔犬二つなるらし二《ふた》いろになく	土屋文明	『ふゆくさ』	1925・3・25	古今書院	164
209	**やしりん**	月きよき夜ごろとなれば**椰子林**《やしりん》に黄なる光がみちわたるとふ	斎藤茂吉	『遍歴』	1948・4・5	岩波書店	354
210	**やどひきおとこ**	二人はそこに待つてゐた**宿引き男**に、ボストン・バグを渡した。	海野十三	『探偵小説傑作集』「痣のある女」	1946・12・1	日本文化社	158
211	**やまくぼ**	霧の雨はれて寂しき**山くぼ**の羊歯の雫に肩霑らしつる	島木赤彦	『氷魚』	1920・6・20	岩波書店	187
212	**やましだ**	水を汲む少女の腰の布赤し**山羊歯**《やましだ》のなかに動き居り見ゆ	島木赤彦	『氷魚』	1920・6・20	岩波書店	152
213	**やまだっしゃ**	浅間山の地理を熟知した**山達者**が二人も先達してくれたこと等々で、	幸田文	『崩れ』	1991・10・21	講談社	52
214	**やまちたい**	土們嶺《ともんれい》より**山地帯**《やまちたい》となりわが汽車は伐木《ばつぼく》したる峡《かひ》を過ぎゐる	斎藤茂吉	『連山』	1950・11・15	岩波書店	128

215	**やまはりはた**	傾斜急《はや》き**山墾畑**《やまはりはた》の疎榛《まればり》もいつか芽ぶきのしげくなりたり	土屋文明	『ふゆくさ』	1925・3・25	古今書院	102
216	**ゆうれいぶ**	鍋島は、書道部に所属していたけれど、書道部自体が**幽霊部**のような存在だった。	早瀬耕	『未必のマクベス』	2017・9・25	ハヤカワ文庫	32
217	**ゆきぐもりぞら**	黄に澄める地平の上の空ほそくその上部なる**雪**《ゆき》**曇空**《ぐもりぞら》	斎藤茂吉	『連山』	1950・11・15	岩波書店	113
218	**よいしも**	早置きの**宵霜**が、茅葺屋根の上でキラ〳〵と輝いた。	野村愛正	『土の霊』「保安林盗伐」	1919・12・20	新潮社	55
219	**よだく**	その夏、私は、日本学術会議の**予諾**をえ、日本刑法学会が主体となって内々に企画しつつあった、世界刑法学会の日本開催の準備、	高橋和巳	『悲の器』	1996・5・2	河出書房新社	11
220	**リクライニング**	十数人しかいない乗客は皆、座席を**リクライニング**にして睡眠中だった。	小川糸	『食堂かたつむり』	2008・1・15	ポプラ社	12
221	**りゅうろ** ※出典既出	緩く青白いナイルの水はその**流路**に眠つてゐるかのやうに、徐に熔けたる錫の板と拡がつてゆく。	ゴーチエ：久米正雄訳	『クレオパトラの一夜』「クレオパトラの一夜」	1921・4・17	新潮社	5
222	**リョウマチス**	一人は**リョウマチス**のお爺さん。	龍胆寺雄	『燃えない蠟燭』	1949・6・5	湘南書房	63
223	**レストオラン**	劇場前の看板写真——**レストオラン**の出来事——花子との銀波楼の会食——毒薬の結果——彼女の失踪に対する座方の態度——	三上於菟吉	『黒髪』「黒髪」	1926・5・10	大阪毎日新聞社	75
224	**れんちょう**	隆起は**聯頂**となり、陥落は峡谷となつてIの中央の平原まで走つて居た。	野村愛正	『土の霊』「保安林盗伐」	1919・12・20	新潮社	48

番号	見出し語	用例	出典 作者	作品名	刊行年	出版社等	頁
225	**ろうしょくいん**	卅幾年一日の如くこつ〳〵として書物を運んでゐる貧しい**老職員**である。	吉田絃二郎	『父』「石田老人」	1926・2・15	改造社	101
226	**ロシアぼち**	この山のかげにかたまる**露西亜墓地**女《をみな》の墓もここにあるらし	斎藤茂吉	『連山』	1950・11・15	岩波書店	24
227	**ろにちせんそう**	ロマノフ王朝や議会に危機を打開する力はなく、国民の不満をかわすべく始められた**露日戦争**も、たちまちのうちに国力の欠陥を露呈させた。	亀山郁夫	『ロシア・アヴァンギャルド』	1996・6・20	岩波新書	12

索引 本書で扱った主な項目

本書で扱った『日本国語大辞典』（初版・二版）の主な項目を、五十音順に配列し、該当頁を示した。

［著者］
今野真二（こんの・しんじ）
1958年、神奈川県生まれ。高知大学助教授を経て、清泉女子大学教授。日本語学専攻。
◆主な著書
『仮名表記論攷』『日本語学講座』全10巻（以上、清文堂出版）、『正書法のない日本語』『百年前の日本語』『北原白秋』（以上、岩波書店）、『図説日本語の歴史』『戦国の日本語』『学校では教えてくれないゆかいな日本語』（以上、河出書房新社）、『文献日本語学』『『言海』と明治の日本語』（以上、港の人）、『辞書をよむ』『リメイクの日本文学史』（以上、平凡社新書）、『辞書からみた日本語の歴史』（ちくまプリマー新書）、『振仮名の歴史』『盗作の言語学』（以上、集英社新書）、『漢和辞典の謎』（光文社新書）、『「言海」を読む』（角川選書）、『かなづかいの歴史』（中公新書）、『かなづかい研究の軌跡』（笠間書院）

装　丁　　三省堂デザイン室
校　正　　川口惠美子
組　版　　デジウェイ株式会社

『日本国語大辞典』をよむ

2018年9月13日　第1刷発行

著　者　今野真二（こんの・しんじ）
発行者　株式会社 三省堂　代表者 北口克彦
印刷者　三省堂印刷株式会社
発行所　株式会社 三省堂
〒101-8371　東京都千代田区神田三崎町二丁目22番14号
電話　編集　(03) 3230-9411
営業　(03) 3230-9412
http://www.sanseido.co.jp/

〈日本国語大辞典をよむ・416pp.〉

落丁本・乱丁本はお取り替えいたします。

ISBN978-4-385-36506-0